道善人与经典文库

周易本义通讲

吴怡 著

团结出版社
UNITY PRESS

©团结出版社，2025年

图书在版编目（ＣＩＰ）数据

周易本义通讲 / 吴怡著. -- 北京：团结出版社，
2025.3. -- ISBN 978-7-5234-1476-7

Ⅰ.B244.75

中国国家版本馆CIP数据核字第2024GU1487号

责任编辑：方　莉
封面设计：众己·设计 ｜ 微信：orange_pencil

出　　版：	团结出版社	
	（北京市东城区东皇城根南街84号　邮编：100006）	
电　　话：	（010）65228880 65244790	
网　　址：	http://www.tjpress.com	
E-mail：	zb65244790@vip.163.com	
经　　销：	全国新华书店	
印　　装：	固安兰星球彩色印刷有限公司	
开　　本：	168mm×240mm　　16开	
印　　张：	32.5	字　数：406千字
版　　次：	2025年3月　第1版	印　次：2025年3月　第1次印刷
书　　号：	978-7-5234-1476-7	
定　　价：	95.00元	

（版权所属，盗版必究）

目录

自　序 1

导读：读《易》须知 001
    一、学《易经》前的心理准备 001
    二、《易》德十原则 002
    三、《易经》一书的结构 004
    四、解读《易》的六点原则 006

第一卦　乾䷀ 009

第二卦　坤䷁ 037

第三卦　屯䷂ 053

第四卦　蒙䷃ 061

第五卦　需䷄ 068

第六卦　讼䷅ 075

第七卦　师䷆ 082

第八卦　比䷇ 089

第九卦　小畜䷈ 096

第十卦　履䷉ 105

第十一卦　泰䷊ 114

第十二卦　否䷋ 123

第十三卦　同人䷌ 133

第十四卦　大有䷍　141

第十五卦　谦䷎　147

第十六卦　豫䷏　156

第十七卦　随䷐　164

第十八卦　蛊䷑　175

第十九卦　临䷒　182

第二十卦　观䷓　189

第二十一卦　噬嗑䷔　198

第二十二卦　贲䷕　206

第二十三卦　剥䷖　213

第二十四卦　复䷗　219

第二十五卦　无妄䷘　227

第二十六卦　大畜䷙　235

第二十七卦　颐䷚　241

第二十八卦　大过䷛　250

第二十九卦　习坎䷜　256

第三十卦　离䷝　264

第三十一卦　咸䷞　271

第三十二卦　恒䷟　279

第三十三卦　遁䷠　287

第三十四卦　大壮䷡　293

第三十五卦　晋䷢　300

第三十六卦　明夷䷣　306

第三十七卦　家人䷤　313

第三十八卦　睽䷥　320

第三十九卦　蹇䷦　328

第四十卦　解䷧　335

第四十一卦　损䷨ 342

第四十二卦　益䷩ 350

第四十三卦　夬䷪ 359

第四十四卦　姤䷫ 368

第四十五卦　萃䷬ 376

第四十六卦　升䷭ 385

第四十七卦　困䷮ 392

第四十八卦　井䷯ 400

第四十九卦　革䷰ 405

第五十卦　鼎䷱ 412

第五十一卦　震䷲ 418

第五十二卦　艮䷳ 425

第五十三卦　渐䷴ 430

第五十四卦　归妹䷵ 438

第五十五卦　丰䷶ 448

第五十六卦　旅䷷ 454

第五十七卦　巽䷸ 459

第五十八卦　兑䷹ 464

第五十九卦　涣䷺ 470

第六十卦　节䷻ 475

第六十一卦　中孚䷼ 481

第六十二卦　小过䷽ 488

第六十三卦　既济䷾ 494

第六十四卦　未济䷿ 500

自　序

本书是我在美国安德鲁大学中国文化研究所，为中国学生主讲《周易》全书的音频，当时以朱熹的《周易本义》为教本，包括六十四卦卦爻辞、《文言》、《彖辞》、大小《象辞》及《系辞》。授课内容为逐句解释，并加以个人的心得。课中学生讨论得很热烈，这些学生除了三位八十岁高龄、热爱中国文化的基督教牧师外，都是年轻的研究生，他们的动机很单纯，都是因为喜爱而学习《易经》，没有其他目的。

现由道善文化传媒公司整理编辑成书。对于学生提出的很多问题，我在总校正时，想起十五年前教课时的景象，历历在目，情难自已。由于很多讨论无所不谈，所以只能选录与易理有关的，颇有遗珠之憾。又由于为教课所录，行文多有口语化，也请读者见谅。

吴怡
于 2024 年 7 月 1 日

导读：读《易》须知

本书以朱熹的《周易本义》为底本，取其编辑的六十四卦及《文言》《彖辞》《象辞》《系辞》，以我自己对《易经》的体验切入，而不谈朱熹的注解。

一、学《易经》前的心理准备

第一，《易经》有一种忧患意识。《易经·系辞》中说，"作《易》者其有忧患乎"。我们假定作《易》的是周文王，他当时被囚禁在羑里的监牢中，忧国忧民，所以是以忧患意识来写《易经》的。今天我们学《易经》，也要跟文王有感应，必须对国家、对人类有一种忧患意识，而不是为了算命，更不是为了个人的私利。

第二，学《易经》智慧重于占卜。很多人认为占卜是《易经》的本来面目，其实占卜只是一种方法，我们可以借由这个方法进入六十四卦中，打开《易经》的智慧之门。所以学《易经》应着重在智慧的运用上，而不在占卜上，能够把握智慧，才能够运用。

第三，研究《易经》有三种路径，一是儒家，二是道家，三是个人的知识、经验、智慧。因为《易经》影响了儒家和道家，所以必须从儒家和道家出发才能进入。此外，如果没有个人的知识、经验与智慧，就无法跟《易经》产生感应和交流。可以说，知识、经验和智慧的多少，决定了一个人学习《易经》的深度。

第四，《易经》是讲一种气，这种气来自道德，所谓"道德的勇气"。《易经》说的"诚元之气"，正如孟子所说的"浩然之气"，学《易经》必须能够发挥出这种"诚元之气"，才能够应付生活中的一切困难、一切磨难、一切麻烦。

二、《易》德十原则

《易经》是怎么样的一部书呢？我曾经在"荣格心理学中心"发表过一篇文章，即《〈易经〉的十个原则》，现在介绍给大家。

第一，《易经》不是神秘的。我在美国的学生，多半认为"神秘"两字是很崇高、很玄妙的意思，但是中国人说的"神秘"，有时候带有负面的意思，比如"神秘兮兮"。自从孔子注解《易经》之后，打开了一扇天窗，让后人了解到《易经》背后不是神秘的东西，而是一套天道的思想。人了解天道之后，就能懂得如何在人生中配合天道，从而"吉无不利"，所以《易经》不是神秘的。

第二，《易经》不是迷信的。很多人用《易经》占卜，问这个事情好不好，那个事情能不能做。实际上，《易经》不是回答"是"或"不是"，而是回答"怎样去做"。《易经》提供的是一套方法、一套理论，而不是告诉我们必须这样或那样做，所以《易经》不是迷信的。

第三，《易经》是理性的，有理路的。所谓理性、理路，就是一套经验逻辑。这一套逻辑当然跟西方的数理逻辑不太一样，它是生活方面的。

第四，《易经》必须利人利物。很多人用《易经》占卜，总想着对自己有利，即使对别人有害也不在乎。其实《易经》的阳爻、阴爻，就是讲感应的关系，这两个爻是互补的，对你有利，对别人也有利，互相产生利益，所谓"利者，义之和也"。对任何事情都能够适宜，都能够有利，才是《易经》讲的"大利"，所以《易经》是利人利物的。

第五，《易经》是操之在我的。很多人在占卜后，看到某一个爻是凶，就感觉很不舒服，其实吉跟凶只是一个判断，它告诉我们怎么做是吉，怎么做是凶。虽然爻辞上是凶，但是我们避免那么做，就避免了凶。也就是说，吉凶完全操纵在自己手中，而不是在《易经》的判断上。

第六，《易经》是一种德性的修养。过去很多人用《易经》，总是想用阴、阳、刚、柔去控制外在的变化，只注重外在，而忘了自己的修养。最近几年，我用"诚"来解释阳爻，用"谦"来解释阴爻，把《易经》转向内在，讲《易》之德，所以《易经》是一部有关修养的书，而不只是控制外在的、应变的书。

第七，《易经》可以训练自己的思路。《易经》的六根爻，就是把每一件事情都放在这六个位置上，来说明它们的关系变化。所以我们碰到任何事情，都把它们放在这六根爻上来分析，这样我们的思路会更清晰，也更能够把握其中的原则。可以说，这是对自己思维的一种训练。

第八，《易经》可以汲取前人的智慧。孔子作"十翼"以来，不少学者、哲学家为《易经》注解，这些注解就是他们的知识、经验、智慧。今天我们读《易经》，也是汲取其中的知识和智慧，通过学习《易经》，我们可以了解古人应变、处世的智慧。

第九，《易经》是一部可以发展个人智慧的书。《易经》就像一台个人的电脑，我们把生活上的知识、经验放进这台电脑里面，需要运用的时候，电脑就会告诉我们怎么做。有时候我们的知识、经验容易被遗忘，现在都将它们关联到《易经》里面，只要想到《易经》，就会记起个人的知识、经验。所以我认为，《易经》是一部搜集知识和生活经验的书，完全可以把个人的知识、经验，变成智慧来加以运用和发展。

第十，我新创了一个名词叫作"转化"。一般人认为《易经》是一本讲"变化"的书，讲由生到死，生活中各种各样的变化。这种"变"只是平面的，但"化"不同，"化"是转化，是赋予平面的"变"以意义，把"变"的价值向上提升转变，使生活中所有的变化都有价值、有意义。所以我认为，《易经》是一本讲转化的书，我把它的英文书名《The Book of Changes》，改为《The Book of Transformation》。

以上是我对《易经》的研究。我们要把它从占卜、算命的书，变成一本充满智慧、德行和转化功夫的书。

三、《易经》一书的结构

我用的朱熹这本《周易本义》是传统的版本，由三个部分组成，第一部分是八卦图像的《易经》，第二部分是文王的六十四卦，加上卦辞、爻辞的解释，第三部分是孔子跟门生所作的"十翼"。

1. 八卦系统

传说伏羲作八卦，而伏羲是一万年以前的人，这个说法实在没有历史根据。"伏羲"两字的意思是驯服动物，这可能是古代的一个部落，而不是一个人的名字。目前可以肯定的是，八卦出现在六十四卦之前。

人们通常认为，八卦是把宇宙的现象归纳成八种元素，乾、坤指天地，震指雷，巽指风，坎指水，离指火，艮指山，兑指湖泽。不过这八种物象不只是元素，就像很多人把五行当作金、木、水、火、土五个元素一样，其实五行是五种气的运行。同样的，八卦代表八种气，乾代表天气，坤代表地气，震代表雷气，巽代表风气，坎代表水气，离代表火气，艮代表山气，兑代表泽气。

八卦系统中每个卦有三根爻，又被称为"八经卦"。由于两个经卦重叠便成为六十四卦的一卦，所以看两个经卦的气的变化，就能看到宇宙自然的变化了。

2. 六十四卦系统

所谓"文王衍《易》"，很显然是文王把八个卦两两重叠，因此产生了六十四个卦，也就是把宇宙人生的变化分成六十四个种类，譬如蒙卦代表教育，师卦代表军事，家人卦代表家庭等。文王在写卦辞、爻辞的时候，把自己心中的治国蓝图放了进去，所以六十四卦的卦名都有政治人生的含义。也可以说，六十四卦代表了六十四种生活模式。

3. "十翼"系统

"十翼"包括了《象传》上下、《彖传》上下、《文言传》上下、《系辞传》上下，以及《说卦传》《杂卦传》《序卦传》十篇文章。其实它们是孔子的七篇文章，被后人编入《周易》，由于上下卷的区别，所以共划分为十篇。司马迁认为"十翼"是孔子所作，后人考证认为不完全是孔子所作，可能是孔子跟他的学生所作，甚至可能是后代儒家的集体创作。

"十翼"的贡献就是把《易经》理论化、哲学化。"十翼"中还谈到读《易经》的方法，非常重要，没有"十翼"，后人就没有办法了解《易经》，也没有办法读《易经》。看了"十翼"，我们才能解开《易经》的占卜之谜，并借占卜的方法了解《易经》这一门宇宙人生的哲学。今天"十翼"与《易经》六十四卦都混在一起了，所以"十翼"是《易经》不可分割的一部分。

以上三部分就是我们今天研究的《易经》版本的全貌。

四、解读《易》的六点原则

第一点，每一卦有六根爻，画卦的时候要从下面画起，最下面第一根爻是初爻，往上是二爻、三爻、四爻、五爻，最上面第六根爻称为上爻。每根爻的位置，代表了它的性质，譬如初爻是"潜"，因为时机还未到，所以是潜伏的，它的性质就是潜；第二根爻是"多誉"，即多赞美，所以第二根爻很好，是值得赞美的事情；第三根爻是"凶"，是危险；第四根爻是"多惧"，战战兢兢；第五根爻是"多有功"，即有功劳；上爻是"危"，已经发展到最高峰了，所以危险。

六根爻有六种性质，以这六种性质来读《易经》，大概可以理解百分之六七十的爻辞。我之所以没有说百分之百，是因为还有其他一些原理要合在一起用，其他原理是什么呢？

第二点，就是六根爻当位与不当位。当位就是位置适当，一个卦的六根爻，一、三、五爻是阳位，称为阳爻，二、四、六爻是阴位，称为阴爻。初爻是阳位，如果一个卦的初爻是阳爻，就是当位，如果初爻是阴爻，就是不当位。当位与不当位，就看爻的阴阳是否合乎一、三、五爻阳位，二、四、六爻阴位。当位表示位置很适当，象征吉利，就比较好。相反，如果不当位，就有凶。

第三点，六十四卦的每一个卦都是由两个卦合成的，所以有六根爻，下面的三根爻称为"内卦"，上面的三根爻称为"外卦"。内卦代表思想，代表内心，是内在的。外卦代表行为，代表政治事务，是外在的。六根爻由下往上排序，代表由内到外。前面说第三爻多凶，为什么呢？因为由内到外是一个转折，所以很危险。从内在来说，我们心里怎么想没有关系，但在行为上，文章一写出来，话一说出去，就要负责，就有危险，这是内卦、外卦的不同特性。

第四点，就是六根爻的配对。第一爻跟第四爻是一对，第二爻跟第五爻是一对，第三爻跟第六爻是一对，也就是内卦的三爻跟外卦的三爻配对。这样配对之后，如果第一爻跟第四爻一阴一阳，阴阳相应相和，就是吉。如果第一爻跟第四爻都是阳爻，或者都是阴爻，那就不相应，就不和，就是凶。同样的，第二爻跟第五爻一阴一阳则吉，两阴或两阳则凶，第三爻跟第六爻也是如此。如果一四、二五、三六，这三对一阴一阳既能相应，又当位，就称为"正应"。

第五点，把六根爻分成三个部分，即所谓天、地、人"三才"，代表三种才能、作用。下面两根爻是地，中间两根爻是人，上面两根爻是天，整个宇宙人生都包括在这六根爻里面了。

第六点，有一个小的规则叫作"乘"，"乘"字常常出现在爻辞里面，表示相邻两根爻的关系。相邻的两根爻，如果上面的是阴爻，下面的是阳爻，就不太好，阴代表黑暗，即黑暗笼罩了光明。相反，如果上面的是阳爻，下面的是阴爻，那就很好，阳代表光明，即有发展前景。如果两根爻都是阳爻，或两根爻都是阴爻，也都不太好。

《易经》的六十四卦，共三百八十四爻的爻辞便是用这六点原则来解释的。我们运用这六点原则读《易经》，大概能够了解百分之九十五。我之所以没有说百分之百，是因为要是百分之百，那《易经》就是数学了，即使数学都还有例外。剩下的百分之五，看个人的经验和体会，看个人在特殊场合下新的演变。所以我讲《易经》，最多只能讲到百分之九十五，还有百分之五是未知数。

以上很简单地介绍了《易经》的解读原则，接下来就要开始讲《易经》的原文了。

在这里，我们先说一说看卦的四个步骤。第一步是看卦的名字，卦的名字代表整个卦的意思，跟每根爻的发展都有关系。以屯卦来讲，就是开始的时候有困难，所以卦名很重要。第二步要看内卦、外卦的关系和性质，也就是《大象》。第三步要看第二爻、第五爻这两个主爻，爻位当不当、和不和，如果这两爻位当而和的话，这个卦多半为好。第四步看卦辞，卦辞代表整个卦的主旨。卦辞看完后就该看每根爻的爻辞了。

第一卦　乾 ☰

【卦辞及六爻】

乾：元亨利贞。

初九：潜龙勿用。
九二：见龙在田，利见大人。
九三：君子终日乾乾，夕惕若厉，无咎。
九四：或跃在渊，无咎。
九五：飞龙在天，利见大人。
上九：亢龙有悔。
用九：见群龙无首，吉。

"乾"是卦名，读《易经》首先要明白每一卦卦名的字意。"乾"字左边一个日，上下边代表草，意即太阳进入草丛里面，晒出草丛里面的气，右边是气往上升，所以乾就是阳气往上升的意思。西方学者将乾翻译为创造，这并不恰当，因为在西方人的观念中，上帝创造了万物，但中国人对于创造的观念并不很专注，所以我认为乾不是创造的概念，而是阳气往上升的意思。

卦名之后是卦辞，也就是此卦的总纲。乾卦卦辞是"元亨利贞"，传统儒家把这四个字当作《易经》的四德，因为乾是天道，所以它们是天道的四个德。

第一个字是"元"。元有两个意思，第一个意思是开始，任何事情的开始都是元，比如一元复始。第二个意思是大，按理说，开始应该是小，从小开始。为什么是大呢？大跟始放在一起，好像不太协调。虽然以前的人很少在这方面进行阐释，但是我认为大很重要，大不是一生下来就大，而是天生万物的时候，蕴含着会从小变大的种子。我认为，宇宙万物的发展有一个原则，那就是任何东西都是由小变大的，任何植物都是由种子慢慢生长起来的，这是天赋予万物的本性。诚元一气，由小变大。

第二个字是"亨"。"亨"字本义是祭祀的形象，我们的祭天祭祖，代表人跟神的交流沟通，所以"亨"字的延伸意是亨通，用浅显的话来说，就是非常完备的交流。这种交流一方面是向上的，跟天相应，另一方面是向下的，与物相通。"亨"也是诚元一气，是非常重要的一个字。

第三个字是"利"。今天我们认为利就是利益，其实利在《易经》中指义之和，相和才能互利，对人、对物都有利。利是大利，不是个人的私利、小利，所以乾卦的第三个德就是利益万物。

第四个字是"贞"，即贞节、正道，每个人为人处世时都要走正道。

在乾卦、坤卦之外的六十二个卦中，这四个字有的是一起出现，有的是三个字，有的是两个字，有的是一个字，有的一个字都没有。如果四个字都有，就表示这个卦很重要。这四个字是重点，可以帮我们了解六十四卦。

卦辞之后，就要看六根爻。第二爻跟第五爻是一个卦的主爻，二代表君子，代表臣子，五代表君主，如果这两根爻能够相应，这个卦就是非常好的卦。

爻分为阴爻、阳爻，奇数为阳，九被称为"老阳"，因此用九代表阳爻。偶数为阴，六被称为"老阴"，阴是往下沉的，沉到了最下面就会变。所以以九来代表阳爻，以六来代表阴爻。例如乾卦的第一根爻是阳爻，叫作"初九"。

"初九：潜龙勿用。""潜"字很重要，有的翻译成藏，翻得不好。或者翻译成隐，隐是道家的，缺少动的内涵，与乾卦阳刚的德性不符。"潜"字的偏旁是三点水，代表龙潜伏在深水中，即潜德、潜修。乾卦的初九、九二属地，初九又是下面那一爻，是在地下，当然是潜。六十四卦中只有乾卦和坤卦出现了"龙"字，但坤卦的龙是假龙，这个后面再讲。龙是中国文化中想象出来的动物，它是纯阳之气，代表生命力、精神力。现在初九这根爻是潜伏的，说明时机不到，因为不能有所作为，所以说"勿用"。"勿用"不是"时机还不到，算了吧，我先睡一觉吧"，而是要准备，要修德，要培养知识，所以"潜"是一个功夫字。初九这根爻是阳爻，跟第四爻对照着看，两根爻都是阳爻，不相应，无法发挥作用，所以"勿用"是有道理的。

发展到第二爻，"九二：见龙在田，利见大人"，"见"读"xiàn"，是它的古音。"龙见在田"，为什么是田呢？因为下面两根爻是地，第二爻是地上，所以在田，即在土地上面了，出土了，看到这个世界了。"利见大人"，很多注解说这个爻很好，可以遇到大人，但这样解是不对的。所谓"利见大人"，是指见大人则利，反过来说，如果不能见大人，则不利。为什么不利？因为二五两爻是主爻，本应该相应的，但乾卦第二爻跟第五爻都是阳爻，不能相应，所以有缺陷，有遗憾。大人是指第五爻，因为第二爻是君子，君子出世之后，遇见高明的君主则利，就像大学生毕业之后，碰到好的老板则利，否则就不利，所以"利见大人"是有条件的。

第三爻是"九三：君子终日乾乾，夕惕若厉，无咎"。第三爻多凶，因为从位置上来讲，第三爻是由内卦到外卦的转折、变化，有潜在的风险，所以凶。之所以说"君子"，是因为第三爻、第四爻都是人位，君子来了。为什么"终日乾乾"呢？因为下面的内卦是乾，上面的外卦也是乾，第三爻处在乾乾的纯阳之中，阳气太盛了，需要阴气。

六十四卦中，如果内卦的三根爻都是阳爻，第三爻多半是不好的，因为阳气太盛，会骄傲、傲慢，容易过刚而折，多半需要注意、警惕，所以说"夕惕若厉"。"夕"是晚上，六根爻都是纯阳，是白天，为什么会有晚上出现呢？这是告诉我们第三爻的阳刚太盛了，需要夜气，到了晚上要警惕，要小心，要战战兢兢。"若厉"，好像碰到厉，虽然厉在爻辞中出现很多次，多半代表危险，但是这个危险并不可怕，可以避免。危险是外在的危险，因为身处于社会中，到处都有危险，所以这个危险不是我们行为的危险，而是外在环境的危险。遇到由内到外这一条鸿沟，要能跳出去，否则就会掉下去，就会死亡，所以才说厉。当我们遇到危险时，如果能够警惕，时时点醒自己，就会发生转变，没有麻烦了。

"无咎"是经常出现的词，"咎"是外在的责难，外在的麻烦，所以"无咎"出现的时候，代表这根爻本身有咎。第三爻跟第六爻是一对，这两根爻都是阳爻，不但不能相应，而且在内卦之上，有咎，如果每天晚上都能警惕，就无咎。无咎是避免咎，告诉我们怎么样做才不会有咎。

到了第四爻，属于外卦，即到外面了。第四爻的性质是多惧，因为它上面是九五之尊，伴君如伴虎，所以战战兢兢。第四爻的爻辞是"九四：或跃在渊，无咎"，"渊"是从第四爻往下看来讲的，下面三爻到第四爻的鸿沟就是渊。我的解释是，渊代表下面三根爻，下面三根爻的气将第四根爻冲了出去。因为用"或"字，代表心里已经恐惧，战战兢兢了，所以要"跃"，"跃"很重要，就是往上发展、前进，不能往下。有的注解说，在这一爻上可以进也可以退，我个人不赞同这个说法。六十四卦的每一根爻都是往上发展的，不能往回退，最多是在这根爻上停留等待。尤其是乾卦这一爻，更不能退，一退就完了，向下掉了，所以只能前进。"或跃在渊"就是要往上发展，得靠下面三根爻，从渊里面跳出去，这样才能无咎。因为第四爻跟初爻都是阳爻，君主是阳，大臣也是阳，所以不能相应，大臣会得罪君主，有麻烦，有咎。如果能用下面集聚的知识、经验、智慧往上发展去辅助君主，就无咎。

第五爻是"九五：飞龙在天，利见大人"。第五爻、第六爻是天位，天出现了，这只龙飞起来了，飞到天上了。这一爻是君主，也有一个"利见大人"，我认为这是一个条件句，即见大人则利。这个大人是指第二爻，因为二五相应，君主一个人不能治国，需要贤臣的辅助，所以第二爻代表君子、臣子、有德之人。如果君主能够礼贤下士，得到这些君子的辅佐，那么君主就大有功，可以施展抱负，即"利见大人"，否则一个人太孤高了，不能治国。

如果君主不能得到贤臣的辅助，就会刚愎自用，那么到了"上九：亢龙有悔"。六根阳爻到了最高峰，阳至极点，物极必反。"亢"是又高又傲的意思，当然会有麻烦，悔不当初，"有悔"。

接下来"用九：见群龙无首，吉"。《易经》六十四卦中，只有乾卦跟坤卦多出一句，"用九"和"用六"。阳爻称九，乾卦六根阳爻合在一起，就是一根阳爻，"用九"就是如何在其他六十二卦里面用这一根阳爻。"群龙"是指六根阳爻，"无首"是指没有首领，即这六根爻没有哪一根爻是首领。《易经》当中所谓的"无首"，是说六根爻是平等的，没有哪一根是首位。同时也是掩盖首，这说明了阳爻不要阳刚过盛，要谦虚。阳爻要谦虚，阴爻也要谦虚，阳跟阴都谦虚的话，阴阳才能相和。如果阳不谦虚，阴也不谦虚，阴阳就要发生战争，不能和谐了。所以，以后在任何卦中用阳爻，都要谦，不要阳刚过盛，这就是"用九"的意思。

【象辞】

《象》曰：大哉乾元，万物资始，乃统天。云行雨施，品物流形。大明终始，六位时成，时乘六龙以御天。乾道变化，各正性命，保合太和，乃利贞。首出庶物，万国咸宁。

每一个卦都有《象辞》，《象辞》有三四十个字，其主要意思就是解释卦辞。乾卦卦辞是"元亨利贞"，《象辞》就是解释这四个字。

"大哉乾元，万物资始，乃统天。""大"字再次出现了，大不仅是说乾元伟大，也是使其大，使任何东西都由小变大。"万物资始"，"资始"就是靠它来发展，来开始，靠它把大的种子种在万物里面，万物才能由小变大，所以乾元是万物的开始。"乃统天"，"统"是统贯，宇宙万物的天道一统、一贯，所以说统天。乾卦是一统天道。

"云行雨施，品物流形。"农业社会靠雨，在中国传统思想中，雨是上天施舍给万物的，云的行之后跟着雨的施，由云和雨产生了宇宙万物一切的变化。"品物流形"，"品"字很好，不仅人有品，万物也有品。用西方哲学来讲，我认为品就是柏拉图讲的质量，万物都有它的质量，都有它的品。这个品是格，平常说人有人格，我说物也有物格，所以我解释《大学》的格物，就是使得我们了解万物的格、万物的品。乾给万物以品、以质量，同时"流形"，流给万物形体。因为形体用了"流"字，所以很多人解释现象界就是道的流衍、流化。"流"代表动，"品"代表静，乾给万物以本质，使万象能变化。

"大明终始，六位时成，时乘六龙以御天"，"大"字又出现了，"大明终始"，乾的大明是从终到始。为什么不讲始终，要讲终始？我认为这两个字很有意思，如果讲始终的话，由始到终，由生到死，终就完了。可是讲终始，由终而始，就能始终、终始地循环生长，生生不已，就像普通人讲生死，庄子讲死生一样。由终到始的变化，是乾道的变化，是万物有始终、有终始的循环。"六位时成"，"六位"就是六根爻，每一根爻都是静的，是靠时在变动的，时间变了，初爻就到了二爻，二爻就到了三爻，因为"位"是空间，"时"是发展，所以六位靠时间而发展。"时乘六龙以御天"，六条龙就是六根阳爻，每根爻都是龙，乘着六龙的变化而统御天道、统贯天道。

"乾道变化，各正性命"，乾道的变跟化，使得万物都有它们的性，都有它们的命。我们通常将性与命合在一起称为性命，认为性命是同一个意思，实际上性跟命不同。万物都有它们的性，人性、物性，也都有它们的生命，人的生命、万物的生命。性、命都是由天道、乾道产生的。"正"字很重要，表示天道给的都是正命、正性，以使它们能够发展。

"保合太和，乃利贞"，"保"是保存、保护，因为乾道使得万物都能生长，所以给了它们性命以后，要保护它们的性命，使其不受摧残。"合"是使它们的性命跟宇宙万物都能够和谐。"太和"就是指外在现象环境的和、阴阳的和，使万物的性跟命都与宇宙的阴阳相和，这就是"乃利贞"，万物得其所利，都能够发展它们的正道。

"首出庶物，万国咸宁"，乾是首，是开始，"庶"是众多，因为我们生活中的一切都是乾道给的，所以万物使得我们都能得其所养。为什么讲"万国"？因为在古代，诸侯称国，卿大夫称家，合称"国家"。那时候到处都是部落、邦国，所以用"万"来形容。因为乾道给所有的国家、所有的人民足够的物资，使他们生活安定，物阜民丰，所以这么多国家才能够安宁。

【象辞】

《象》曰：天行健，君子以自强不息。潜龙勿用，阳在下也。见龙在田，德施普也。终日乾乾，反复道也。或跃在渊，进无咎也。飞龙在天，大人造也。亢龙有悔，盈不可久也。用九，天德不可为首也。

在"十翼"中，《象辞》分为《大象》和《小象》，象就是象征。《大象》是说明内外两个卦的卦象，从内卦、外卦的气的变化，来看它的象。《小象》就是爻象，周文王为每根爻作爻辞，孔子和其学生对每根爻的爻辞加以解释，就是《小象》。

"《象》曰：天行健，君子以自强不息。"这里的"《象》"，就是《大象》。这句话我们经常用，乾卦就是"天"，天道的运行是"健"，"健"是指一直发展，永恒地发展，生生不息，这就是天象。孔子告诉我们，看了天象，就知道人在世上应该自强，要像天道一样生生不息。"不息"两个字很重要，不息就是不停，永远发展，一刻也不停留，也就是《论语》中孔子说："逝者如斯夫，不舍昼夜。""不舍昼夜"就是不息，就是生生，指的是道体的发展。孔子让我们观天之象，进而效法天道，要自强不息，这就是《大象》。

《大象》之后，孔子从象的角度解释六根爻的爻辞，这就是其他六十二卦中，附在各爻辞后的《小象》。

第一根爻的爻辞说"潜龙勿用"，这是什么意思呢？孔子解释说"阳在下也"。这很清楚，因为这一根爻在地下，所以是"潜龙"。

第二根爻的爻辞是"见龙在田"，孔子解释说"德施普也"。"普"就是普遍，没有分别心。因为在田、在地上，所以他的德行周遍，像大地一样源源不断地使万物生长，没有分别心。种瓜得瓜，种豆得豆，没有选择要使哪一个长，哪一个不长，这就是大地的德。

第三爻的爻辞是"终日乾乾",孔子解释说"反复道也"。注意,"反复"不是反反复复,而是反而能复,譬如冬天走了,春天的阳刚之气回来了。"反复道也"就是回归于道,返回以前的正道。

第四爻的爻辞是"或跃在渊",孔子解释说"进无咎也"。这里用了"进"字,因为"或跃在渊",就是往上进,活跃地发展,所以是龙马精神、勇往直前的意思。

第五爻的爻辞是"飞龙在天",孔子解释说"大人造也"。"造"就是到,"大人"就是指君主,到了第五爻,君主要造于道而利于物,即所谓的"利见大人"。

第六爻的爻辞是"亢龙有悔",孔子解释说"盈不可久也"。因为到了最高一爻,满了,物盈则必虚,物极则必反,不可能永远停留在这一根爻上,所以说"不可久",要变了。这是说凡事不要太满,人更不要自满,不要以为自己能永远站在高的位置上。此爻的思想影响了道家的老子讲虚、讲知止。

最后"用九,天德不可为首也",孔子解释说,天无差别地覆盖了宇宙万物,从来没有说我是上帝,我是首领,我是如何对万物有利。天只是源源不断地施舍万物,从来没有执着于自己的功劳。这也是老子说的"生而不有,为而不恃,长而不宰",这即天道。

《彖辞》说"首出庶物",《象辞》讲"天德不可为首",两者是不是矛盾呢?这不是矛盾,乾卦是首,"元亨利贞"的"元"是始的意思,是创造万物,是万物的开始。而"不可为首",是说在开创万物的时候,要像老子说的"生而不有",不要占有,不要以为是首就控制别人。老子就是以这个思想提出了"上德不德,是以有德",上德的人不要以为有德,这才是真正的德。

【文言】

六十四卦中，只有乾、坤两卦有《文言》，很多注解把《文言》的"文"字解作"修饰"的"饰"，即文饰之言，这个解释我不太喜欢。《易经》讲三个文：天文、地文、人文，因为文是道理的表现，所以天理的表现是天文，地理的表现是地文，人理的表现是人文。我认为《文言》的"文"字是人文，而《文言》全文就是从人的道德方面来阐述天道的。

1. 四德

《文言》曰："元者，善之长也；亨者，嘉之会也；利者，义之和也；贞者，事之干也。君子体仁足以长人；嘉会足以合礼；利物足以和义；贞固足以干事。君子行此四德者，故曰'乾，元亨利贞'。"

《文言》一开始就用儒家的道德来解释"元亨利贞"四个字。

"元者，善之长也。"我们从"善"字可以看出，中国哲学认为人性是善的，一开始是善，阴阳和谐是善。"长"是生长、发展，善的发展是"元"，元一开始就有善的因子。因为天地之大德曰生，所以宇宙万物的生生是一种大德。

"亨者，嘉之会也。""嘉"是美的意思，"会"是交流，天地之交，万物产生，美化了整个宇宙，这是天下至美的交流。"会"字很重要，前一句讲生长，这一句说交会，宇宙是一个整体，任何东西都有交会，美的东西都息息相关。《易经》讲的交感、感应，都是交流之意。

"利者，义之和也。"这里对"利"下的定义很重要，很多人读《易经》、用《易经》，都是求利，总想问一个利不利，吉者利，凶者害，想趋利避害。孔子把"利"字解释为"义之和"，儒家认为义是宜，即适宜，每个东西都很适宜才是义，只适合我，而不适合别人，就是不义。所以用义来注解利,可见利不是个人的利,每个人都得其利才是真正的利。只对个人有利,却对别人有害,便不是《易经》讲的利,利需要和,有交流才能和谐。和是中国哲学的重要思想,整个《易经》就是一个和字,阴阳要和,和则吉,不和则凶。

"贞者,事之干也","干"是树干、躯干。任何事物一定有一个体,也一定有一个格,人有人格,物有物格,古人讲格物,就是了解物之格。这句话的意思是,每件事情都有正确的道,做每件事情都有正确的方法。我把"贞"解释成正道,它的另一个解释是正性,即人和物的固有本性。"贞"包含正道、正性。

☆师生问答

学生问:"元亨利"三个字的解释,看起来是儒家在给它们下定义,可是"贞"的解释"事之干也",不像是下定义,而是在讲用的时候的功能。我觉得中国哲学很有意思,它会把功能性的东西当成定义,古书里常常遇到这种情况。

老师答:很好,这个发现很重要。我们研究整个六十四卦,会发现"元亨利"都是好的,只有"贞"有时候好,有时候不好,有时候吉,有时候凶。为什么会有这个差别?因为"元亨利"是普遍的原理,而"贞"是个别的作用、方法,这与爻的阴阳有关。如果是阳爻,"贞"就是诚,如果是阴爻,"贞"就是谦,因为"贞"是指个别之性,所以在个别的运用上有好有坏。之后讲第三卦屯卦的时候就可以看出来,"小贞吉,大贞凶","贞"字还有凶象呢!

学生:所以,"贞"还有小大的差别?

老师:对,这就说明了"元亨利"是普遍性质,是绝对的,而"贞"是运用上有好坏,有权变,是相对的。"元亨利贞"四个字,"亨"是一个功夫字,是如何交流,"贞"也是一个功夫字,是怎么把握自己的个性，以及碰到事情的变化时，怎么调整自己的态度和精神。

学生：那么要如何下"贞"的定义？

老师："贞"是处事的基本原则，是个人的基本性格，是一件事情的正确处理方法。

接着，孔子话锋一变，把儒家的仁义礼智放了进去，说"君子体仁足以长人"。"体"字很好，中国哲学就是体证、体验。以仁为体，仁者以天下为一家，以万物为一体，才能够发展人性。己利利人，己达达人，就是"体"。仁是生长，是生生之德。"嘉会足以合礼"，为什么孔子用"礼"来解释"亨"字？因为亨是一个祭祀话语，中国重视礼，祭祀就是一种很重要的礼，包括祭天、祭地、祭祖宗。人通过礼达到与天的交流、与人的交流，实现亨通，这表明中国重视礼的精神。"利物足以和义"，由"义"来解释"利"，"利者，义之和也"。"贞固足以干事"，"贞固"是贞定，就是我们处理事情的原则，能固守原则、节操，才能去处理任何事情。这是儒家的以天道开人道，以天文开人文，用"元亨利贞"开出仁义礼智，用仁义礼智体证"元亨利贞"。

"君子行此四德者，故曰'乾，元亨利贞'。"《易经》六十四卦本身有君子、有小人、有大人，但在"十翼"中，孔子讲"圣人作《易》，君子行《易》"，因为君子一般讲实践运用，所以这一句话是在讲君子，讲运用。"乾"是说君子行仁义礼智四德时，能顺天而为，所以"元亨利贞"。

2. 德与六爻

初九曰："潜龙勿用。"何谓也？子曰："龙德而隐者也，不易乎世，不成乎名，遁世无闷，不见是而无闷。乐则行之，忧则违之，确乎其不可拔，潜龙也。"

九二曰："见龙在田，利见大人。"何谓也？子曰："龙德而正中

者也，庸言之信，庸行之谨，闲邪存其诚，善世而不伐，德博而化。《易》曰：'见龙在田，利见大人。'君德也。"

九三曰："君子终日乾乾，夕惕若厉，无咎。"何谓也？子曰："君子进德修业，忠信所以进德也。修辞立其诚，所以居业也。知至至之，可与几也。知终终之，可与存义也。是故居上位而不骄，在下位而不忧，故乾乾因其时而惕，虽危无咎矣。"

九四曰："或跃在渊，无咎。"何谓也？子曰："上下无常，非为邪也，进退无恒，非离群也。君子进德修业，欲及时也，故无咎。"

九五曰："飞龙在天，利见大人。"何谓也？子曰："同声相应，同气相求。水流湿，火就燥，云从龙，风从虎，圣人作而万物睹。本乎天者亲上，本乎地者亲下，则各从其类也。"

上九曰："亢龙有悔。"何谓也？子曰："贵而无位，高而无民，贤人在下位而无辅，是以动而有悔也。"

"君子行此四德"，如何行？孔子不但通过六根爻的爻辞进行解释，而且用的是反问句，可谓循循善诱，苦口婆心。

初九说"潜龙勿用"，是什么意思？孔子说，潜龙勿用是"龙德而隐者也"。潜龙是讲德，在潜龙勿用的时候，我们要修德。怎样修？"不易乎世，不成乎名"，"易"是改变，"世"是外在的，意思是要把握原则，不因为外在的、世俗的标准或潮流而改变自己的操守和原则，也不因为别人的赞美、批评而改变自己。"不成乎名"，不追求成就，不要为了博得名声而修养、下功夫。"遁世无闷"，就是孔子在《论语》中说的"人不知而不愠"。"愠"不是怒，是闷闷不乐，因为人家都不知道我。因为怒太夸张了，没有风度，所以"闷"字比"怒"字更好。"不见是而无闷"，开会时，别人不重视、不赞同我们的看法，我们也不要闷闷不乐。

"乐则行之"，我们认为应该做的，心里感觉顺畅的，就好好实行。"忧则违之"，我们认为这件事情不对，心里感觉不顺畅，就避免它。这句话跟忧患意识有没有关系呢？有！范仲淹说"先天下之忧而忧"，就是讲要有忧患意识。这个忧患意识不是消极的担忧，而是要想方法使得天下不要忧。虽然忧是我们有意识、有远见，但是在行为上要避免让天下人忧，一发现有忧患的事情，就要去避免出现这个结果。"确乎其不可拔，潜龙也"，"确"是坚固，要把握住潜德，不因为别人的赞美或批评就改变初心，这是潜的功夫，很深的功夫。

有的人隐居，生怕人家不知道，一直说自己要去隐居了，不做官了。但是孔子，也可能是孔子的学生，对"潜龙勿用"四个字的注解，注出了乾卦的刚健精神。占卜占到"潜龙勿用"，便知道确实不能有作为，但是不作为不是一蹶不振或者消极地等待，而是要修德，修德就是在无为中有为。有了这种涵养德性的功夫，才能在将来用的时候把握住原则。

第二爻的爻辞，"见龙在田，利见大人"是什么意思呢？因为这是第二爻，在内卦的当中，第五爻在外卦的当中，所以这个时候"龙德而正中"。"田"是地面，"见龙在田"就是我们出现在地面上了，比如毕业了，学业有成了，到外面就业了，这时候"庸言之信，庸行之谨"，"庸"就是平平凡凡，即使平平凡凡的一句话，影响也很大，平平凡凡的行为，也需要谨慎。这不是我们说的话很重要，像国君一样一言可以兴邦，一言可以丧邦，而是在日常生活中，一句话、一个行为，都得小心谨慎。

下面这句话是修养功夫，"闲邪存其诚"，这句话很好。因为诚很重要，所以要修诚。诚不是外在的东西，不是说有一个叫作诚的东西在那里等着我们去修，去达到。诚是内在的，须关掉一切邪念，使得邪念进不来，就是诚。"闲邪"是功夫，只要断掉一切邪念，诚自然就存在了。

"善世而不伐","善世"就是我们做了好事,但是"不伐",不表现、不夸耀。"伐"本来是指侵略别人,生活中很多人做了好事之后,觉得自己很对,别人不对,于是就拿自己的对凸显别人的错,这就是"伐"。"善世而伐",即做好事反而伤害了别人。

"德博而化",第二爻是在地上,大地的德是博大的,滋养万物,不仅中国的土地生长万物,其他国家的土地也生长万物。"化"字很重要,它是圣人之德,无远弗届,化及万物,转化万物,化育万物,化民成俗。其实"善世而不伐,德博而化"是讲"'见龙在田,利见大人。'君德也",因为"君德"是君主之德,所以能够"善世而不伐,德博而化",应该是九五,即第五爻。第五爻称"德博而化",在第二爻上就要"利见大人",大人是第五爻,要学第五爻之德。六十四卦中,第二爻多半是讲君子,不但讲有德之人的修养功夫,而且要修养得像天道一样,即大人之德。这是孔子为九二的"利见大人"做的一个注解。

九三原文爻辞是"君子终日乾乾,夕惕若厉,无咎"。孔子解释"夕惕若"是每天晚上要反省,也就是曾子说的"吾日三省吾身"。即反省德能不能进,业能不能修,而不是想明天怎么赚钱。那怎么"进德"呢?"忠信所以进德也",孔子用"忠信"来注"进德",虽然按传统来讲"忠"是忠于君,但是不只忠于君,也忠于国,后来的儒家说忠于自己也是忠。忠是对人的,信也是对人的,用忠信这两个对人的德,来修养我们的德性。

"修辞立其诚","诚"字又出现了,因为"庸言之信,庸行之谨",所以要"修辞立其诚",我们讲任何一句话都要有诚意,都要想想这句话是不是自己心里想讲的。邪在哪里?我们心里知道不该讲的话却讲了,这就有邪了。"所以居业","居业"就是做事,不一定是开创事业，是说做任何事情都要想一想诚不诚。

"知至至之，可与几也"。"几"字出现了，《易经》有三把钥匙，一个时、一个位、一个几。"几"是动之微，任何事情刚刚发生的时候，还非常微小的时候就是"几"。为什么"知至至之"是"几"呢？第一个"至"，我用《中庸》中"止于至善"的"至"来表达，第二个"至"是动词，这句话的意思是，我们要以至善为目标，并努力达到它。修德要"止于至善"，这样才可以把握宇宙发展的"几"。

以上讲进德，下面讲居业。"知终终之"，"知终"就是要完成一件事情，想达到某个目标，"终之"是好好地去完成它，不要半途而废。若要达到这个境界，就要"存义"，"存"字用得好，"存"是保存，"存义"就是时时把握义。这并不容易，路见不平，拔刀相助，只是一时的匹夫之勇，要始终坚持原则不容易。所谓"慷慨捐身易，从容赴死难"，慷慨一下比较容易，但要从从容容地一个步骤一个步骤地去完成，就不容易了。很多人跟朋友合作，开始的时候守义，到了真正有成就的时候就不守义了，只想据为己有，这就是不能终之。

"存"字很重要，"居上位而不骄，在下位而不忧"，无论在上在下都能够进德，都能够存诚，都能够存义，就不会骄傲，不需要忧虑。如此，不管是在上还是在下，都能进退自如，宠辱不惊。

"乾乾因其时而惕"，因为九三上面是乾，下面也是乾，所以它处在两个乾当中，处在阳刚很盛的状态当中。"因其时"，"时、位、几"的"时"出现了，"乾乾"是位，"因其时"是几。什么是"时"？简单来讲，"时"是随时，也是时时，就是时时警惕。这样的话，即使碰到困难、碰到危险，也不忧虑。有的时候即使身处危险了，还是无咎。要注意，"无咎矣"就是咎不由自取，自己不犯错，就能无咎。

接下去由三爻到四爻，由内卦到外卦了，所以"或跃在渊，无咎"。为什么呢？孔子说："上下无常，非为邪也，进退无恒，非离群也。"

前文讲过，六十四卦每根爻都只有一条路子，即都是向上发展的。"跃"是往上跃进，不能倒回到九三、九二。"上下无常，非为邪也"，这里的"上下"，不是爻位的上下，而是外在的上下。比如在职位上，我们可以上做主管、部长，若做不成，就下，像孔子一样教书。可以仕则仕，可以隐则隐，可以做官则做官，不可以做官就做平民，这就是"上下"。

无论上还是下，都是存其诚，没有邪念，"非为邪也"，没有邪念就是诚。在上的时候，就诚心诚意地做领导者应该做的事情；在下的时候，或教书的时候，就以诚去做平民和老师应该做的事，这就是"跃"的精神，往上的精神。虽然我们身在下位，但是精神是往上的，可以进德，可以修业。所以"跃"不是九四往上跃到九五，把九五干掉，"跃"是往上提升精神，进退也一样，可以进则进，可以退则退，退不是要退回到九三，而是退回到自己的位置，退而自居。"无恒"，没有不变的定律，可以进，可以退，没有说只能进，不能退。"非离群也"，不是脱离自己的阶层，孤芳自赏，而是因时而动。

宋明理学家以儒家的义理来讲《易经》的时候，因为阳爻代表君子之德，所以"君子进德修业，欲及时也"，即把握时机。这个时机不管在上还是在下，不管是进还是退，都要把握住无邪的诚。

☆师生问答

学生："非离群也"，"渊"是群的意思吧？

老师：不是"渊"是群，是"渊"的那三根阳爻是群。就发展来讲，到了第四爻，还是要集聚这三根阳爻的精神，才能跃进。这三根阳爻是在"渊"里面，只有在"渊"里面培养我们的知识、才能、德行，我们才能够冲出去。拿我自己来讲，我从中国台湾越洋到美国，到了美国就是第四爻，到外面了，但是我要靠前面三根爻的积累，即我在中国台湾所学的知识经验，不然到了美国我就完了，就只能到餐馆打工了。我有一段时期真的就要没饭吃了，之所以没有到餐馆打工，是因为还有一个力量支持我。这个力量很重要，我的老师一直在鼓励我，而我作为系主任，要是改行去餐馆打工的话，会感觉对我的学生有一点愧疚。但是我太太没有责备我，无咎。有老师、学生和妻子给予的力量，再加上自己的所学，我才能够在这边教书到现在，这些都是"群"，"非离群也"就是不离开这个群，我才能往上进。

然后是第五爻，九五之尊，九五是"飞龙在天，利见大人"。"飞龙在天"没有什么好解释的，重点是"利见大人"。什么是"大人"呢？孔子讲"同声相应，同气相求"，这种解释很简单，声气相通。水往湿的地方流，火往燥的地方烧，气相同就会互相以为类。"云从龙，风从虎"，这个也不需要解释。"圣人作而万物睹"，这句话是重点，孔子把圣人跟万物看成同类，圣人像龙，万物就像云，圣人像虎，万物就像风，这就是同气相求。"睹"是见，真正的圣人出现的话，万物都会现出他们本来的面目，生生不息，得以发展。万物不是相杀，而是共融、共长。这强调了圣人就是大人，为什么"利见大人"呢？因为要像大人一样，像圣人一样，使万物都能够生长。

"本乎天者亲上，本乎地者亲下，则各从其类也"，"本乎天"是多得天气，"本乎地"是多得地气，这是程伊川的解释。朱熹解释说，"本乎天者"是动物，"本乎地者"是植物。我认为这两人的解释都不是很恰当。日月星辰固然是在天上，可是动物是在地上的，圣人也是动物。所以我的解释是，"本乎天者"是敬天，"本乎地者"是爱地，有的人敬天，有的人爱地，敬天爱地，各从其类。譬如从事宗教工作的人敬天，从事种植工作的农夫爱地，他们之间没有好坏的分别。

所以，重点还是"圣人作而万物睹"，"圣人"就是大人，九五的大人是指九二，九五以九二为大人，九二以九五为大人，圣人以万物为大人。真正的圣人，本乎天者就亲上，本乎地者就亲地，圣人是敬天爱地。

接下去到上九了，上九就不好了，它在六根阳爻的最上面，"亢龙有悔"，这条又高又傲的龙的阳气太盛，物极必反，这是《易经》的道理。为什么叫"亢"？孔子对"亢"的解释是"贵而无位"，"位"就是位置，太尊贵了，跳出去了，不再在它的位置上了。我们形容一个人很骄傲，常说他不知道自己是谁，如果知道自己是谁，就知道自己的位置，就知道在那个位置应该怎么做、怎么说了。"高而无民"，太高了，脱离群众了。九五"圣人作而万物睹"，虽是以民为本，以民为大人，以贤人为大人，但现在他骄傲、无民，没有基础了。即使他有人才、有贤人，"贤人在下位"，也不能起作用，"而无辅"，不能辅佐他。贤人需要主动去挖掘，真正高明的领导者，一定会有贤人相辅。所谓"万物睹"，就是指每个人都能发挥作用，这才是真正的圣人。否则的话，一人独贵，便"动而有悔"，做任何事情都会后悔。

3. 三次重谈六爻

（1）一谈六爻

"潜龙勿用"，下也。"见龙在田"，时舍也。"终日乾乾"，行事也。"或跃在渊"，自试也。"飞龙在天"，上治也。"亢龙有悔"，穷之灾也。乾元"用九"，天下治也。

接着再以六根爻的位置来解释。"'潜龙勿用'，下也"，"下也"是指位置在最下面。"'见龙在田'，时舍也"，"舍"是居，"时"是要把握时间，在自己的位置上，居其位，修其德。"'终日乾乾'，行事也"，是指由内到外，怎样处理事情、怎样行事，都要有心理准备。"'或跃在渊'，自试也"，"自试"就是自我考验，为什么用"自试"

两字？因为"跃"就像小鸟学飞，翅膀一下子张不开，再试一次，一再地跃，终于跃上去了。"'飞龙在天'，上治也"，"上治也"是指以上治下，圣人、君王在上面，把下面治理得很好。"'亢龙有悔'，穷之灾也"，阳气太盛，阳刚到了极点就有灾祸。乾卦不是绝对至美的，是有缺陷的，因为阳刚太盛。

"乾元'用九'，天下治也"，为什么这个地方讲"用九"，要先讲"乾元"呢？因为"用九"是把这一根阳爻用在其他六十二卦里面，也就是乾元在其他每个卦的作用发展。"元"是始，在其他六十二卦上开始发展了，这个时候要怎么样呢？要"用九"，"群龙无首"，群龙无首，天下太平。"天下治也"就是使万物睹也，使万物都能发展。中国哲学讲"平天下"，平天下不是治理天下，而是使天下都能够均平，使万物都能够均衡，所以天下治就是天下平。

（2）二谈六爻

"潜龙勿用"，阳气潜藏。"见龙在田"，天下文明。"终日乾乾"，与时偕行。"或跃在渊"，乾道乃革。"飞龙在天"，乃位乎天德。"亢龙有悔"，与时偕极。乾元"用九"，乃见天则。

再回来讲这六根爻。"潜龙勿用"是阳气潜藏，是指第一根阳爻潜伏在那里。"'见龙在田'，天下文明"，这里用了"文"字，因为这一根爻在地上，所以是地文，是指我们的人生现象界。"天下文明"，"文明"两个字在这里出现了。注意，这是由大地培养出来的，今天的"文明"是指物质的进步，这与大地给予我们物质不无关系。"'终日乾乾'，与时偕行"，把握时间，好好修德立业。

"'或跃在渊'，乾道乃革"，"革"字出现了，《易经》有革卦，"革"就是改变，因为由内卦变到外卦，所以是大改变。"革"字在《易经》里面有三个意思，第一是变、变化，第二是革新，由内到外全新的境界，第三是革命，革一定要好，如果革命革得更坏，就是叛乱，真正的革命，一定是往上的。革卦后面是鼎卦，"鼎"就是新，建立一个新的制度叫作鼎。所以就这一爻来讲，到了"或跃在渊"，经过了改变、转变、革命，一个新的政治变化之后，大家的精神都纷纷往上发展，这才是革。

"'飞龙在天'，乃位乎天德"，天地之大德曰生，"天之德"是笼罩万物，使万物都能够显现，都能够平等，都能够发展。"天德不可为首也"，如果天德为首，作为领导就想支配别人，要别人跟着自己走，这样的话就有问题了。天德是使万物以自己为首，万物跟着自己走，而不是以天德为首，跟着天德走。最后"'亢龙有悔'，与时偕极"，上九这一爻很清楚，时间发展到最高，走到极端了，不能再进了。

"乾元'用九'，乃见天则"，"则"是理，是法，"天则"就是乾的法则，也是这根阳爻的法则。这根阳爻的法则，当然是刚强、刚健，但是不骄傲，要谦虚，要知退。知进而不知退是亢龙，能知进退就是天则，四时的运行有进有退，春到夏是进，夏到秋是进，秋到冬是进，冬又回春才能循环，如果一直进下去，就冻死了。

（3）三谈六爻

"乾元"者，始而亨者也。"利贞"者，性情也。乾始，能以美利利天下，不言所利，大矣哉！大哉乾乎，刚健中正，纯粹精也。六爻发挥，旁通情也。时乘六龙，以御天也。云行雨施，天下平也。

君子以成德为行，日可见之行也。"潜"之为言也，隐而未见，行而未成，是以君子弗"用"也。

君子学以聚之，问以辩之，宽以居之，仁以行之。《易》曰"见龙在田，利见大人"，君德也。

九三重刚而不中，上不在天，下不在田，故"乾乾"因其时而"惕"，虽危"无咎"矣。

九四重刚而不中，上不在天，下不在田，中不在人，故"或"之。"或"之者，疑之也，故"无咎"。

　　夫"大人"者，与天地合其德，与日月合其明，与四时合其序，与鬼神合其吉凶，先天而天弗违，后天而奉天时。天且弗违，而况于人乎？况于鬼神乎？

　　"亢"之为言也，知进而不知退，知存而不知亡，知得而不知丧。其唯圣人乎？知进退存亡，而不失其正者，其唯圣人乎？

　　""乾元'者，始而亨者也"，"元"是始，"亨"字很重要，始而不亨是指一开始就夭折了，不能发展，任何事情开始之后，能够亨才能发展。""利贞'者，性情也"，这个地方把"利贞"讲作性情，我认为很重要。就字面意思来看，利者情也，利是一种情，是私情。贞者性也，即我们的本性。我们不要把私看得太坏，它的意思是个人的，我们常问有没有利，都是从个人的角度来说的。如果把"性情"两个字分开，性是指本性，是贞，情是指运用，是利。如果把两个字合在一起，就说"这个人性情很好"，往往以情为主，"利贞"就是在情上讲的。

　　中国哲学，尤其是宋明理学，把性情讲得太玄，性即理也、理也性也，什么都可以贯通，讲了千百年，还是不知道什么是性。性善、性恶，虽用"性"字，但讲的都是"情"。我的解释就是，把《文言》里很抽象的性情，当作利贞来用，在情上要讲利，在利上要讲义，在义上要讲和，所以"利者，义之和也"，即用情的时候要讲和，不和的话，情就偏了。讲性的时候要讲贞，贞是用，就是把握原则，重视人格，即把握性的用，不然性善、性恶就只是一个抽象的观念。性通乎贞，就处世了，"贞者，事之干也"，把性跟情运用在事上，就是贞和固。

"乾始，能以美利利天下，不言所利，大矣哉"，"美利"就是大利，就是义。冯友兰在《中国哲学史》中有一个注，他说中国哲学以及中国古代的哲学家都太理想化了，不言功利。这话说得不对，中国人不是不言功利，中国人讲的是大功大利，所谓义是"利之和"，是大利。也就是讲道德，不是不功利，而是真正有利于人生。《小象》讲用九是"天德不可为首也"，天德之所以不可为首，是因为"以美利利天下"，而"不言所利"，不强调这是它给万物的利。天道使得万物生长，却从来不居功。

"大哉乾乎，刚健中正，纯粹精也"，这句话朱熹注得很正确，"刚"就是元；"健"就是亨，亨通；"中"就是利，义之和；"正"就是正固。"刚健中正"是"元亨利贞"在现象界的解释。"纯粹精也"，"纯粹"是明明白白，指的是乾，《彖辞》讲"大明终始"，乾是真正的大明，朗朗乾坤就是明，从终到始都明明白白。"精"是不杂，"道不欲杂"是《庄子》里的话，道没有杂，一有杂念便不是道。

"六爻发挥，旁通情也"，"发挥"就是到事物上发展，六根爻跟事物一起看，因为每根爻都是指某事某物，所以它旁通事物之情。"情"字出来了，"情"是什么？朱熹注为"曲尽"，"曲尽"是指完全曲折地表达万物的性能，但是意思还不到位。为什么曲尽呢？因为要曲尽其情。我加了一个"情"字，是说打通万物是由于一个"情"字。这里要注意了，"情"字在古文中有时候当作实在的"实"，万物之情，万民之情，也就是万物之实，万民之实。但是这里为什么用"情"字，不用"实"字？因为"实"字比较空洞化、抽象化，"情"字比较人性化、人情化，比较有感情。因为六爻是关系，父子之情、君臣之情、夫妻之情，所以用"情"字比较鲜活，用"实"字就死板了。

"六爻发挥，旁通情也"，跟"'利贞'者，性情也"，前后相关。

前面我用"情"字解释"利"字，为什么？因为六爻也讲吉凶，讲利不利、和不和，这是情也。李清照说"怎一个愁字了得"，我有一篇文章叫《一个情字了得》，宇宙万物，通天下、通万物，就是一个"情"字而已。圣人见万物是情，悲天悯人是情，慈悲是情，所以我们跳不出"情"字。不要把"情"字只是看成男女之情，《易经·文言》中用"情"字来讲六爻的变通，是把六爻给写活了，与人性、人情相关，这是很重要的。

"时乘六龙，以御天也"，为什么用"时"字？因为这六根爻都是随着时间而变动的，不是固定在初爻、二爻，所以运用起来是"时"在变化，"位"也跟着变化。"六龙"就是六根爻，乾的六根爻是龙。"以御天"是指用天道，亦即以天道为用。"云行雨施，天下平也"，前面讲"天下治"，意思是圣王治天下，这里讲"天下平"，因为云是行遍天下，雨是普施万物，所以万物均平。

"君子以成德为行，日可见之行也"，是指君子以成德为行为的目标，这个行为是指每天生活中可以看得见的行为。"'潜'之为言也，隐而未见，行而未成"，这是解释初九在成德、成行的前面，所以隐，这个时候要修德、修行，因为还谈不上用，所以"君子弗'用'也"。

到了九二，"见龙在田，利见大人"，"大人"除了指君主，也代表老师，代表原则，代表我们追求的至善。"学以聚之，问以辩之"，要做学问、研究知识，这是努力求学求德。"宽以居之，仁以行之"，这是行德的功夫，"宽"是对人要宽，"己所不欲，勿施于人"就是一种宽。"仁以行之"是"己欲立而立人，己欲达而达人"，也是仁德的实行。"'见龙在田，利见大人。'君德也"，这里讲到九五，"大人"是九五之尊，也是天德、君德。

到了九三，"重刚而不中"，"重"是重复，内卦是刚，外卦也是刚，因为两个卦都是刚，所以"乾乾"。为什么"而不中"？因为二爻跟五爻是中，第三爻既不在上面的九五，也不在下面的九二，"上不在天，下不在田"，所以这个时候要"因其时而'惕'"，顺其时来自我警惕，"虽危'无咎'矣"，虽然危险，但不会有灾难。前面讲过，第三爻是由内到外，变化很大，所以处境很危险，都代表凶、代表危。

九四同样是"重刚而不中"，但是朱熹说，九四不是重刚，"重"可能是多出来的字，这种说法没有道理，四在外卦是刚，内卦也是刚，怎么不是重？九四的处境和九三一样，既不在九二上，也不在九五上，合乎"上不在天，下不在田"，也不中。为什么九四比九三多一个"中不在人"呢？因为九三向上发展到九四，还在人位，可是九四向上发展，功高震主就危险了，所以用"中不在人"为警惕。"'或'之者，疑之也"，"疑之"就是有思虑之心，要多加考虑。九四是大臣，一人之下，万人之上，常常被认为是至高无上的，其实这是错觉，因为九四不是九五，不是君主，所以"疑之"就是要了解自己的位置。必须有这种疑虑，有这种战战兢兢之心，如同《系辞》说的"四多惧"，才可以无咎。注意，无咎者本来有咎，因为有这样的心态，所以无咎。六十四卦里面，凡是有"无咎"两个字的爻辞，都可以看出来这个爻本身在位置上和关系上都有麻烦，如果按照指示去做，就可以免于麻烦。

接着就是九五，"利见大人"。《易经》的卦辞里面有君子，有大人，有小人，《易经》本身的大人，多半指九五，第五爻。但是这里对"大人"的解释，是孔子跟他的学生，也就是儒家哲学上的解释，不一定是原来作《易》者或者文王当时想象的大人。"夫'大人'者，与天地合其德"，天地之大德曰生，德者生生之德，跟天地同其德，即大人也是配合天地，顺着天地，使万物生长。"大人"是《老子》所谓的"圣人"，"生"是"生而不有"的生。"与日月合其明"，大人的明、大人的智慧，像日月一样。当然，因为日月是照耀万物的，所以这个明是照耀万物的明，是自然之明，而不是小智小慧。如果从佛学的角度来说，就是不用知之明，不能用知去分析，大人可以达到"美利利天下"，而"不言所利"的境界。"与四时合其序"，"四时"是指天地万物的生长跟四时的变化相通，春天就生，夏天就长，秋天就收，冬天就藏，不违背天时，顺着四时的次序发展，跟自然同生，跟自然同化。

这一句有点费解，"与鬼神合其吉凶"，"鬼神"两个字怎么解释？就儒家的讲法，"鬼"是祖先，"神"是天地神明，所以鬼是好的，不一定是坏的，"鬼神"两字常合在一起。谦卦提到"鬼神害盈而福谦"，"盈"是满，鬼神给骄傲自满的人处罚，就是凶，给谦虚的人福，就是吉，"合其吉凶"就是这个意思。鬼神是吉凶，而大人跟鬼神一样，给人以吉凶而无私心。如果用《老子》的话说，就是"天地不仁，以万物为刍狗"，天地不说自己为仁，把万物当作刍狗，当作祭品，就是万物自然。天地不会偏爱这个或那个，做好事得好报，做坏事得坏报。鬼神也是一样，吉凶靠自己，自己做了不好的事情，得到凶，顺着天理自然做，就得吉，吉凶在于我们自己如何做。大人跟鬼神合其吉凶，就是跟万物合其吉凶，跟造化合其吉凶，做的事情吉的就是吉，凶的就是凶。

这里把这个道理讲得比较哲学化了，实际上归纳起来，就是一个"道"字。与天地合德，合一个"道"字；与日月合明，合一个"道"字；与四时合序，合一个"道"字；与鬼神合吉凶，合一个"道"字。这是天地之道，因此说"先天而天弗违"，"先天"是在天地之先，天地根据道发展，如果我们能够把握道，即使在天地之先，天地也会跟着我们一起走。因为我们随着道，天地也是跟着道，所以我们跟天地相同、相合，那么我们做任何事情都不会违背天地，天地也不会违反我们。"后天"是指在现象界中，实际上就是顺天，我们顺着天走，做任何事也顺乎天道的自然，用《老子》的话说，即"道者同于道，德者同于德"。《老子》中，"道"是宇宙普遍的道，"德"是个人的修养，"先天而天弗违"指的是道，"后天而奉天时"指的是德，修德。"天且弗违，而况于人乎？况于鬼神乎？"如果我们合乎天，还怕人祸吗？还怕鬼神吗？实际上，再变通一下来说，鬼神就是生死，而况生死乎？怕鬼神就是怕生死。

接下去讲上九，什么叫作"亢"？"亢"是指"知进而不知退"，只知进，拼命往上爬，爬到最高还不满足，像袁世凯做了总统，还想做皇上，这是知进而不知退。"知存而不知亡"，"存"是存在，指实的东西，只知道抓牢不放，不知道任何东西都会消失。存是实，亡是虚，知实而不知虚，知有而不知无。"知得而不知丧"，拼命要得到这个，要得到那个，而不知"丧"，"丧"就是失，这是亢龙的毛病。

"其唯圣人乎？知进退存亡，而不失其正者，其唯圣人乎？"我们先看"知进退存亡"，实际上，《老子》全书就是在讲知进退、存亡、得失，"反者道之动""为者败之，执者失之"。我们要注意，圣人知进退、存亡、得失，然而知进退、存亡、得失的人，是圣人吗？不是。重点还在下一句"不失其正者"，只有圣人能做到不管进退、得失，都能守其正。这个"正"字就是贞固，贞也是正。贞是"事之干也"，因为任何事情都有进退、存亡、得失的变化，所以我们处理任何事情要把握"干"，把握"正"。"正"是正道，该进时进，该退时退，在存时想到亡，得失不挂于心。做到这些不容易，因此最后加了一句赞美，只有圣人能做到啊！

我们常常把进退、存亡、得失放在政治上得高位来说，但是真正讲起来，它不只是指位置的高下，也指人心。《老子》说"去甚、去奢、去泰","甚"是过盛,"奢"是过侈,"泰"是过逸,这也是亢,拼命要更多、更好、更高。不只是外在位置的亢,人心的欲望过多也是亢。但不是位置高了会亢,即使位置不高,欲望的浪头也会把我们冲到亢。我们闭着眼睛想一想,是不是曾经为了某一个欲望而辗转难眠?这就是亢的表现。

第二卦 坤 ䷁

【卦辞】

坤：元亨，利牝马之贞，君子有攸往，先迷后得，主利，西南得朋，东北丧朋，安贞吉。

坤卦六根爻都是阴爻，坤是地，所以坤代表地道。乾卦卦辞是"元亨利贞"，坤卦也有这四个字。"元亨"，表示坤是始。只有天道，没有地道，便不能产生万物，而只有坤，没有乾，也不能产生万物，所以乾坤同其始。很多人认为坤是柔弱，这个看法虽没错，但不需要把坤看得太弱。这里我要再加上一句"天地共大"，乾是天，是大，坤是地，也是大，有乾无坤不是大，有坤无乾也不是大，乾坤合则大，天地共大。"乾坤并读"，则是指乾坤要摆在一起来念。

乾道是天道，乾道的亨是向上通。坤道是地道，坤道的亨是向万物通，给予万物以生命的物资。古人祭天也要祭地，所以天地乾坤，"元亨"两个字的意思是一样的。"牝马"是母马，乾代表龙、代表马，我们讲的龙马精神，就是乾的精神。坤也代表马，但坤代表的是牝马，代表柔顺。

"君子有攸往"，坤是往，也是自强不息。下一句有两个版本，一个是"先迷后得，主利"，另一个是"先迷后得主，利"，这是个条件句。第一个版本的解释，"先迷"指开始的时候有迷惑、有疑虑、有障碍，"后得"是指后来有所得。第二个版本的解释，"后得主"是指后来得到乾这个主人，即有利。

为什么"先迷后得"？我用地道来解释。万物的种子植入大地，在地下深处看不见，时候到了才会往上生长，所以说地道是曲折的，而乾道、天道，就像太阳光一样，是直线式的。阳气是直线式的，但阳气到了地下就变成了阴气。向日为阳，背日为阴，直线是阳，曲线是阴，这是"阴阳"两个字的原意。我认为乾坤两卦，最重要的是坤卦，乾是一个抽象的原则，而真正生万物的是坤。"迷"，坤卦开始的时候看不清楚，后来就清楚了。这里要注意，"先迷后得主"，最终是有利的。

"西南得朋，东北丧朋，安贞吉"，这句话根据卦象可以这样解释，"西南"是坤，为阴，阴与阴是同类，所以"得朋"；"东北"是艮，是阳，阴遇阳，所以"丧朋"。

有些考据学者完全把《易经》当作占卜的书，不当作哲学的书，他们认为"元"是大，"元亨"是大祭祀，"利贞"是好的占卜。这样解《易经》没有深意，我们要把《易经》当作道德修养功夫的书来解，要学习将"元亨利贞"与自己结合，然后加以运用。

"西南"是阴，是坤，"东北"是阳，是艮。这个卦告诉我们，地道是阴的，我们要处阴。当然阴跟阳要配合，而阴跟阳的配合，不是说阴直接去跟阳配合，而是阴要吸引阳过来。要注意，坤为地，地有引力，能吸引乾道、天道过来，而不是说去迁就，甚至去斗争。所以接着是"安贞吉"，即要安于我们的贞，这个贞是阴的贞。阳的贞是阳刚，阴的贞是柔顺，安于我们柔顺的本性，否则就是凶。吉凶是一个判语。

【彖辞】

《彖》曰：至哉坤元，万物资生，乃顺承天。坤厚载物，德合无疆。含弘光大，品物咸亨。牝马地类，行地无疆，柔顺利贞。君子攸行，先迷失道，后顺得常。西南得朋，乃与类行。东北丧朋，乃终有庆。安贞之吉，应地无疆。

"至哉坤元，万物资生，乃顺承天"，为什么用"至"不用"大"？朱熹的注说，"至，极也，比大义差缓"。差在什么地方？乾是用大，乾一开始就表现出天道的大与无所不包。"知至至之"，"至"作动词，是要达到，要去行的。所以我认为坤以乾之大为大，乾的大是坤的理想，但是坤只完成了一个大。"至哉坤元，万物资生"，"万物资生"，即万物靠着它而生。乾卦的《彖辞》是"万物资始"，万物靠着它而开始。地生万物而有形，乾道之始，万物没有形，只是赋予万物生生的气质，万物之气是通过坤道而具有形体，有气有形，则产生生命，因此是"资生"，地是万物生长的温床。以人来说，父亲提供精子，母亲提供卵子和子宫，这一结合才能孕育出生命。天地是万物的父母，所以道理是一样的。《老子》讲道生万物，道是给万物生生的原理，不是直接给万物生命，万物根据这个生生的原理才能生。"乃顺承天"，是讲坤的作用，坤是顺天、承天，地要注入天道的阳气才能生万物。《老子》说"冲气以为和"，阴阳相和而生，所以坤的性能是顺天、承天的。

"坤厚载物"，坤是地，因为地道有形，所以用一个"厚"字代表大地深厚，承载万物。"厚"者生也，中国人认为做人要厚道，就是要学地道的无私，人不要有偏私之心。从卦象上看，三根阴爻是地，但是这三根阴爻是虚，不是阳，阳是实。地的厚在于虚，它没有成见，种瓜得瓜，种豆得豆。地道没有自我，所以才能载物，万物都可以载，所以"德合无疆"。朱熹认为"德合无疆"是配乾，我倒不认为如此，因为在中国人的观念中，地本身是无疆的，但是天也是无疆的，所以天地合一，悠久无疆。

"含弘光大"，这是一个重点。地道是涵养，不是发展，但是它所含的是"弘"，"弘"是大，"含弘"才能光大。地代表我们的心胸，心胸宽大能够包容万物，才能够发展万物、开创万物。"含弘"是功夫，"光大"是作用，能"含弘"则能"光大"。"大"本来是乾，"乾知大始"，乾是大其开始，是向外的；坤也是大，但是功夫在"含弘"里面，是向内的。坤道和乾道有相同的作用，都是生育万物，因为坤道有这种胸襟，有这种开放性，有这种修养，所以"品物咸亨"。坤道在给物以形之后，它能"咸亨"，"咸亨"就是能够无所不通，使万物都能够生长，即亨通。比如现在人做生意都说生意亨通，只讲个人亨通，是我通，他不通。但是坤道是使万物亨通，使万物各得其所养，这就是"亨"。

"牝马地类，行地无疆"，为什么是母马呢？因为母跟地同类。母马跟雄马一样跑得很快，也很强健，甚至有时候母马比雄马健壮。女性的力量有时候比男性要强，男性的强是自强，女性的强是不息。女性一般比男性活得长，因为她们有柔顺的功夫。"柔顺利贞"，是说以柔顺为它的性情。前面说过"'利贞'者，性情也"，而地道、坤道就是以柔顺为自己的性情，也可以说柔者性也，顺者情也。"君子攸行"，君子可以往前行，但是"先迷失道，后顺得常"，开始的时候好像迷路了，误入歧途了，后来顺乎天道，回到了正途，返回了常道。"常"者常道，正常。

"西南得朋，乃与类行"，因为西南是阴，所以到西南会得到同类。"东北丧朋"，东北是阳，到东北会失去同类。"乃终有庆"，在东北丧朋之后，为什么"有庆"呢？朱熹认为，东北丧朋之后回到西南，"乃终有庆"。就像文王一样，他被商纣囚禁在东北，后来被释放回到西南。文王被囚禁的时候，用的是柔顺之德。《封神演义》中记载，纣王听说文王会算卦，就想考验他，于是把他的长子剁成肉酱，并做成了肉丸给他吃。文王为了表示自己不知道，就吃了下去，这是多大的忍耐与柔顺。纣王想，文王算卦，连自己儿子的肉都算不出来，还吃了下去，可见不怎么高明。因为文王如此坚韧柔顺，所以能虎口逃生。"安贞之吉"，指柔顺之道，能够"应地无疆"，坤道就是应乎地，应乎地就是效法地的无疆。各用两个字来注解乾坤两卦，乾是敬天，坤是效地，我们效法乾坤，所以要敬天、要效地。效地很重要，效地就是学地的功能，生养万物，不只是嘴上说爱地球而已。

【象辞】

《象》曰：地势坤，君子以厚德载物。

按照朱熹的说法，原始《易经》的《象》是《大象》，《象》都是很简单的一两句话，是根据六十四卦的卦象来说的。六十四卦里的坤卦，是八卦里的两个坤卦重合而成，坤上、坤下就是坤卦的卦象，也就是《大象》。《大象》都是从两个角度来谈的，一个谈政治，另一个谈道德修养，坤卦的《大象》是讲道德。

"地势坤"，因为坤代表地，地有形，所以讲势，叫作地势。什么样的地势呢？地本是厚的，两个坤卦叠在一起就更加深厚了，君子效法地的象，就要像地一样用厚德载物。我们要注意"以"字，就是参看这个象，观象的厚度。地厚才能载物，地薄就载不动，人的德要像地一样厚，厚德载物是修养。

【六爻性能】

初六：履霜，坚冰至。

《象》曰：履霜坚冰，阴始凝也，驯致其道，至坚冰也。

六二：直方大，不习，无不利。

《象》曰：六二之动，直以方也，不习，无不利，地道光也。

六三：含章可贞，或从王事，无成有终。

《象》曰：含章可贞，以时发也。或从王事，知光大也。

六四：括囊，无咎无誉。

《象》曰：括囊，无咎，慎不害也。

六五：黄裳，元吉。

《象》曰：黄裳元吉，文在中也。

上六：龙战于野，其血玄黄。

《象》曰：龙战于野，其道穷也。

用六：利永贞。

《象》曰：用六永贞，以大终也。

初六就是最下面那根爻，是阴爻。"履霜，坚冰至"，阴气凝结，一开始就像刚结霜一样，很薄，阴还很弱小。但我们一踩到霜，就知道坚冰要来了，即天气会越来越冷。在这里，"坚冰至"有两个意思，第一个意思是随着时间的推移，天气会越来越冷。秋末冬初时，霜降了就知道寒冬要来了，这是时间的问题。第二个意思是几微，《老子》说"大事必作于细"，"细"就是几微细小，了解这个道理，就知道事物发展的趋势，便能够未雨绸缪，防患于未然。

"坚冰至"，在时间上讲是顺着时序发展，在几微上讲是要小心谨慎，这是初六的爻辞。下一句有"《象》曰"，这个"《象》"是《小象》，每根爻都有一个《小象》，一个卦有六个《小象》。

《小象》说"履霜坚冰，阴始凝也"，这是孔子跟他的门人，对"履霜，坚冰至"做的解释。什么叫作"履霜坚冰，阴始凝也"？就是阴气刚刚开始凝结，看不见阴，看得见霜，所以是刚开始看见霜时，阴气便开始凝结了。"驯致其道，至坚冰也"，"驯"就是顺，从时间上来讲，如果顺其发展下去的话，就会有坚冰来临了。

一般来说，六十四卦第五爻是主爻，也就是这个卦的主人，代表这个爻的中心问题。但是有些特别的卦，除了第五爻是主爻，还有一爻是主爻，同样很重要，它可能在第二爻，可能在第三爻，也可能在第四爻。以坤卦来讲，六五是一般性的主爻，但是六二是坤卦讲地的主爻。为什么呢？因为六二在地上，正是代表坤卦的主要性能。

坤卦的第二爻爻辞是"六二：直方大"，这是坤卦的德行，因为坤卦代表地，第二爻正是地面，地面是直的、是方的，也是大的。"直方大"三个字是从地势里面得出来的，即"地势坤"，很奇妙的是，这三个字也是乾卦的德行。为什么也是乾卦的德行呢？因为六二需要跟九五相配，阴阳相配，所以它需要阳性、阳德来充实，不能完全是阴柔的。其实坤也要顺阳承天、顺乾，取法乾道的阳刚。"直方大"一方面是坤德，另一方面是乾德，因此我创造了一个名词"乾坤同德"，即它们在德行方面相同。

"不习，无不利"，"习"字比较难解，朱熹认为是"不待学习"，不需要学习，这可以当作粗浅的解释，就像孟子说的"不学而知""不学而能"是良知、良能，就是自然的。但是这个解释还不够深入，我认为"习"的第一个意思是学习，第二个意思是练习。"习"有一个词语叫习惯，佛教称为习气，即陋习。"习（習）"加一个提手旁，变成"折（摺）"，折叠便是从"习"字来的。我们把"习"字的这些意思合在一起看，"不习"就是不要在心中有折叠，即心中不要想得太多，不要犹豫不决。这是传统上对女性的批评，但坤卦的女性之德正相反，不是说顾虑太多，而是说要开放，要有阳刚之气。"无不利"是无不顺利。坤道取法于地，重视开放，只有开放才能无私地接纳所有种子，使它们成为万物。

《小象》说"六二之动，直以方也"，"动"是用，作用是"直以方"。"直"是一个德，"方"是一个德，"不习"是一个条件。爻辞说"直方大"，《小象》说"直以方"，"大"字去哪里了？在后面，即"地道光也"，"光"就是大。有直，有方，还要"不习"，如此才能够大，所以"不习"还是一个功夫词，要在"不习"上下功夫。怎么直？怎么方？怎么大？即要能"不习"。用现代话讲"不习"，不正是开放吗？"直"要能开放，否则会伤人；"方"要能开放，否则会固执；"大"要能开放，否则会骄傲。所以我认为"不习"是条件句，补正了"直方大"可能的偏向。

"六三：含章可贞，或从王事，无成有终。"地之德是"含"，包含万物，含蓄、涵养、涵盖、包容。"章"是文采，是表现。"含章"就是涵盖我们的光华，涵盖我们的文采，这也是《老子》中和光同尘的哲学。

"蓄"字也很重要，得有东西才能蓄，大畜、小畜两卦就是指阴能蓄阳。"章"也是一样，得有文采，如果没有"章"，只是"含"就完了。女性有文采、有智慧、有思想，但是在表现的时候需要遮一下，尤其第三爻处于由内向外的位置，很危险。《易经》中阴阳一定是相应的，阴阳同样重要。宋明理学有的注把阴当成小人，或当成杀气，这都是不对的，阳若没有阴，这个阳就完了。进一步讲，乾坤两卦中，真正伟大的政治家用的是坤卦，不是乾卦，因为乾只是往上发展，而坤有一个曲折性，宇宙没有曲折就完了，所以坤卦是非常重要的。

在现实人生的运用上，第三爻由内到外，还是女性做主的。女性有才能，但是即将要展示的时候该怎么做呢？六三是面临展示的时候，但还没有展示，"或从王事"，"或"字出现了，前文"或跃在渊"也有一个"或"字。"或"代表有一点疑虑，看不清。"或从王事"，即面临一个抉择，是选择王事，还是选择个人的私事。为什么用"或"呢？因为"无成有终"，没有成就会有疑虑，当然"或"了。"或"就是或者、考虑，即看得不是那么清楚，看得清楚的话马上就去做了，就不会有疑虑了。就像许多女大学生都很有才学，毕业后是要做家庭主妇，还是到社会上去施展才华？这是"或"，是一个选择。"从王事"就是参政，文王在写《易经》时，当然没有想到女性可以参政，这里是指学者出仕。上面第四爻是宰相，学者初出仕，即使有成就也会被宰相冒领，当然"无成"，但最终有出头的一天，所以"有终"。

《小象》说"含章可贞，以时发也"，这里用了一个"时"字，是因为前面"无成"，后面"有终"，所以是时间的问题。虽然开始的时候无成，但"以时发"，到了一定的时间就会发生变化，所以这是一个权衡。只要做事把握时间、顺着时间，将来就会有好结果的。"无成"是有守，"不习"是有放，有守有放。《小象》又说"或从王事，知光大也"，"或"字是有疑，为什么有疑呢？因为光不光大不是我们能够决定的，重点在于我们的内心要求光大，至于能不能光大，是有很多外在条件的。这里说"知光大"，指我们要知道光大，选择走光大的路。

"六四：括囊，无咎无誉。"六四到了外面了，到了实际的行为，政治上就是大臣、宰相，这个时候要"括囊"，"囊"就是口袋，口袋象征嘴巴，扎紧口袋即守口。作为一个宰相，要能守口。爱表现自己的功劳、能干，就会遭妒，很危险。"括囊"是只做不说，如果我们很能干，就实际上去做，这样的话便会无咎，没有祸患。"无誉"有两个意思，第一个意思是我们不讲出去，人家不知道我们。第二个意思是不要自己求誉，一心求誉的话，做法就不切实际了。

《小象》说："括囊，无咎，慎不害也。"第四爻是战战兢兢、戒慎恐惧的。这个"慎"字很重要，作为大臣要小心，历史上最大的臣是谁呢？诸葛亮，他一生唯有谨慎。"慎"不仅使我们免遭祸害，还能使我们所做的事顺利完成。

"六五：黄裳，元吉。"第五爻是君主，因为是阴爻，所以假定是女性做了领导。就古代的女性来说，只有武则天做了皇上。即使是男性，到了六五这一爻，个性也不是很刚强，因为阴代表柔弱。那么他该怎样把握呢？"黄裳"，黄色是地色，是低下之色，不过黄也代表中，是中下之色。"裳"是下面的衣服，是下的意思。"黄"是下，"裳"也是下，虽然君主在很高的位置，但他披上黄色的衣裳，就表示他的处下，他的谦虚。

《小象》说："黄裳元吉，文在中也。""文"是文采，前面是"含章"，这里讲文采。文采外面加黄裳，即掩盖了文采。"元吉"一般解释成大吉，为什么不直接写大吉而要用元吉呢？我认为"元"是"元亨利贞"的元，从根本上来说，指开始。在用上，我把"元"解释成动机，我们要有正确的动机才能吉，所以说能"元"则有吉。什么动机呢？是谦虚，不是权谋，权谋的话就不"元"了，而是利用。刘备不是圣王，他让五虎将去出征，却哭自己无能，有点权谋，不是元吉，因此这个"元"字我要特别强调。

"上六：龙战于野，其血玄黄。"六根阴爻累积到最上面一根，阴气太重了，不只是阳盛会骄傲，阴盛也会骄傲，阴也有虚骄，也会过亢。乾卦上九是"亢龙"，"龙战于野"是指与龙相战，即跟乾相斗、跟阳相争。"野"，意思是掉出去不在位置上了。"其血玄黄"，天玄地黄，天是玄色的，地是黄色的。结果流血，血中玄黄混杂，指天地破裂，都流血了，也指阴跟阳都流血了，不能和谐了。所以"龙战于野"，就是上六这根爻以为自己是龙，其实是假龙，假龙与真龙相战。

《小象》说："龙战于野，其道穷也。"是指穷途末路，物极必反，路走不通了。

六十四卦里，只有坤卦有"用六"，"用六"就是怎么用这六根阴爻，怎么把六根阴爻合在一起变成一根阴爻，然后把这根阴爻用在其他卦里面。答案是要"利永贞"，永远地把握我们的贞，"贞"是柔顺。朱熹的注说，"阴柔而不能固守，变而为阳"，我不同意这个说法，阴柔怎么不能固守？"永"是固，要固守阴柔之德，而不是要变阳。前面"用九"是"见群龙无首"，阳爻不要骄傲，阴爻要保持阴柔之德。阴要在自己的位置上，"利西南"就是在阴柔的位置上有利，不是要求阳过来。中国古代的女性是要吸引男性前来，不是跑去找男性，这是女性厉害的地方。

《小象》说："用六永贞，以大终也。""大终"讲得很好，它虽然保持着柔顺之德，但目的还是为了大，其结果还是大，"无成有终"，即"以大终也"。"同其大"，虽然都是大，但是方法不同，乾的大是正面发展的大，坤的大是跟着乾一起大。夫大人者，与日月同明，大人不是日月，但是大人能感受日月之明，可以跟日月同其明，因为是顺着日月走的。

【文言】

《文言》曰：坤至柔而动也刚，至静而德方，后得主而有常，含万物而化光。坤道其顺乎，承天而时行。

积善之家，必有余庆，积不善之家，必有余殃。臣弑其君，子弑其父，非一朝一夕之故，其所由来者渐矣，由辨之不早辨也。《易》曰"履霜，坚冰至"，盖言顺也。

直其正也，方其义也。君子敬以直内，义以方外，敬义立而德不孤。直方大，不习，无不利，则不疑其所行也。

阴虽有美含之，以从王事，弗敢成也。地道也，妻道也，臣道也，地道无成，而代有终也。

天地变化，草木蕃。天地闭，贤人隐。《易》曰：括囊，无咎无誉。盖言谨也。

君子黄中通理，正位居体，美在其中，而畅于四支，发于事业，美之至也。

阴疑于阳必战，为其嫌于无阳也，故称龙焉。犹未离其类也，故称血焉。夫玄黄者，天地之杂也，天玄而地黄。

"坤至柔而动也刚"，乾卦用大，坤卦用至，乾的大多半是外向的，坤的至是内在的。通常我们认为柔是柔弱，但是坤的柔不是柔弱的柔，是至柔。大地的泥土很容易被挖开，种什么下去都可以生长，所以地是柔，但是当它动起来时，就刚了。乾是刚，坤也是刚，"刚"的意思是刚健、刚毅。老子思想中，"柔弱胜刚强"，认为刚强是不好的。老子以水来描写柔，认为水是天下至柔，任何刚强的东西都不能消灭它。《易经》讲坤是讲地，认为地是最柔的，但是当地动的时候，非常刚健。坤涵养万物，它不动的时候，种子在地下也不动，但生命力一发动，没有东西可以挡得住。

"至静而德方"，地很静，就摆在那里，它不会跳起来，否则就地震了，所以说"至静"。"德方"，朱熹的注说"方"是生物，可以这样说，因为"天地之大德曰生"，但是意思上不到位。"方"的意思，一般来讲是方向、四方，以及规矩。有规矩，然后能方正。由方正而讲义，下面会讲到"敬以直内，义以方外"。也就是说，地本来是静的，但它给我们的印象是方方正正的。我们两个方面要向地学，一个是生，地生万物，另一个是方正，即没有偏心，没有分别心。所以地之德，指任何东西种下去，它都会吸收，这是它的方正。

根据卦辞，"后得主而有常"，开始"先迷"，"后得主"，这个"主"是乾，是天，后来能够顺承天道，"而有常"，"常"是天道之常，是永恒，乾坤都是永恒，同健同恒，这是常道。

"含万物而化光"，坤是地，不仅包含万物，还能"化光"，即能够使万物变化而显露光芒。也就是说，地能涵养所有种子，然后使种子生长，使万物都能发展。

"坤道其顺乎，承天而时行"，顺万物的本性，根据天道来运行。"时行"就是把握时间，万物顺着春夏秋冬四时生长。

"积善之家，必有余庆，积不善之家，必有余殃"，这句话我们常常用佛教的业来解释。"臣弑其君，子弑其父，非一朝一夕之故，其所由来者渐矣"，从"履霜，坚冰至"，由来已久。"积善"是积小善为大善，由来渐矣，同样，恶也是由来渐矣。善的培养需要时间，所以在这个地方我强调不要忘了善。"由辨之不早辨也"，一开始的时候要辨别善恶，这是在解释"'履霜，坚冰至'，盖言顺也"，所以我认为"顺"的一方面是时间的变化和发展，另一方面表示要知几。

普通人是在事情已经发生的时候去辨别善恶，而我们要在开始的几微处，就去辨别善恶。因为开始时善恶难分，到了后来便显现吉凶了。这不是一朝一夕造成的，到后来积重难返就无药可救了。

"直其正也，方其义也"，这是对六二爻的发挥。六二爻是"直方大"，"直"是正直；"义"者宜也，适宜。一定是要合地之宜，即什么样的地，会产生什么样的东西，种东西要适合地之宜。虽然整个大地可以种所有东西，但从局部来讲，这一地区只能种这个，那一地区只能种那个。

为什么"义"要解释为适宜呢？正义不是我们设立一个只适合

自己的标准，而是要符合所有人的利益。现在很多人讲义，都是就个人来讲的，这不适用于普遍的人类。地之宜是所有东西种下去都可以生长，这就是宜，而不是一人一义、十人十义，像墨子批评的那个义。

"君子敬以直内，义以方外"，这两句话是宋明理学家常常引用的。"直"是正，"敬"是内在的正，跟尊敬的"敬"不同。尊敬的"尊"是外在的，比如我们尊敬有学问的人、德高望重的人。但"敬"是内在之德，比如对任何人都保持敬重，即使是低于我们的人，只要是好人，或规规矩矩的人，我们也要敬重他们。"直内"是没有私心，没有偏心，没有邪心。一个"敬"字，就可以打掉我们的自私邪念。"义以方外"，"义"本来是一个标准，孟子用义做批判，他说一个君主如果不仁的话就不义，不义的话就不是人。仁比较软弱，义有一种力量，可以"方外"，使得外在的行为能正。"方"跟"直"都在于正，而正的运用就在于义。中国哲学讲义利之辩，便是要正其义。

"敬义立而德不孤"，孔子认为"德不孤，必有邻"，"德不孤"就是德不是个人的德，而是普遍化的，德是大，地之德也是大。这里是解释"直方大"的"大"字，是光被万物的。"不习，无不利，则不疑其所行也"，实际上在初六"履霜，坚冰至"的时候才有"疑"，到了六二，在地面上了，不但一切看得很清楚就不疑了，而且六二又开放了，"直方大"，不要再疑了，所以说"不疑其所行"。

☆师生问答

学生：到了六三还有一个"或"。

老师："或"是思虑、考虑，那不是个人的疑。所以"不疑"跟"不习"有关系，"直方大，不习"，"习"就是疑，也有再三的意思，做事情考虑这个考虑那个，私心作祟，怀疑心重，所以"不习"是六二的警诫句。

《文言》解释六三的"含章可贞","阴虽有美含之","美"是"章",是文采,"含之"是包含了、掩盖了它的美、它的文采。"以从王事,弗敢成也",即不求成,不要想到个人成就,只想着如何做事。这个功夫就是地道,"地道无成",万物种下去自然生长,地没有居功,没有认为都是自己使万物生长的,并要万物都来膜拜。"地道也,妻道也,臣道也",古代的妻子之道、臣子之道,都是像"地道无成,而代有终也","代"是指替天行道。

六四,"天地变化,草木蕃",是指天地的交流,使草木生长繁殖。"天地闭,贤人隐","天地闭"是阴阳相悖,万物不能生长了,贤人也隐退了。这是解释六四爻辞中的"无咎无誉。盖言谨也",为什么要强调谨慎?因为第四爻是大臣之道,它要和上面第五爻的君主配合,像天地的交流,所以要战战兢兢、恪尽臣道。

六五,"君子黄中通理","黄"是中等之色,是中,这个"中"是指内在,外在是黄裳。内在"通理",通什么理?因为坤道是地道,所以通坤,通地道之理,地的文理。地的文理又是什么?就是生生之理。"正位居体",六五是在外卦的当中,居于君主之位,站在正的位置上,所以叫"居体"。以正位作为体,所以"美在其中,而畅于四支,发于事业,美之至也",这是指美得洋溢于外。这个"美"字值得我们注意,坤卦之美、地道之美、女性之美,都是柔和之美、阴柔之美。不像乾,乾是阳刚中正,而坤是阴德,所以用美来比喻。

到了上六,跟阳相战了,"阴疑于阳必战","疑于阳"是说这根阴爻被阳爻猜忌了,"疑"是猜忌,不能信任于阳,不能顺着阳、顺着乾。这就是"习",疑心病太重,导致君臣斗争,夫妻反目。"为其嫌于无阳也",因为阴不满意自己没有阳,所以它要自以为阳。"故称龙"，称自己为龙，但这个龙是假龙，不是真龙。《易经》里面只有乾的阳爻才是龙，坤卦不是真龙。"犹未离其类也"，虽然它自己称龙，但是没有脱离阴柔，所以有"血"，"血"都是从阴来的，阴代表血。"夫玄黄者，天地之杂也"，天是玄，地是黄，现在流出的血有玄有黄，颜色杂了，天地破了，表示两败俱伤。

第三卦　屯䷂

【卦辞】

屯：元亨利贞，勿用有攸往，利建侯。

第三个卦是屯卦，屯在《易经》里面念"zhūn"。屯，上面一横是地，下面是草，像草从地里面生长出来。小草从土地里挣出地面是要费力挣扎的，所以屯卦卦辞的意思就是刚开始时的困难。六十四卦里面讲困难的卦有很多，比如蹇卦和困卦，但是屯卦表示是开始时的困难，并不是整个卦都困难。

先看内卦，也就是下面三爻。内卦是震，震卦代表雷，也代表动，雷是取象，动是意义，第一根阳爻在两根阴爻下面刚刚发展，要动了。但是外卦是坎，坎卦代表水，代表危险。从象上看很清楚，动是开始，但是前面有危险。

第二爻跟第五爻，两爻都当位，阴阳相和，所以就这个卦本身来讲是好的。虽然开始有困难，过程当中也有困难，但却是生长的、发展的。

卦辞中有"元亨利贞"四个字，前面讲过有这四德的卦都是重要的大卦，都是好卦。刚开始的时候要"元"，"元"是大之始，有大的发展趋势。接着要亨通，"亨"者通也，要阴阳沟通，第二爻、第五爻沟通了，阴阳相和，有利。"利者，义之和也"，有和，第二爻、第五爻相和。"贞"是要把握本性，第二爻要把握阴柔之德，第五爻要把握阳刚之德。因此"天地合"，万物都繁殖了。

"勿用有攸往"，"勿用"是不要有所往，因为一开始处在困难之中，所以不要跑得太快，要有所准备。准备什么？"利建侯"，需要建侯。当时周武王打败商纣之后，分封了众多的诸侯，这是周代建制的事实。"利建侯"在统治上是有利的，国君把亲戚都分封为诸侯，这样的话周围都是叔叔、伯伯、侄儿，江山就稳固了。今天读《易经》"建侯"是指什么呢？指打基础，事业发展要有基础，要有知识，要有朋友，要修德，要增加支持力，这些都是对"建侯"的解释。

【彖辞】

《彖》曰：屯，刚柔始交而难生。动乎险中，大亨贞。雷雨之动满盈，天造草昧。宜建侯而不宁。

"屯，刚柔始交而难生"，阴阳刚有交合、有交流，刚开始发展，就遇到困难了。"动乎险中"，"动"是指内卦的震，震是动，"险"代表外卦的坎。

既然是"动乎险中"，为什么还能"大亨贞"？有的说法把这句话分成两部分来解，"大亨"是指大通，"贞"是贞固。但是我想分成三部分来解，即能"大"、能"亨"、能"贞"，这三个字就是讲怎么处理"动乎险中"。刚开始有困难的时候要"大"，大是目标。我们的目标要大，否则遇到一点困难就没有动力了，所以要有大的目标。天地相合，万物产生，当然是大。要"亨"，"亨"是交流，阴阳相通。"亨"一方面向上通，就是祭天，天人合一，了解天道，了解天命。另一方面向下通，和万物相通，了解万物。这两个意义非常重要，向上通能了解天命，这样干一番事业的时候遇到困难、碰到挫折，才不会丧志。向下通，就是了解环境，了解现况。"贞者，事之干也"，"贞"是做任何事情的基础，做任何事情的原则。"贞"有两个意义，一个是任何事业都有原则，我们发展事业要抓住原则，遵守规则。另一个是就自己来讲，要把握自己的人格，不要因为想赚钱就放弃做人的原则。

"雷雨之动满盈"，震是雷，坎是水、是雨，天地相合之后有雷有雨，动了。"满盈"就是满乾坤，满天地。"天造草昧"，天创造了草昧的时节，使万物得以产生，筚路蓝缕以启山林，这时候"宜建侯"。但为什么"而不宁"呢？因为建侯之后是不安定的，不要以为建侯就可以高枕无忧了，"不宁"是提醒我们要时时警惕，要有忧患意识。

【象辞】

《象》曰：云雷屯，君子以经纶。

"云雷屯"，屯卦的外卦是云，内卦是雷。"经纶"这两个字都是绞丝旁，"经"是经营，"纶"是丝线。一条丝线凌乱打结，若要把它解开，就得小心地找出线头慢慢地解，不然的话就会更乱。"经纶"的原意是要小心，引申为经国治民的事业。要以处理凌乱的丝线的态度，去很小心地经国治民。所以《象辞》最后一句"宜建侯而不宁"，就是指国家初建成，要谨慎小心地治理。

【六爻性能】

初九：磐桓，利居贞，利建侯。

《象》曰：虽磐桓，志行正也。以贵下贱，大得民也。

六二：屯如邅如，乘马班如。匪寇婚媾。女子贞不字，十年乃字。

《象》曰：六二之难，乘刚也。十年乃字，反常也。

六三：即鹿无虞，惟入于林中，君子几不如舍，往吝。

《象》曰：即鹿无虞，以从禽也。君子舍之，往吝，穷也。

六四：乘马班如，求婚媾，往，吉，无不利。

《象》曰：求而往，明也。

九五：屯其膏，小贞吉，大贞凶。

《象》曰：屯其膏，施未光也。

上六：乘马班如，泣血涟如。

《象》曰：泣血涟如，何可长也？

"初九：磐桓，利居贞，利建侯。"本爻是阳爻，位置是正的，第四爻是阴爻，位置也是正的，两个爻位置正而相应，可以互相沟通，是有利的，所以出现了两个"利"，"利居贞""利建侯"。但是为什么要"磐桓"？"磐"是大石头，"桓"是大树干，两者取象都是阳，这一爻在开始的时候有困难，遇到大石头、大树干挡在前面，不容易跨过去。因为天生草蒙，一片荆棘，所以这时要开天辟地，实在不容易，"利居贞"，有利于居，就是停在贞上。因为这一爻是阳爻，所以我把"贞"解释为诚，把握我们的诚正，在开始的时候要立诚。"建侯"，找帮手，打基础。这一爻实际上是劝我们不要马上前往，而是要待在位置上做充分的准备。

"虽磐桓，志行正也"，虽然有大石头、大树干，但是我们的志要正。"元亨利贞"，"元"是正，动机要正，"贞"是正道。"以贵下贱"，阳代表贵，处在最低的地方，上面两根爻是阴爻，是贱，阳在阴之下，一方面是处下，另一方面是守正，所以才能"大得民"，即大得民心，有底层民众的支持。

"六二：屯如邅如"，"邅如"是不进，不能前进。"乘马班如"，这里"乘"字出现了。导读中介绍解读《易》的主要原则时,讲过"乘"代表上下两爻的关系。在这一卦中,初九是阳,第二爻是阴,阴乘阳。阳是马,"乘马"就是骑着这匹马,"班如"就是不前进,但不是退到下面去,而是退居到我们的位置上,暂时不动。照理说,第二爻跟第五爻是阴阳相和的,为什么不前进?因为阴是要吸引阳与之相和,而不是去求它,即所谓的礼贤下士。

"匪"不是土匪,而是"非","匪寇婚媾"的意思是,不是寇,而是讲婚姻的关系。"婚媾"两字多半出现在一根是阳爻、一根是阴爻的情况当中,因为相和。也就是说,六二跟九五有婚姻的关系,有相和的关系。这是告诉六二不要怕九五,他是你的配偶,你们可以相和。相和就得赶快去吗?不是,太快过去是不行的,所以说"女子贞",要守住它的贞。这个"贞"是阴柔,是处在它的位置上。"不字"的"字"就是婚嫁,并不是马上嫁给你,而是要等,因为"动在险中",所以要"十年乃字",要等十年,要有等的功夫。十年只是一个数字,代表久的意思,或许等两年、三年。古代有抢婚的习俗,"婚"字就是在黄昏的时候来抢新娘,要注意抢婚的人不是强盗,而是新郎,所以才说不是寇,而是婚配。

《易经》里面的婚姻关系几乎是指一根阳爻、一根阴爻,或者一根阴爻、一根阳爻。"匪寇婚媾"出现了三次,除了屯卦,还有第二十二卦贲卦里面的六四爻,因为贲卦的初爻是阳,第四爻是阴。另外一次是第三十八卦睽卦,因为睽卦的第三爻是阴,上九是阳。这三次出现都是一阴一阳,但是婚姻关系只是一种象征,说明它们可以相匹配,还有其他一阴一阳的爻,并不用婚姻关系来表达。第五十一卦震卦的上六是"婚媾有言",反而是讲婚姻有麻烦、有批评,因为震卦上六跟六三都是阴爻,所以"婚媾有言"是负面的意思。《易经》里面有"婚媾"两个字的就是这些卦跟爻了。

《小象》说:"六二之难,乘刚也。"六二为什么有难呢?因为它凌驾于刚的位置上,所以不好。虽然六二当位、相和,但是就"乘刚"来讲并不好,所以有难。"十年乃字,反常也","反"通"返",不是违反常道,而是返于常道。

六三是由内到外,有危险了,就像"即鹿无虞"。"虞"是森林管理员或向导。如果我们追一只鹿,这只鹿跑到森林里面去了,我们也跟着追进去,若没有一个森林管理员做向导的话,就会很糟糕。"惟入于林中","惟"是只有一人误入森林,不仅看不到鹿,可能还会迷路,有危险,因为第三爻所面临的外卦是险。这一爻为什么"无虞"?因为六三与上六都是阴爻,没有帮手。这里出现了"几"字,"几"是几微,很微小的道理,如果我们了解这个道理,就"不如舍","舍"是居的意思,因为与其没有向导,还不如停下,不要为图小利而进入危险之地。这一爻还是强调站在自己的位置上,不能马上走,贸然前往的话就有"吝"。"吝"跟"悔"的意思不太一样,"吝"是有小的羞辱,是暗,因为三、六两爻都是阴。

"即鹿无虞,以从禽也。"跟着那只鹿,眼睛只看着猎物,拼命追赶,但穷寇莫追。"君子舍之",劝我们应该放弃,停止追赶。"往吝,穷也",如果贸然前往,就会迷路,走入穷途。

这一爻就现代来说,比如面对一片山林,如何开发能源?首先我们要请教专家。专家就是一位虞人,没有专家,拼命开垦山林就有危险。如果把树都砍倒了,就会影响能源的再生,甚至会造成泥石流,所以屯卦实际上就是面对开发能源的问题。

"六四:乘马班如",班师回朝,"班"就是回,这里我要特别强调,"回"不是回到从前,而是不能进,退居其位。"求婚媾,往,吉,无不利",这里又出现"婚媾"了,代表有婚姻关系。虽然在这里不是"匪寇婚媾",而是"求婚媾",但都是一样的道理。

"六四：乘马班如"，回到位置上。六四一定跟初爻有关系。初爻是阳，六四是阴，一阴一阳有婚姻关系，那么"求婚媾"就很清楚了，一定是六四要去找初九相配。所以"求婚媾"是指六四回到它的位置上，去跟初九相和，才能"往，吉，无不利"。"往"在《易经》里面是往上，往前，"求婚媾"之后就可以往上。六四是阴爻，九五是阳爻，六四是宰相，九五是君主，这是一个好的搭配。君主比较阳刚，宰相用阴柔的方法，可以往上辅佐君王，所以吉。六四既当位，又跟初九相和，上面的君主又是阳，它的位置和关系都是和谐的，所以是吉。"无不利"，做任何事情没有不利的。为什么"求婚媾"则"往"呢？因为六四是大臣，大臣需要初九的婚姻关系，先安家，有内助，然后可以在政治上帮助君主。如果六四不安家的话，就不能贸然前往了，所以这是条件句，意思是"求婚媾"，然后可以"往"。

"求而往，明也。"我认为解释得不好，没有创造性。"明"是光明，能够"求婚媾"而"往"的话，就很清楚了，上面九五是阳，即光明。

"九五：屯其膏"，"膏"是油膏，象征雨露，意思是君主对人民的恩泽。"屯"是开始的时候有艰难，不能畅通，"屯其膏"就是国库不充裕，因此不能在大肆改革的环境中去施恩泽。"小贞吉，大贞凶"，一般"元亨利"三个字都是好事，而"贞"有吉凶。为什么"大贞"还凶？一般的说法指"小"是处理小事情，"大"是处理大事情，因为在开始的时候有困难，所以君主只能做小事情，不能做大建设。这个说法是合理的，一开始"利建侯"，还在培植根基，就像历史上汉初的文景之治，他们不能进行大的建设，只能用老子之道休养生息，到了汉武帝就可以大搞建设、大有作为了。

"屯其膏，施未光也。"为什么要"屯其膏"？因为所施还没有大，"光"是光大，这时所做的事情还不能发扬光大，所以要"小贞"，一点点来做。

"上六：乘马班如"，上六是阴爻，九五是阳爻，阴在上，阳在下，这个"乘"不是好的，所以不能往上发展。"班"是马不进，要班师回朝了。"泣血涟如"，要流血了，"涟如"是持续不断。上六是阴爻，有血光泪水之象，是不好的现象。

"泣血涟如，何可长也？"不能维持长久。即使我们有大方向，但欲速则不达，把仅有的一点积蓄都用光了，后续就开发不了了。

第四卦　蒙 ䷃

【卦辞】

蒙：亨，匪我求童蒙，童蒙求我。初筮告，再三渎，渎则不告，利贞。

我在这里强调一个观念，有时候从卦象上来看是负面的意思，但是以哲学的方法运用起来就转成正面的了，即负面的意思有正面的解法，两个意思同时存在。例如蒙卦，"蒙"是一种蔓草，生长快速，很快就能遮盖土地，就这方面来看，这一爻有负面的意思。"蒙"是蒙昧、蒙蔽、无知，用佛教的话讲就是无明。对付无明和无知要用教育，所以这一卦是讲教育的，教育是正面的意思，即启蒙。

"作《易》者，其有忧患乎？"正因为文王有忧患的心，所以作《易》来解决问题，六十四卦多半有负面的意思，而《易经》就是用来处理问题的。蒙卦的卦辞至少有两个概念，一个是蒙蔽、无知，另一个是教育、启蒙，根据这两个概念再去看内卦、外卦。先看象 ䷃，内卦是坎，坎是水，外卦是艮，艮是山，水从山下流出，这是第一个象。水从山下流出就是泉水，这是指小孩子本性是善良的，受教育的学生像泉水一样清澈。我们要把泉水慢慢地开发出来，所以这是谈教育问题。再看第二个象，内卦坎是险，外卦艮是山，山是止、停止。本来有内在的危险、无知的危险，若要阻止危险发生，就要用教育解决问题。人们的无知造成了多少困难和危机？所以我们要借着教育阻止危险，这是第二个象的正面意义。

一般二爻应该是阴爻，五爻应该是阳爻，但蒙卦的二五爻恰好反了过来，位不当，就有蒙昧了。但是它们相和，相和就是正面的意思。就卦本身来讲，阴阳是相和的，是正面的，只是位不当，需要下功夫纠正。还有一个教育问题的象，一般来讲，第五爻是君主，是主爻，第二爻是君子或者有德的人，但遇到教育问题的时候，传统上会把第二爻解释为老师，第二爻变成主爻。二五两爻相和，第五爻要向第二爻求和，他们有婚姻配对的关系。但这里是指君主跟老师，因此不说婚媾，而讲他们要和谐，君主要向第二爻求知，这是教育问题。

"蒙：亨"，有"亨"却没有"元"，因为已经开始了，已经长了很多蔓草了。"亨"，不是蒙能亨，而是蒙需要亨。我在我的英文著作《The Book of Changes and Virtues》的第三部分，把卦辞翻成"需要"，因为蒙卦最重要的就是需要沟通，教育在于沟通。"亨"在蒙卦里面是最重要的，最被需要的。"匪我求童蒙"，《易经》里面"匪"的意思是非，即指不是"我求童蒙"，而是"童蒙求我"。"童"是指六五，"我"是指九二，也就是老师。蒙卦的主爻是第二爻，不是老师去找无知的小孩来教，而是小孩主动来请教。《礼记·曲礼》说："礼闻来学，不闻往教。"只听说过学生自己来求学，没听说过老师求学生来就教，一个学生不想学的话，老师没有办法强迫他来学。六五很重要，虽然是君主之位，但他是一个稚童，要把自己当作无知的小孩。"初筮告"，"筮"是占卜，第一次我们占卜问问题时，告诉我们结果了，可不是我们心里想要的。"再三渎"，于是再占一次，这表明我们没有诚意。如果我们心中早已有答案，比如一个女孩喜欢一个男孩，占卜结果是不可以，她却偏要去喜欢,那么占卜只是为了得到一个安慰,这就是不诚。《易经》整个思想就是一个"诚"字,"渎"就是侮辱了、玷污了《易经》的神圣。"渎则不告,利贞",教育就是要双方都诚,要本于正道。

【象辞】

《象》曰:蒙,山下有险,险而止,蒙。蒙亨,以亨行时中也。匪我求童蒙,童蒙求我,志应也。初筮告,以刚中也。再三渎,渎则不告,渎蒙也。蒙以养正,圣功也。

"蒙,山下有险",这是从象中看出来的,上面是艮,是山,下面是坎,是险。"险而止",有危险但能够阻止,这是教育的功能。"蒙"是教育,教育就是止险。"蒙亨","蒙"需要"亨",怎么"亨"?"以亨行时中也","行"是动词,"时"跟"中"很重要,如果把"亨"讲成沟通,那么沟通就要把握"时",把握"中"。"初筮告,再三渎",别人第一次问问题很有诚意,我们就要把握时机告诉他。一个学生真正有问题的话,做老师的要抓住时机启发他,所以把握时机是"时"的第一个意思。第二个意思是指需要时间,教育是长久的计划,十年树木,百年树人,所以教育需要时间。"中"在中国哲学里也有两个意思,一个是中正,卦辞中的"利贞"就是强调正道,教育一定要走正道,不能教学生投机,还要有"时",即不能求快,急功近利就不是正道。"中"还有一个意思是中和、和谐。"亨"的沟通是作用在"时",作用在"中",要把握"时"和"中"。

"匪我求童蒙,童蒙求我,志应也",学生有志和诚,老师才能应,学生不来向老师求学,老师就不要强求学生来学。"初筮告"是指九二,九二是阳爻,在内卦之中,所以说是"刚中也"。"再三渎,渎则不告,渎蒙也",再三占卜就不必告诉他了,因为他破坏了"蒙",

即破坏了教育。"蒙"是神圣的，是知识智慧的沟通、交流，不诚不敬就破坏了教育。

"蒙以养正，圣功也"，"蒙"是为了养正道，"养"是软软弱弱的，培养出他们内心的正道，不是硬生生地从外面强加给他们。真正的教育是重精神、重德性的，启发他们的内心，之后还要"养正"，要适时，这需要时间来培养。

【象辞】

《象》曰：山下出泉，蒙。君子以果行育德。

"山下出泉"，艮是山，坎是水，坎在艮之下，泉水从山上流到山下，水就不清了，这就是"蒙"的意思。"君子以果行育德"，君子用蒙卦的道理来"果"自己的"行"，"育"自己的"德"。"果"字当动词用，一个意思是果断，另一个意思是成果、果实。"行"是行为，每个人的所作所为都是行为，但是这里特地用了"果"字，表示行为不只是动作，还要有成果、果实。教育就是要让我们的一举一动有意义，所以用一个"果"字来说明"行"有实效。"德"要强调"育"，"育"是教育，也是培养，培育、培养都是存养德性的意思。

【六爻性能】

初六：发蒙，利用刑人，用说桎梏。以往，吝。
《象》曰：利用刑人，以正法也。
九二：包蒙，吉。纳妇，吉。子克家。
《象》曰：子克家，刚柔接也。
六三：勿用取女，见金夫，不有躬。无攸利。
《象》曰：勿用取女，行不顺也。

六四：困蒙，吝。

《象》曰：困蒙之吝，独远实也。

六五：童蒙，吉。

《象》曰：童蒙之吉，顺以巽也。

上九：击蒙。不利为寇，利御寇。

《象》曰：利用御寇，上下顺也。

"初六：发蒙"，"发"者启也，"发蒙"就是启蒙，打开蒙蔽。我们现在说的启蒙教育，就是从这个地方来的。"利用刑人"，"刑"是刑罚，也有人认为是"型"，树立典范的意思，但我认为是"刑"，因为后文是"用说桎梏"。这里的"说"是"脱"字之义，即解脱。"桎"是手铐，"梏"是脚镣，手铐脚镣是一种刑罚，也可以代表德性被蒙掩盖了，所以现在要启发其蒙，即用刑罚来脱掉桎梏。古代教育启蒙的时候，老师会用竹条打学生的手心，用小刑除掉学生的蒙昧。"以往，吝"，以此而往，就有吝了，"吝"是暗，是羞涩，是小的麻烦，是这件事情让人皱眉头。小孩子犯错的时候，第一次家长可以施以惩罚，使他知道错在什么地方，但不能老是打骂，教育不是靠打骂的，所以家长要注意这点。

《小象》说："利用刑人，以正法也。"这只是解说刑人的处罚，是为了正视法，树立法的典范性。

"九二：包蒙"，九二是主爻，代表老师，"包"字在《易经》爻辞里出现过好几次，都表示这一爻涵盖、包容下面的爻，即如果老师能够包容无知的学生，则吉。"纳妇"，本卦没有用到婚媾关系，那么要娶的太太是谁呢？是六五。九二、六五是一对，如果我们问婚姻的话，可以娶，不是问婚姻的话，就是要相和。九二是阳爻，有开放性，所以有"纳"有"包"，对于上面的六五是接纳，对于下面的初六是包容。"子克家",这根爻是阳爻,所以子可以治理家务。为什么用"子"?因为相对于君主,实际上九二还是臣子,但是臣子处在老师的地位,是主导者,所以位置反过来,君主也要向臣子行拜师之礼,以表尊敬。

《小象》说:"子克家,刚柔接也。"这里特别挑"子克家"来说明。本爻是刚,但君主六五是柔,他们可以沟通,如此这个君主才能尊敬这位老师,否则君主会把老师杀掉。"刚柔接"指刚柔能够和谐。

"六三:勿用取女","取"是娶,"勿用取女"即不要娶这个女孩子。为什么呢?"见金夫",看见有钱人,"不有躬",即失节了。"无攸利",如果我们跟只爱金钱的女孩子结婚,就糟糕了。什么是"金夫"?有的学者认为,"金夫"是指上九,因为六三跟上九是一阴一阳。这个卦里面只有两根阳爻,即上九和九二,九二是老师,老师代表原则,但是六三被蒙蔽了,忘了老师的原则,只贪图金钱。六三跟上九本来有婚姻关系,是好的,如果六三把握九二的原则,再与上九相交就更美满了,若只图上九的金钱就会有危险。

《小象》说:"勿用取女,行不顺也。"这个女孩子行不顺,为什么不顺?第一,她乘得不好,因阴乘阳,不能顺从原则。第二,她上面有二阴挡路,所行不顺。总之,这一爻的误入歧途,原因出在"见金夫"上,被金钱所迷惑,所谓利令智昏。

"六四:困蒙",就爻象来讲,六四陷在上下两个阴爻当中,阴是暗,跟初六不相和,所以"困蒙"。"困"是困于环境,若从教育上讲,就是这个孩子所处的环境不好,周围都是坏孩子,所以他就困在其中了。

《小象》说"困蒙之吝,独远实也","吝"是不好,"独"是只有它,"实"是阳,"远"是沾不到边。六四和九二隔着一根爻,和上九也隔着一根爻,整个卦只有它和阳爻隔了一根爻,所以是被困的,被它的蒙蔽无知所困。

"六五：童蒙，吉"，六五是君主，虽然飞龙在天，但是这一爻有一个"童"字。当然，中国历史上有年纪很小就当上皇帝的，这个"童"不只是年纪小，也是心里面的童。虽然他是高高在上的君主，但是面对老师时，还是要把自己看作一个无知的幼童，才会吉。如果君主谦虚，六五跟九二就是好的相配，如果君主不是童蒙，就会被众阴所包围。

《小象》说"顺以巽也"，顺什么？顺九二，指六五以谦卑的心，顺九二的原则，他要不耻下问，以君主之尊来尊敬学者和老师。"巽"，《易经》第五十七卦是巽卦，是由两个巽卦重叠而成，巽卦的意思就是柔和、谦虚。

上九是蒙升到最高层，这时候小惩罚已经启发不了它了，所以要"击蒙"，即要用大的手段打掉它。初六代表这个小孩子虽无知，但很纯洁，到了上九，君主从小受了很多教育，所以他的蒙昧是有知，有知的蒙昧是最危险的。普通百姓的蒙昧，通过教以化正，但君主是有知的蒙昧，所以要击蒙、打掉它。"不利为寇，利御寇"，这里谈到了最高的教育问题，教育不是让人们去做强盗，是要防御强盗，知识不是教人们去做坏事，而是帮助人们去抵挡坏事。

为什么说这一爻代表教育的最高目的是防御强寇呢？《小象》说"上下顺也"，"上"是上九，"下"是六三，上九跟六三两爻相和，就六三来说，它不是为了"金夫"，不是为了财利，因此不理贼寇。就上九来说，它是阳刚，刚毅自守且在艮卦之上，能知止，因此能御盗。

第五卦　需 ䷄

【卦辞】

需：有孚、光、亨，贞吉，利涉大川。

教育启蒙之后有一个问题，如何得到我们需要的？所以接下来是需卦。"需"，上面是雨，下面是而，"而"的本意是胡须。雨打湿胡须，意思是要用雨来润湿一下、调和一下，不要太干了。"需"字有两个意思，一个是需要，我们需要雨水，是现实环境的需要。另一个是等待，这是哲学方面的意思，我们需要的任何东西都要经历等待才能获得。我们需要的东西，未必能够马上拿到，比如我们想得到一份工作，但要先把书念完，这就是等待。等待是一门学问，是一种功夫。

我们看卦象䷄，外卦是坎，坎是水，同时也代表云，代表险。《象辞》说"云上于天"，云在天上，所以要等待云变成雨。内卦三根阳爻是乾，乾是天，是一往直上、一往直前，如此会遇到危险。为什么？因为要得到需要的东西，并不是那么容易，一定会遇到危险。"有求乃苦，无求则乐"，这是佛教的话，任何追求都有苦，无求的话就乐。但是在现实人生中，儒家的看法是人一定要有需要，一定要度过这个危险。需卦有三根阳爻，阳爻代表健，代表强，代表光明，所以需卦是很好的，即用光明的方法、正当的方法度过危险，达到我们的目的。不过，二五两爻都是阳爻，可见这个卦是有麻烦的。

我们看卦辞，第一个词是"有孚"，"孚"在《易经》里代表诚。"孚"字下面是儿子，上面是鸡爪，这个字代表母鸡孵蛋。母鸡相信蛋里有孩子，但是要把小鸡孵出来必须经过二十几天的等待，若没有耐心急着打破蛋壳的话，就什么都没有了。母鸡要等着蛋里面有声音了，有动作了，才从外面把壳啄破，帮助小鸡出来。这代表母鸡与小鸡心心相应，也就是"孚"。"有孚、光、亨"，"孚"代表诚，因为内卦是三根阳爻，阳代表诚。三根阳爻是乾，乾代表光明，要等待这个需要，要有光明的目的，不是为了自私自利。"亨"，一个意思是沟通，另一个意思是了解，即要有真正的了解才能沟通。我们想要达到目的，就要满足这三个条件。"贞吉"，"贞"是正道，要循着正道达到目的，我们走的路一定得是正道，不能投机取巧。因为三根阳爻代表诚、代表光，所以是正道。

我们要把《易经》变成修养的功夫，就要具备"孚""光""亨""贞"，这样的话才会吉，否则凶。"吉""凶"两字，只是条件具备之后的一个判别，而功夫要用在条件上。"利涉大川"，坎是水，"大川"是指水的坎险，"涉大川"就是冒险。有孚、有光、有亨，才能够"涉大川"，才能度过险，达到需的目的。

【象辞】

《象》曰：需，须也。险在前也，刚健而不陷，其义不困穷矣。需，有孚、光、亨，贞吉。位乎天位，以正中也。利涉大川，往有功也。

"需，须也"，"须"是需要，也是等待。"险在前也"，外卦坎是险，险在我们的前面。"刚健"指内卦的三根阳爻，乾又刚又健，"刚"是不屈，一直走的意思，"健"是恒，也是一直走的意思，"刚健而不陷"，即不要陷在险中。"其义不困穷矣"是指虽有险，但不会受困，不会"穷斯滥矣"。

因为《象辞》是解释卦辞的，所以用卦辞的话"有孚、光、亨，贞吉"。接着解释说："位乎天位，以正中也。""位乎天位"显然是指九五，所以九五是主爻，这一爻代表天位，也就是我们要达到的目的。九五爻处于正中，我们的目的是正面的、正当的、中正的，这就说明我们实现这个目的一定要符合正道，如此才可以"利涉大川，往有功也"，也就是可以往。我给"等待"下了一个定义，等待不是坐着等待，而是走着等待，边走边等。这是"往"的意思，这样的往才有功，坐着等就完了，没有天上掉下来的食物，让我们张口等着吃。

【象辞】

《象》曰：云上于天，需；君子以饮食宴乐。

"云上于天"，上面三根爻是坎、是云，下面三根爻是乾、是天，这是云在天上之象。"云"是雨水，古代农业社会，雨水是最重要的，也是最被需要的。"君子以饮食宴乐"，"以"很重要，君子基于这个道理，来处理饮食宴乐的事情，并不是君子以这个得到饮食宴乐。饮食有饮食的规矩，宴乐有宴乐的规矩，达到饮食宴乐需要方法。这就像朱熹批评禅宗，禅宗是饭来吃饭，茶来喝茶，平常心是道，但是朱熹说，儒家讲蒙、讲教育，饮食宴乐都要遵照礼，《礼记》告诉我们怎样饮、怎样食。其实，儒家的饮食宴乐是目的，而且是循着方法和正道达到的。

【六爻性能】

初九：需于郊，利用恒，无咎。

《象》曰：需于郊，不犯难行也。利用恒，无咎，未失常也。

九二：需于沙，小有言，终吉。

《象》曰：需于沙，衍在中也，虽小有言，以吉终也。

九三：需于泥，致寇至。

《象》曰：需于泥，灾在外也。自我致寇，敬慎不败也。

六四：需于血，出自穴。

《象》曰：需于血，顺以听也。

九五：需于酒食，贞吉。

《象》曰：酒食贞吉，以中正也。

上六：入于穴，有不速之客三人来，敬之终吉。

《象》曰：不速之客来，敬之终吉。虽不当位，未大失也。

"初九：需于郊"，"郊"指离城区较远的郊外，虽然初九离坎险很远，但是在郊外的时候得要等待。"利用恒，无咎"，"恒"是一个德，也是第三十二卦的卦名，阳爻之所以有"恒"的性质，是因为乾者健也，健就是恒。所以"恒"字出现在这里，就是要我们有上进心。虽然初九离坎险还远，但是要保持阳爻的诚、上进。在这一爻我们不能停在这个位置上等，要边走边等，这样才能"无咎"。

"需于郊，不犯难行也。"是指在开始时应从简易着手，不要去触碰难行之事。"利用恒，无咎，未失常也"，这里要注意"恒"与"常"连在一起，"常"是常道，能够"恒"才能够回到常道，唯有符合常道的事情，才能使我们保持"恒"。"恒""常"两个字是相关的，不"恒"哪有"常"？见异思迁就不是常了。如果从德行方面解释，"常"

就是诚。用《中庸》的话就是"至诚不息","不息"就是"恒","不息"就是"常"。

九二靠近坎险一点了,"需于沙",因为已经靠近河边了,河边有沙。"小有言"就是"少有言",稍微有一些话。什么话?批评的话。"有言"就是人家讲闲话。因为九二、九五都是阳爻,不相应,所以有小小的批评。"终吉",最后还会吉,因为初九、九二两根阳爻要牵手一起往上发展,一起走到最后,所以不要被小小的批评影响。

"需于沙,衍在中也,虽小有言,以吉终也。"朱熹解释"衍"是"宽意,以宽居中,不急进也",因为这一爻离危险还远,还有余地。《易经》里面有"裕"字,但是这里为什么不用"裕"而用"衍"?因为"衍"有二三十个意思,多半是代表水流,三点水在"行"当中,水行也,可能朱熹认为是水慢慢地流之意。我对这些解释不满意,后来我发现有一个注解把"沙""衍"两个字变成一个词,即沙洲。这个词常用在文学上,南北朝时期的文学家江淹有一句"漾余舟于沙衍",即他的小船遇到了沙洲。所以"衍"就是指那一块沙洲,虽然靠近了坎险,但还是有一点沙地可以立足。

九三面临着险,"需于泥"。泥跟沙不同,沙还有洲,还站得住,陷到泥里面就动弹不得了。内卦到了第三根阳爻就有麻烦了,阳刚太盛,如果内卦是三根阴爻,第三根阴爻就会因阴气太盛而有麻烦。阳太盛,阴太盛,都不好。这表示面临坎险,陷到泥里出不来了,因此"致寇至",阳刚的骄傲招致了强盗,所以千万不要去做这样的事。

"需于泥,灾在外也。"外卦是坎,是险,所以灾在外面了。"自我致寇",不是寇要来,而是自己招致的,所以要敬慎其始,要在开始的时候敬慎,要求光,要求亨,要走正道,这样才不会败,才会度过危险。

"六四:需于血,出自穴",到了坎卦的第一爻,出血了,这一爻是阴爻，因此有血之象。三根阳爻冲过去，把六四冲出血来了。"需于血"，我们在等待，结果流血了，当然不好。六四陷入危险，照理说应该是"入自穴"，为什么说"出自穴"呢？一般的解释是，因为六四跟初九位当而和，把它从穴中拉出来了。

所以这一爻在"需"字上告诉我们，只有真正遇到困难时，才会了解什么是真正的需要。我们没有流血，便不知道真正的需要是什么。六四这一爻就是讲，只有实实在在地遇到切身的问题，才能够跳出在以前那个框框里所认为的需要。

"顺以听也"，"顺"是留心，留心去听一听外在的声音，在上位的领导者只有倾听人民的心声，才能脱离危险。这一爻是讲，在刚刚陷入坎险时，就要想办法跳出来，不然陷得太深就跳不出来了。所以等待的时候会碰到危险，碰到危险要知道怎么脱离，才不会走入歧途。

"九五：需于酒食，贞吉"，等着等着，等到了九五，位置正了。"酒食"指的不是大宴会，而是日常的食物。孔子经常会喝点酒，所以"酒食"代表基本水准的生活，也就是目的。到了九五这一爻已经达到目的了，以酒食为象，因为外卦是坎，坎是水、是酒，再推到酒食。但是这一爻不一定要呆板地解释成物质的，也可以看作精神的。"贞"是正道，因为九五是阳爻，阳代表诚，诚的正道则吉，是说达到目的之后，还是要把握诚。

《小象》说："酒食贞吉，以中正也。"因为九五是外卦的当中，是阳刚正位，所以"中正"。我们要以中正之道达到目的，同时更要以中正之道处于我们所达到的目的上。

"上六：入于穴"，需求到了最高点，因为坎卦是险，所以有危险。酒食太多，醉了。"有不速之客三人来"，为什么是"三人"？因为就象上来讲是前面三根阳爻，此外，上六和九三是一对，所以这个客人指九三，而九三带领的三根阳爻往往在一起，所以有三人。当我们享用酒食的时候，来了不速之客，这将会有两种可能。一种是他们会抢我们的酒食，会有争。另一种是朋友来了，这个时候的处理方法就是一个"敬"字，敬是一种德。在这里，"诚"和"敬"就是我们等待需要、追求需要的两个原则、两个德行。当我们达到目的之后，还要始终存着敬慎之心，这样就会"终吉"。要注意"终"字，开始会有危险，三个人跑来，如果我们对他们持敬就是吉，否则的话就凶。"吉"字很显然的，因为上六、九三一阴一阳，位当且和谐，所以吉。吉凶往往从象上、位置上来看。

《小象》说："不速之客来，敬之终吉。虽不当位，未大失也。"这里有问题了。上六明明当位，为什么说不当位？朱熹说："后凡言当位不当位者，仿此。"他没讲出道理来，后面又说："以阴居上，是为当位，言不当位，未详。"连朱熹也搞不清楚了。原则上，第六爻在阴的位置上是当位，其他六十三卦的上六都当位，只有这个地方例外，不知道是不是笔误。也有一种可能是，因为九五是阳爻，上六是阴爻，阴乘阳不好，所以说"不当位"，即"不当位"是就乘的关系而言的。

第六卦　讼

【卦辞】

讼：有孚，窒。惕中吉，终凶。利见大人，不利涉大川。

"讼"，左边是言语，右边是公，公平、公堂，即在公堂上的言语之争。但是，我们用"讼"字多半是指法庭。我们看看象，下面三根爻是水，是坎，代表危险；上面三根爻是阳爻，代表强健。内在阴险，外在刚强，与人争斗，这是一个打官司的卦。再看第二爻、第五爻，都是阳爻，表示很刚强，不和谐就有争。

"有孚，窒"，本来是有诚，"孚"是诚，但是诚被窒息了，被阻碍了。就像坎卦的阳爻一样，被外面的两根阴爻包围住了，所以"有孚"是指九二。"惕中吉"，指的是九五，警惕自己的内心，有反省则吉。"终凶"是指上九，如果讼卦跑到最高，发展到极点，就一定凶。喜欢打官司，官司打到最后一定不是好事情。"利见大人"，在讼的过程当中，要见大人还有利，大人指九五，象征法官。"不利涉大川"，"大川"是坎，"涉大川"就是冒险。不利于冒险，不要把打官司当作赌博。

【彖辞】

《彖》曰：讼，上刚下险，险而健，讼。讼，有孚，窒，惕中吉，刚来而得中也。终凶，讼不可成也。利见大人，尚中正也。不利涉大川，入于渊也。

"上刚下险"，上面三根阳爻是刚，刚强；下面三根爻是坎，是险。"险而健"，我们处于危险之地，还要强硬，还要去斗、去争，这就是讼。"讼，有孚，窒，惕中吉"，这是重复卦辞的话，"刚来而得中也"，"刚"是九五，九五能够在一个中正的位置，即当中的位置，这就是解释"惕中吉"，警惕于中则得吉。"终凶"，为什么终凶？"讼不可成"，"不可成"就是不可以助长打官司的风气。"利见大人，尚中正也"，这是强调九五的中正之道实际是在这个卦里面，九五是指法官主持中正之道。"不利涉大川，入于渊也"，"渊"是坎险，这是就卦辞来解释的。

【象辞】

《象》曰：天与水违行，讼。君子以作事谋始。

"天与水违行"，乾在坎上，即天在水上，天的阳气往上，水的阴气往下，所以阴阳不和，两气不相交。"违行"，背向而行。所以才有"讼"，指不能和谐了，要上法庭。孔老夫子看到这个象之后，他就反省了，"君子以作事谋始"，做任何事情都要在开始的时候计划好。怎样计划？我认为有两个要点。第一个是慎始，谨慎。第二个是"原其始"，即追究它的开始。为什么我要加上第二个呢？因为我是根据"惕中吉"得出的。我们在官司要开始的时候，一方面要谨慎，不要随便打官司，另一方面要看事件的起因。

"讼"不只是打官司，还是口舌之争，口舌之争就比较普遍了，朋友之间、夫妻之间的吵架便是口舌之争。朋友或夫妻吵架后，不一定要经过法庭，但要怎么解决？原其始，即要想想因为什么吵架。因为可能开始是一句无心之言，后来吵得很凶，就一发不可收拾了，所以要通过"原其始"来解决问题。了解讼的原因，并且尽力避免，不要成为讼案。

【六爻性能】

初六：不永所事，小有言，终吉。

《象》曰：不永所事，讼不可长也。虽小有言，其辩明也。

九二：不克讼，归而逋，其邑人三百户，无眚。

《象》曰：不克讼，归而逋也。自下讼上，患至掇也。

六三：食旧德，贞，厉，终吉，或从王事，无成。

《象》曰：食旧德，从上吉也。

九四：不克讼，复即命渝，安贞吉。

《象》曰：复即命，渝，安贞，不失也。

九五：讼，元吉。

《象》曰：讼，元吉，以中正也。

上九：或锡之鞶带，终朝三褫之。

《象》曰：以讼受服，亦不足敬也。

初六，是第一根阴爻，位置不当，但是与九四阴阳相和。初六坏的是讼的开始，好的是在开始时就设法解决。"不永所事"，"事"指讼。"永"是常，不常讼，用白话讲是讼风不可常。一开始没有到兴讼，没有到要上法庭的地步，我们就不要强调它，所以"小有言"，即少有口舌之争。

《小象》说："不永所事，讼不可长也。"这是指不可以鼓励讼事。

"小有言，其辩明也"，注重事情的真相，不依靠口舌的争辩。

九二，"不克讼"，"克"是能，不能兴讼，不能与九五争讼。"归而逋"，"归"是回到自己的位置上，"逋"是离开、逃避，离开讼、回避讼。"其邑人三百户，无眚"，"三百"两字在象上看是三根阳爻，所以在这个卦里面所谓的"三百"，显然是指上面三根阳爻，意思是我们不要去争讼，要与他们和谐相处。为什么是"邑人"？"邑人"就是同乡，九二是阳，上面三根爻也是阳，他们是同类，就像我们都是同一村庄的人，大家能够相合。"无眚"，"眚"是一个特别的字，大概只有《易经》用到了。"眚"，下面是目，意思是眼睛，上面是生，意思是出毛病，眼睛出了毛病之谓"眚"。眼睛出毛病是指戴有色眼镜看事情，即偏见。讼是内在的病，是内卦的险，病处在内卦的险中，是偏见的错误、偏见的毛病。

《小象》说："不克讼。"在这一爻上我们不要去争讼，要回到自己的位置上，离开讼。我们在下位九二，若要到上面去争讼，"患至掇也"，麻烦就来了，"至"是来，"掇"是随手可得，麻烦来得太多了。

六三，"食旧德"，"旧"的反义词是新，所有德其实都是旧德，德都是传统的道德。有没有新德呢？旧跟新的不同处是，新的会争，旧的不会争，所以旧德就是原有的德。原有的德实际上是回到我们的位置上，六三要回到自己的位置上，不要去争新。"食"是吃、养的意思，即用旧德来涵养自己。我看到"食"字，就想到《老子》第二十章里面说，一般人都向外追求美好、追求有知，最后说："我独异于人而贵食母。"这里的"母"就是道，是指他跟别人不同，他更看重养我们精神的道。此处我拿老子的"食母"来说"食旧德"。

"贞，厉"，"贞"字在六三是阴爻，"贞"的正道是六三的阴柔，"厉"代表外在的危险。这一爻在内卦的上面，因为坎卦的上面是危险，所以用阴柔的正道来处危险的环境。我们看到"厉"字不要怕，"厉"

不代表所做的事情都不对。吉凶代表我们所做事情的对错而有的结果，"厉"指外在环境给我们的考验，所以用阴柔之正道来处危险。"终吉"，到了最后还是吉的，因为六三跟上九相和，所以吉。

"或从王事，无成"，"王"是九五之尊，这里用"或"字，代表犹豫、疑虑。本来是我们应该处在自己的位置上不动，去"食旧德"，但是环境让我们没有办法处在位置上。所以"或从王事，无成"，"无成"是一个结果，有两个意思。第一个意思是没有成就，没有结果。第二个意思是不求成，不想到成就。《老子》有一句"蔽不新成"，即遮蔽、遮盖了我们的能力，而不求新成。就像这一爻，"食旧德"，被旧德掩盖了，不求新成。

《小象》说："食旧德，从上吉也。"我们只要顺从上面，不去争、不去斗，便会有吉。

九四，到外卦了。"不克讼"，还是不能讼，虽然我们强，但是九五更强，我们是大臣，当然不能跟刚强的君主去争。"不克讼，复即命渝"，"命"字在《易经》里面有两个意思，第一个是指天命，君主之命，这是哲学的解释。就君主的命令来讲，九四大臣不要跟九五君主争，而是要奉命行事。第二个是天命，"不克讼"，讼不能克，但是我们要想官司赢也好，输也罢，只要想着靠天命。"渝"是变，怎么变？不要去跟上面争，要回到自己的位置上，要转变念头。转变什么念头？要"安贞吉"，安于我们的正道。九四这根爻是阳爻，所以正道应该是把握自己的诚、安于自己的诚，则吉。

《小象》说："复即命，渝，安贞，不失也。"什么叫作"不失"？"不失"往往是不失常道。什么叫作常道？实际上是不失九四的诚正，因为九四是阳爻，是诚。

九五，就讼来说，这一爻应该是裁判、法官。就法官来讲，九五是中正之道，法官如能中正，这个讼就好了。为什么说"元吉"？很多解释认为，"元吉"是大吉，如果有一个中正的法官，这个讼就会大吉。把"元"解作大，"元者，大也"，所以是大吉。那为什么不用"大吉"，用"元吉"？我是咬文嚼字的，因为元是始，所以我们要抓住"始"字，不要抓住"大"字。"元"是"始"，就是要注意开始的时候。由元可想到《大象》的"作事谋始"，做任何事情都要在开始的时候抓住要害，"谋始"。法官裁判一件事情，不仅要还原事情的真相，还要了解人的动机，如果能够还原事情的真相和了解人的动机，宣判的结果就会正确，就会吉。

《小象》说："讼，元吉，以中正也。"九五是阳爻，是中正，但是只讲中正还不够，法官除了中正还要有智慧。法官清廉固然好，但没有智慧的话，便不能还原事情的真相，不能了解人的动机。"清官杀人"是《老残游记》里的故事，主要是讲一个官员很清廉，虽然他不受贿，但是他也不是很有智慧，结果断错了案。因此这一爻不用"大吉"，用"元吉"强调智慧和动机。

上九，"或锡之鞶带，终朝三褫之"。讼到最上面了，最后判决了，也许你赢了。"或"，意思是说虽然赢了，但未必真有好结果。"锡之鞶带"，虽然得到物质上的赔偿，但是靠诉讼获利，"终朝三褫之"，"朝"是早上，一早上的工夫被拿掉三次，即得到的利益，最后还要被拿走，打官司赢来的利不能长久。

《小象》说："以讼受服，亦不足敬也。"用诉讼的方法得到的"服"，"服"是物质的获得、物质的利益，"亦不足敬也"，没有什么了不起的，不值得赞美。

讼除了上法庭，还有两点要补充的。第一点是意识形态之争，如西方哲学的唯心主义、唯物主义及各种理论之争。中国哲学有儒墨的是非，这些都没有法庭可上，如何宣判？没有办法宣判，就只有不了了之。第二点是有另外两个法庭，一个是天庭，即天命、天道，或天理。

另一个是自己，孔子在《公冶长》中说："吾未见能见其过而内自讼者也。"，我们今天都是与别人打官司，没有与自己打官司的，儒家的修养强调"自讼"，反求诸己，把自己当作讼的对象来告自己。道教里面有功过格，有的人把自己一天或者一个月中做错的事写出来，这也是自讼。

我们从讼里面也可以得出这种功夫修养，卦辞有"惕中吉"，警惕自己的内心，这不正是"自讼"吗？"食旧德"也是自讼，而"复即命"是回到天命，也是自讼，这些都是讲反省。

如果一些问题不能靠讼来解决，接下去就是师，就是用兵，即以战争来解决。所以，我认为《易经》在卦序上安排得很好，讼卦在师卦前面，如果讼卦能够解决，就不会有下面的师卦。要解决师的问题，须先解决讼的问题。

第七卦　师 ䷆

【卦辞】

师：贞。丈人，吉，无咎。

"师"本身是众多的意思，即聚集的人多。在后来的运用上，"师"指军队、军旅，即军事。就卦象来讲，䷆，上面是地，下面是水，水聚合到地中，所以是聚集的意思。这里我采纳了王弼提出的观点，凡一个卦中有五根阴爻，一根阳爻，这根阳爻就是主爻。如果是五根阳爻，一根阴爻，这根阴爻就是主爻。师卦中只有九二是阳爻，其他五根爻都是阴爻，所以九二是主爻。本卦是讲"师"，讲军事，所以九二是指最高的将军。第五爻是指君主，第二爻是指将领。

同时，九二本应该是阴位，现在却是阳位，所以位不当，要翻转来看。军事与日常生活相反，这在《老子》里提到过，老子认为，在日常生活中，左位代表高贵，但在军事上相反，右位代表高贵，一般右位是主将，左位是副将。也就是说，军事与日常生活相反并不是好事情。

现在看卦辞，第一个提出的是"贞"。卦辞有时是就一根爻来讲的，多半以主爻为主，因为主爻是这一卦的主体，卦辞是讲全卦的精神，所以"贞"是针对九二的。"贞"是正道，九二是阳，阳是诚，以诚正为正道，所以诚非常重要。"丈人"，九二是主爻，所以"丈人"是指九二，但是这里不用大人和君子，因为这是军旅。"丈人"不是指身高，而是指年龄和经验。军事方面需要具有经验的将领，如果将领是年轻人，好冲动就容易打败仗，所以"丈人"很重要。

"吉"是一个判断语，否则就凶，不贞。年轻人做将领就凶。"吉"之后加了"无咎"，吉包括无咎，为什么"无咎"两个字还要出现呢？就军事来讲，如果有一个经验丰富的将领，就可能打仗会吉、会赢。"无咎"，任何战争都有咎，位不当则有咎，但是有经验的将领做领袖的话，不管输赢，都没有愧疚。"咎"是外来的麻烦，"吉"是针对这一次战争来说的，"咎"与"无咎"是就整体来讲的，即使有战争，也因为用的是有经验的将领，为了正义便可以"无咎"。最近我发现，"丈人"两字是为姜太公而背书的，具体可参见《易经新说》。

【彖辞】

《彖》曰：师，众也，贞，正也，能以众正，可以王矣。刚中而应，行险而顺，以此毒天下，而民从之，吉，又何咎矣！

为什么讲"师，众也"？因为军旅聚合了众人。"贞"是正道，能以中正之道聚合众人，而维持正道，可以为王，这就是孔子提出的"足食、足兵、民信"。孔子提出足兵，可见他不反对战争，但不是去侵略人家。孔子认为兵是一个国家的常规防御力量，为了保护国家不受侵略，也是为了维持王天下，维持天下和平，所以说"可以王矣"。

"刚中而应"，"刚中"是指九二，因为这个卦中只有九二是"刚"，又在内卦之中，所以说"刚中"。"应"是相应，与六五相应。一阴一阳相和，也就是六五君主以低姿态相信九二将领，六五授权给九二，他们之间有一个配合相应。"行险"，下面内卦是坎，坎是险，"而顺"，外卦是地，代表顺，就卦象来讲，一个险、一个顺。我们可以用哲学来解释顺，顺乎天，应乎人，都是顺。"以此毒天下，而民从之"，"毒"字的麻烦出现了。朱熹解释"毒"是害，害天下，"然以其有是才德，是以民悦而从之"，此解有一点附会，害天下怎么人民还从呢？朱熹的意思是，战争当然是有害的，但是为了天下人，人民便很高兴。

另外，《吕氏春秋》中有一篇讲用兵的文章《荡兵》，文中有"义兵之为天下良药也亦大矣"，即正义的战争是天下的良药。在《老子》和《庄子》中，"毒"字当作药来解释，任何药都是有毒性的。"以此毒天下"，即以此治疗天下。为什么要治疗天下？因为天下有病害，所以主张由正义的王师来治理天下。孟子认为"仁者无敌"，王师所到之处，虽然是攻打别的国家，但是人民"箪食壶浆以迎王师"，反而有吉。注意，"又何咎矣"是指用兵本来有咎，但为了救人民于水火，就不能算是咎了。

【象辞】

《象》曰：地中有水，师。君子以容民畜众。

《大象》说"地中有水"，上面是地，下面是水，"地中有水，师"，水聚合在一起就是"师"。这里的"师"是广义的，指群众相聚，而非狭义的军事用兵。"君子以容民畜众"，"容"代表容纳、包容、宽容。这里不讲圣人而讲君子，因为用兵不是圣王之事，所以用君子来做比喻，说明君子宽大，能够容纳民众。为什么用容纳呢？因为不只能够容纳自己的人民，也能够容纳敌国的人民，不把敌国的人民当作敌人。"畜众"，"畜"念"chù"，也可以念"xù"，它有两个意思。"畜"字本来是驯养的意思，我们能够驯养牲口，即能够驯它、养它。对付敌国的人民，一方面要能够驯他们，另一方面也要能够养他们，所以用"畜"字。

【六爻性能】

初六：师出以律，否臧凶。

《象》曰：师出以律，失律，凶也。

九二：在师中吉，无咎，王三锡命。

《象》曰：在师中吉，承天宠也。王三锡命，怀万邦也。

六三：师或舆尸，凶。

《象》曰：师或舆尸，大无功也。

六四：师左次，无咎。

《象》曰：左次无咎，未失常也。

六五：田有禽，利执言，无咎。长子帅师，弟子舆尸，贞凶。

《象》曰：长子帅师，以中行也。弟子舆尸，使不当也。

上六：大君有命，开国承家，小人勿用。

《象》曰：大君有命，以正功也。小人勿用，必乱邦也。

初六本来应该是阳爻，现在是阴爻，位置不当，所以出师，师不是好事情。"师出以律"，出师一定要有纪律，一支军队没有纪律是危险的。"否臧凶"，"否"是不的意思，"臧"解释成"否藏"，即不善。那么说不善就好了，为什么要用"臧"字？因为"善"是指道德的问题，出师有什么道德可言？纪律不好，不用善恶的"善"，而用"臧"来代替，是指如果纪律不好，就是凶。因为位不当，与六四不和，不能相应，所以这根爻在位置和关系上都不是很好。

《小象》说"失律，凶也"，强调出师要重视军队的纪律。

九二，"在师中吉"，是指有统军本领的将帅在军中，则吉。"中"

字有其他意思，因为九二正好在内卦当中，处中正之道，所以可以说"在师，中"。将领在军队里面把握中正之道，才能"吉"，同样无咎。"王三锡命"是指这一爻跟六五君主的关系，也就是说，六五君主完全相信九二将领，三次给他命令，即给予重视。所谓将在外君命有所不受，不然的话这个仗就没有办法打了。如果君主怀疑将领，就糟糕了，所以君主授权很重要。

《小象》说"在师中吉，承天宠也"，"天"是天子，"宠"即"王三锡命"。"王三锡命，怀万邦也"是指这个将领不能只想着打仗，他要怀柔万邦，要有平天下之志，而不是只想摧毁别人的国家。此处孔子把儒家的精神放了进去。

六三，有麻烦了，这根爻位既不正，又跟上六不应，而且阴乘阳、乘上，有大麻烦。因为九二是将领，结果六三要驾驭将领，所以说"师或舆尸，凶"。"或"是疑虑，为什么有疑虑？"舆尸，凶"，"舆"是轿子抬着尸，"尸"的本意是尸首，有的解释认为是抬着尸首，还有的解释认为是古代祭典里童男坐在祖先的位置上，让大家膜拜行礼。我们有一句俗话叫"尸位素餐"，意思是待在自己不应该待的位置上。"尸"在这里的意思是，轿子抬的不是真正的将领。也就是说，出师本该是九二，结果弄出一个六三来。军队里面不可以有两个主将，否则会使得真正的将领没有办法行令。同时，六三没有将领的才能，但是自以为是将领。这个"或"字很有趣，远看他抬了一个东西，一看是轿子，不是马。所以说，在一支军队里面，九二是将领，结果还有一个人坐着轿子在那里，这样就有凶了。

《小象》说"师或舆尸"，坐着轿子，自以为是主将，"大无功也"，是不会有大战果的。

六四，到外面了。"师左次"，兵法上说，用兵的时候退居高险的左边，叫作"左次"。在军队用兵上，右是主，是重要的，左是次要的，所以"左次"是退居在次要的地方。"师左次"就是军队停留不动。为什么不用"退"字？因为是退居其地不进，不是撤退，军队撤退就完了。六四与初六不能相和，所以这个时候只是退居其位，停留在那里可以"无咎"。

《小象》说："左次无咎，未失常也。"为什么会"常"？"常"是常道、正道。用师退居不用乃是常道，不用师才是常道，用了师就是变道了。不得已才用兵，这是老子的话，用兵是想吓吓别人，把他们吓走就可以了，一旦发兵就是凶了，所以这里讲"未失常也"。我认为这句话很好，不用兵才是常的，才是合乎自然的。用师是非常之事，打仗是非常之事，朱熹说"知难而退，师之常也"，这句话不是用兵之道，用兵不是知难而退，而是要达到不用兵的境界。

六五，这一爻是君主，"田有禽，利执言，无咎"。"田有禽"在这里有两种解释，第一种是正面的解释，"禽"指九二，"田"是地，即国家，国家有九二将领可以带兵。第二种是负面的解释，指禽兽跑进来了，即敌人到了我们的土地上，侵略我们。也许第二种解释比较到位。"利执言"，什么是"执言"？就是一个君主发动战争，他讲得冠冕堂皇，说要为正义打仗。也就是说，发动战争有正当的理由，即禽兽跑到我们的田地里了，吃了我们的秧苗，必须要把它赶出去，这样说才会"无咎"，发动战争才会名正言顺。"长子帅师"是指要让长子做元帅，如九二。"弟子舆尸"，"弟子"是年轻人，他坐了轿子去干扰长子。"贞凶"，以这个为他的正道的话，就会凶。

《小象》说："长子帅师，以中行也。"把握中道，"弟子舆尸"，年轻人坐了轿子去干扰长子，"使不当也"，这是派人不当。派了六三去驾驭九二，乘不当，位也不当，与上面不和谐，一无是处。

上六，"大君有命"，"命"应该是指天命，因为他已经是君主了，还有谁命令他？六四也好，六三也罢，那个"命"是君主的命，可以解释得通。用师之后，君主要继承天命。什么天命？即要"开国承家"，开创他的国家。"承家"很重要，要使国家的臣民都能够有安定的家，安居乐业。如果战争之后，能开国而不能承家，那就完了。不只是抵御外寇，不只是跟人家打仗，其目的是"开国承家"。这时候"小人勿用"，"小人"当然指六三，不能用小人，即不能用六三。在整个卦里面，六三是小人，去打仗还要坐轿子。

《小象》说："大君有命，以正功也。"这是指战争之后，君主的天命是使人民安居乐业，使国家走上正道。"小人勿用，必乱邦也"，这里的"小人"不是指年轻的将军，而是指乱邦的大臣。一个国家经历战争之后，要开创一个和平的局面，这个时候要记住，"开国承家"要用君子，不能用小人，如果用小人，就会阻碍"开国承家"的发展。

就师卦本身来讲，都是指怎么打仗的。它的主爻是一个将领，所以这一爻实际上没有真正达到平天下的目的，没能真正解决战争的问题，它只是告诉我们怎样用兵才能赢。真正能解决战争问题的是上一个讼卦，下一个比卦是解决政治问题。讼卦与比卦都是解决师卦的问题，只有师卦本身解决不了。也就是说，师卦本身有一套原则，我们没有看出它可以解决战争问题，要解决所谓的国际纷争，也许要看下一个比卦了。

第八卦　比 ䷇

【卦辞】

比：吉。原筮，元永贞，无咎。不宁方来，后夫凶。

我们从"开国承家"来讲，怎样"开国承家"呢？要"比"，比卦与师卦相反，这两卦正好倒过来。师卦的九二是阳爻，比卦的九五是阳爻，其他五根是阴爻，所以九五是主爻。"比"字代表两个人相对相比，两个人相比是两个人相靠而比。比是《易经》运用的原则之一，跟乘正好相关，乘是讲两根爻在一起，比多半也是指两根爻在一起。乘的原则是上面阴，下面阳，不好；上面阳，下面阴，就好。比正好是下面阴，上面阳，这很好，因为由阴来辅助阳。

比卦除了讲两根爻，最主要的还是就第四爻与第五爻来讲，第四爻是阴，第五爻是阳，大臣辅助君主是最佳搭档。比与乘是一体两面，乘是从上面那根爻来讲的，比是从下面那根爻来讲的。所以比是讲辅助君主，比卦以阳刚中正为主，因为九五是主爻，所以是阳刚中正。比的第五爻是阳，代表诚，比是以诚为主。套句儒家的话，比就是"就有道而正焉"，靠近有道的人而正。我们千万要记住，比的位置都是从下面的位置来讲的，一定要往上比，而不要往下比。比如孩子考了七十分,他说:"我很好嘛,还有人是六十分呢,我还不差,有比我更差的。"这样去比就糟了。这是一个比的原则。

我们来看看内卦、外卦,☷,水在上,地在下,水在地上,总是和地相比,即附于地。二爻是阴爻,五爻是阳爻,位正而相应,就这个原则来讲,这一卦是很好的。

所以,比卦一开始提出来的是"吉"。为什么吉呢?"原筮,元永贞","原"是推究、研究,研究占卜的动机。"原筮",要"元",即要了解动机。"永贞"的"贞"是指九五,要把握贞,把握正道,这样才会无咎。因为比是往上比,所以我们要向上去比附,去辅佐,要有诚,要有正当的动机,不诚的话就有欺骗。"不宁方来","不宁"是指下面四根阴爻,阴代表不宁、不安定,"方"是指时间,即刻。如果我们本身是阴或不宁的话,就要赶快去接近九五,接近阳刚,九五代表君主,代表领袖,代表老师,代表原则。"后夫凶","后夫"是后来的人,指上六,上六乘在阳的上面,他不能比,也不愿意比,他自以为已经很高了。这里用一个"后夫",说明本来是阴爻,却自以为是阳爻,他本身虚弱,但是骄傲,所以错过了比。

【彖辞】

《彖》曰:比,吉也,比,辅也,下顺从也。原筮,元永贞,无咎。以刚中也。不宁方来,上下应也。后夫凶,其道穷也。

《彖辞》说:"比,吉也,比,辅也,下顺从也。""比"是吉的,"比"是辅佐,由下往上辅。"原筮,元永贞,无咎。以刚中也","刚"是指九五,依阳刚的中正之道。"不宁方来,上下应也","上"是指九五,"下"是指下面四根阴爻,"上下应也"是指下面四根阴爻与九五阳爻相应。"后夫凶,其道穷也","后夫"是指上六,"后夫凶",

上六不能比了，"其道穷也"，走入穷途末路了。

【象辞】

《象》曰：地上有水，比；先王以建万国，亲诸侯。

《大象》说："地上有水，比。"地上有水，上面是水，下面是地，这就是比。"先王以建万国，亲诸侯"，这句注解很有意思。"比"原来的意思是人民比附君主，从下往上。但是，孔子的注解是，作为君主要建万国、亲诸侯，从上往下。注意，人民要亲君主，同时君主也要亲人民。也就是说，中国的政治思想是向下亲，君主和人民能够相接相和，互相比附。人民要比君，如果君主不理会，骄傲自恃，人民就没有办法去比附他了。所以说，君主要开放，让人民能够比，这很重要。"建万国，亲诸侯"就是指九五这一爻要开放，打开比之门。

【六爻性能】

初六：有孚，比之，无咎。有孚盈缶，终来有他吉。

《象》曰：比之初六，有他吉也。

六二：比之自内，贞吉。

《象》曰：比之自内，不自失也。

六三：比之匪人。

《象》曰：比之匪人，不亦伤乎。

六四：外比之，贞吉。

《象》曰：外比于贤，以从上也。

九五：显比，王用三驱，失前禽。邑人不诫，吉。

《象》曰：显比之吉，位正中也。舍逆取顺，失前禽也。邑人不诫，上使中也。

上六：比之无首，凶。

《象》曰：比之无首，无所终也。

初六，"有孚，比之，无咎"，我们一开始要有诚，正道就是诚。"比之"是指向上比的话，就会"无咎"。"有孚盈缶"，"缶"是瓦罐，瓦罐象征我们的心，我们心中要有诚。"终来有他吉"，最后"有他吉"，为什么"有他吉"？我的解释是，比有两个原则，两根爻的相比，其中一根是比于九五。就初六来讲，他跟九五不是一对。但初六跟六二相比，六二跟九五是一对，能相和。换言之，初六比于六二而得到六二的吉，六二之所以吉，是因为他跟九五是一对，这里用一个"他"字，即不是他自己，而是靠近他的朋友，他的朋友发财了，对他也有好处，因而有吉。"他吉"不是指自己有这个吉，而是因为有所比的人得到了吉，所以也是他的吉。这个"他"字，表示不是直接得到了吉。

《小象》说："比之初六，有他吉也。"等于没有什么解释。

六二，六二跟九五位当而相应，"比之自内，贞吉"。自内者是来自内卦，"内"是指内卦，"外"是指外卦，从内卦去比于九五，相和相应，要把握我们的贞，这里的"贞"是阴柔，是指谦虚则吉，相和则吉。

《小象》说："比之自内，不自失也。"不失去自己。为什么不失去自己？因为当位，六二不失去他的位则吉，在他的位置上应该阴柔，应该谦虚，即不失谦柔之德。

六三，"比之匪人"，这根爻不是指土匪，而是指非人，即不得其人，处于非人之境。因为六三跟上面的上六不和，本身是阴柔，上下又都是阴，所以没有正确的人跟他相比，比不得其人。

《小象》说："比之匪人，不亦伤乎。"我们要与人家比，结果那人不是好人，我们不应该比的，不应该靠近的，如果我们靠近他，就会伤害我们自己。

六四,"外比之,贞吉",这是在外卦上的相比。六四所比的一定是九五,六四是大臣,他辅助君主,君主是好的,阳刚、正直。由于六四是阴,所以这里的"贞"是阴柔之德,即六四以阴柔比附九五的阳刚,就会吉。

《小象》说:"外比于贤。""贤"是指九五,九五是中正之道,是贤明的君主,所以很好。"以从上也",就是顺从上面的意思。

九五,"显比","显"是显出来,为什么要显出来?因为九五是让人相比的对象,是比的主体。"显"就是打开自己让大家能比,这很重要。当臣子、人民向他比,如果他封闭自己,骄傲自恃,大家就没有办法去相信比了。说到这点,我常常用父母儿女的关系打比方,有时候儿女很孝顺,但是父母很顽固,儿女不得其道,没有办法尽孝。很多时候不是儿女不孝,做父母的应打开自己,让儿女能够尽孝,不要把路子都阻塞了,所以"显"很重要。

为什么要如此呢?"王用三驱",这是商汤的故事。商汤出去打猎,打猎的时候他用三面网,网开一面,让强壮的、跑得快的动物跑走,即留一线生机,这就是生态学。我们开了一面网,有的人自己跑进来,他们要自投罗网,我们就只好不客气了。这是以打猎为喻,也表示出圣王的用心。

"失前禽",前面的动物跑走,没有关系,"邑人不诫","邑人"是指国家的人民,古代君主出去打猎的时候,所有人民都躲在家里不敢出来。君主要到什么地方,都会告诫人民不要出来、不要看君主,看了君主会被杀头,因为君主怕被谋杀。能不扰民,人民才能亲附于君。如果君主一出去,人民就躲在家里面,他怎么跟人民相亲呢?

《小象》说:"显比之吉,位中正也。"九五是中正之位,但《小象》没有把意思解释出来,不只要中正,还要亲诸侯、亲人民,有一个"亲"

字没有讲出来。"舍逆取顺"，为什么要"舍逆"呢？"舍"是舍弃，"逆"是用违背人性的方法来强迫人民。如果打猎的时候用四面的网子，把所有动物都围在里面，然后射杀它们，这是违反天道的。同样的，强迫人民归附也是违反人性的，君主要让人民心甘情愿地来归附，而不是用强迫的方法。所以，"顺"就是顺人性与合人性的方法。"失前禽也"是指有些动物跑掉了，此处没有讲清楚，我加上一句"而不失人心"，应该是"失前禽而不失人心"。"邑人不诫，上使中也"，"使"是用，"中"是中正之道，用中正之道而不用威权。

上六，"比之无首"，跑到最高了，阴乘阳，它不能向下比，再往上就没有可比的了。"无首"，即没有头，没有首领。"比之无首，凶"，没有东西可比，这个人骄傲自满、目空一切，认为天下没有人比他好，他怎么能不凶呢？

《小象》说："比之无首，无所终也。"即没有好结果。

用师之后要能比，这个比不只是君主，就国际关系来讲，比是一个原则。如果四根阴爻代表国家，所有国家就都能够向上比，即和中正或诚信的原则相比，那么世界就和平了。

☆师生问答

学生：或者说"师"是在马背上打天下，"比"是要在马背下治天下？

老师：对，打完天下之后，便是一个平天下的君主，接下来要使所有的国家和人民都能归附于他，这样才能真正统一天下。秦始皇统一了六国，但他不能比，为什么呢？因为他把所有的铁器都收回来了，使人民不能造反，结果秦朝十五年就灭亡了。秦始皇是不能比，即不能显比。商汤、周武王他们也推翻了前朝，但是他们能开放、能比，这是一个君主的比。

将来如果没有战争，那么所有国家一定都是相信一个原则，即中正的原则。如此世界才有和平，否则靠讼解决所有的意识形态问题，是比较消极的。比是有一个正面的原则，人类始终还有一个希望，大家要朝着这个原则努力才好。所以，今天要解决师的问题，不是在师上解决，而是要在讼上解决，要在比上解决。

第九卦　小畜 ䷈

【卦辞】

小畜：亨。密云不雨，自我西郊。

"畜"有两个读音，可以念"xù"，也可以念"chù"。就这个卦来讲，两个都可以念。"畜"有三个意思，第一个意思是驯养的"驯"，如果不是驯养的，我们就叫它野兽。第二个意思是养，即师卦《象辞》中说的"容民畜众"。第三个意思是积聚、堆积，在这个卦里面，"畜"字也有储蓄、积蓄的意思。如果把前两个意思合在一起，就表示我们要驯服它们，把它们培养出来。譬如我们要驯兽，既要驯服它们，又要发展它们的力量。驯、养、积聚，即驯服它们，发展积聚它们的力量，这三个意思是合在一起的，非常重要。

"小畜"，"小"字是从什么地方来的呢？从卦象来看，䷈，第四根是主爻，因为只有它是阴爻，其他五根是阳爻。也就是说，在小畜卦这个特殊的例子里面，六四爻是主爻。《易经》六十四卦，一般第五爻是主爻，特别的卦会有另外一根爻是主爻。这一根阴爻跟五根阳爻打交道，所以"小"是指阴，"大"是指阳，这是《易经》用字一般的意思。小畜卦就是讲一根阴爻怎么样驯服下面三根阳爻，然后积聚这三根阳爻的力量，往上发展。

就内卦、外卦来看，内卦是乾，乾者健也、强也，外卦是巽，巽是文弱、软弱、柔弱。小畜以柔弱来运用刚强，以柔克刚，这也是老子的哲学思想。再看，二爻跟五爻都是阳爻，但不是完全相应，时机未到，还是有缺陷的。要以一根阴爻对付五根阳爻并不是那么简单，要有功夫。

现在我们来看卦辞，第一个字是"亨"，"亨"是沟通，一根阴爻对付五根阳爻，其沟通能力非常重要，即要去沟通，不是压制阳。沟通要讲性能、讲方法，也就是要了解阳的功能，然后看怎样去培养他们，所以"亨"是指功夫。按照卫礼贤的翻译，"亨"指成功。成功有什么好处？它只是一个判语，《易经》判我们成功了，我们就成功了，就什么都不做了吗？所以把"亨"当沟通讲，是在强调功夫。

"密云不雨，自我西郊"，为什么"密云不雨"？因为上面的巽卦代表云，还没有下雨，下面三根爻是天。为什么是"自我西郊"？朱熹的注说，"西郊"是指文王的国家，因为在这个时间，文王可能被商纣关在东北边的羑里，所以文王的国家所在的位置就是西郊。也就是说，这个时候密云还没有雨，东南风常常从海洋带来雨水，但西北属干燥气候，少雨。这句话的意思就是，这个时候不能动，还没有下雨，亦即时机未到，要慢慢培养人才、提高能力，这样的推论是合情合理的。

【彖辞】

《彖》曰：小畜，柔得位而上下应之，曰小畜。健而巽，刚中而志行，乃亨。密云不雨，尚往也。自我西郊，施未行也。

《彖辞》说："小畜，柔得位而上下应之。"很显然，"柔得位"是指六四，因为只有一根阴爻。卦辞里面所讲的道理多半是指主爻，而六四便是主爻。"柔得位而上下应之"是说六四要能跟其他五根阳爻相应、配合、交感。"健而巽，刚中而志行，乃亨"，"健"，内卦是乾卦，是健。这句的每个字在卦象上都有，"健"是指内卦三根阳爻的乾，而外卦的三根爻是巽。"刚中而志行"，"刚中"指九五，因为九五是阳刚的，是外卦的中。"刚中而志行，乃亨"是指九五能够沟通。"密云不雨，尚往也"，"密云不雨"告诉我们，慢慢走可以"往"，不要停在那里。那么"往"字是从哪里来的呢？内卦的乾就是"往"。"自我西郊，施未行也"，有一种解释是从阴爻的角度来讲的，"西郊"代表阴，东边代表阳，云还在西郊，还没有到东边跟阳相和，阴阳相和才有雨，现在阴阳没有相和，所以"施未行也"，即雨水的施下，还没有到时候。

【象辞】

《象》曰：风行天上，小畜；君子以懿文德。

《大象》说"风行天上"，外卦在上是巽，代表风，内卦在下是乾，代表天，"风在天上，小畜"，这是小畜内外两卦的构成。孔子看了这个卦象便注"君子以懿文德"，也就是君子根据这个卦象要"懿文德"。"懿"字指柔，《逸周书》中有句话叫"柔克为懿"，以柔来克叫作"懿"，又说"温柔圣善曰懿"，可见"懿"代表以柔克刚之德。"文德"，"文"是文采、斯文、文化，小畜代表一种文的德，也就是阴柔之德。

【六爻性能】

初九：复自道，何其咎？吉。
《象》曰：复自道，其义吉也。

九二：牵复，吉。

《象》曰：牵复在中，亦不自失也。

九三：舆说辐，夫妻反目。

《象》曰：夫妻反目，不能正室也。

六四：有孚，血去惕出，无咎。

《象》曰：有孚惕出，上合志也。

九五：有孚挛如，富以其邻。

《象》曰：有孚挛如，不独富也。

上九：既雨既处，尚德载，妇贞厉。月几望，君子征凶。

《象》曰：既雨既处，德积载也，君子征凶，有所疑也。

初九，"复自道，何其咎？吉"。"吉"很清楚，因为初九跟六四位当而和，所以是吉。那么，什么叫"复自道"？要注意"复"字，有一个卦叫复卦，"复"不是反，而是返回去，返回到这个世界上。"复"是阳之复，复卦是下面一根阳爻，上面五根阴爻，一阳复始。我们要了解《易经》的"复"跟道家的"复"不一样，道家的"复"是回到静，《易经》的"复"是回到动，回到生，回到这个世界，也代表春天回来了。初九是阳爻，阳代表回来。"自道"，回到道，这是"道"第一次出现在《易经》中，我们不要把它看作"道德"的"道"，《中庸》讲"诚者自诚也，而道自道也"，"诚"是自己的诚，自然的诚，道是自己的道，是自然的道，"自道"是回到自己。如果用"复"，就表示前面可能出过一点错误，走了一些岔路，现在要回到正确的路上，回到自己的道上。

《小象》说："复自道，其义吉也。"这里等于没有解释，所以我认为《大象》的解释比《小象》到位。

九二，"牵复"，"牵"是牵着别人的手。牵着谁的手？牵着下面阳爻的手，所以九二牵着初九的手一起往上走，一起来复。这根爻上又有"复"字，小畜卦两次用到复，即要一起复归于正道。那么，为什么用"牵"呢？因为初九是自道，自道是自然，九二牵的时候要用一点力往上走。而且就《易经》来讲，第二爻是君子，代表德行，也常常代表功夫，通常初爻是潜而不用，因为还在暗处，第二爻已经在地面上了，功夫要显出来了，所以要"牵"。

《小象》说"牵复在中"，因为九二在内卦之中，居中正之位。"亦不自失也"是指也不失去自己。失去自己是失掉什么呢？九二是阳爻，阳爻是诚，也就是不失其诚，以诚去牵初九，同心合力，向上挺进。

九三，如果内卦三根爻都是阳爻，那么第三根阳爻多半有问题。如果下面三根爻都是阴爻，第三爻阴爻就代表过度。无论是阳气太盛或是阴气太盛，都冲击了上面那根爻，所以说"舆说辐"，"说"的意思是脱，车轮脱掉了。三根阳爻代表马车，有的卦三根爻的第三爻也代表一辆马车，三根爻的力量聚在一起，但是内部有问题，车轮就脱掉了，像"夫妻反目"。

九三跟上九都是阳爻，阳刚过盛，不应，且九三跟六四冲击过强。所以说，如果在这根爻上不克制自己，还一味强调自己的阳刚，就会造成"夫妻反目"。"夫妻反目"是个比喻，意思是阴阳不和，指不能跟六四相和，因为三阳太强了。

《小象》说"夫妻反目"，为什么会搞得夫妻反目呢？"不能正室也"，就家庭来讲，是家庭不和。六四实际上代表大臣，九五是君主，九三虽不是大臣，但也是臣子。一个臣子力量很大，不能配合上面的大臣，这是指朝廷里的臣子不能和谐。"正室"除了家庭，也代表王室，亦即朝廷。

六四是主爻，"有孚"，《易经》中没有我们所说的"诚"字，但是有"孚"字，"孚"即是诚的意思。六四要处理、对付这五根阳爻，首先要有诚。我们前面讲到阴爻代表谦，阳爻代表诚，这是一般的代表性。这里为什么用诚，不用谦呢？因为六四是一根阴爻对付五根阳爻，如果一直强调谦的话，就太柔弱了，所以要用诚。诚就是柔中有刚，如此才能对付这五根阳爻。"血去惕出，无咎"，"血去"，凡是阴爻，很多地方都带着"血"，"血"代表阴性，"去"就是离开了。也就是说，在阴爻上如果有诚，就避免了太柔弱，这是"血去"。但是要"惕出"，有警惕才会"无咎"，意思是说本来有咎或有麻烦，但是有诚，便能使"血去"，即要避免优柔寡断的性格，还要时时警惕，才会没有麻烦。这三个条件同时存在，实在不容易。

《小象》说："有孚惕出，上合志也。"指六四的大臣要有诚心，要时时警惕，要与在上位的君主志同心合。

☆师生问答

学生：老师，在生活中什么情况会是五根阳爻、一根阴爻？

老师：在自己的生活中，你本人可能比较温和，或者个性比较柔弱。但是你当了经理后，上面有董事长，董事长很强，下属也很强，你上任后，要能用他们的力量。面对旧的下属，你要软化他们，否则就不能驾驭他们。要驾驭他们，就必须柔中有刚，但你很柔，刚不起来，所以只能用诚的力量。

学生：诸葛亮算不算？

老师：诸葛亮倒是一个好例子，他是大臣，能用武将，亦即五个虎将，能使他们信服，同时他又和上面的刘备肝胆相照，赢得刘备的信任，真的不容易。他能如此，心法就是一个"慎"字，那是"血去惕出"的呀！

学生：小畜是在做什么？小畜的意思是什么？

老师：小畜就是你怎样畜，怎样培养你的人才。就你自己来讲，是你如何培养阳刚的力量。

学生：小畜跟大畜有什么不同？

老师：大畜是两根阴爻，在六四和六五上。两根阴爻应付四根阳爻，其实主要是应付下面的三根阳爻。君主是阴，是柔弱的，但也是强的，因为他要懂得通过六四这个大臣去畜养人才。实际上，整个大畜的传统解释就是为国家培养人才，那两根阴爻是讲方法，即用什么样的方法培养人才。

学生：相对来讲，大畜比小畜要容易一点，因为君主是阴的，也是柔的，以柔的方法来处理，和大臣的性格、意见是一致的。小畜的话，因为上面很刚强，或者很主观，所以他必须要以柔克刚，才能使得君主听从他的见解，下属服从他的领导。

老师：就艰难程度来讲，小畜比较艰难。假设小畜正好代表文王身处被商纣拘禁的环境里，大畜便是武王到周公的时候，周公辅助其成王。

学生：小畜是对君子而言，大畜是对君主而言，对吗？

老师：大畜是培养人才，不是讲君主的。

学生：目标不一样，小畜是替自己培养人才，这是不是意味着要造反？

老师：《易经》没有讲造反，只有讲革命这一卦。革命和造反不一样，但是时机未到，密云不雨。

学生：小畜卦是培养人才，是替自己培养人才，是为自己。

老师：不是的。六四的位置很危险，如果是一个宰相，他就是为君主、为国家培养人才，绝对不是为自己。否则，如果不是真想造反，就是功高震主，会被杀的。

九五，"有孚挛如"。"挛"，下面是手，上面是丝。丝是丝线，多半用来绑东西,这里的丝线是用手绑的。实际上,"挛"就是连接,用诚去连接其他人。用手去接合其他人,使其他人归向于我们,叫作"挛如"。

注意,九五是通过六四来连接下面三根阳爻,因为六四先跟下面三根爻打交道。六四、九五同时出现"有孚",即有诚。"富以其邻","邻"字有两种解释。第一种解释,"邻"是邻居,即同类。有的解释把"邻"当作阳,即他的富不是靠自己,是由于其他阳都归向于他,他用手去把它们抓过来。第二种解释,他的富是靠他的邻,他的邻居是六四,他之所以富,是因为六四给他提供了人才。所以在《易经》里面,九五跟六四常常是好搭档,六四是阴爻,九五是阳爻。就夫妻关系来讲,九五是先生,六四是太太,这个太太有帮夫运,帮夫是富。所以,九五的富不是靠自己,而是别人使他富。

《小象》说:"有孚挛如,不独富也。"如果君主一个人富,其他人都穷的话,就不是富。"富"字多半是指阳爻,阳代表富,因为充实。

小畜是"密云不雨",畜到最后了,成最高了,则代表"畜道已成"。所以上九说"既雨既处",即有雨了。前面是"密云不雨",现在有雨,但是有两个"既"字。我的解释是,这是一个条件句,即有雨之后,才能有其处。白话的解释是,有了雨之后,我们才有所安处。因为上九是阳,所以是给他一个教训,告诫他在这根爻上不要阳刚太盛,要有雨,要阴柔。

"尚德载","尚德"是什么"德"?我们通过一个"载"字就知道,这是坤道。坤是"尚德",是载万物的,坤以厚德载物,所以坤道是阴德、柔德。"妇贞厉","雨""载""妇"都指阴柔之德,即要有妇道那样的正道,以妇为正。要注意,"厉"代表外在的危机,要能够处厉,以妇的正道处危险的环境。上九是危险的环境,但"厉"字多半是外在的环境,不一定代表凶。凶代表这件事情的结果一定是坏的,

"厉"反而让人警惕。"月几望","月"是阴柔,"望"是满,月几乎要满的时候,就要注意了,一到满月就该亏了。所以"君子征凶",如果满,我们向外界征伐就会凶。还是要柔软,虽在阳位,但位不当且过高,因此不要强悍,不要争斗。这不就是文王被困的处境吗?所以还要等待,现在还不是打仗的时候。

《小象》说"既雨既处,德积载也,君子征凶",这在前面已解释了。"有所疑也",表示有所怀疑,还没到时候,不能去征伐。

第十卦　履 ☰

【卦辞】

履：履虎尾，不咥人，亨。

"履"用脚踩在地上。我们常常说"履历"，指的就是我们的经历。卦辞"履虎尾"，指踩到老虎的尾巴。为什么有虎尾？就象来讲，履卦跟上一个小畜卦正好倒过来。☰，前卦六四倒过来变成六三，现在乾在外面了，以老虎为象，代表阳刚。履卦主爻是六三，六三由内到外，踩到了外面乾卦的尾巴。单单就这六根爻的卦象来讲是这样，就内外卦来讲，外卦是乾，乾是健，内卦是兑，兑是悦，是快乐。假如我们前面是老虎，怎么处理才不会有危险，而且还有喜悦？

"履"字，依传统的解释，履者礼也。要注意，这个卦就象来讲是危险的，因为踩到了老虎的尾巴。就哲学的意义来讲，有教育意义，即要我们履礼，顺着礼走。所以，要想踩到虎尾、碰到老虎而没有危险，就只有顺着礼来做。顺着礼来做，才有快乐，才有悦。所以，卦象是一个意思，是危险的，教训跟哲学的意义是另外一个意思，两个意思都在其中。

但是二爻跟五爻都是阳爻，都太强了，有"履虎尾"的现象，不和谐，所以"履虎尾，不咥人"。"不咥人"的意思是不咬人，我们踩到老虎的尾巴，它不咬我们，哪有这种事？接着有一个"亨"字，"亨"是要沟通，要了解。我们跟老虎沟通是不可能的，其实言外之意就是不要去踩虎尾，小心地走我们该走的路。踩虎尾只是一种比喻，即遇到危险。意思是说，当我们遇到恶劣的环境时，如果不想为恶劣的环境所伤害，还要安全度过，就要有沟通，有了解。不然的话就很危险，所以"亨"很重要。

☆师生问答

学生：孔子在陈蔡看到这个爻大概是"心有戚戚焉"了。

老师：你是说陈蔡如虎尾，孔子困于陈蔡，子路等学生都有怨尤，只有孔子处之泰然，是这个意思吧？我想到之前我在美国学校讲课的时候，一个韩国学生引证《中庸》的"天命之谓性，率性之谓道"，后来他又引证《论语》中的颜渊问仁，子曰："克己复礼为仁。"韩国学生以为率性不用克己，但事实上不是这样的。

后来又有中国学生也问了，颜回的德行很好，孔子赞美他，为什么还要他克己呢？我当时回答说，单单克己是修养自己，颜回的修养很好，但是颜回在外在方面做得不够，所以孔夫子才教他要复礼，即拿复礼点醒他。我讲这个话是有根据的，如"颜渊问仁。子曰：'克己复礼为仁。一日克己复礼，天下归仁焉。为仁由己，而由人乎哉？'颜渊曰：'请问其目。'子曰：'非礼勿视，非礼勿听，非礼勿言，非礼勿动。'颜渊曰：'回虽不敏，请事斯语矣。'"这里我们要注意，什么叫作"克己"？"克己"是修己，限制自己。什么叫作"复礼"？"复礼"是己心处处合理。礼有内外之分，这里的礼应该是指内在的，但宋明儒家认为这个礼是道理的理，理者礼也。《论语》未提"理"字，因为孔子讲外在的礼，不讲道理的理。讲理容易落空，宋明理学家讲的理就常常落空，理比较抽象，不像外在的礼那么实际。

"克己复礼"浅显易解，单讲克己，意思玄妙，无从下手，故以复礼为言，则有着力点。单单讲克己怎么克？克己的功夫太多了，道家有道家的，佛家有佛家的，所以单单讲克己不行，讲了复礼以后就变成儒家的了，容易着力。然后我又说，颜渊好德，夫子以复礼教他，使他有所遵循，不至于如道家只重内修。孔夫子以天下归仁为喻，是内心明德的外被，这是在点醒颜回，讲德不要只讲独善，要讲礼，要使天下归仁。所以只讲小畜的礼还不够，必须讲到履卦的复礼，要讲外在的。小畜克己也，履则是复礼。

【彖辞】

《彖》曰：履，柔履刚也。说而应乎乾，是以履虎尾，不咥人，亨。刚中正，履帝位而不疚，光明也。

《彖辞》说："履，柔履刚也。"这是就主爻来讲的。主爻是六三，六三碰到外面的刚强、乾阳。"说而应乎乾"，他能够"履刚"，也就是克刚，柔能克刚，克得还很好，还能快乐。有时候克能有悦，为什么悦呢？内卦的兑卦就是悦，"而应乎乾"，他能够跟乾有很好的正应，能沟通，所以是"亨"。"履虎尾，不咥人"，不会被咬，这是"亨"的功夫。"刚中正"，这里的"刚"，当然是指九五了，"中正"，又在外卦之中，九五之尊。"履帝位而不疚，光明也"，"帝位"是九五的君位，而乾是光明的，所以"不疚"，不内疚，诚于中。

【象辞】

《象》曰：上天下泽，履；君子以辩上下，定民志。

《大象》说："上天下泽，履。"从卦象上看，上面乾是天，下面兑是泽。"君子以辩上下，定民志"，传统的解释认为，上面是天，下面是泽，上下分明。为什么上下分明？为什么不用天地，而用泽去分明？我引证《中庸》的话："'鸢飞戾天，鱼跃于渊'，言其上下察也。"鸢戾于天，鸟在天上鸣、飞翔，自得其乐；鱼跃于渊，鱼在水里面游，很快乐。每样东西都各得其所，上下分明。后面还有一句，"君子之道，造端乎夫妇，及其至也，察乎天地"，君子之道开始于夫妇的关系，夫妇就是下，大多数人都有夫妇关系，这是很平常的关系。由此推到高深处，就是天地的道理。宋明理学家有的把上当作君主，把下当作人民，这是尊卑。《系辞》说："天尊地卑，乾坤定矣。卑高以陈，贵贱位矣。""卑"不是卑贱的卑，而是地在卑的地方。

要了解上下的道理，"定民志"是很重要的一句话。中国的政治哲学，最重要的就是"定民志"，"定"是安定，"志"是方向，让所有人民都了解他们的方向，国家才能安定。也有人认为，儒家控制人民，人民在下位就要好好地顺从上位的人，上位的君主控制人民，让人民无知。这当然是一种误解。什么叫"志"？"志"是往上的，是一个方向，虽然我们处于下位，但还是要往上走。

"君子以辩上下"，我们想想看，在《论语》中，孔子说"君子喻于义，小人喻于利"，这是义利之辩。"喻于义"的意思是任何事情都以义为前提，不以利为前提，所以"定民志"就是以义为前提。农民也好，商人也罢，他们当然要有利，没有利怎么生活，但是利不是他们的前提。利虽是他们的生活所需，但还要有志，还要讲义，这是说要把志定出来。义不是没有利，实际上，利要以义为大前提，义可以包括利。就这个象来说，是指从履、从礼，使我们知道自己的履，即生活要有一个目的或有一个志。没有志，每天都会踩到老虎的尾巴，随时都有危险。如果我们有一个志，就可以脱离这些危险。

【六爻性能】

初九：素履，往无咎。

《象》曰：素履之往，独行愿也。

九二：履道坦坦，幽人，贞吉。

《象》曰：幽人贞吉，中不自乱也。

六三：眇能视，跛能履，履虎尾，咥人，凶。武人为于大君。

《象》曰：眇能视，不足以有明也。跛能履，不足以与行也。咥人之凶，位不当也。武人为于大君，志刚也。

九四：履虎尾，愬愬，终吉。

《象》曰：愬愬终吉，志行也。

九五：夬履，贞厉。

《象》曰：夬履，贞厉，位正当也。

上九：视履考祥，其旋元吉。

《象》曰：元吉在上，大有庆也。

初九，"素履，往无咎"。"素"字很重要，"素"是儒家的功夫，《中庸》上说"素其位而行"，根据我们的位置而行。"素富贵行乎富贵"，我们在富贵的位置，就做富贵人应该做的事情。即使我们在野蛮的地方，也要根据所处之位来做，要注意定民志，不是定民利。富贵人有钱，他们的志可以是拿钱去施福利，不能只想着自己。在野蛮的地方要"素其位"，做该做的事情，移风易俗，教化人们，这叫"素其位而行"。

"素"还有一个意思是纯，纯洁就是素，这是践履的开始。初九，"履"是我们生活的开始。第一，我们的基础要素、要净。"往"是走，即发展，这一爻可以发展，因为上面是乾，是阳。"无咎"，"咎"本来是不好，因为初九、九四两爻不相应，所以如能素履而行，就不会有咎了。

《小象》说："素履之往，独行愿也。"因为两根爻都是阳爻，跟九四不相合，所以用一个"独"字。这里也牵涉到定民志，定了志以后，哪怕一个人也要去做。我们常常讲，如果是真理的话，即使大家都反对我，也是要按着我的方向去行，虽千万人吾往矣，即"独行"。"素"与"独"有关系，"素"是净，是不杂，"独"也是不杂。

九二，"履道坦坦"是指地平坦了。这里说"幽人，贞吉"，"幽"有三个意思。第一个意思，指古代的刑罚，囚禁在监牢里面谓之幽，就像文王幽于羑里，就这个意思来讲是文王被囚禁了。如果能够把握正道，就吉。第二个意思，有时指隐士，隐士谓之幽人，这个像道家的注解。第三个意思比较中道一点，幽静安恬，幽代表静，幽静无欲，没有欲望的人被称为幽人。

《小象》说："幽人贞吉，中不自乱也。""幽"是指恬淡的、无欲的。"中不自乱也"，一有欲自己就乱了。因为这一爻碰到了上面的六三，六三是很漂亮的女孩子，所以九二心乱了，像是入了虎口，这里孔夫子要我们见女色而心不乱。

六三，这一爻是踩到虎尾了。为什么踩虎尾呢？因为他"眇能视"，"眇"是一只眼睛，本来是看不清楚的，但他以为看得清楚。"跛能履"，跛脚是一只脚，他以为自己走得很正常。换言之，他有欠缺却以为自己了不起，因为六三是阴乘阳，乘九二阳爻，所以会骄傲。踩到了老虎的尾巴，老虎一定会咬他，当然是凶。接着说明原因，"武人为于大君"，他是军人，但他要做君主，军人当政，自以为了不起。当政做君主，要有君主的才能，这是位不当，意思是阴乘阳刚，等于瞎了眼睛。

《小象》说："眇能视，不足以有明也。"只有一只眼睛，本来看得不清楚，又只有一只脚来履，"不足以与行也"，所以是走不远的，结果被老虎咬住了。位不当，本来第三爻应该是阳，结果是阴。"武人为于大君"，武人篡权做君主，"志刚也"，本来应该是柔，现在的做法却很刚强，阴爻逞刚强，就叫作虚骄。

九四，"履虎尾"，已经踩到了虎尾，上面三根爻是老虎，但是"愬愬，终吉"，"愬愬"是小心的意思，谨慎小心反而吉。九四吉的原因是他已经在外卦，外卦是乾，乾者健也，所以没有问题。

《小象》说"愬愬终吉"，为什么小心反而"终吉"？因为"志行也"。有志要往上走，上面是乾阳。"终吉"是开始的时候不怎么好，到了最后是好的，因为到最后我们的目标达到了，要完成志了。

九五，"夬履"。"夬"，我们有两个字可以拿来参照。一个是"快"，加了竖心旁，是心中很快。另外一个是"决"，加了两点水，是有决断力。这两个字跟"夬"都有关系。就"快"来讲，"夬履"是指九五做决定很快，有一个成语就叫"剑及履及"，出自《左传》。履卦是很快的，也就是知行合一，做决定很快。"决"字也一样，当机立断也很快。"贞厉"，"贞"是把握正道去处理危险的事，因为九二、九五的双阳不和。

《小象》说："夬履，贞厉，位正当也。"能决断地把握正道，这是因为位置正当，是九五之尊的阳刚中正。

☆师生问答

学生：老师，《易经》很多地方叫我们要谨慎小心，为什么这个地方要我们很快地做决定？

老师：本卦第五爻为什么要快？就是不要犹豫，不要怀疑，要相信别人。所以第五爻多半要有诚，要有中正之道，要开放，要相信，位置上不用小心。也有学者把"夬履"当作刚愎自用，所以他们认为

"厉"是危险，但是我个人不这么认为。《小象》说"位正当也"，可见第五爻是阳刚中正，刚愎就不中正了。

上九，到达最高一爻了，不能再发展了。所以这时候"视履考祥"，"视"是我们要回看所经历的履，"考"是研究，"祥"是稽查，研究他的象征，也就是要看看所履的事，去想想、推敲。《大戴礼记》里面有一篇文章叫《四代》，其中几句话正好与之对应，"天道以视"，天道是视的、看的，"地道以履"，地道是履的，"人道以稽"，人道是稽查的，"稽"就是考、稽考。上九的重点在"其旋"，"旋"是旋转、转向，因为这一爻是最高的，所以不能再一直走了，要转回头。转到什么地方？是"元吉"不是"大吉"，要注意"元"。"元"是开始，转到原来开始的地方，所以我的解释是要转到素履。有一成语叫作返朴归纯，"素履"的"素"就是纯，《左传》里面有"履，端于始"，开端于始。开始很重要，如果一开始走错路，以后就不可收拾了。所以到了上九的时候，我们要回头，回到原来的地方。不要成功之后就忘了本来的面目。

《小象》说"元吉在上"，是指上面这根爻讲元吉，即"大有庆也"，这里不需要解释了。"庆"是大孚。能够"元"，实际上是能够回到原始，能够考察原始，如此才会"大有"，值得庆贺。

☆师生问答

学生：这里的"元吉"是"大有庆"，是不是根据履卦整体的性质，来断定其上爻确切的意思？因为上爻走到最顶了，物极必反，会走向另外一端。但是此处却说"大有庆"，而且"元吉"，是不是因为"吉"是回到"素履"的状态？

老师：上九、上六多半是不好的，物极必反。但是也有例外，第一个例外，我们看看上九跟六三，一阴一阳，相应相和，所以"吉"字出现了。第二个例外，讲吉是有条件的，条件是"其旋"，让它回去，"元吉"是说有条件去做才会吉，所以也可以写凶，吉或凶只是看这个句子的判断。如果不能"考"，不能"旋"，就有凶了。

第十一卦　泰 ䷊

【卦辞】

泰：小往大来，吉亨。

由前十个卦的道理，开出一个太平世界，这就是泰卦。

"泰"的意思是太平，就卦象来讲，䷊，内卦是乾，是天，外卦是坤，是地。这样把天地倒过来的原因是，三根乾的阳气往上升，三根坤的阴气往下走，阴阳就能相交。其实乾本来是天，在上，坤本来是地，在下。但是天上的乾阳之气进入地中，入地以后与地的阴气相和，才能产生万物。如果天上的阳气不下去，阴阳就相悖了，阴阳不交，天地不交，万物则生机全无。天地之所以能交，是因为天要往下走，所以用九是"见群龙无首"，乾不能骄傲，要向下走。

本卦的九二跟上六虽位不当，但是和谐，这很奇怪。《周易折中》的序说，位不当而应的吉，比位当而应多。照理说，位当而应较好，结果反而位不当而应更好。该书没有说明原因，只是做了一个统计。我们来研究它的原因，虽然九二位不当，但他是一个君子，有才干，六五是君主，他是阴柔的，能谦虚，能礼贤下士，岂不更好？这一倒过来是绝配，"见群龙无首"而降低身段，反而吉比较多。

"小"是指阴,"大"是指阳。小的阴往外,"往"者,到外面去,指在外卦;大的阳到里面来,指在内卦。宋明理学家解释,"小"是小人,小人到外面去;"大"是君子,君子来朝廷中。如果君主能够远小人、亲君子,则吉。为什么还加一个"亨"字呢?这里的"亨"是沟通,因为阴阳要沟通。"亨"放在最后,可见"亨"字非常重要。它是一个功夫字,功夫在于"亨",而且"亨"是泰卦最重要的一个特质。

【彖辞】

《彖》曰:泰,小往大来,吉亨。则是天地交而万物通也,上下交而其志同也。内阳而外阴,内健而外顺,内君子而外小人,君子道长,小人道消也。

《彖辞》说:"泰,小往大来,吉亨。"解释说这是"天地交而万物通也",亦即天地能交流、万物能通畅就是"亨"。"上下交而其志同也",是指在上的君主和在下的人民能相交,他们勠力同心、志趣相投,这也是"亨"。"内阳而外阴,内健而外顺",是指阳由内而外,与阴相交,内卦乾的刚健与外卦坤的柔顺相和,这也是"亨"。"内君子而外小人",这就是前面讲的"小往大来"。"君子道长,小人道消也",这也是"亨"。"君子道"怎么才能"长"?"亨",能亨通交流。这个"亨"字,至少有三个意思,亨者通也,万物通;亨者同也,志同;亨者道长也,大道可以发展了。

☆师生问答

学生:老师,请问《彖辞》中的小人,跟宋明理学家想象的小人是不是不一样?

老师：这个问题问得很好。在孔子之前，君子和小人指的是周代两种不同身份的人。小人是指普通人，大人是指当官的人。在孔子以前，君子和小人不涉及道德，只是两种身份、两种阶级的人。而在孔子提出"君子喻于义，小人喻于利"之后，后来的儒家和宋明理学家完全以道德来区分君子与小人。在《易经》中，很多地方提到的君子、小人只是两种身份，而《象辞》《彖辞》是孔子、孔子的学生及后儒所作，君子、小人就有好坏的判断在里面了。

【象辞】

《象》曰：天地交，泰；后以财成天地之道，辅相天地之宜，以左右民。

《大象》说"天地交，泰"，天与地相交，所以是"泰"。"后以财成天地之道，辅相天地之宜，以左右民"，一般《易经》的解释直接把"后"当作王，为什么这里用"后"，不用"王"？我们现在看到"后"，都知道是指皇后的后，所以我特别去查了一下这个字。根据《说文解字》，所谓"后"是指继位的君，后来我们称所有禅让之君为"后"，如夏后氏，还有皇天后土的后也是代表地。这里的"后"是讲王，但是他的性质偏重地，没有先后，只有先王，所以这个地方偏重地。"财成天地之道"，"财"通裁缝的"裁"，为什么？因为裁缝做衣服是根据图样来裁的，所以是指裁成。地生万物，财成万物，为什么？根据万物的性质，顺从万物的性质，种瓜得瓜，种豆得豆，根据性质裁，就是裁成。

接着"辅相"，"辅相""财成"都是顺着的意思，顺着天地万物之宜来发展。"以左右民"，我们现在讲"左右"是指控制，实际上，古代讲"左右"是指站在左边、站在右边帮助他，"左"字加一个单人旁是"佐","右"字加一个单人旁是"佑",佐佑,即帮助人民发展。我们不只是顺从万物来发展,还要帮助人民,就像在其左右一样,这叫作"辅相",左丞相、右丞相都是"辅相"。也就是说,一个君主要顺从万物之宜来发展,顺从人民的本性来发展,这样才会泰,国泰民安,而不能完全听从个人的自由意志,所以六五君主是谦虚的、柔弱的。

【六爻性能】

初九:拔茅茹,以其汇,征吉。

《象》曰:拔茅征吉,志在外也。

九二:包荒,用冯河,不遐遗,朋亡,得尚于中行。

《象》曰:包荒,得尚于中行,以光大也。

九三:无平不陂,无往不复,艰贞无咎。勿恤其孚,于食有福。

《象》曰:无往不复,天地际也。

六四:翩翩,不富,以其邻,不戒以孚。

《象》曰:翩翩不富,皆失实也。不戒以孚,中心愿也。

六五:帝乙归妹,以祉元吉。

《象》曰:以祉元吉,中以行愿也。

上六:城复于隍,勿用师。自邑告命,贞吝。

《象》曰:城复于隍,其命乱也。

初九,"拔茅茹,以其汇,征吉"。我们拔茅草不是一根一根地拔,有时候拔这根会动摇那根,茅草根彼此相连。"汇"是聚集。这里是说初九一动,九二、九三都跟着动,拔一根动全身。假定讲君子之道长,一个君子办不了事,要联合所有君子才能解决社会问题。"以其汇"是指同类。而且要"征","征"就是往前走。一般来说,初九也好,初六也罢，多半是潜，时机未到，要慢慢来。这里用"征"字，是要动的，因为三根爻一定要往上发展，所以国家升平的时候，所有君子都要出来做事。

《小象》说："拔茅征吉，志在外也。"要有志，要向外，"外"是外卦，要往上发展。

在泰卦里面，九二是比较重要的一爻，因为它跟上六君主相和，这是一个关键点。二爻多半代表君子的德行，这里讲了五种德行，是说一个君子要如何开创太平盛世。

第一，"包荒"。"包"字又出现了，是指上面的九二包下面的初九。到了九二，如果他骄傲不能包的话，下面那根初九就上不来了。"包"是指包蒙，"荒"是指荒草、蔓草、荒野，不文明、没文化等。九二作为一个真正辅君的大臣，他也要有能够包容一切荒野及不顺之民的心胸。其实这就是一个"仁"字，仁能够包容万物。

第二，"用冯河"。"冯"念"píng"，《论语》中有个成语叫"暴虎冯河"，其实在《诗经》中也有。《诗经·小雅》里面说"不敢暴虎，不敢冯河"，"不敢暴虎"是不敢空手与老虎斗，我们的体力不如老虎，这种勇是匹夫之勇。"不敢冯河"，"冯河"是没有船却非要渡河，很危险。这个地方讲"冯河"就是勇敢的意思，"用冯河"就是要能用勇敢的人。

第三，"不遐遗"。"遐"是远，"遗"是遗漏。"不遐遗"是不要遗漏和我们距离遥远的人，只亲近周围的人就变成亲小人了。"不遐遗"，我认为这是一个"智"字，要有智慧，所以这三个特质实际上相当于仁、勇、智。

第四，"朋亡"。中国古代的"朋"是指朋党，党派之争是不好的，这里是指没有党派。要注意九二，因为有两根阳爻是他的同类，如果三根阳爻合在一起变成一个党派，就要和君主斗争了。君子之交不是党派之交,三根阳爻合在一起去帮助君主,是为了理想,为了志,为了道,所以没有营党结私。

第五,"得尚于中行"。"中行",因为九二是中,在内卦之中是正道。我们还要强调正道,君子是正道。"得"是必须,"尚"是崇尚,崇尚中道、正道之行,这样才能够创造太平社会。

大臣有这五种德行,才能联合君子一起开创太平盛世,泰卦真正的重点在这里。泰卦的主爻之所以是九二,就是因为这五种德行是泰卦的主要思想。

《小象》的解释太简单了,只讲"包荒,得尚于中行,以光大也",其他都略掉了。因为三根阳爻是乾,所以是"光大"。

九三,"无平不陂,无往不复"。九三要变了,下面是三根阳爻,任何事物发展到最高都要变。九三是在内卦的最上面,阳过盛了,凡是三根阳爻到上面,都要教训他不要骄傲,有变化要发生了。没有一条路是永远平坦的,都有陡坡,没有任何东西会一往无前,都有曲折,都有变化。"艰贞",注意"艰"字,说明我们要有这种心理,即知道困难,预感到困难,有戒心。"贞"是把握阳的正道,也就是诚,因为阳代表诚,所以是把握诚正,这样的话就会"无咎"。不然,阳刚太盛会有咎、有麻烦的。"勿恤其孚","恤"是忧虑,不要忧虑我们的诚,而要把握诚。三爻、四爻都是代表心,代表疑虑,这里说不要有疑虑,不要多心,只要照着诚去做。"于食有福",我们一定会得到福禄,这里讲的"福"就是幸福。在古代的祭礼中,福是一种祭酒,有酒食才说"于食"。

《小象》说:"无往不复,天地际也。"上面是地,下面是天,九三正处在天地之间。

六四,"翩翩,不富,以其邻,不戒以孚"。这里用了"翩翩","翩翩"是飞得轻飘、轻盈。因为六四是阴,这个时候看六四从上面飞来了,"不富",代表阴。"以其邻",它的邻是指上面两根阴爻。六四下来与下面三根阳爻相对,不要骄傲,以为上面三根阴爻结合在一起,是得君主宠幸。因为六四是大臣,这个大臣要谦虚地接纳三根阳爻,不要志得意满,以为得到了君主的信任就骄傲。"不富,以其邻",实际上就是不要骄傲,这是一个条件,不要狐假虎威。"不戒以孚",六四是阴爻,碰到三根阳爻,这三根阳爻的力量很强,当然他会有疑虑。但这是告诉我们,不要有疑虑,不要有戒备,要用我们的诚信去对付他们。

《小象》说:"翩翩不富,皆失实也。"因为六四是阴爻,所以会失掉阳的实。阴代表虚,它飞得很轻飘。"不戒以孚",是告诫他要"中心愿也",内心要有诚,"愿"是以真诚的愿望与下面的阳爻相交。

六五,"帝乙归妹,以祉元吉"。"帝乙",商朝有三个王都有"乙"字,商汤为天乙,后来有一个王叫祖乙,商纣的父亲是帝乙,我们现在搞不清楚是哪一位。有学者认为是商汤,商汤嫁妹妹的时候讲过"无以天子之富而骄诸侯",不要因为她是天子的妹妹,很富有、很尊贵而骄傲于诸侯。这是古代天子把女儿嫁给诸侯,出嫁前告诉她的话。商汤确立了一个天子嫁妹的规则,这里的妹妹包括女儿,告诫她嫁到夫家要有坤道的顺,不能骄傲而看不起丈夫。

有一出戏剧叫《打金枝》,讲唐朝的郭子仪功勋卓著、兵权在握,所以皇上把一个女儿嫁给了他的儿子。但是这个公主很骄傲,要丈夫见她要三跪九叩。刚开始的时候丈夫还忍耐,后来忍无可忍,小夫妻就吵架了。吵架时,郭子仪的儿子对公主说:"你父亲的天下是我父亲打下的。"公主听了这句话之后马上就告诉了她的父皇,皇上说:"好啊,他讲这个话,我要把他杀掉。"虽然公主很生气,但是听到要杀丈夫,就说:"不要,不要。"郭子仪很厉害,听到这个消息之后马上把儿子五花大绑地押过去见皇上,并说:"我的儿子怎么会讲这个话,真的是不懂事,任凭处置。"后来,皇上对郭子仪说:"不痴不聋不作家翁。"这一招厉害,意思是要做公公婆婆的装聋作哑。

这个故事讲得很清楚了,皇上嫁妹妹是"归妹",归妹之礼就是要谦虚,这样才会"以祉","祉"是福祉,才会得到福祉。"元吉","元"是开始,因为这个地方的"元"字代表六五与九二相应,所以六五要谦虚地尊九二。"元"是回到原始,回到下面,才会吉。

《小象》说:"以祉元吉,中以行愿也。"六五处在外卦之中,这根爻是阴爻,当然指的是谦虚,处中以行谦虚。"中以行愿也"是指虽然处于高位,但是愿以谦虚接纳大家。什么是"愿"呢?整个卦是泰,"愿"是求泰,国泰民安。

上六,阴太盛成为虚骄,虚会变成骄傲。这一虚骄,使得"城复于隍","隍"是古代城池外面的水沟,为防止别人侵略而挖掘的,上方有吊桥可以通行。本来要固守城池,结果城门都掉在水沟里了,所以不能派兵出去打仗。在国家太平的时候,守泰不容易,以为国家太平了,然后要去征伐。"自邑告命","告"是宣布,"邑"代表城池,也代表国家,"命"可以当作命令,全句的意思是,在国内下达命令以安百姓,不能用兵向外征伐。"贞"是把握贞道,因为上六是阴爻,所以我把"贞"字解释成谦虚,以谦虚为正道。"吝"是不好,因为前面是"城复于隍",有不好的现象。

《小象》说:"城复于隍,其命乱也。""其命乱"是要注意下达的命令不是向外征伐其他国家,而是安定自己的国家。求得泰的最高境界是要守泰。

☆师生问答

学生:泰卦是在教什么?

老师:我们常说泰否,否卦还没有讲,泰、否两卦相连,每根爻都相错。什么是相错？就是泰卦初爻阳到否卦是阴，第二根阳到否卦是阴，第三根阳到否卦是阴，第四根阴到否卦是阳，第五根阴到否卦是阳，第六根阴到否卦是阳。两个卦每根爻都相错，即阴阳相变。泰否是相反的，从卦名来看，我们都认为泰是好的，否是不好的，然而这两个卦是互相依靠的，因为否极泰来，泰极否来。孟子说："生于忧患，死于安乐。"我们可以从否卦里面，找出孟子这句话的意思。

泰固然为大家所求，处泰而能常安可不容易，虽然否为大家所回避，但是人生不如意事十之八九，我们不可能完全没有否的时候，随时会否。所以说，我们不仅要处否，还要懂得否，这点应该是讲完否卦才讲的，因为现在问了这个问题，我先从否来说。第一，如何临否？在方法上要乐天知命。第二，如何处否？要有所不为。第三，如何转否？《易经》认为要知几时而作，知道转变而作。这是否的三个处理方法。

现在回到泰，我们处于泰的时候，不要以为一切妥当。首先，懂得如何入泰，要有宽大之德。其次，懂得如何处泰，要谦诚以待来处泰。最后，懂得如何保泰，不要转泰成否了。那么要如何保泰呢？我有句话："卑弱自持，或者艰贞自守。"艰是困难。处泰的时候不要太高兴，卑弱自持，艰贞自守，才可以保泰。现在我们已在泰卦，怎样才能创造一个泰？怎样才能处在泰？怎么样才能保泰？长治久安，就是守成之道。

学生：泰就很容易骄。

老师：对，保泰不容易，一泰就骄傲，就忽视问题了。所以自己处泰的时候，要知道艰辛。就这个卦来讲，泰之后有否，否之后能转泰。就个人来讲，并非有一段泰有一段否，而是随时随地都有泰，随时随地都有否。否、泰是相交的，一个念头、一件事情可能是转泰，也可能是转否，随时随地都在变。

第十二卦　否

【卦辞】

否：否之匪人。不利君子，贞，大往小来。

否卦，"否之匪人"，"匪人"是非人，即"否"不是人适合的环境。"不利君子，贞，大往小来"，这是对君子不利的社会，我们需要把握贞的正道，因为这是一个"大往小来"的时候。"大"是阳，君子往外，"小"是阴，小人在内，由内卦到外卦是"往"，由外卦到内卦是"来"。君主治理社会、国家，就像诸葛亮的《出师表》说"亲贤臣，远小人"，结果否卦倒过来了，君子走了，小人来了，这就是卦辞的意思。

【象辞】

《象》曰：否之匪人，不利君子贞。大往小来。则是天地不交而万物不通也。上下不交，而天下无邦也。内阴而外阳，内柔而外刚，内小人而外君子。小人道长，君子道消也。

《象辞》说"否之匪人，不利君子贞。大往小来"，为什么要重复这几句？因为"天地不交而万物不通也"，天是乾阳往上，地是坤阴往下，两气不交流，所以天地不交，万物也因阴阳不交而不流通。"上下不交，"君子到外面隐退了，里面在作乱。"而天下无邦也"，国家治不好了，内阴而外阳，内柔弱、外强硬，内柔而外刚，这不是好现象。一般来说应是外柔内刚，中国人的性格也是外柔内刚，外面柔和、圆融，内里要把握原则。外刚内柔，外面很强硬，内心阴柔软弱，这样的话是"内小人外君子"，是"小人道长，君子道消"。

我最近读《出师表》，看到"亲贤臣，远小人"这句话时，一下子就想到《论语》中孔子讲的"唯女子与小人为难养也"。这句话常常被批评，但我认为这句话是孔子对君主讲的，君主当然要远小人，围绕君主的还有女妃，所以"唯女子与小人难养也"。为什么"难养"？因为君主养那么多人，根本没有时间应付那么多的小人和女妃，而只有君主才会被小人和女妃围绕着，这样解释应该是把孔子的本意讲出来了。

☆师生问答

学生：那时他是讲给鲁哀公听的。

老师：对，我们要看场合。如果是孔子对鲁哀公这样的君主讲的话，那么这个女子就不是普通的女子，而是他的妃子，小人自然是朝廷的小人。

【象辞】

《象》曰：天地不交，否；君子以俭德辟难，不可荣以禄。

《大象》说"天地不交"，因为天地两气不流通，所以"不交"，这就是否的时代。在这样的一个时代，君子根据这个象和这个卦的道理，该怎么做呢？"俭德辟难，不可荣以禄"。"俭德"，是道家的俭。老子说："我有三宝，持而保之。一曰慈，二曰俭，三曰不敢为天下先。"

第二个宝就是"俭德","俭德"是什么样的德？我认为有三个意思。第一个是收敛，不逞强。第二个是处弱，老子把俭德拿来处弱，以柔弱胜刚强，把自己放在柔弱的地方。第三个是用虚，虚其心，即以收敛、处弱、用虚来避难。什么"难"？否就是一种"匪人"的灾难。"不可荣以禄"，不可以禄为荣，即不贪求高官厚禄。

【六爻性能】

初六：拔茅茹，以其汇，贞吉亨。

《象》曰：拔茅贞吉，志在君也。

六二：包承。小人吉，大人否，亨。

《象》曰：大人否，亨，不乱群也。

六三：包羞。

《象》曰：包羞，位不当也。

九四：有命无咎，畴离祉。

《象》曰：有命无咎，志行也。

九五：休否，大人吉。其亡其亡，系于苞桑。

《象》曰：大人之吉，位正当也。

上九：倾否，先否后喜。

《象》曰：否终则倾，何可长也。

初六，"拔茅茹，以其汇，贞吉亨"。此处跟泰卦有些重复，泰卦是初九，也是"拔茅茹，以其汇"，但是泰卦有"征"，否卦没有，"征"就是往外走。泰卦是初九、九二、九三三根阳爻一起，君子道长，阳气往外发展，所以有"征"。这里讲"贞"，不讲"征"，不往外发展。贞者安顺，初六以阴柔、谦虚为正道，这样才会吉。初六强调"亨"，强调沟通，因为否卦阴阳不顺，阴阳不交，所以强调亨，要沟通阴阳，沟通很重要。

《小象》说"拔茅贞吉",重复了。"志在君也",初六与九四是一对,正好一阴一阳相和相应,"君"就卦象来讲,应该是指九四,但是儒家往往指九五,因为君是君主,君主是九五。

第二爻都是讲功夫和修德,这里的六二实际上是这个卦的主爻。"包承"这两个字要分开,即能包、能承。"包"多半是指包下面的,六二要包初六,因为拔一茅要牵动全身,所以是包。"承",很显然,六二承九五是一对,二五相交,能包、能承,即使是小人也吉。但这句话读起来不通,怎么强调小人吉呢?难道《易经》鼓励我们做小人吗?的确,在一个否的社会,对君子不利,小人当道。但这不是《易经》原来的主旨,不应该如此解释。为什么小人吉?这个问题我想了很久,"包承"的"承",承了九五,即使是小人,也会得吉,但这个说法我始终想不通。

有一个美国学生学《易经》,我讲到这一卦的时候,正好旧金山发生了地震,突然就想通了。地震是一个大灾难,当一个灾难来临的时候,很多人会喊老天爷、观世音菩萨,甚至小人也会,即使是不信上帝的人,这个时候也会喊上帝。所以,小人在很危难的时候,可能触发对宗教的信仰。"承"是相信天、神、菩萨、上帝,无论是谁帮他们都有好处,所以有吉。

老子讲道是"善人之宝,不善人之所保"。善人的宝很清楚,那么不善之人呢?如果他们转而向道,道就可以保护他们。这里说小人在这一根爻上,能够承九五,或承天道,即使是小人也会转凶为吉。至于大人,在否的时候,爻辞没有说吉,而是用了一个"亨"字,也就是说,大人在地震时,不只需要有宗教信仰,还需要了解怎样处理这些问题。所以处否能亨,大人是要实际去做事的。

《小象》说"大人否,亨",为什么大人否而亨?"不乱群也",

因为他们亨，所以他们能交流，能有真的了解，不会因为六二是在三根阴爻当中而受阴的影响，乱了向上的脚步。

六三，"包羞"，"包"是对下来讲的，这里第三爻是阴爻，它所包的是下面两根阴爻。"羞"是阴的表现，有负面的意思。下面三根爻全是阴，阴太盛了，是一种虚骄。就现象来说，三根爻都是阴爻，所以羞。但是"羞"还与一个字连在一起，那就是"耻"，如果我们把"羞"跟"耻"加以连接，这个爻的意思就转变为知耻，所以就看我们如何判断，就象来讲是羞，就道德教训来讲是耻。因为六三跟上九相应，一阴一阳，所以六三可以有两个解释。如果只勾结下面两根阴爻，只羞就不好，若能知耻，往上面发展跟上九相交，则知耻近乎勇。由此可见，第三爻常常是一个转变。

《小象》只解释为"包羞，位不当也"，因为第三爻本来应该是阳爻，现在却是阴爻，所以位不当。就《易经》来讲，《大象》是第一流的作品，《小象》是二三流的作品，只是抓住一个现象，是一面的解释，没有正面的转变。

☆师生问答

学生：本卦讲六三和上九的位不当，相应和位当在《易经》中的理解和运用有何区别？

老师：根据位当与不当可以判断它的环境、身份是否合适，这是第一个原则。应不应是第二个原则，此外，还要看它是阴乘阳，还是阳乘阴，这是第三个原则。所以，《易经》是多个原则放在一起来判断的。有时候位不当，但是相和，互相了解，会把位不当转变掉。我举个例子，可能这个例子不一定恰当。古代是男主外、女主内，这是他们的位，现在有时候是男主内、女主外，相对于传统来说这是位不当，但是他们互相沟通了解，两两相合，照样可以。所以还是有其他条件合在一起的，刚才我讲了《小象》就只解释了"包羞"，那是就位不当来讲的。

学生：要能够包容其他人的哪些过错？

老师："包"，如果是包容就好，如果是包庇就差。也就是说，从负面来讲是包庇，从正面来讲是包容。如蒙卦所讲，老师是包容，是好的，所以"包"有好坏两种解释。我们不要认为《易经》中的字只有一个解释，而要了解这个字本身，比方说"羞"跟"耻"，把羞变成耻就有正面的意思了。

学生：老师，在这个爻上，说阴在阳位上，它把阴解释成弱，阳解释成刚，说才弱而志刚就会冒进，冒进就会有羞，老师怎么看这个说法？

老师：我们说三根爻都是阴爻，第三根一定是位不当了。本来应该是阳，现在它是阴、是柔、是才弱，但是它又在刚的位置上，在三根阴爻的最高峰，又自以为高强、刚强，这就是虚骄，才弱而处刚强。心理学就称其为自卑的自大，本来是卑，但是变成自大，心理问题就出现在这根爻上。

九四，"有命无咎，畴离祉"，"有命"，"命"在《易经》中有两种解释。第一种是君主的命令，在这里可以当作君主的命令，因为九四有九五的授权，来处理下面三根阴爻。下面三根阴爻往上冲，如果九四有君主的授权，就能无咎，就没有麻烦。他会使得同辈得到福祉，"畴"是同辈，同辈指上面两根阳爻。因为他们是同类，不受下面三根阴爻的冲击，所以这是命令的命。第二种是天命，即能够得天命，发挥它的力量。不管是得天命，还是有君主的命令，两种解释都可以。

《小象》就等于没有什么解释，"有命无咎，志行也"，"志行"是我们的目的，意指我们的目的可以达到。

☆师生问答

学生：为什么否卦九四得天命？

老师：因为九四是第四爻，所以是宰相大臣，虽然九五是君主，但是在这个位置上，他面对下面三根阴爻，假定三根阴爻是小人的话，小人道长，只有这根爻能够处理，小人道长的时候，也就是否的时候，只有这根爻能处理。九四当权，面对冲击，需要受命。

学生：为什么不用"得祉"，而用"离祉"呢？

老师："离"是得到，不是离开。我们有一个卦叫离卦，本来这是一种很漂亮的鸟，可能是孔雀。由它本义延伸出来的词叫附丽，附在什么身上，表现出美丽。"离"是火，离卦是两个火在一起，火一定要附丽在木头或草上才能烧，才能够产生作用。

你这样一问，倒是问出一个比较深的意思了，为什么这个地方讲附丽呢？因为有命，得君命才能行道，如果没有得君命，三阴对一阳，小人多君子少，有时候就很麻烦。如果这三根阴爻用一个离间计，君主就不会相信他，而是相信三根阴爻。

学生：为什么无咎？

老师：因为九四本来是阴爻，现在是阳爻，位不当也，位不当就有咎。如果他有命则无咎，意思就是得君命，君主相信他的话，他就不会有麻烦。如果君主不相信他，他去处理这个阴，君主就认为他通敌。所以有命是条件，本来有咎，现在有命而这样做才得以无咎。

九五，"休否"，要注意，"休"的意思没有那么简单。"休"的一个意思是止、停止。停止否，也就是说，君主在这个位置上要把否打掉，这个意思还容易理解。另外一个意思是，"休"作动词，休于否，什么叫休于否？"休"本来是休息的意思，我们就用"休息"两个字来理解。一方面不工作是休，另一方面还要培养生息，休息是要培养我们的元气，较深的含义是在休当中培养。

我们再举一个例子。佛教讲生死是最大的问题，所以中国佛家的和尚都要"了生死"。什么叫"了"？"了"是完了，"了"是休，生死休也，生死了断。不是等着死，而是要了断生死、超越生死，所以"了生死"是一个正面的意思，不是负面的。我们的命也是一样，由生到死是命，休命就是在这一段时间内要好好地把应该做的做完。所以，"休否"就是在否的环境里，如何休于其中。换句话说，"休否"就是在这根爻上怎么处否。

"大人吉"，为什么大人吉？六二说"大人否，亨"，实际上这个大人就是指九五的大人。乾卦九二的"利见大人"中的"大人"指九五，所以六二的大人也是指九五的大人，说他能够处否，这样的话大人则吉。怎样处否？"其亡其亡，系于苞桑"。"苞"是很丰盛、很多，"桑"是桑树，据说桑树的枝干很硬，"其亡其亡"，就是处否的时候，君主要常常想到国家的危难，如此国家才会像绑在桑树的枝干上那么牢固，这个叫作居安思危，时时以"否"来警醒自己。

我们看到否卦里面有两个原则。一个原则在六二上，六二整个爻是一个成语，即生于忧患；另一个原则在九五上，即居安思危，生于忧患跟居安思危都是处否的两个原则，这是中国哲学的两个中心思想。

《小象》说"大人之吉"，为什么大人吉呢？"位正当也"，因为九五在阳位，这个位置是正当的，实际上他跟六二还相应。

☆师生问答

学生：老师，为什么在否卦中，六二是主爻，九五不是？

老师：所有六十四卦，第五爻一定是主爻，这是一般性的。但是有些特殊的卦，它还有一根主爻。就拿蒙卦来讲，六五是主爻，那是君主，但九二是老师，蒙卦讲教育，最重要的老师也是主爻。师卦也是一样的，第五爻是主爻，但是在师的问题上，将军在第二爻是主爻。所以在否卦里，九五是主爻，是君主，但是六二是处否的一些道德原则，能包、能承，所以六二也是主爻。

学生：判断哪一个是主爻跟它的卦名有关吗？

老师：跟卦名的意思有关，从卦名中去了解。不过，第二爻多半是讲德行方面的原则，修养德行在第二爻，到了九五或者六五，亦即到了君主这一爻，多半是把德行发展出来，要爱人，要广布四海了，其本性都是指外放。所以，第二爻真正是讲处否的原则，从生于忧患跟居安思危两个哲学名词来看，六二是生于忧患，在忧患里面有忧患意识，这是一种功夫。居安思危是指一个君主在安定的时候，不要整日宴乐，也要有一定的危机意识。因此要真正解决问题，还要靠第二爻的辅助。

上九，又到了最上爻了，这时是转变。"倾"是转变，怎么转变？"先否后喜"，成语"否极泰来"，就是从《易经》中得出来的。还有一个成语"三阳开泰"，下面三根阳，这是泰卦。为什么三阳开泰？因为君子道长。

☆师生问答

学生：老师，否跟泰是同时存在的吗？

老师：对，泰中有否，否中有泰。刚才我们讲否中有泰，二五相和，就是泰的种子，说否时已经有了泰的种子，我们要能够把握。

《小象》说："否终则倾，何可长也。"任何事情发展到终就会转变，否也是不能长久的，所以不要怕。泰很好，但泰也不能长久，不是说一段时期是否，一段时期是泰，而是时时有否，时时有泰，关键就看我们怎么转化。

第十三卦　同人

【卦辞】

同人：同人于野，亨。利涉大川，利君子贞。

"同人"就是跟人相同，同于人。同的哲学意思是和，和于人。同人卦，下面内卦是离，是火，上面外卦是乾，是天。火往天上烧，火光到了天上，天的阳气是往上的，火的气也是往上的，两个气都往上。离，代表火，代表光明，也代表文明。上面是天，指天下文明，天下文明是同人，天下文明是大同社会，所以同人实际上是大同。

同人卦的主旨与比卦很接近，但同人卦的范围更大一些。同人卦是大同，比卦是比附君主。墨子有一篇文章叫作《尚同》，就是下面的人跟上面的人相同，比是尚，尚是上，向上求同。同人卦是大同，所以"同人于野"。二五爻一阴一阳，位当而相和，这很好。"同人于野"很重要，为什么是"野"？"野"是在下，开阔没有间隔，要大同，要打破国家界限，不是所谓的国家主义。怎样才能达到大同？重要的是"亨"，要族群沟通，沟通才能大同。"利涉大川"，"大川"是危险，如果能"同人于野"，就有沟通的功夫，即使涉险也能有利。"利君子贞"，有利君子把握他们的正道，就同人卦来讲，九五是阳爻，是诚，六二是阴爻，是谦，我认为君子的正道是一诚一谦，就大同的社会来讲，君子展现了诚和谦。

【彖辞】

《彖》曰：同人，柔得位得中而应乎乾，曰同人。同人曰："同人于野，亨。利涉大川。"乾行也。文明以健，中正而应，君子正也。唯君子为能通天下之志。

《彖辞》说，同人卦"柔得位得中而应乎乾"，"柔"指六二，六二是阴爻居阴位，它现在得位了。"中"，因为在内卦之中，而"应乎乾"，上面三根是乾，相应，所以是同人。同人就是处在柔的位置上，能够与阳刚相和。"同人曰：'同人于野，亨。利涉大川。'"这是重复卦辞的话。"乾行也"，"乾"就是以阳刚、至诚之性而达到了目的。"文明以健"，"文明"指内卦，离是文明，"以健"，"健"指外卦，外卦是三根阳爻，是健。"中正而应"，这个地方的"中正"指九五，九五当位，在中正的位置上应乎六二。"君子正也"指把握正道，"唯君子能通天下之志"，只有君子的正道能够打通天下之志。

"君子和而不同，小人同而不和"，这是孔子的话，"君子和而不同"，这个"和"是大同；"小人同而不和"，这个"同"是小同。孔子的意思是，君子只强调大家能够和谐相处，而不要求别人与我相同，小人不一样，小人只讲别人与我相同，而不强调和。"能通天下之志"，无论哪一个组织，大家都有一个共同的目的，即大同。想想前面谈到的"定民志"，治国最重要的是定，确定人民的方向，这非常重要。

【象辞】

《象》曰：天与火，同人；君子以类族辨物。

《大象》说,"天与火",上面是天,下面是火,火往上,是同人。两气都是相同的方向,天下之治相同,就像离和乾是相同的。"君子以类族辨物","类"是分类,"族"是族群,"辨"是分析、辨别,"物"是万物。如果这句话出现在别的地方,就是分别族群,因为这句话用在同人卦上,且这一卦整个大标题是大同,所以是在大同的前提下了解每个族的不同,了解每个族有每个族的特性,然后发展各自的特性。

"辨物",前面我们讲《大学》的格物,就是要了解每个物应该有的格,应该有的位置,"辨物"也是一样,要了解每个物的特性,并去发展它们,这就是"和而不同"。为什么同人要讲"类族辨物"？为什么"类族辨物"是大同最重要的一种功夫？因为只有了解了每一个族的不同,才能够让他们相和,只有了解了每个物的不同,才能发展每个物的功用。于是朱熹的注说,"审异而致同","审异"是辨别,辨别它们的差别以发展它们的相同。

☆师生问答

学生:所以朱熹的意思是走中庸之道,既然都不一样,就必须用中庸的态度和方法来面对这些问题,才能够做到同人。

老师:所谓中庸不是取当中一点,不是折中主义。我刚才讲过,《大象》是第一流的作品,它抓住的都是重要的问题,不是枝枝节节,所以"定民志""类族辨物"都是大问题。一本书好不好,就看它是否抓到根本的问题。我们要读第一流的书,要做第一流的人,要行第一流的事,这个口气很大。老实说,做第一流的人要怎么做？命不由己,我认为就是规规矩矩地做人。其实每个人都是第一流的人,天下没有第二个你,每个人都是独立地存在于宇宙中,做好你自己,规规矩矩地做人。事情也是一样的,我们要做的任何事情,都要诚诚实实去做。所以说,第一流的人、第一流的事,反而是我们所谓最平实的。

老实说，《易经》本身就是第一流的书，王弼的注解也好，程伊川的注解也罢，都是往第一流方面去注。但是到了今天，《易经》变成算命的，变成成功学了。所以我们现在读《易经》，要回到它的根本，直达《易经》的本来面目。我们看它抓的问题，《大象》是以两个卦的象来讲的，从这两个卦的现象抓住大问题。"类族辨物"是同人，它把我们提高到了这个境界，我们不能做第一流的事，但是我们可以思考第一流的事，可以思考第一流的问题。

【六爻性能】

初九：同人于门，无咎。

《象》曰：出门同人，又谁咎也。

六二：同人于宗，吝。

《象》曰：同人于宗，吝道也。

九三：伏戎于莽，升其高陵，三岁不兴。

《象》曰：伏戎于莽，敌刚也。三岁不兴，安行也？

九四：乘其墉，弗克攻，吉。

《象》曰：乘其墉，义弗克也，其吉，则困而反则也。

九五：同人先号咷，而后笑，大师克相遇。

《象》曰：同人之先，以中直也。大师相遇，言相克也。

上九：同人于郊，无悔。

《象》曰：同人于郊，志未得也。

初九，"同人于门，无咎"。这里用了一个"门"字，同人的障碍就是"门"。"门"的好处是保卫自己，因为建一栋房子要盖一个门。但这个门隔断了人与人之间的交流，如果锁在门里面，就只能看见自己的私产，自己的权利。这里讲"同"，初爻就要打开这个门，"同人于门"，就是要把门打开走出去。"同人"就是交友，四海之内皆兄弟也，交天下的正人君子。

《小象》说："出门同人，又谁咎也。"是指出了门才能同人，才能求同，才能与人相同。为何无咎？尽管与九四不相应是有咎之象，但还是要走出去。也就是说，同人努力去感化他，去与他相应，求应。有时候那人一开始不见得认识我们，但是我们要努力感应他，所以无咎。相反，不能出门就有咎。

六二，"同人于宗，吝"。"宗"就是祖宗。中国人是祖宗崇拜，是宗族社会，照理说，讲宗应该是好的，只有这一爻的"同人于宗"有"吝"，这很奇怪，也很特殊。这是真正的中国的民主思想，"宗"就是我们的宗族，"同人于宗"指只重视自己的宗族，变成宗族主义了。

☆师生问答

学生：为什么不好呢？

老师："吝"本身的意思是羞，小悔。悔、吝常常在一起，悔是事后悔了，吝是这个事情使我们感觉不舒服。所以吝不是好事。那为什么"同人于宗"不好呢？因为我们只讲自己宗族的观念，这是吝道。同人不是吝道，同人是开放的。就这一爻来讲，"宗"指什么呢？很多解释把"宗"当作九五，我认为不然。这个六二位当，跟九五相应，应该是很好的。"宗"指前面的祖宗，如果二爻同人于第一爻，只求与第一爻相和，六二是阴，初九是阳，初九在六二前面，当然是他的宗。如果这一爻"同人于宗"只讲他的同派，就变成了包庇，只讲私人关系是不行的，是小道的吝。所以这个"宗"指初九。

《小象》说："同人于宗，吝道也。""吝"指阴、暗、羞，是见不得人的，不是同人的光明大道。

九三，这一爻是心。三或四爻多半指心。我们看九三跑出来一个场景似的描写，"伏戎于莽"，"戎"是兵器，把兵器藏在草堆里面，然后"升其高陵"，跑到高高的地方。兵器藏在后面，他到外面去与别人相斗，这象征什么呢？就是"ego"——自我。也就是说，把自己的目的藏起来，到外面去与人斗争，升于高陵，这是有私心在作祟。因为这个卦是讲同人，同人就是要消除我们的私心，不要强调自我意识。"三岁不兴"，"三岁"指长远，就是很久不能达到目的，如果我们有私心的话，就不能同人，人与人之间就有了"门"。房子的门是隔开内外的，我们的私心隔开了与人的交流。

《小象》说："伏戎于莽，敌刚也。"为什么？因为九三和上九都是阳爻。在《易经》的用字上有一个敌应，敌应指两个都是阳爻，或两个都是阴爻，也就是不相应。如果是阴阳相和，就叫正应。这里是敌应，称之"敌刚"。"三岁不兴，安行也？"要注意我在这里画了一个问号，是"安能行"？即如何能行？"安"是如何。行不通了，把私心摆在第一位，怎么能与人家相交呢？

☆师生问答

学生："伏戎于莽"的"戎"好像还有手段、策略、奸计等象征。

老师：野心等斗争性质的都是。

学生：《小象》为什么提得这么深刻？为什么在这里讲到这个？

老师：因为九三多半是危险的。由内到外本来是要开放的，如果不能开放，就是自我作祟，所以这个卦讲大同。西方式的民主，他们没有消除私心，每个人以私心来发展他们的私心，斗争式的选举都是以私心来进行的。而中国式的民主，"宗"是党派，要打掉私党，也就是打掉私心。

学生：老师，这个会让我不由自主地想到心理学。我们在这边讲到的 ego，或者私心，从西方心理学来说，是人类发展过程中一个非常必要的保护机制。我们在这里学到的西方心理学认为，私心是一个自我保护的措施，是必要的。我要问的是，是不是在提升精神这个层次上，跟发展心理的功能相反，或者相违背？

老师：这话有道理。西方心理学先假设了一个私心，这个私心是保护我们生存的。这个私心在中国哲学里面，我们不强调。因为这种私心是为了保护自己，本来就有，我们不需要去强调它。

这里"伏戎于莽"，就是私情私意，再进一步说，如果我们没有私心，就是真心了，真心与私心是一体的两面。在"君子喻于义，小人喻于利"这句话中，我们认为"喻于利"不好，"喻于义"才好，这句话是对君子讲的。君子处理问题，他们也懂得"小人喻于利"，也要满足小人的利，这就是中庸。但是每个君子在修养时，要"喻于义"，君子如果不"喻于义"，就不能处理小人的"喻于利"，这叫"类族辨物"。我们要了解物性，要了解小人有私心，每个人都有私心。怎样去处理它呢？不是要所有人都排掉私利，我们要每个人都能够相合，这是一个同。有志一同，而不废异，要同中有异，这才是同人。

九四，"乘其墉"。"墉"是墙，初九是门，现在九四是墙，爬到墙上了，也就是高人一等，总是站在墙上看人家。九四到城外面去了，这是说自我的无限扩张。在这样一个位置上要怎么办呢？"弗克攻，吉"，不要以为我们在墙上，人家比我们低，就居高临下地打击别人，这样才会吉。实际上，爬到墙上之后要跳出去，跳得出去就吉，跳不出去就在墙上，居高临下，也就是居高不下了。

《小象》说："乘其墉，义弗克也。""弗克"是不要克制别人，不要打击别人。要注意"克"，因为"克"有克己、克人两个意思，克己是善，克人是不善，所以说"其吉，则困而反则也"。朱熹的解释是"困而反于法则","困"就是这根爻位不当也不应。怎样叫"吉"？这很难解释。九四位不当，本来是阴，现在是阳，它和初九两个都是阳，不应。照理说应该是凶，如果我们把它改一下，"乘其墉，凶"，这也是可以的。按照卦象来说，"乘其墉，凶"，讲吉的话就是"弗克攻"，不要攻击别人，所以"反则"就是"弗克"，不能克人，克己才能合乎礼。礼以和为贵，克己才能同人，克人的话就不能同人了。

九五，"同人先号咷，而后笑，大师克相遇"，六二和九五本来位当而应，但因为被九三、九四两个阳爻挡住了，六二乘于初九，为初九所系，所以开始时不知相应，才有"号咷"。后来，九五以诚相召，两爻相应，如大师能相遇。这里的"克"是能的意思，大师相遇，并非大军相斗，而是相和、合盟。

《小象》说："同人之先，以中直也。"为什么"后笑"？因为九五以处中守诚之道，使六二来归。"大师相遇，言相克也"，这里的"相克"令人费解，朱熹也无解。我认为本卦讲同人，九五是主爻，绝不能说大军相克制，这里的"克"应是互相克制，化干戈为玉帛。

上九，"同人于郊，无悔"，"郊"指城外。出了家门，走出了城门，和外人或外国相交，没有战争，自然无悔。

《小象》说："同人于郊，志未得也。"爻辞说"无悔"，《小象》却说"志未得也"，朱熹只字未提，以我的看法，虽然同人是以大同为理想，但只是理想而已。以同人卦来看，有门、有墉、有宗、有大师，仍然只是一个小康社会，所以大同之志仍然还没有实现。

第十四卦　大有 ䷍

【卦辞】

大有：元亨。

同人卦下面就是大有卦，这两个卦相反。什么叫"大有"？"大有"就是有其大，不但主爻是一根阴爻，而且在六五上。这个君主，或说这根主爻，怎样能够有其他五根阳爻？和前面同人卦内卦、外卦位置相反，火在天上，火光照耀得更远、更广，就叫大有。大有卦，䷍，内卦三根阳爻代表乾，乾是往上走，火也是往上燃，它们的发展都是往上的。外卦离是文明，内卦乾是往上走向文明，所以真正文明的社会是大有的社会。同人和大有是一样的，每个人以天下为公就是大有。

大有的卦辞很简单，一个"元"，一个"亨"。它不讲"利"，不讲"贞"，大有不言"利"，是乾元以大利利天下而不言所利，"贞"是个人之德，当然也不讲了。为什么要讲"元亨"呢？因为"元"是开始，就是动机，所以大有要培养、造就一个大有的精神境界，在开始的时候就要把握好。"亨"的沟通非常重要，所以只有"元"与"亨"，这两个字是功夫字，尤其是"亨"，有沟通的功夫才能大有。实际上，元、亨、利、贞都在其中，真正达成大有的社会，利和贞都在其中。大有不讲贞，贞是个人的特殊性，没有个人的特殊才能大有。《易经》讲大有，不讲小有，小有是个人之私。

【彖辞】

《彖》曰：大有，柔得尊位大中，而上下应之，曰大有。其德刚健而文明，应乎天而时行，是以元亨。

《彖辞》就解释"元亨"两个字了。"大有，柔得尊位大中"，这指六五，六五在君主的位置上，是为尊位。"大中"处大位，在外卦之中。"而上下应之，曰大有"，"上下应之"指其他五根阳爻都与它相和。本卦与比卦可以相比，比卦的九五为阳爻，其他五根是阴爻，都是阴柔的，所以这些阴爻都要向君主阳爻靠拢。本卦是讲六五这一根阴爻怎么实现大有。"其德刚健而文明"，"刚健"指内卦的三根阳爻，同时也指九二这一爻。"文明"是外卦离，离就是文明，"其德刚健"而造就了文明。"应乎天而时行"，因为三根阳爻是天，所以六五这一根阴爻能够配合运用下面的三根阳爻，合乎天道而行，所以才叫作"元""亨"。

【象辞】

《象》曰：火在天上，大有；君子以遏恶扬善，顺天休命。

"火在天上"，火光照耀在天上，是大有之象。"君子以遏恶扬善"，君子以大有的卦象，来遏恶扬善，即阻止恶、发扬善，这是道德的修养。"顺天休命"，"顺天"是承天道，"休命"是把自己安放在天道的秩序里。"命"指天命，"休"在这里可以有三个意思。第一是休息，休息于天命。第二是安，即安于天命。第三是完成，"休命"是完成使命，完成我们的天命。为什么要用"休命"，却不用一个强势的字？"休"是把我们所有的欲望安顿下来，然后才能顺着天命而行。

在《尚书》里面，商汤发动革命的时候，他说怎样去顺从天命，这是很有力的。有的人在得到大权之后，往往把自己的意志加在天命上，拿天命当借口。"休命"不是拿天命当借口，而是把自己放在天命里面去做。所以，我们要注意"休"的功夫，休息、安顿于天命。"顺天休命"实际上是一个功夫语，我们要避免粗浅地、肤浅地，甚至是错误地运用，不要认为"顺天休命"是过一天算一天，安于命运，把天命的命当作命运的命。这是一般人对这个成语的误解。在这里绝对不是顺从命运，而是改变命运。

【六爻性能】

初九：无交害，匪咎，艰则无咎。

《象》曰：大有，初九无交害也。

九二：大车以载，有攸往，无咎。

《象》曰：大车以载，积中不败也。

九三：公用亨于天子，小人弗克。

《象》曰：公用亨于天子，小人害也。

九四：匪其彭，无咎。

《象》曰：匪其彭，无咎，明辨晰也。

六五：厥孚交如，威如，吉。

《象》曰：厥孚交如，信以发志也。威如之吉，易而无备也。

上九：自天佑之，吉无不利。

《象》曰：大有上吉，自天佑也。

初九，"无交害，匪咎，艰则无咎"。"咎"在这句话里出现了两次，不好解释原因。传统上解释"无交害"的"交"是交涉，就是做，意思是不要做有害的事情。"匪咎"，"匪"通非，即不是，"咎"是有过错，"匪咎"指不是我们的过错。就这根爻的位置来讲，它与九四两爻不相应，就象上来讲无交。"匪咎"与"无咎"有什么差别？我有一种解释，我现在还不敢确定，只是我的解释。"无交害"，初九与九四没有交，"害"是不好。"匪咎"，不是我们的罪过。一开始也许没有朋友，没有交流，这虽然不好，但无大害。我们要知道艰难，因为我们处理的是一个大有的境界。凡是看到"艰"字，我们都要注意，这表示虽然一开始有艰难，但是能够了解艰难，有警觉之心，反而无咎。

《小象》说："大有，初九无交害也。"只强调"无交害"，并没有任何解释。

九二指德行，修养出什么样的德行呢？修养出大有的德行。"大车以载"，这就是大乘，佛家的大乘就是大车。所以，九二是修养我们的心胸，使其能够宽大。我们的道德要宽大，像个大车，这不是个人的小修，而是要兼善天下，这就是"大车以载"。"有攸往"，有所往，可以走，为什么呢？因为九二与六五相和，可以走。"无咎"是没有麻烦，九二位不当，位不当本来有咎，但是我们的心胸开阔，就能无咎。

《小象》说："大车以载，积中不败也。"因为这根爻是中道，把握中道就不会败，就不会失，也就无害。这是讲究把握中正之道。

九三，在内卦最上面。我们在前面讲过，阳过盛了会骄傲，由内到外，九三代表凶、危险，这里是教训。"公用亨于天子"，"亨"也是"享"。因为"元亨利贞"的"亨"本来就是祭祀，在祭祀的时候尚享，在这里可以解释作祭祀的"享"，也可以是"亨"，也就是通于天子。九三带领着两根阳爻，虽然它很强，但是不要囤积力量，要把这个力量献给天子。"享"是献，献于天子，只有君子才能做到。"小人弗克"，小人做不到，所以九三有君子、有小人。是君子的话就享于天子，是小人的话做不到，就占为己有，所以不是大有，是小有。九三小有成就，因为下面有两根阳爻与之合作，但不是大有，还没有到外面去。

《小象》说："公用亨于天子，小人害也。""小人害"就是小人认为有害，认为是牺牲，为什么要献给他人。这一爻实际上是讲牺牲，我们说祭祀是牺牲。

九四，"匪其彭，无咎"。九四本来有咎，为什么？因为九四本来是阴的位置，结果却是阳，他跟初九都是阳，阳刚太盛，九四带领下面三根阳爻冲击六五君主。也就是说，九四大臣的力量太大，功高震主，这是危险的。"匪其彭"，"彭"有两个意思，一个是通假字，通"旁"，另一个是膨，两个意思我都采纳。"匪其彭"，"彭"指下面三根爻，不要强调他的同党。膨胀，指他的势力不要太膨胀，势力膨胀了，君主受不了。因为六五君主是柔弱的，九四大臣是阳刚的，大臣有很强的实力，直接冲击君主，所以说"匪其彭，无咎"，在这个爻上，只能做到无咎。

《小象》说："匪其彭，无咎，明辨晰也。""明"是要能辨析，清楚所处的利害关系，要了解自己的身份、地位，要学张良，不要学韩信。

六五，假定你在六五的位置上，是柔弱的，而大臣个个都很强，你要怎么办？"厥孚交如，威如"，"厥"是其，意思是要用我们的诚。我们前面讲过了，柔常常是谦，阳多半是诚，这是一般的解释。但是在六五上出现了一个"孚"字，"孚"是诚，六五也有诚，谦而能诚，谦与诚不是相反的，而是互相为用的，谦而不诚是假谦。这里不讲谦，六五是柔弱的，再讲谦或再讲柔弱的话，便不能对付五根阳爻。所以用"诚"，是谦中之诚，柔弱的诚，虽然柔弱，但是表现出了诚的气。"交如"，"交"就是亨，要能够与下面四根阳爻相交，要能沟通，还要强调"威如"，在沟通的时候，不要把自己贬得太低，要保持君主的权威，这就是宽猛相济。所以在这一根爻上不好处理，有时候需要宽，有时候需要猛。再加上"威"，则吉，意思是如果能做到这点，就能转为吉，否则就是凶。

《小象》说："厥孚交如，信以发志也。威如之吉，易而无备也。"前半句容易解释，"厥孚交如，信以发志也"，"信"是诚信，"孚"是诚，以诚信来表达心志。为什么要"威如"呢？"易而无备"。朱熹说："太柔，则人将易之而无畏备之心。"不知道为何如此解，好像是说太柔是负面的，如果太柔的话，人家就看不起你，人家没有畏备之心，还有什么"威如之吉"呢？那就不吉了。我认为"易而无备"一定是正面的做法，"威如之吉"要能"易"，"易"是平易，"君子居易以俟命"，怎样用君主之威呢？君主之威要能通过平易来表达，因为六五是柔，他的威要通过柔来表达，如果不通过柔，就传达不出去了。平易之后，使别人感受到平易，而不致对君主防备，"无备也"就是不设防。所以这是"交如""威如"，从柔弱中透出来的君主之威，不会让别人感觉不爽，不会让别人多加防备，也不会让这几根阳爻把他当敌人。这是不是比朱熹的解释好一点？

上九，上九是天，天道，"自天佑之，吉无不利"。实际上，上九讲的是大有。怎样才是真正的大有？天之佑才是大有。天有万物，只有天才能大有，人不可能大有。因为我们的大有来自天佑，所以我们要顺承天道。六五通过柔道把下面四根阳爻软化了，积聚他们而变成了上九这根阳爻，达到了大有的境界。老子说："人法地，地法天，天法道，道法自然。"上九就是法天，那么这根阳爻也就是大有的原则，大有的原则是取法于天。

《小象》说："大有上吉，自天佑也。"这里只是重复上九爻辞，没有新解。

第十五卦　谦䷎

【卦辞】

谦：亨，君子有终。

"谦"，左边是言，右边是兼，我们在讲话时要兼顾他人，不要只讲自己。但是要讲出来，谦一定离不开言语。"谦"是中国哲学的一个修养功夫，西方没有一个合适的词与它对应。他们的想法和我们不一样，为什么不一样？我们看看内、外卦，䷎，内卦是艮，是山，外卦是地，山在地下。山应该在地上，为什么会在地下？山是高，高的反面是低，位高而处低是谦。

"谦"有一个必备特质，那就是一定要有才能，没有才能不是谦。我对美国学生说，我的英文不好，这不是谦，是事实，如果我说自己的中文不好，是谦。我们有才能，但是遮盖一下，不夸耀于人，这才是谦。山要在地下才谓之谦。西方人不懂这种说法，他们认为谦是诚实，他们不敢说自己无能，不然老板就不任用他们了。所以要注意，我们的谦不是退，谦是以退为进，实际上是进。《中庸》里面讲至诚，但是又说"其次致曲"，"曲"是曲成，绕一个弯子才有成，"曲"就是谦。

诚者乾道，谦者坤道，坤就是谦，所以上面是地。谦卦第二爻是阴爻，第五爻也是阴爻，两个都是阴，都是谦，柔之又柔，谦之又谦。二五不相交，不是不好吗？表面上说自己不好，其实是要掩盖自己的才能。但谦要讲"亨"，谦要沟通。在美国的中国学生常常说："如果我谦，那将来我的工作怎么办？"老板会说："你无能的话，就回家吧。"所以谦要沟通，我们的谦要让人家了解，人家不了解的话，那就是事实，就糟糕了。所以了解、沟通很重要，我用谦的表达方式让人家了解，谦得恰到好处，这很重要。不然，谦的话说多了，人家认为你是伪君子，要注意"亨"的作用。

这里讲"君子有终"，有终就是开始的时候未必好，开始的时候谦虚，人家不太了解，但是后来他们才知道我们是谦虚，知道我们有真正的才能，我们的才能发展出来会有好结果，这个叫"曲成"，绕一个弯子达到目的，"有终"，结果是好的。

【彖辞】

《彖》曰：谦，亨，天道下济而光明，地道卑而上行。天道亏盈而益谦，地道变盈而流谦，鬼神害盈而福谦，人道恶盈而好谦。谦尊而光，卑而不可逾，君子之终也。

这一段讲"谦"讲得很好。"谦，亨"，为什么？"天道下济而光明"，天道要向下走，如果天道向上走，天地不通气就会否，天之道要"下济而光明"，光明在下。"地道卑而上行"，"卑"是谦，但是卑、谦要"上行"，要下行的话就是真正下去了，就完了。谦是进也是上，我们谦的目的是向上，不是向下。

接下去，从宇宙万物人生各种现象来讲谦。"天道亏盈而益谦"，是说那些盈满的地方和事物，天道让它们减损。那些低平的地方，天道让它们发展，因为谦是卑下，天道一定是要让它的发展达到平衡。地道也是一样的，"地道变盈而流谦"，盈得高的话，则要让它们谦下。"变盈"，任何事情发展到高峰就有变，"无平不陂，无往不复"。"流谦"，为什么"流谦"？即像水一样，水就是往低的地方流。"鬼神害盈而福谦"，如果我们骄傲自满，鬼神就会忌妒，如果我们谦虚，鬼神就会赐福给我们。所以，我们中国人给小孩子起的小名都是阿猫阿狗，或不好听的，这样鬼神不仅不会忌妒，还会赐福给我们，传统风俗就是这样的。"人道恶盈而好谦"，"人道"就是人的心理，"恶盈而好谦"，讨厌那些盈满骄傲的人，而喜欢那些谦虚的人。天道、地道、鬼神之道以及人道，都喜欢谦。接着下面两句话对中国谦的哲学影响很大，"谦尊而光，卑而不可逾，君子之终也"，这是说谦虚受人尊敬，能发出光芒，谦卑似地，可以让人们踩着，但它的伟大没有人可以超越，这是君子最终的理想。

☆师生问答

学生：这里跟老子讲的不一样，老子讲"和光同尘"。

老师："和光"就是谦，谦的光是由卑而光，已是和光了。这里因为讲谦，所以用谦光。如果讲谦既不受人尊敬，也没有光，为什么还要谦呢？千万不要学这样的谦，这样的谦是无能的，我们的谦要使人家了解，所以卦辞的第一个字是"亨"，是沟通与了解。谦为什么会发出光呢？光就是讲谦有作用。下面一句更好，"卑而不可逾"，谦是卑，卑到什么程度呢？"不可逾"，人家跨不过去，卑到别人都踩你，那不是谦。地是卑的，在我们脚下，但是没有人能超过地，没有人可以战胜地。那么，谦到底是怎样才"不可逾"？谦要有一种德，我举一个例子也许有助于理解。

如果我们说自己的道德多么高尚，说自己多么有才能，别人就会跟我们比，但如果我们强调的德是助人为乐，服务人群，那还有没有人跟我们比？没有人，他们要跟我们比，那他们也得去服务人群。所以真正的德是谦德，别人不会跟我们抢，不会超过我们，每个人都做自己的事情。

【象辞】

《象》曰：地中有山，谦；君子以裒多益寡，称物平施。

《大象》说："地中有山，谦；君子以裒多益寡，称物平施。"从象上来说，山在地下，是谦之象，君子以这个道理要"裒多益寡"。"裒多"就是减掉多的，除去多余的傲气，"益寡"是增加自己的不足，这是谦的运用。谦的时候我们要了解自己哪方面不足，要有个衡量评估，这叫"称物"。"平施"是说谦的作用使得万物都能够平衡，人与人之间也能平衡。谦像水，水之德往下，到了任何地方水都是平的，维持着平衡。

☆师生问答

学生：谦跟"称物平施"是什么关系？

老师："称物平施"是一门哲学，讲到称物，我们就要了解辨物，讲到辨物，我们还要回头去了解《大学》的格物，格物、辨物、称物都是对付物、了解物的，只有当我们格物之后，了解万物各有自己的性能，才能顺着万物的性能施与它们。首先我们要谦，只有打掉自己的主观意识，才能真真实实地去了解万物。

我们还可以从更深一层来看。我们讲"小人喻于利"，就要去了解老百姓都是讲利的，要满足老百姓的需要，不能树高标准，拿君子的觉悟去要求他们。"君子喻于义"，这是孔子对学生的要求，我们要做君子儒，不要为小人儒。但是对于万物，我们要保持谦虚的态度，不要觉得只有自己是君子，别人都是小人。我们要了解，别人讲利是自然的本能，要同情、理解他们，这代表谦，不要把自己放在一个很高的位置上来看人家。只有从山上跑到地下，才能了解地之平。如果我们只在山上，就不会了解地之平，只能看到高高低低的山。

我想到《尚书·大禹谟》中赞美禹的一段话，"惟德动天，无远弗届，满招损，谦受益，时乃天道"，可见中国哲学里的谦，并不是我们普通生活中的谦。生活中的谦指说一些客气的话，这是一种生活态度。而中国哲学是把谦当作宇宙变化的必然原则，称之为"谦道"，这个原则可以在《象辞》里看到。"天道亏盈而益谦，地道变盈而流谦"，这是天道、地道同时在运用谦。《老子》第七十七章说："天之道，损有余而补不足，人之道，则不然，损不足以奉有余。"人道与天道正好倒过来。人之道是多的要更多，不足的要故意减损。本来物质上已经富足了，生活上却还想要更多，精神空虚却拼命耗费精神，这是人之道，人的心理。谦是天道，所以现在我们说"称物平施"，君子取法于宇宙天道的谦，然后用在人事上。

【六爻性能】

初六：谦谦君子，用涉大川，吉。

《象》曰：谦谦君子，卑以自牧也。

六二：鸣谦，贞吉。

《象》曰：鸣谦，贞吉，中心得也。

九三：劳谦，君子有终，吉。

《象》曰：劳谦君子，万民服也。

六四：无不利，捴谦。

《象》曰：无不利，撝谦，不违则也。

六五：不富以其邻，利用侵伐，无不利。

《象》曰：利用侵伐，征不服也。

上六：鸣谦，利用行师，征邑国。

《象》曰：鸣谦，志未得也。可用行师，征邑国也。

初六，这一爻应该是阳的，现在是阴，所以位不当。同时第一根爻和第四根爻都是阴爻，也不应。在这样的环境里并不是很顺，所以要谦。但是这里用了两个谦，"谦谦君子"，当然这两个谦也许是为了方便吟诵，文辞比较美。如果我们咬文嚼字，说谦之又谦是为"谦谦"，什么叫"谦之又谦"？我认为后面的"谦"意在强调前面的"谦"，虽然谦虚，但是不要把谦虚认为是谦虚，不要以为谦虚了不起。"用涉大川"，《易经》里面的大川都代表危险。我们要涉险，"利涉大川"就是"涉大川"有利，利于涉大川，利于冒险。这里特别讲一个"用"字，说用谦来涉大川，用谦来做冒险的事情，用谦来处理危险的事情。谦是有用的，所以在"用"上要注意它的着重点，涉大川如能用谦，则吉。

《小象》说"谦谦君子"，与爻辞重复了。"卑以自牧"，"自牧"是自修，就是考验自己、训练自己。牧牛、牧草、牧场、牧羊，把我们的心当作牛羊。"牧"是自修的开始，"谦"是自修的训练，不只是对别人态度上的谦。

六二，"鸣谦，贞吉"，"鸣"是从心里面发出来的，不平则鸣，有一句话叫"诚于中，形于外"，便是将初六这种自修的、真正内在之德的谦表现于外。很多人外谦内不谦，白居易说："周公恐惧流言日，王莽谦恭未篡时。向使当初身便死，一生真伪复谁知？"周公勤于政务，吃饭的时候嘴巴含着饭，有人来找他了，就赶快把饭吐到一边去见客，回来再吃饭，又有人来找他了，又赶快把饭吐在一边，再去见客，这样做了三次。但那个时候还有流言说他是虚伪的人。王莽在篡汉之前谦恭下士，篡汉以后就骄傲了，开始乱杀人。假设在这个时候他们都死了，又有谁知道真相是什么。一辈子都要谦，不是看之前的行为或看外表，要看内心真正的表现。所以谦要"鸣"，从内心发出来叫作"鸣"，要在外面表现出来，让别人真正有感。因为第二爻是地上，谦不表现出来，谁知道我们谦？但表现不是表演，要有真情，所以接着说了"贞吉"，六二是阴爻，因此"贞"就是正道的谦虚。

《小象》说："鸣谦，贞吉，中心得也。"指真正发自内心的谦虚。

九三，谦卦只有第三爻是阳爻，也就是说，第三爻是谦卦的主爻，表示谦很重要，有谦的精神在里面，第五爻原则上还是君主。这里用了一个"劳谦"，"劳"用得非常好，放在第三爻上，有第一流头脑的意思。说到"劳"，就容易想到一个成语，"任劳任怨"。在这六根爻中，只有这根爻是阳爻，阳代表实力，代表有才能，谦虚还要有才能，没有才能，谦虚就只是空话。我们要真正有才能，真正能够肩负大任，才有资格说谦。所以"劳"就是真正有功劳，努力替人家做事。谦不是推辞，而是埋头苦干，不求人知。

这根爻代表谦的精神，所以"有终"，有结果。为什么讲"有终"？假设我们谦虚，开始的时候别人不知道，但是我们任劳任怨做了很多事情，最后别人会知道，所以"有终"。"有终"的意思多半是开始的时候并不好，但是结果是好的。

《小象》说："劳谦君子，万民服也。"这是针对君主来讲的，是说如果君主谦虚，万民就会信服。假定我们碰到这一爻，我们既不是君主，又没有君主的才德，那该怎么办呢？每个人在天地之间都有其特殊的能力，天生我材必有用，我们不一定能够成为第一流的人才，但是尽力做到我们应该做的，把我们的才能发挥出最好的水平，就能得到人们的信服。

六四，这一爻多半是大臣，它的上面是君主。"无不利，㧑谦"，实际上这句话应该倒过来，"㧑谦，无不利"。"㧑"就是做，这个字还有一个意思，即分散的散。什么叫"散"？即谦的能力的分布，怎样分布呢？一般来讲，第四爻多半对君主负责，对上要谦，对君主要谦虚，但"㧑"是说，不只对上要谦，对下也要谦，如果对上谦，对下不谦、骄傲，便是势利的人。六四下面是一根阳爻，不要因为乘于阳，就觉得自己了不起，高高在上。所以谦不是选择性的，而是一视同仁。谦就像理学家常讲的"敬"，谦敬，儒家哲学的敬是内心的敬，不是说要尊敬地位比自己高的人，而是说对地位比自己低的也要敬，对一草一木都要有谦敬之心。

《小象》说："无不利，㧑谦，不违则也。"指不违反天道原则，因为天道是无所不包的，所以没有高下的分别。

六五，是君主。"不富以其邻"，这一爻的上下两爻都是阴爻。夹在两根阴爻当中，不要过于强调自己，以为有一帮人来辅助。谦也一样，不要以为自己是君主，地位很高，就骄傲了。人生也是一样，不要因为富有就骄傲，或因为有才学就骄傲，所谓富有才学，都是邻居，"不富以其邻"，不要因它们而自以为富有。

"利用侵伐，无不利"，照理说，《易经》不应该强调战争、暴力，我们不要把"侵伐"当作暴力。这不是劝人家去"利用侵伐"，而是说即使遇到侵伐的事情，在需要用兵的时候，也需要谦。就像老子一样，老子是绝对反对战争的，但是《老子》第三十章说，不得已才为之，不要强调战果。即使在侵伐当中，我们也要用谦敬之心，这样才会"无不利"，如果在侵伐当中还骄傲的话，那就变成好战了。所以"利用侵伐，无不利"，也是有利的。

《小象》说："利用侵伐，征不服也。"爻辞说的"无不利"，指谦用在侵伐上是有利的，此处的"征不服也"，是对"利用侵伐"的解释，指那些对天子不服的人。如果"不服"指不服教化的人，"侵伐"尚有正当的理由。

上六，"鸣谦，利用行师，征邑国"。又一个"鸣谦"，注意这两个"鸣"字。前面我们讲过，第二爻指修德，第六爻是最高的，代表天道，且有正负两面。负面的意思是物极必反，任何事情发展到最高都会走向反面。正面的意思指天道。即使谦卦到第六爻，它还是好的，因为谦虚，所以这里用"鸣谦"，"鸣"就是光芒普现。

《象辞》的"谦尊而光"是指上六，因为它在尊位，代表天道，代表光芒。如果这时候我们能够用谦来行师，征讨其他国家，就是王天下，就是施行王道，也是孟子讲的"仁者无敌"。所以，即使在行师用兵、征讨其他国家时，也要有谦虚之心，有谦才有仁者的光芒。如果就《易经》所写的事实，比如汤武革命，就是仁者之光。如果《易经》真是文王所写的，他就是要消灭商纣的，虽然他没有做到，但他的儿子武王完成了他的心愿，他在这里为他的儿子铺了路。

《小象》说，"鸣谦，志未得也"，为什么"志未得"？就正面来讲，是不要志得意满，不要以为自己了不起，因为要谦。同时"志未得"也指内心感到不足。为什么感到不足？因为我们还是用了兵，最好是不用兵，用了兵心里有遗憾，这才是谦之德。所以《老子》中说，即使得胜了，也要以丧礼来对待，不要开庆祝会，因为用兵之后有许多死伤的人，所以我们要怀揣悲伤的心情。

第十六卦　豫 ䷏

【卦辞】

豫：利建侯行师。

"豫"在传统的注中，大都是快乐的意思。也许宋明理学家朱熹、程伊川的注，包括《周易折中》的注，都是指和乐。就"乐"的观点来看，它有正面、负面两个意思，正面的意思是和乐，负面的意思是逸乐。

最近我突然想到第三个意思，除了和乐、逸乐，《中庸》里也有"豫"。"凡事豫则立，不豫则废。言前定则不跲，事前定则不困，行前定则不疚，道前定则不穷"，这个"豫"强调定，《中庸》的九经，即九种治国的方法最后归结为一，一是诚。下面这一段话就是讲诚："在下位不获乎上，民不可得而治矣。获乎上有道：不信乎朋友，不获乎上矣。信乎朋友有道。不顺乎亲，不信乎朋友矣。顺乎亲有道：反诸身不诚，不顺乎亲矣。诚身有道：不明乎善，不诚乎身矣。"什么叫"豫"？豫是事前的准备、预备，任何事情的事前准备都很重要，准备不足的话，做事情则不利。

"言前定""事前定""行前定""道前定"，都讲到了"定"，由"豫"

转到"定"。我们推敲这一段话与前面"诚"的两个意思，这说明了我们在前期准备的时候，"诚"是重点，不只是准备而已。比如战争，谦、诚很重要，任何战争都要师出有名，"为什么打"就是"事前豫"，因为"豫"和"预"是同样的意思，所以我认为"豫"代表有准备的诚，也就是说，豫卦除了谈和乐，还谈准备，有谦和诚两个意思。

《易经》中有一些字都和动物有关，"象"是大象，"豫"也和象有关。大象走起路来不像老虎一样跳得很快，而是慢慢地走，给人一种定的感觉。所以"豫"的含义与象有一定的关系，就是做任何事情都得定，慢慢走，不慌不忙。所以"豫"也指做任何事情都不急迫，胸有成竹，这才是"豫"。

豫䷏，下面是地，地是坤，上面是震，震是动。动发于地，地代表顺，动于顺，做任何事情都顺着走，顺着动。顺着动有两个意思，一个是很和乐，如果做任何事情都顺着大家来发展，大家就都快乐。另一个是预备，也就是顺着动，才能做任何事情。第二爻和第五爻都是阴爻，不是正应，所以并不完全是好的，有一定的缺陷。就拿和乐来讲，大家都喜欢乐，可是乐极生悲，逸乐是不好的。我们从和乐来讲，"利建侯行师"，在封侯和军事上，和乐很重要，军队追求的和很重要，所以和乐照样可以用在建侯行师上，就像谦可以用在征讨上一样。这两个卦一前一后，相反也相对，都是讲建侯行师。

【彖辞】

《彖》曰：豫，刚应而志行，顺以动，豫。豫顺以动，故天地如之，而况建侯行师乎？天地以顺动，故日月不过，而四时不忒。圣人以顺动，则刑罚清而民服。豫之时义大矣哉！

《彖》曰"豫，刚应而志行"，这是在解释"建侯行师"。因为这个卦只有一根阳爻，所以这根阳爻是主爻，即豫的关键是第四爻，"刚"指第四爻。"刚应而志行"，九四跟初六是一对相应的爻，能够达到他们的目的。"顺以动"，"顺"是指内卦，坤是顺。"动"是指外卦，震是雷，是动。所以这是就内外两个卦象来说的，表示出一种豫的象征。"豫顺以动"，内卦的坤是顺，外卦的震是动，"故天地如之"，说天地之道就是"顺以动"，天地动是顺自然而来的。天地都要"顺以动"，"而况建侯行师"，"建侯行师"如果不"顺以动"的话，就是违反天道了。

由于天地是"顺以动"，所以"日月不过"，日月都依照着它们的规则来，不会有过失。日月知道自动让位，到了晚上太阳就让位给月亮，到了早上月亮就让位给太阳，它们互相接替，遵守规则。"四时不忒"，"四时"是春夏秋冬，"不忒"是不差，春夏秋冬都顺应天道，不会有差错。圣人取法于天，顺着人性而动，所以"刑罚清而民服"。"豫之时义大矣哉"，这里讲了"时"，也讲了"义"，"义"配合着"时"。"义者宜也"，什么是"义"？就是适宜、合义，"义"是顺乎时间的发展。

【象辞】

《象》曰：雷出地奋，豫；先王以作乐崇德，殷荐之上帝，以配祖考。

《大象》说"雷出地奋"，上面是雷，下面是地，雷出地上，"奋"就是奋起。"先王以作乐崇德，殷荐之上帝，以配祖考"，这是孔子从和乐来讲的，"作乐崇德"，周公制礼作乐，"乐"就是发挥人性之和、情理之和。"乐"最重要的作用是和，乐者和也。"作乐崇德"，指道德方面。"殷荐之上帝"，"殷"是诚心，"荐"是贡献，"殷荐之上帝"就是祭祀。"以配祖考"，在中国的祭祀中，最大的是祭天地，配上帝，还有祭祀祖先，所以一方面"殷荐之上帝"，另一方面"配祖考"，这就是中国的宗教。这里把道德和宗教两大问题放在一起了，从追求这种人生正面的和乐、和谐，来讲道德的问题和宗教的问题。中国的道德与宗教的基本精神就是一个"和"字。道德是人与人之间的和，宗教是人与天之间的和。所以我认为《易经》是第一流的书，它一下子就抓住了道德与宗教的大问题。

【六爻性能】

初六：鸣豫，凶。

《象》曰：初六鸣豫，志穷凶也。

六二：介于石，不终日，贞吉。

《象》曰：不终日，贞吉，以中正也。

六三：盱豫悔。迟有悔。

《象》曰：盱豫，有悔，位不当也。

九四：由豫，大有得。勿疑。朋盍簪。

《象》曰：由豫，大有得，志大行也。

六五：贞疾，恒不死。

《象》曰：六五贞疾，乘刚也。恒不死，中未亡也。

上六：冥豫，成有渝，无咎。

《象》曰：冥豫在上，何可长也。

初六，"鸣豫，凶"，"鸣"在谦卦里面是好的，但是在这根爻上，一开始"豫"是快乐，人若只追求快乐，那就完了。我们看今天很多人把"爽"字挂在嘴边，"鸣豫"，就是叫着要爽。一开始就追求快乐不行，追求快乐之前应该有"预"，要有预备动作，还要有前奏的功夫。

《小象》说："初六鸣豫，志穷凶也。"你看这个人没有志气了，一开始追求的就是逸乐。"志穷"不是贫穷，而是没有志气。

六二，是讲德，修德，"介于石"，"介"是耿介，耿介是说一个人很正直，像石头一样硬邦邦的。"不终日"，不要等到晚上，"贞吉"，意思是现在只要按这个去做，不需要等待结果。真正修诚，不要去想结果如何，诚是对自己的，不要在意别人对自己的看法。"不终日，贞吉"，因为六二是阴爻，贞就是阴爻，指谦虚，把握谦虚则吉。

☆师生问答

学生："介于石，不终日"，是坚持自己的想法吗？

老师：坚持自己的想法，这种说法叫有主张。第二爻谈主张还不如谈德行，坚持德行比较好，有主张可能会导致有偏见。

学生：豫卦求的是和，一个"顺"，一个"动"，那"介于石"在这里是不是违反了"顺"和"动"？

老师：你问出一个更深的意思。在"动"里面有一股"定"的力量，没有定怎么能动？我们看"言前定""事前定"，为什么"豫"要说到"定"？"定"就是给我们的动一股安定的力量。没有"介于石"，动就可能会有错误，会乱动或是得不出结果。

《小象》说"不终日，贞吉"。为什么说"不终日，贞吉"是"以中正也"？因为六二处内卦之中，所以说中正。

六三，"盱豫悔"，第一个字是"盱"，"盱"是睁开眼睛，由内到外，睁开眼睛去求快乐。求什么快乐？外在的快乐。因为九四是主爻，所以主爻是快乐的根源。也就是说，六三向九四求快乐。"悔"，有悔。为什么有悔？因为快乐是发自内心的，睁开眼睛往外求是不得其道，不当位，因得不到而有悔。"迟有悔"，为什么又多用一个"悔"字？《易经》中的"悔"是知道错，悔接下去就是悟，悔悟。"迟有悔"，迟了还不悟，更有悔。两个"悔"同时出现，为什么在快乐的时候要讲两个"悔"字？因为快乐是在一念之间的，一念之转是快乐，一念不转就有悔。所以第一个"悔"是对得不到快乐而言有，第二个"悔"指可能产生了与快乐相反的结果，不仅乐极会生悲，求不到也会生悲啊！

《小象》说："盱豫，有悔，位不当也。"指六三位不当，不安分，拼命向外找快乐。

九四，"由豫"，九四是所有快乐的源泉，只有他是阳，其他都是阴，所以所有快乐都来自它，它是快乐的原由。"大有得"，九四是阳爻，因为他是施与快乐的，得人心，所以是"大有得"。"勿疑"，为什么讲"勿疑"？因为这一根爻被所有阴爻包围，被包围在阴暗中，所以有怀疑。这里的教训是"勿疑"，因为阳爻代表诚，只要把握诚，就不需要怀疑别人。"朋盍簪"，"盍"是合，"簪"是头发上有一支簪子，能把头发绾在一起，比喻在中心的位置上，我们施与的快乐能聚合其他人，使他们都来与我们聚合。

《小象》没有解释。"由豫，大有得，志大行也"，是指目的达到了。

六五，这一爻是君主的爻，但是阴爻柔弱，所以说"贞疾"，"疾"就是有毛病，这个"贞"是负面的。这里本是逸乐，之所以有毛病了，是因为君主柔弱，他的贞道出了毛病。九四大臣很强，"恒不死"，指六五能够把握恒，可免于死亡。这不是正面的话，而是指很危险，只有持之以恒，相信九四，把权力交给九四，才能够不死。这根爻位不当，既跟六二不相应，又阴乘阳，从这三个原则来看它都有毛病，它若要平安无事的话，就在于一贞一恒，"一贞"是把握他的柔弱，"一恒"是要相信九四且持之以恒，不可犹豫不决。

《小象》说"六五贞疾，乘刚也"，为什么"疾"呢？"乘刚"，阴乘刚，君主下面的大臣很刚强。"恒不死，中未亡也"，因为它在当中，为什么"未亡"？因为这一根爻是阴柔的，如果能够把握阴柔之德，好好利用，就还有生存的希望。

上六，这根爻到最高峰了，"冥豫"，"冥"是暗，享乐到天昏地暗，眼睛都睁不开了，这当然是凶。"有渝"，"渝"是改变。如果能够改变，就不要一直追求享乐，走入极端，有渝也只能是无咎而已，不是吉。这一根爻指的是享乐过头，太危险了。

《小象》说："冥豫在上，何可长也。"指这种快乐是不能长久的。

总体来讲，和乐本身不是享乐，而是内心的和谐。享是肉体的享，享乐和逸乐都是外在的。六三之所以睁眼去求快乐，就是求享乐，这是从快乐来讲的。现在我们再回过头，把"豫"当作一个事前准备的诚，这是我个人的见解，我试着以此去解释"利建侯行师"，当然也可以讲得通。"建侯行师"，事前一定要准备。天地万物，"顺以动"，是说我们的准备要顺着天地之道的发展而动，不能违反天道，不然这个准备就没有意义了。像"作乐崇德"，祭祀上天，也是一种预备、准备。为什么作乐？"作乐"是做事前防范，防范人心，"崇德"是修德于事情未发之前。这都是一种准备。

初六"鸣豫"，假如我们有准备，有一个事前的谋略，在第一爻上就把它叫出来，事机不密，当然会凶。到了六二，这个准备要有一个原则。"介于石"就是一个原则，要把握这个原则。"介于石"也是下面的定，"言前定""事前定"，石头才是定，要坚守原则。到了六三，六三是由内到外，要在内上做好事情的准备。第三爻是阴爻，阴爻代表虚，内在不充实，只希望能有天时、地利、人和，睁眼去求外援，一定会落空而有悔。

到了九四，准备和谋略到了行为上，九四是诚，以诚待人，以诚付诸行动。到了六五，六五讲谦虚，九四、六五这两根爻使我想到了两个卦，谦卦和豫卦。最近我看《三国演义》，用这两个卦形容诸葛亮，谦卦第三爻是"劳"，代表诸葛亮的任劳天下，他一生鞠躬尽瘁，死而后已,这是他的心志,此为劳谦。诸葛亮知道事情不可为,他还愿意去为,这就是一种谦。刘备三顾茅庐是谦,但是诸葛亮比刘备更谦,他用一辈子的谦来尽忠,是真正的劳谦,所以谦卦是他的写照,九三是他的人格。豫卦九四和六五两爻,讲大臣和君主的关系,诸葛亮是宰相如九四,六五是阿斗。六五说阿斗有毛病,他要把握这个贞,亦即谦虚,他的贞就是要能够用九四,也就是用鞠躬尽瘁,死而后已的大臣,他才可以不死。

上六,一个意思是快乐、和乐,另一个意思是预备。《三国演义》诸葛亮有《隆中对》,他知道三分天下,也知道不可为,我想他的目的是中原,而不是三国鼎立。刘备死了之后,他六出祁山是为了成全刘备的遗志,可见这是他的目的。到了上六,就是这个目的的理想陷入一个黑暗时期,达不到了。"有渝",若要改变,只能三国鼎立。"无咎",什么叫无咎?无咎者鞠躬尽瘁,死而后已,自己感觉到尽忠了,只能做到如此,了无遗憾,这是他的"无咎"。

《小象》说:"冥豫在上,何可长也。"是指必须改变冥豫的黑暗,不能让它长久。

第十七卦　随 ䷐

【卦辞】

随：元亨利贞，无咎。

"随"是跟随。"跟随"至少有两个意思，一个是随时，跟随时间走。另一个是我加上去的，随理，顺着原则走。随卦就内卦、外卦两个卦象来讲，☳，内卦是震，是动，外卦是兑，兑是快乐，是悦的意思，兑加上竖心旁就是悦。我们之所以能够跟随，是因为能得到快乐，否则就不会跟随了。就卦象来讲，二五两爻位当而相应，跟随得对，因为九五之尊中正，又是阳爻在位，是一位好君主，所以值得跟随。

讲到随，我就想到中国的一句话"良禽择木而栖，贤臣择主而事"，聪明的鸟要找一块好木头栖身，贤明的人要择明君而事，这就是随。"随"在我们今天的生活中随时都会用到。人家有意见，我们随不随？人与人之间都在随，在生活上所有关系都与随有关。因此随卦首先点出"元亨利贞"四个字，被称为四德，有这四个字的卦都很重要，乾卦和坤卦都有。但是要注意"元亨利贞"的后面加了"无咎"，为什么不加"吉"？因为这里的"元亨利贞"只能免除麻烦。

《左传》中讲，有个叫穆姜的皇后与大臣通奸，想改立国君。后来事情败露，她就占了一卦，本卦是艮卦，变卦是随卦，她的位置在随卦的卦辞上，"元亨利贞，无咎"。占卦的史官告诉她，"随"就是赶快走便无咎，劝她赶快逃，但是她说："不行，随卦讲的'元亨利贞'，这四个字我都没有。我一个女人，地位不高，参与乱事，没有达到元（元是仁）；不能安定国家，不亨；做事情害了自己，我也无利；不顾身份与人通奸，我也不贞。没有这四个字，我必死无疑。"她后来没有走，死在了宫中。

从这个卦来讲，她既然占到"元亨利贞，无咎"，为什么还说自己有咎呢？我要说明，卦辞是说，有元亨利贞则无咎，没有元亨利贞则有咎，所以元亨利贞是一个前提条件。我著的《易理与易德》在第三部分讲到本卦卦辞的时候，把卦辞当作功夫讲，也就是说，这是个条件句。为什么呢？因为我们要随人。第一，是元，元是开始，是动机，我们随别人，动机不当的话，随就不当了。第二，是亨，亨是沟通，是真实的了解，要了解自己所随的对象，该不该随。第三，是利，利者，义之和也，要知道合不合义，利不讲利益，而讲和谐。第四，是贞，是否能把握我们的正道，不能放弃正道去随人。随不是绝对的，或者随便的，我们有时候必须随，但要考虑怎么随。将这四个字作为条件，才能免于咎。

【象辞】

《象》曰：随，刚来而下柔，动而说，随。大亨贞，无咎。而天下随时，随时之义大矣哉！

《象辞》说"随，刚来而下柔"，"刚"是指初九，初九是阳爻，因为在两根阴爻之下，所以说"下柔"。"动而说"，内卦是动，外卦是悦，动就有快乐，这是说随。要注意的是，这里的"刚"是指初九，而不是指九五，随是开始，由最低向上随，所以初九是随卦的主爻。

☆师生问答

学生：为什么要随？通常都是遇到了困难或瓶颈才会想要去随。

老师：当然，我们遇到瓶颈会想到随，但是没遇到瓶颈的时候，我们做人有一个方向也是随，我们的理想也是随，有疑惑的时候我们要进行选择，也是随。所以在古代，妇随夫是随，臣随君是随，朋友之间志同道合也是随。但是随要动，动才能随，而且在动而随之后，还要看舒服不舒服，活得爽不爽。只有"爽"就危险了，"悦"要比"爽"高明，悦是和悦，爽是个人的爽，要小心。

"大亨贞"，其实"大"是对"元"来讲的，元者大也。但是"元"还有一个意思是"始"。"大"是指它的发展会大。在这里把元的"始"拿掉了，只强调大，大就是理想之大、方向之大。我们要随，要有一个大的方向，所以"大"很重要。大的反面是小，小是只图个人的私利，是短暂的、危险的，如果一直随下去，就会走入歧途。所以随讲元、讲动机，就是要在一开始就把握正道。"亨"当然也是一样的，要沟通、了解。"贞"也很重要，要把握我们的正道，这样才会无咎。"而天下随时"，这里点出了"随时"，没有提到"理"，"随时之义大矣哉"，这是指时间的重要性，但是只把握时间是不够的，所以我加上"随理"，"随时之义"的"义"，也是兼理而言的，随的理、随的原则，就是"贞"。

【象辞】

《象》曰：泽中有雷，随；君子以向晦入宴息。

《大象》说"泽中有雷"。内卦是震，是雷，外卦是兑，是泽，雷打到水里面激起波浪，一个随一个。"君子以向晦入宴息"，"晦"是暗，指晚上，"宴"是宴息，即安息，这句话是说君子到了晚上就回家休息。为什么讲这个话？因为这是随时，日入而息。为什么不讲日出而作？因为日入而息包括日出而作，但是日出而作不包括日入而息。日入而息，回家睡觉，睡到天亮之后，当然要日出而作。日入而息是无为，日出而作是有为，讲无为本身可以包括有为。无为是培养我们的能量，避免外在的损伤，所以无为也是为，但是有为不包括无为。换而言之，日出而作，日入而息就是随着时间的变化而做出反应。日入而息是修养自己，修养自己之后，才能到外面去随。日入而息是贞，把握正道，然后才能顺着随，自己把握不住，怎么能够随人？

☆师生问答

学生：再往前看，大有、谦、豫、随这些卦至少到第四爻以前都在养精蓄锐，因为卦有六爻，这等于一个卦的爻光是养精蓄锐就超过一半。至少到目前为止，几乎每个卦讲养精蓄锐。

老师：我现在随着你的说法来看，有两种情形，一种是后世的学者一般认为上经三十卦是讲原则，下经三十四卦是讲运用，就像老子的《道德经》一样，上经是讲道，下经是讲德、讲用。也可以说，前面多半是讲内在修养。这是一种说法，不是百分之百正确。第二种是孔夫子赞《易》，就是他写的《彖》《象》，他是修己而后治人，把修己放在最重要的地位上，君主也是要修己安百姓的，所以《易经》最看重的是自修，也可以认为是养精蓄锐，外面的运用只是原则的运用。

学生：这样来看，讲用是讲谋略，而《易经》并不太讲谋略。

老师：《易经》讲原则。

学生：我们现在说《易经》是谋略之学，这是有问题的。

老师：对，确实如此，你看《老子》讲原则，但人们把《老子》当作兵家，说是《孙子兵法》为老子之用，这就是讲谋略了。用是很危险的，用就是借道，久借而不还，往而不返，就有危险。由此我想到，我在一档节目中讲儒家，有一个人说道家是讲权变的，所有政权都讲权变。他的意思是这个时代要讲权变，儒家没有用武之地。我认为儒家不讲权变，因为儒家讲治道，权变只是暂时的，汉高祖在马背上得天下，这是用权变，但是之后用什么治天下呢？所以儒家的注意力是治天下，它的重心不是夺天下，这是很重要的。

【六爻性能】

初九：官有渝，贞吉，出门交有功。

《象》曰：官有渝，从正吉也。出门交有功，不失也。

六二：系小子，失丈夫。

《象》曰：系小子，弗兼与也。

六三：系丈夫，失小子。随有求得，利居贞。

《象》曰：系丈夫，志舍下也。

九四：随有获，贞凶。有孚在道以明，何咎。

《象》曰：随有获，其义凶也。有孚在道，明功也。

九五：孚于嘉，吉。

《象》曰：孚于嘉，吉，位正中也。

上六：拘系之，乃从维之。王用亨于西山。

《象》曰：拘系之，上穷也。

初九，"官有渝，贞吉，出门交有功"。"官有渝"，朱熹没有注"官"，那么"官"是指什么？"官"可以解释为五官，也可以解释为主体、自我，用流行的话说就是观念。"渝"是改变，在一开始我们的观念有所转变，才能随人。要注意"元亨利贞"的"贞"是要点，因为初九是阳爻，所以我们要把握初九的诚，则吉。"出门交有功"，

"出门"是指随人，出门才能随人。怎样才能有功呢？第一要把握自己的诚，这个是"元亨利贞"的"元"，元者诚也。

《小象》说："官有渝，从正吉也。"把握正道，"贞"就是正，这是解释"正"。"出门交有功，不失也"，不失我们的诚，不失我们的正道，就有功。如果失去我们的正道，乱随人就完了，会交无功。"出门"还有一层意思，就是打开我们的心胸，"门"代表我们的心，不要心门紧锁，抑郁成疾。

六二，"系小子，失丈夫"，"系"是绑住，被系住了。"小子"指初九，它的含义是小人，"系小子"即被小人绑住。"失丈夫"，"丈夫"指九五，因为六二与九五是一对，二五相应。如果被这个小子绑住，不能与九五去相和，就是女孩子找错了对象。小子是近水楼台，天天甜言蜜语，女孩子就昏了头，向下走了。

《小象》说："系小子，弗兼与也。"指初九和九五都是阳爻，六二是阴爻，它要随阳，但不能"兼与"，即兼有，所以必须选择是随上还是就下。当然是随上了。

☆师生问答

学生：二爻与五爻是位当而和，为什么有上面这种解释？

老师：初九与六二靠得很近，很近的话，就容易被吸引过去，所以随就是给我们一个选择。为什么六三还要把丈夫、小子摆在一起？因为君子与小人之间也要辨别，你要随君子还是随小人。

学生：这个看起来像红杏出墙。

老师：讲红杏出墙有些夸张了，"春色满园关不住，一枝红杏出墙来"是多美的诗句啊！实际上，红杏出墙按理来讲就是要辨别哪个是丈夫，哪个不是丈夫。君子与小人很难辨别，所以一开始要学会辨别他们之间的不同。本爻的爻辞是一种教训，要我们先分别丈夫与小子，目的是不要"系小子，失丈夫"。

六三，小子和丈夫又出现了，这时候是"系丈夫，失小子"。这里的小子与丈夫在关系上有不同，"失小子"是指前面的六二，"丈夫"是指九四，一阴一阳是一对。为什么我这里讲六二和九四呢？因为"系"多半是指临近的两个爻，就像乘和比，靠近了才能绑住。"系丈夫"就是九四能够把六三往上提，所以在这里我们就说，君子与小人、丈夫与小子虽然很难被辨别，但是我们从这两句话里可以得出一个原则，往下走的是小人，往上走的是君子，君子使我们往上走，小人使我们往下走。也就是说，随是往上的，而不是往下的，辨别很重要，往下走是同流合污，往上走是精神和道德的提升。所以随或不随，就要看他是否能够提升我们的人格、提升我们的精神、提升我们的道德。也许很难判断所随的这个人，但是我们和这个人的关系会影响到自己往上或往下。

"随有求得，利居贞"，为什么要随？我们的所求，一定要对我们有利，不管这个利是心里的快乐，还是实利。"有求得"，但是"利居贞"，意思是说，不要看到有求得就拼命去追求，要利于自己走正道，也就是在我们的位置上随人，不是放弃原则去随人。

《小象》说："系丈夫，志舍下也。""舍"是舍弃，即抬下，舍弃往下走，往六二走，向下沉沦。虽然"丈夫"是一个具体形象，但这是一个象征，"丈夫"代表原则、理想，"小子"代表欲望，代表错误的选择，是向下沉沦。人有很多理想，理想是要往上的，而不是往下的，这是就理来讲的。

九四，这一爻多半是大臣，大臣是阳，结果九五也是阳，两个都是阳，所以有一点问题。"随有获，贞凶"，"随"当然是随君主九五，我们随的九五是一个中正之君，当然有获、有利。但是，我们要把握正道，否则会有凶。为什么有凶？第一，不但位不当也，而且与初九不应，两根都是阳爻，所以这根阳爻代表阳刚过盛，君臣之间可能会有冲突，就位置来讲，有凶。我们要把握诚的正道，能诚信才不会有凶。"有孚在道以明"，"有孚"就是诚，九四要有诚，即要把握正道，把握臣道。"在道以明"，把握道来表达自己，让君主了解自己的诚，没有咎可言。反之会有麻烦，有凶，有咎，位不当就不利。

☆师生问答

学生：实际上，谏议大夫就经常会和国君有冲突。

老师：谏议大夫要是做得好，就能够谏成功，如果谏不成功，用死谏的话就完了，所以阳刚太盛也是不行的。

学生：这个"贞"如何说？

老师："贞"是诚，即把握诚道，以义应凶险。下面的"有孚"就是诚，所以解释重复了。看到这句话我又想到《三国演义》中的诸葛亮。杜甫有两句诗，"三顾频烦天下计，两朝开济老臣心"，三顾茅庐是为了天下事，有获，诸葛亮就是那个获，"两朝开济老臣心"，"心"有孚，有诚。实际上，诸葛亮始终是在第四爻上。《三国演义》中，诸葛亮后来出师祁山时，旁边的一个臣子让阿斗小心诸葛亮，说他权力太大了。阿斗就写信召诸葛亮回来，召回来以后，诸葛亮就表明了心志，说自己的本心是继承先帝遗志，"有孚在道以明"，不然的话很危险，他的权力太大了。

《小象》说"随有获，其义凶也"，"有获"是有利，在九四这一爻上多半有功，但是要显出自己无功，把所有功劳都给君主。如果有功就认为这是自己的，占为己有，就凶了。所以要"有孚在道"，表明功劳是君主的，不是自己的。注意"明功"是"在道"，不是在己。

九五,"孚于嘉,吉","嘉"是美,是善,"嘉"还代表各方面的关系都很好,"嘉之会也"。这里要注意,随卦九五和九四都是阳爻,如果所有人都随九四的话,九五就会忌妒,所以九五要通过九四,使得人都能够随他。九五也是很能干的君主,因为是阳爻,所以他处理随处理得刚刚好,"嘉"是处理得刚刚好,不仅人民能够通过九四随他,九四也能够随他。

《小象》说"位中正也",因为九五处于中正的位置,处理任何事情都能既中又正,所以才能得天下之随。要注意,随多半是随人,而九五是让人随他。

上六,上六跑到最高了,不能随了,譬如道家的臣子,他们超脱,不随君主,去做隐士了。上六是阴,九五是阳,阴乘阳,要怎样对付不能随的?要"拘系之"。"拘"是拘束,就是用东西束起来,"系"是绑着,也就是九五要能够把上六这个臣子"拘系之,乃从维之"。"乃"是而且,"从维"是抓住他们的心思,不让他们跑走。

因为九五是"孚于嘉",能够面面俱到,所以正好。那要怎么用?"王用亨于西山","西山"就是岐山,这里讲的是周文王,周文王当时常常跑到岐山去祭祀、祷告天,祷告天就是接受天命。第六爻有两个意思,一个是物极必反,不能随人,这是负面的意思。另一个是指天命、天道。为什么要祭祀?为了表达诚意而使得他们来归附。前面的"拘系之,乃从维之",是用外面的方法使他们跑不掉,下面的"亨于西山",是用诚的方法使他们来归附。

《小象》说:"拘系之,上穷也。"为什么要"拘系之"?因为到了最高了,走入穷途没有可随的了,所以要用拘系的方法,使他来归附。

☆师生问答

学生:上六是指那些有才华,但是不愿归附的人吗?

老师：或者是瞧不起你、不肯随你的人，这是就政治层面来讲的。除了政治层面，我们还可以只讲随，随到上六是无人可随、无物可随，只能随天，所以最高的是随于天理、随于天命。在随人的过程中，假定你找到了一个领导，找到了一个君主可随，但还是要相信自己的天命。随君主当然没错，但也有可能失败。刘备死了，诸葛亮又是诸葛亮了，诸葛亮碰到阿斗，鞠躬尽瘁，死而后已，就是他的天命。诸葛亮知道没办法攻打魏国，他六出祁山是为了表达对刘备知遇之恩的感谢。我认为诸葛亮对刘备有一种真诚的情感，不是看现实的利益。他要去攻打魏国，六出祁山是很困难的，所以他只有听天命，死而后已。其实，最终还是要随天理、随天道，随人是其次。

学生：我觉得这也给了一些人不跟随的自由。

老师：我有一个注在这里，就是上六至最高已经没有可随的了，"拘系之"，也可指过度自由之病。上六是自由，但过度自由就不随人了，大家就都关心自己爽不爽。自由过度要"系之"，要讲制度，要讲理。现在我们的乱象就是过度自由，所以要以制度来系之，以道德来维之，以诚信来说服之，这三点也是对过度自由开出的三个药方。所以这一爻就是讲过度自由带来的毛病。

之前谈到儒家真正的理想，我们说"君子喻于义，小人喻于利"，这是君子小人之分，好像批评小人了。实际上，"小人喻于利"是事实，一般人就是重利。我现在找出一段《大学》里的话，我认为很重要："'有斐君子，终不可谖兮'者，道盛德至善，民之不能忘也。《诗》云：'於戏！前王不忘。'君子贤其贤而亲其亲，小人乐其乐而利其利，此以没世不忘也。""前王"是以前的圣王，为什么说前王后世不忘呢？因为他们在高的方面，"贤其贤""亲其亲"。但在低的方面对小人、一般人，也能够"乐其乐"，乐小人所乐的，"利其利"，利小人所利的，也就是说能满足小人、普通老百姓所追求的利。朱熹对这句的话注是："此言前王所以新民者止于至善，能使天下后世无一物不得其所。"什么叫"至善"？不只对君子善，还让普通老百姓能够得到他们所需要的，才是至善。"无一物不得其所，所以既没世而能思慕之，愈久而不忘也"，根据这一段话我们可以证明，真正的儒家理想也注重人民的利，即使小人是欲其利，也能够满足他们的利，但是这个利不是害人的利，是基本需要的利，所以儒家不会忽略一般人的利。

第十八卦 蛊

【卦辞】

蛊：元亨，利涉大川。先甲三日，后甲三日。

大家看到"蛊"这个字，占到这个卦，就都不喜欢了，"蛊"上面是虫，下面是盆子，盆子里面有虫，也就是东西腐烂生虫了，有毒了。从这个字来讲，这个卦当然不好，蛊有毒。为什么从这个卦的象里能得出蛊呢？我们看这个卦，内卦是巽，是风，外卦是艮，是山。山下有风，风往山上吹，把山上的树木吹得乱七八糟。山下有风，风不在山上，也就是山中有风，那阵风是毒风，是瘴气。卦象代表有毒、有乱，喻意不好，这是蛊卦本身的意思，除此之外还有哲学的意思。负面的意思是有毒，正面的意思是治毒、整治，就像蒙卦一样。蒙卦的负面意思是无知，正面意思是教育，所以我们要把握住两个方面。古人写这一卦就是告诉我们，怎么对付毒，这是什么样的毒？从这个字来讲，它是食物放置久了产生的毒，所以有一个久的观念，即以前造成的毒。

我们再用现代的观念来诠释蛊。什么是毒？第一，政治制度，这是本质，《易经》多半讲政治上的事。第二，心理疾病不是立马就能显现的，荣格和弗洛伊德都认为是潜意识造成的，今天抑郁症的致死率在心理疾病里面排第三位，情况很严重。第三，迷信，它能蛊惑人心。第四，邪教。第五，所谓精神污染，我们知道空气污染，却不知道环境里面的精神污染。第六，教育制度的不良，影响了这一代和下一代的青年。这些都是蛊毒。就今天来讲，除了政治制度，我们该怎样面对这些问题，该怎样应付蛊呢？

"蛊"是很重要的毒，本卦一开始就讲"元亨"。为什么讲"元"？第一，因为这是从开始来的，不是现在有的，我们要找出源头，所以元是源头。第二，是沟通，要了解病因。要想知道怎样整治它们，就要了解它们，要找出它们的根源，所以讲元、讲亨。但是"利涉大川"，为什么会"利涉大川"？涉大川是危险，利涉大川就是要面对危险，面对问题。第三，我们从"元亨利贞"来讲，"元"是你要注意本源，"亨"是要实际了解，"利涉大川"就是要面对问题，不能逃避。第四，"先甲三日，后甲三日"，这有一点费解。第一个"甲"指开始，我们要整治一个过去的问题，一定要有一个新的开始。"先甲三日"，整治之前要做准备，前面有一个豫卦，"先甲三日"就是豫、预备。"后甲三日"，建立制度之后还要想怎样去发展它、维持它，还要考虑整治后怎么延续、怎么发展，移风易俗。

【彖辞】

《彖》曰：蛊，刚上而柔下，巽而止，蛊。蛊，元亨，而天下治也。利涉大川，往有事也。先甲三日，后甲三日，终则有始，天行也。

蛊是"刚上而柔下"，"刚上"是指外卦，是艮，艮是刚，内卦是巽，巽是柔。"巽而止"是就哲学意义来讲的，蛊是整治，巽是柔软而止，艮是止，即用柔软的方法来停止它，因为社会风气不是由法律强行制止的。"蛊，元亨"，要了解它的本源，了解它产生的原因，就要把握元、亨两个元素，方法对了才能够"天下治"。"利涉大川，往有事也"，什么叫"利涉大川"？就是要面对问题，面对危险。蛊是有事情，没有事情就没有蛊了。"终则有始"，"终"是"后甲"，"始"是"先甲"，"终则有始"实际上就是有始有终。自古以来都讲有始有终，要持之以恒。"天行也"，这也是天运行的道理，指治蛊必须顺天理。

【象辞】

《象》曰：山下有风，蛊；君子以振民育德。

《大象》说"山下有风"。山在上，风在下，这里儒家说是"蛊"。"君子以振民育德"，用"振民"二字，振衰起弊，"振"是振作、刷新，"振民"就是新民。"育德"，以道德来培养人民，以道德为根本。一个政治家，面对前代政治所留下的毛病，要想着怎样去振作人民，培养一种现在需要的道德去解决问题。

【六爻性能】

初六：干父之蛊，有子，考无咎，厉终吉。

《象》曰：干父之蛊，意承考也。

九二：干母之蛊，不可贞。

《象》曰：干母之蛊，得中道也。

九三：干父之蛊，小有悔，无大咎。

《象》曰：干父之蛊，终无咎也。

六四：裕父之蛊，往见吝。

《象》曰：裕父之蛊，往未得也。

六五：干父之蛊，用誉。

《象》曰：干父，用誉，承以德也。

上九：不事王侯，高尚其事。

《象》曰：不事王侯，志可则也。

初六，"干父之蛊"，有一个"干"字，可见他是用力做的，是实际去做的。对于这个毛病、这个毒，要以大有为的精神去做、去干。"有子"是一个条件句，指如果有子。"考"代表父亲，《礼记·曲礼》说"生曰父、曰母、曰妻；死曰考、曰妣、曰嫔"，"考"是父亲死，"妣"是母亲死，如果有子，即使父亲死了也无咎。为什么父亲死了也无咎？因为他有一个儿子，儿子可以继承他的业绩，可以改变一切。皇上死了，太子即新君，能干的话就可以中兴。前任领导留下的很多弊病，新任领导要能概括承受，要负责解决。"厉"是危险，蛊当然是危险，要整治一个相延已久的问题，就有危险。但"终吉"，能整治的话最后还是会吉。

《小象》说："干父之蛊，意承考也。"指有子承父亲之业，可以加以修正。

☆师生问答

学生：老师怎么判断"终吉"？

老师：这个位不当，不好，所以有厉，又无咎，就是在有咎的情况下怎么样做才能无咎。所以我说"有子，考无咎"是一个条件句，如果有子来承担，终吉，最后就会有结果，相反，无子就凶了。

学生：前面这一句，"干父之蛊"是说他的父亲吗？

老师：这一句是讲整治父亲留下的蛊。儿子要有责任心，对过去的事要负责任，不能推诿。

九二，九二明明是阳，为什么说"干母之蛊"？"母"很难解释。"不可贞"，也很不好解释。我看到这个爻想了很多，所有注解也没有注出来，什么叫作"母之蛊"，什么又是"父之蛊"？几年前我想到母之蛊和父之蛊有一点不同，父之蛊是大问题，母之蛊是小问题，这是在我母亲那里想到的。从迷信的角度来讲，父之蛊是大迷信，大迷信会使整个社会风气败坏，甚至有更坏的影响。母之蛊是小迷信。我的母亲有很多小迷信，比如我们做儿女的不能讲"死"字，我们讲一个"死"字，她就发脾气，所以我们讲话要小心。我知道她是迷信，但是没有办法改变她，只好由着她。小迷信不会影响太多人，但是有些迷信造成了很多社会恶果，如生病不看医生，只知烧香拜佛，这个迷信就有害了。像这种小迷信，我认为是母之蛊，我们无须用大的手段去对付它，要用柔和的方法去改变它。"不可贞"，"贞"是对九二来说的，九二是阳刚，不可以用强硬的手段。

《小象》说："干母之蛊，得中道也。"不仅九二是中，六五也是中，所以就这个卦来说，虽然九二、六五位不当，有蛊，但是相应可以治，有正面的看法可以治，两者都在内卦、外卦之中，所以要把握中道。

九三，又是阳刚了，所以是"干父之蛊，小有悔"，用阳刚的方法来处理，可能有一点麻烦，会引起一些人的不满，但是"无大咎"，没有大麻烦。

《小象》说："干父之蛊，终无咎也。"等于没有解释，结果还是无咎。

六四，"裕父之蛊，往见吝"。这里用了一个"裕"字，这个字在《易经》中出现过两三次。"裕"很重要，有三个意思，第一个意思是，因为这个字是衣补旁，所以指穿衣服比较宽松、舒适，"裕"代表宽，指用宽大的方式，而不是严厉的方式。因为这根爻位当，他的上面是君主，所以大臣用宽大的方式来治理人民。"裕"的第二个意思是柔，即用柔的方法。"裕"的第三个意思是徐，慢慢地，这是道家老子的思想，"静之徐清""动之徐生"（《老子》第十五章）。怎样治理？慢慢前进，徐徐地，以治大国若烹小鲜式的慢火来煨。面对一个相延已久的风俗习惯，要用柔道来处理，还要用时间慢慢磨。总的来说，"裕"在这个地方有三个意思：宽、柔、徐。"往见吝"，就是要守住我们的本位，"往"是往上走，因为上是六五，君主是阴柔，六四也是阴柔，所以不要往上走，站在本位上来解决问题就行。

《小象》说："裕父之蛊，往未得也。""往未得"是不要往上走，要安于自己的位置，因为安于自己的位置才有裕，不安的话就会动，动就不裕了，亦即我们常说的，要以逸待劳。

六五，"干父之蛊，用誉"。六五是君主，但他是阴柔的，怎么办？"用誉"。"誉"是什么誉呢？第一层意思是名誉，有好的名誉。第二层意思是德誉，有道德的名誉。第三层意思是才誉，有才能的美誉。"誉"代表有名、有德、有才的人，也就是说，他要治理整个国家的问题，但他个人不见得能解决问题，自己才弱，需要用九二。六五、九二是一对，六五是君主，九二是人才，也就是要请专家来解决问题。心理问题要找心理方面的专家，教育问题要找专门的教育人才，这些都是"用誉"。

《小象》说："干父，用誉，承以德也。"这是讲德，是儒家孔子的思想。

上九，上九代表过头了，已经整治了。整治之后就是"不事王侯，高尚其事"。"不事王侯"，就像范蠡、张良，打下天下之后，他们便隐居了，"不事"就是隐。所以在帮助君主打下天下、治平天下之后，就要能退，不要再整治了。把问题处理好之后，还要去整治，便会越整越多。前面为什么用誉、用宽呢？对于这些心理问题或社会风俗习惯，整治之后要让它们自然发展。

什么叫"隐"？我们的理解就是隐居、隐士。我分析"隐"是指有才能的人，没有才能，能隐什么？"隐"大概可分为五种情况。第一种是求官不得，只好隐，这是不得已的，也不是很高尚。第二种是生不逢时，求官不得是个人的特别情况，生不逢时是时代的问题，孔子也没有办法。第三种是个性恬淡，个性恬淡的人本来就不喜欢做官。我个人大概属于这一类，不是求官不得，也谈不上生不逢时，我大学毕业后有机会去任公职，但我没有兴趣，这是个人的问题。第四种就比较重要了，叫"功成身退"，这是老子的话，"事遂"，事情做好了，"身退，天之道"，即功成身退。"不事王侯"，就是功成身退，整治之后要身退。第五种，可仕可隐，这是孔子说的。可以仕则仕，可以隐则隐，仕中有隐，隐中有仕。他做官的时候也有隐的状态，即使他隐了也像仕一样，这就是孔子，可仕可隐。虽然孔子老年回到鲁国之后专门教书，是隐，但是他教书时也讲仕道，教出来的学生都能仕，这就是可仕可隐，这是儒家的做法。

上九的重点是"高尚其事"，朱熹没有作注，但这句话非常重要，是说在隐的时候还有目标和理想，不是单纯地逃了。虽然箕子隐了，但是他有德，带了很多人去朝鲜半岛建国，这是"高尚其事"，所以治蛊是一个大问题。

《小象》说："不事王侯，志可则也。"这只是强调"不事王侯"，认为志气可以效法。

第十九卦　临 ䷒

【卦辞】

临：元亨利贞。至于八月有凶。

"临"，在过去儒家的文学里是君临天下，由高的去看低的，比如临幸、君临，这是临在政治上的意思。今天我们碰到新的环境是临，面临一个新的问题是临，到一家新公司去做新的事情也是临。就临卦来看，䷒，六爻中下面两根爻是阳，上面四根爻是阴，这两根阳爻都是主爻，因为代表阳的开始。临卦就内卦、外卦来讲，上面是坤，是地，下面是兑，是泽，地和泽相依、相邻。虽然二五两爻位不当，但是相和，有正面的意思。

临，就是去面对、考察一个问题。临强调"元"，"元"的现代意思是最初的动机。"亨"指要沟通，下面两根阳爻要与四根阴爻沟通。"利"是和谐，因为相邻，所以要和谐，在相邻和谐中我们要保持自己的正道，保持自己的人格。这个卦中"元亨利贞"四个字都有，我们需要做到元、亨、利、贞。"至于八月有凶"，传统汉代学者的解释称为"十二辟卦"，"辟"是主，辟的原则是君，君就是主，用十二个主卦来说明一年十二个月的阴阳相长，从复卦是一阳开始，到临卦是二阳，它配合了时间。

中国夏、商、周有三种历法，夏有夏历，商有商历，周有周历。周历是以复卦的一阳开始作为一月，商历是以大壮为一月，夏历是以临卦为一月，所以周代的历法和夏代的历法不一样。因为汉武帝时开始用夏历，所以从汉武帝时期到今天，我们所用的是农历夏历。夏历和周历差两个月，如果我们读的书是在汉武帝之前的，就要注意书里的月份用的是周历。《庄子·逍遥游》中讲到"以六月息"，即六月的气息，因为庄子用的是周代的历法，所以这个六月实际上是今天农历的四月，是春天，不是夏天。

临卦有很多用夏历注解。实际上《易经》用的是周历，因为它是周文王所作。八月是遁卦，☷，两个阴倒过来了，临卦是两个阳，到了八月，两个阴产生了。现在很多的注认为这是夏历，他们只想到农历，把八月当作观卦，这是不对的。八月是遁卦，这是根据"十二辟卦"而来的，不过"十二辟卦"在《易经》中没有讲到，所以难以确定八月究竟是指什么。《易经》本身没有把"十二辟卦"用以注解，这是从西汉才开始的。

如果我们用"十二辟卦"看，"八月有凶"，正好八月是遁卦，这是以象数之学讲卦，我们不讲这些。这一段是说，过了时间它就会变。二月是临卦，到了八月，阴气转变了，本来是阳气上升，现在阴气上升，所以有凶。

【彖辞】

《彖》曰：临，刚浸而长。说而顺，刚中而应，大亨以正，天之道也。至于八月有凶，消不久也。

《彖辞》说"临，刚浸而长"，"浸"是慢慢地发展，阳刚刚发展，只有两根。"说而顺"，因为内卦是兑，兑代表快乐，外卦是坤，坤代表顺，所以我们要能够愉悦、顺利地发展，春临大地，好好顺着发展。"刚中而应"，"刚"是指九二，九二是主爻，"应"是应六五，九二和六五相应。所以谓之"大"，谓之"亨"。解释"大亨"时，一般会把"大"当作形容词，但是我把"大"和"亨"分开，要能够"大"，能够"亨"，因为元亨利贞，元者大也。"大"是指天之道，无所不包是谓"大"，而"亨"是指无所不达。讲"大亨以正，天之道也"，"正"就是贞，把握它的正道。"至于八月有凶"，转变了，为什么？"消不久也"。"不久"就是很快，很快就会消失了，阴阳消长，这是天之道，是自然的。

【象辞】

《象》曰：泽上有地，临；君子以教思无穷，容保民无疆。

《大象》说"泽上有地"，这是指内卦是泽，外卦是地。"君子以教思无穷"，这是儒家的主张。君子看到这个现象——泽上有地，泽水润湿大地，地气与泽气互相交流，所以"以教思无穷"。"教"是教化，教化人民无穷，因为坤是地，代表无穷。"容保民无疆"，"容"是宽容，也就是宽裕，代表温柔。《中庸》里面讲"宽裕温柔，足以有容也"，"有容"，即容纳人民。"保民无疆"，"无疆""无穷"指地，所以君子看到临卦，就想到怎样教化人民，怎样保养人民。

【六爻性能】

初九：咸临，贞吉。

《象》曰：咸临贞吉，志行正也。

九二：咸临，吉，无不利。

《象》曰：咸临，吉，无不利。未顺命也。

六三：甘临，无攸利。既忧之，无咎。

《象》曰：甘临，位不当也。既忧之，咎不长也。

六四：至临，无咎。

《象》曰：至临无咎，位当也。

六五：知临，大君之宜，吉。

《象》曰：大君之宜，行中之谓也。

上六：敦临，吉无咎。

《象》曰：敦临之吉，志在内也。

初九，"咸临，贞吉"。第三十一卦就是咸卦，"咸"的意思就是感，"感"下面有一个"心"，无心之感谓之"咸"。《易经》的感应是无心之感，所有的感都是阴阳相感，有心就是有意志和欲望了。这个卦的初九跟六四位当而应，能感应。如果一个君主要去考察人民，他就必须先要有感应。麻木不仁怎么去考察人民，有主观意识怎么去考察人民，所以君主必须具有感应能力，要有这种精神。"贞吉"，"贞"是指初九，初九是阳，"贞"是诚，即以诚来感。"感"有两个意思，一个是感化，另一个是感受。在这根爻上要有感受才能教化人民，也就是感化。感受是自己被感，感化是感人，感是平等的，互相感应。

《小象》说"咸临贞吉"，也就是用感去临，把握正道才能吉。"志行正也"，就是我们的意志和想法要正，要为了救国救民，为了人民生活去感。

九二，也是一个"咸临"，这两根阳爻都是主爻，也是感的主体，本爻跟六五是相应的。"吉，无不利"，"吉"是因为阴阳相感，所以做任何事都无不利。

《小象》说："咸临，吉，无不利。未顺命也。"前面都说得很好，为什么"未顺命也"？这个不好解释。"命"是天命，或者君主之命，两个相感应该很顺，但为什么"未顺命"？朱熹说，"未详"，他不知道。我只好看看一般的注解，有的人说"未"就是"末"，"末"是语气助词，没有实际意思，亦即"顺命也"。这是改字求解，我不赞成乱改字。我的解释是，"未顺命"指不是有意去顺命，也就是在这一根爻上的发展，是自然的阳气上升，自然的发展，不是有意去顺命。九二上面有四根阴爻，象征黑暗重重，而九二率领初九勇往直前，好像不服从君主的命令似的。

☆师生问答

学生：老师，这是揣摩上意。

老师：对，不是有意的，是自然的发展。另外一个意思是，正好阳长的时候君子之道长，我认为这个时候适于立命，而不是顺命。立命的意思是，我们要在这个节骨眼儿上建立自己的命，不要一味地去找天命。什么是天命？实际上天命就在立命当中，立命已经含有天命了。就这一根爻来讲，虽然说"吉，无不利"，但是位不当，所以还谈不上顺命。

学生：您这个解释跟程伊川的差不多。程伊川说："九二与六五感应以临下，盖以刚德之长，而又得中，至诚相感，非由顺上之命也，是以吉而无不利。"也就是说，他不是刻意去顺这个命。

老师：我还是喜欢立命，因为有立德、立言、立功，所以我要再加上一个立命。我们要建立自己的命，这个命实际上就是天命。这是我大概的解释，如果把"未"字去掉也可以解释，但是"未"字已存在，我们要从这当中去发挥它的意思。

学生：程伊川写了一大段，他说"未"就是"不是"，不是顺命，很多人认为"未"是隐词，程伊川认为这不是多出来的词。

老师：不是顺命也好，我是更正面地讲立命，而不是一味顺命。因为阳气一根根上升，就是建立我们的命的时机，我们要改变这个环境。所以，当我们面临一个新局面时，不要逆天时，要确立自己的方向、自己的原则，去改变环境，这就是立命。但是，立命是真正跟天命相合，真正了解天命才能立命，很多人不了解天命，只是一味地顺命，顺命是顺着命运，立命要立出来的才是真正的天命。

六三，"甘临，无攸利。既忧之，无咎"，"甘"与"忧"相对，"甘"是甜，代表欲，"甘临"就是我们面临一个问题，或者一个新的局面，是有欲而临，只求适合我们，如果是为了好处而临，就有问题了，"无攸利"就是没有好处。前面两个"咸"是无心而感，到了六三，有时候第三爻代表心，有时候第四爻代表心，代表欲，所以有欲而临，"无攸利"。"既忧之"，"忧之"就是忧患意识，如果我们要有忧患意识，就无咎。

☆师生问答

学生："有欲"是指什么？

老师：欲望的"欲"。譬如君主面临天下，他希望天下的人民都讲好听的话。但这样没什么好处，君主要有忧患意识，要能看出人民的疾苦。当临一个场面时，如果只听人家的好话，就失去了真正的临，所以要有忧。

《小象》说："甘临，位不当也。"这是从当不当来讲的。"既忧之，咎不长也"，如果有忧患意识，即使有咎也不会长久。

六四，"至临，无咎"。"至"有两个意思，一个当动词用，是达到；另一个是完美。这里我喜欢用达到，因为第四爻是行为，到外面了，所以这根爻"至临"就是亲临，亦即自己去临，要亲自了解人民的疾苦，亲临则无咎。古代的君主视察地方，都是到官邸中，然后让官员来报告，这样不行，要走到人民当中，了解他们的疾苦。

《小象》没有解释，只说"位当也"，因六四在阴位，又与初九相应。

六五，"知临"，"知"是智慧，亲临代表要亲自去做，没有头脑是不行的。《中庸》里面有这样一句话："唯天下至圣，为能聪明睿知，足以有临也。""知"和"临"都出现了。只有天下至圣，聪明睿智的人，才足以去临，亦即临幸人民，去看人民才能看得准。所以六四的临是指身体到达，但是这根爻的临是指君主要带着脑袋去，要有智慧。"知临，大君之宜"，"大君"是真正的大君主，这才是圣王，才是吉。

《小象》说："大君之宜，行中之谓也。"因为六五处于外卦之中，所以是中道。"中"很重要，君主有智慧，对事情的判断才能客观准确。我们看到有些人民生活很苦，有些人民生活很好，但不能止于此，还要了解他们苦的原因，各方面都要了解，要把握中道。

上六，到了第六爻多半都是不好的，事情发展到极端了，但是临卦的上六是好的，是"敦临"，敦者敦厚，"敦"从哪里来？因为坤为地，地代表厚，所以敦厚如地才吉，才无咎。六五这个君主是有智慧的人，了解得清清楚楚之后，处理问题还要有上六说的敦厚的品性。

《小象》说："敦临之吉，志在内也。"敦厚是性，"志在内"是指性，本性忠厚，所以"敦"跟"诚"是一样的意思。我们用这六根爻来想想，如果今天面临一个场景、一个新问题，第一要有感；第二要立命，要把握原则；第三不要有欲望，如有欲望，就不能真正感了；第四要实地去了解；第五要有智慧去判断；第六要以宽厚的心来处理问题。

第二十卦 观䷓

【卦辞】

观：盥而不荐，有孚颙若。

我们常说"观看"，但是"观"跟"看"不一样，"观"不是完全用肉眼去看，而是用心去看。佛教的打坐法门有"止观"，"止"是指眼睛只看一样东西，心里面产生观照。什么叫"观照"？就是智慧、精神的观照。"观"跟智慧、精神有关，不只是眼睛的看而已，所以我们先要了解"观"，再来讲观卦。观卦和临卦颠倒过来了，两根阳爻在上面，四根阴爻在下面。就观卦的内卦、外卦来讲，下面是坤，是地，上面是巽，是风。前面的蛊卦是风在山下，观卦是风在地上，春风吹过，万物复苏，各自变化。我们常常讲观化、化物、风化。君主观万物，圣王观万物，就像风在地上吹过一样。二五两爻位当而应，主爻当然是第五爻了。

观卦的卦辞是"盥而不荐"。"盥"是洗手，"荐"是及时将东西奉给神明，也就是奉献。古代祭祀的时候，先行盥礼，主祭者先把手洗干净，然后把酒洒在干木上烧，这是迎神之礼。"荐"，就是在迎神之后，把牛、羊、鱼等各种东西奉上去。在《论语》中，孔子说："禘自既灌而往者，吾不欲观之矣。"这是一种祭天地的仪式。"灌"是献酒。"而往者"，以后。"吾不欲观之矣"，意思是不想看了。这是孔子对鲁国君主鲁文公说的。鲁闵公是鲁僖公的哥哥，他传位给鲁僖公，鲁僖公后来传位给儿子鲁文公。一般在盥礼之后，要把先祖的牌位放在一起祭祀，结果当时的文公把父亲僖公的位置排在了闵公前面。孔子一看，君主位置颠倒了，因为僖公是闵公的臣子，不能把臣子放在君主前面。孔子维护"君君臣臣，父父子子"的大义，但是文公以一己之私，把父亲放在了前面，所以孔子说，自既灌之后，在放牌位的时候已经不合礼了，我不想看了。

"荐"也是一样，盥礼的时候，把手洗干净后将酒洒在干木上烧，专心且没有杂念。接着献祭品的时候，就有杂念了，一般祭祀用牛、羊、猪是大祭，放一点素菜是小祭。"盥"要内在完全清净，没有杂念，没有欲望，如果心杂了就不是真正的盥。所以"盥而不荐，有孚颙若"，"颙"是很尊敬，"有孚颙若"，就是有诚有敬，这是指祭祀要有诚心。孔子说，"吾不与祭，如不祭"，如果我不参加祭的话就等于无祭，不亲自参与就表示没有诚意。

【彖辞】

《彖》曰：大观在上，顺而巽，中正以观天下。观，盥而不荐，有孚颙若，下观而化也。观天之神道，而四时不忒，圣人以神道设教而天下服矣。

《彖辞》说："大观在上。"六根爻最上面的两根爻都是阳爻，也是主爻，所以"大观"是指上面两根爻。"顺而巽"，下面是坤，是地，是顺，上面是巽，是风，也是顺，所以说"顺而巽"。九五在中正的位置上，所以说"中正以观天下"。"盥而不荐，有孚颙若，下观而化也",是说君主观人民,能够以诚教化人民。在这里我要说明"观"的四个特色,第一是大,即大观,我们现在有一个词叫宏观,要从大局面来看,否则看见的都是小东西。第二是神,观种种精神的作用。第三是诚,有孚即有诚。第四是要有智慧。

☆师生问答

学生:从祭礼中的盥,变成君主的观看、体察民意,是怎么变的呢?盥礼是不是以前君主祭天时的礼?

老师:就是祭天,上告神明,同时也是亨。亨有两个意思,一个是向上的亨通,是祭祀,另一个是向下面,向人民。在祭祀的时候,要打通天人,要天人合一。"观"很重要,《老子》第一章就有"观","常无欲以观其妙,常有欲以观其徼",能观道之妙,可见"观"是一种智慧。这里说"观天之神道",我们要了解"神",尤其是在《易经》里的"神",因为《易经》六十四卦爻辞中原来没有神,神都是"十翼"里面的。如果将"十翼"里的神做一个统计,我们会发现这个神不是指神仙的神,"阴阳不测之谓神""神也者,妙万物而为言",即神指阴阳的变化之妙是形而上的道,不是一个有固定人格的神。所以我们要先了解宇宙万物的变化之妙,观这个道,了解这个道,然后就能"四时不忒","不忒"就是不差,亦即四时变化都有它的道理。所以一个是观天,神道是观天;一个是观物,观万物。这样的话,"圣人以神道设教而天下服矣",圣人以精神之道来设教,圣人的教化强调精神,也就是前面说的"振民育德",振发民志民心,使得人民的精神往上发展,这就是精神,就是神道,这是儒家的思想。如果理解成圣人以宗教或风水来教人民,那就错了。张载有四句话,前面两句是"为天地立心,为生民立命",他把"为天地立心"放在前面,"为天地立心"就是神道,之后是"为生民立命",为生民立哪一个命?一个是物质的命，另一个是精神的命。因为有了"为天地立心"，人民这个命才能上去，否则上不去。

很多人读《论语》，说孔子不谈形而上，不谈天道，只讲伦理，只讲道德。但是我们这样配合着一起看，就知道孔子已经把天道放在伦理上了。孔子讲的伦理、礼教，一定是上通于天道的。礼者，天地之大经也，所以"神"，简单来讲就是代表神明，代表神化，代表神圣。就神明来讲，我们现在提到的神明好像就是指神仙，但神明就是明，精神的明。神化是指宇宙万物的变化，精神的变化。神圣是圣王的智慧。所以神指神明、神化、神圣这三种神。如果我们再讲浅一点的话，以"神道设教"就是一种宗教，但是这个跟普通宗教不一样。儒家也讲信仰，讲天道、天命，但是这种信仰不是普通宗教上的那种信仰，让人民知道宇宙变化的必然性，是精神的超越，是一种往上的信仰。

学生：一般的信仰跟这个信仰有什么不一样？

老师：在这个地方，神明就是讲天命。孔子讲天命，认为天跟我的命连在一起，儒家是把天纳入人性的，像前面说的是立命，我们凭自己去立命，不是顺命而已，一般的信仰是把自己交给天。

【象辞】

《象》曰：风行地上，观；先王以省方观民设教。

《大象》说"风行地上"，上面是风，下面是地，这就是"观"。"先王以省方观民设教"，"省"就是省察，就是临，临观之义，临了以后才能观，知临、敦临，然后才产生观，省察四方之民而观民俗、民风，根据人民的需要，来建设精神的教化、德行的教化、道德的教化。我对"观"还有三种解释：第一种，圣人是观天道；第二种，君主是观民俗；第三种，君子观己，反省自己。"先王"是指君主，君主"观民设教"，也就是风俗习惯。《易经》很有趣，"观"在《易经》中有六个层次，它用六根爻来说明观的六个层次。

【六爻性能】

初六：童观，小人无咎，君子吝。

《象》曰：初六，童观，小人道也。

六二：窥观，利女贞。

《象》曰：窥观，女贞，亦可丑也。

六三：观我生进退。

《象》曰：观我生进退，未失道也。

六四：观国之光，利用宾于王。

《象》曰：观国之光，尚宾也。

九五：观我生，君子无咎。

《象》曰：观我生，观民也。

上九：观其生，君子无咎。

《象》曰：观其生，志未平也。

初六，一开始的时候，位不当且阴柔，所以说"童观"。"童观"就是小孩子的观、小人的观，这代表观得比较粗浅，不够成熟，因为是儿童。这个对小人来讲还好，"无咎"，因为小人什么都不观，什么都不想。但是君子相反，君子只有"童观"，只有粗浅的观是不够的，君子要讲大观，要讲宏观。也就是说，观在开始的时候有一点肤浅。

《小象》说："初六，童观，小人道也。"这是指小人或一般人，虽然我们认为"小人喻于利"不好，但是"小人喻于利"怎么办呢？他们本以利为主，如果能观一下就还好。

六二，"窥观，利女贞"，"窥观"就是狭窄，从门缝里看人，把人看扁。"利女贞",因为中国古代的女人足不出户,所以她们只能通过门缝往外看,这个观虽然狭窄,但是六二阴柔,如果能够把握住阴柔,就是好的。我们要注意,《易经》没有说不好,只是说"利女贞"。

《小象》的话就不对了,"窥观,女贞,亦可丑也"。这里用一个"丑"判断它不好。不要怪《易经》本身,《易经》没有说不好,只说观的不同,有"童观",也有"窥观"。

☆师生问答

学生:为什么"利女贞",不"利君子"?

老师:"利女贞"是在"窥观"里面。"女"是指六二,女就是柔弱;"贞"是指谦虚,利于谦虚的正道。当我们窥观看不到全部的时候,就要谦虚,不要以为看到的是全部。"利女贞"是一个教训,教训我们要柔弱,要谦虚,否则的话就不好了,就不利了。

六三实际上是讲君子。"观我生进退","我生"代表我的生活、我的生命,代表我自己,"观我生"就是观己,即要反省才能知道什么时候进,什么时候退。所以,前面的谦卦要了解进退存亡,而不失其正者。因为六三处在内卦,又面临着外卦,在行为上要知进退,这个时候要观自己,反省自己有没有能力得到一个职位,且有没有能力去担任。

☆师生问答

学生:可是老师您之前不是说《易经》只有进跟守本位,并没有退?

老师:第一,我讲这个特别强调九四跟六四,"或跃在渊,无咎",跃的精神,尤其到了第四爻的时候不能退。但是在第三爻上,"君子终日乾乾,夕惕若厉",每天晚上要反省自己该怎么做,所以我们可以不走出第四爻，要在第三爻上反省。但是我还是要讲明，就卦的发展来讲，一定是从三爻上去，所谓退，不是退到初爻，也不是退到第二爻，而是退居其位，这是我的解释。可以进，可以退，退守在我们的位置上，而不是说退到下面一爻去。我们面临一件事情的时候，进是去做，退也是去做，不是逃避。实际上，虽然我们在这个位置上无路可退，但还是要保持自己的力量，在现有的位置上不动。退是不动，进是动。

《小象》说："观我生进退，未失道也。"什么是"未失道"？就是进退存亡而不失它应该遵循的正道。

六四，"观国之光，利用宾于王"。六四是大臣，他们面临的九五是君主，是阳爻，这两爻一阴一阳比得很好，大臣以谦让来辅助君主。六四的大臣不能"观我生"了，亦即不能观自己了，因为他要"观国之光"，以国家为主体。"观国"，是观大我。"观国之光"，在这个卦中哪有光？九五是光，因为九五是阳爻，所以六四要观察九五之光。九五在古代代表君主，以今天来讲是代表国家。"利"，有利于，"用"，用什么方法，"宾于王"，怎么才能有利、能用宾于王。"王"是指九五，"宾"就是把自己看作宾，不要喧宾夺主。这是中国人的观念，中国人到别人家做客，客人要随主人，不要喧宾夺主。在这一爻上，以君主为主，把自己当作客人，当作宾。

《小象》说："观国之光，尚宾也。"强调像客人一样，有宾主之分，这是在六四上的"宾观"。

九五，"观我生，君子无咎"，这里重复了第三爻的"观我生"，两个爻位置不同，第三爻六三是普通人或是有才能的人，但九五是君主。君主自观，这是君主的自省。这里又讲君子，"君子"这两个字多半应该用于第三爻，第四爻勉强也可以。但是在君位上讲君子，意思是虽然是君主，却要学君子，要像君子一样，这就是君主的自省。君主自省为了什么？用孔子的话讲就是"修己以安百姓"。所以，这里的观跟六三的观不同，六三的观是观个人的进退，君主的自观是牵涉到国家的。

☆师生问答

学生：六三跟九五都用了一个"生"字，"生"有什么特别的意义吗？

老师："生"本身没有特别的意义，生活、生命，都是"生"，问题在"我"上。六三的"我"是个人的我，九五的"我"是君主的我，因为"我"不同，所以谈论的"生"也不同。老子说："圣人无常心，以百姓心为心。"真正理想的君主没有自己的生命，他以百姓的生命为生命。

《小象》说："观我生，观民也。"前面第三爻是自观进退，这里第五爻是观人民的生活、生命。

☆师生问答

学生：这个位置这么好，为何是本来有咎，要"观我生"之后才能无咎？

老师：如果不能"观我生"，就有麻烦了。第一，九五是这个卦的主爻，这个卦的君子很重要，如果君子失去了自观，下面四根阴爻会上来冲击他。要注意，六四爻为什么要"宾"？因为六四带领着下面三根阴爻，大臣拥有群众基础，如果这个大臣喧宾夺主，就抢夺了王位。所以，九五要观，而且在"观我生"之后，还要观自己的位置，否则就会被四根阴爻冲击，这是有危险的。

上九,"观其生",要注意,这里用了一个"其"字,而不用"我"。"其"是多数,指他们的生,意思就是观民。前面九五"观我生"是观民,"观其生"当然包括观民,同时也包括观万物。因为上九是天道,天道也是观万物的生,把人纳入到物,所以到了上九,观万物的生,君子也是无咎的。

《小象》说:"观其生,志未平也。"为什么说"志未平"？"平"就是平息,志还没有平息,意思就是还没有志满,不以个人的小志为志,而是要到上九的大观、天观,观万物。我们现在拿神道的神来讲,神是精神,观精神就是观大,就是观生生,"天地之大德曰生""为天地立心"都是指"生生",因此我们先从这个"观"字来讲。观就是一个宏观,是万物的观,也是精神发展的观。观民设教,不是说一定要建一个宗教,这个教是教化,孔子讲的教化是一种精神的教化,是天道的观化,这使得万物都能生存,所以观神道设教,实际上的观神道是指精神的观。

☆师生问答

学生：设教要设在哪边？

老师：教就是教化,第一,教化小人,不要"童观"。第二,教化有偏执的人,不要以自己的观来看人。第三,教化所有人要反省自己。所以儒家讲教化,讲忠恕,忠者自观也,能忠才能恕,这是自观修己,这个观是从天道的必然法则来说明我们怎样去看待一件事情。

第二十一卦　噬嗑 ䷔

【卦辞】

噬嗑：亨，利用狱。

《系辞》中讲了很多阴阳，而《象辞》中不讲阴阳，讲刚柔。刚柔就是指两根爻，阳爻是刚，阴爻是柔。阴阳不同于刚柔，阴阳是讲宇宙间的变化，或者形而上，刚柔是讲人的世界，讲现象，以柔克刚，甚至政治问题都是讲刚柔的。因此看象解卦，往往有三个方面。第一个，就内外卦刚柔的作用来看象，如乾是刚、是健，坤是柔、是顺。第二个，也是《彖辞》跟《象辞》常常讲到的，即以内外卦的性能来讲两个卦的作用。第三个，是就整个卦的象来讲。

噬嗑卦的六根爻像一个嘴巴，䷔，中间一根爻就像有一个硬的东西把嘴巴挡住了，所以要把它咬掉。再来看噬嗑的卦辞，二五两爻都是阴爻，不相应，所以有问题。"噬嗑：亨，利用狱"，"亨"就是沟通，要了解沟通，不能沟通就不能整合。"利用狱"，意思是监牢用得恰当则利。"利"是有利，"用狱"，用监牢，指刑罚。

关于监牢的制度，我看过一本关于刑罚的书，针对监牢的制度举出了一百种毛病、流弊，那么为什么还要用刑罚呢？刑罚当然不好，可是不能不用。同样，考试制度也有许多弊病，比如它会限制天才，使人不能发挥出全部的能力。但是，如果要从整个国家选拔人才，除此之外没有别的办法，这是不得已的。因为不得已，"用"就显得很重要了，用得好则利，否则就有害，所以要注意"用狱"。

【彖辞】

《彖》曰：颐中有物，曰噬嗑，噬嗑而亨。刚柔分，动而明，雷电合而章。柔得中而上行，虽不当位，利用狱也。

从卦象上看，是"颐中有物"，"颐"就是口。"噬嗑而亨"，就是把口中之物拿掉，口能合拢，即"亨"。这个卦象就是讲监狱、刑罚，刑罚是为了光明，这是就内外卦来讲。从这两个象征来看，噬嗑卦用监牢、刑罚来讲，但是我们今天不一定用得到刑罚，所以噬嗑的另外一个现代的意思是整合。"噬"就是整合，人与人之间要整合，夫妻之间要整合，团体之间要整合，这些都属于整合的问题。

《彖辞》说"颐中有物"，就整个卦象来看，像是嘴巴里有东西，那个东西就是九四，这是噬嗑，要咬掉才能合上嘴巴。"噬嗑而亨"，这是重复了。"刚柔分"，"刚"是指什么呢？初九跟上九是刚，外面是刚，二、三、五都是阴，里面柔，这是"刚柔分"。"动而明"，"动"是指内卦是震，震为雷，是动，外卦是离，是明，这是就内卦、外卦的现象来讲。内卦震是雷，外卦离是电，"雷电合而章"。雷电有什么作用？雷电就是刑罚，中国古代有雷公掌天谴天罚，所以从雷电两个概念中又得到刑罚的象征。"柔得中而上行"，这个"柔得中"是指哪根爻呢？"中"，当然是指六五,六五在外卦的当中。"上行"就是在上位，是君主的位置，六五是主爻，因为这一爻能够"利用狱"，它是用狱的主体，所以君主要能够用刑。赏罚是治国的两个柄，这是韩非的话，他有一篇文章叫《二柄》。六五不当位，本来应该是阳爻，但是他能够"利用狱"，用狱达到目的。

【象辞】

《象》曰：雷电噬嗑；先王以明罚敕法。

《大象》说："雷电噬嗑；先王以明罚敕法。""明"当动词，就是能够明白，法要能够明。你施重罚，如果人民不懂的话，罚就没有用，要明正刑罚，制定清楚的法律。所以这一卦是讲处罚、刑罚。

【六爻性能】

初九：屦校灭趾，无咎。

《象》曰：屦校灭趾，不行也。

六二：噬肤灭鼻，无咎。

《象》曰：噬肤灭鼻，乘刚也。

六三：噬腊肉，遇毒，小吝，无咎。

《象》曰：遇毒，位不当也。

九四：噬干胏，得金矢，利艰贞吉。

《象》曰：利艰贞吉，未光也。

六五：噬干肉，得黄金，贞厉，无咎。

《象》曰：贞厉无咎，得当也。

上九：何校灭耳，凶。

《象》曰：何校灭耳，聪不明也。

初九，"屦校灭趾，无咎"。"屦"是用脚踩着，"校"是放在脚上的刑具会锁住脚。"灭趾"是盖住脚趾头，使我们不能行动，这在军队里面叫作禁足，是小刑罚，是大家最不喜欢的，但它很有效，所以

"无咎"。

《小象》说："屦校灭趾，不行也。""不行"，使我们不能行动。因为初九是脚，尤其内卦是震，震是动，这根爻是动的开始，先将其禁止。这根爻的意思就是用轻一点的刑罚，使我们不能行动。

六二，"噬肤灭鼻，无咎"。"肤"就是肉，皮肤比较软，咬软的皮肤容易进去。"灭鼻"，有的版本注解是割掉鼻子，有人解释说，割掉鼻子还算好，没有亡命，所以无咎。但我认为，割鼻子是一种重刑，轻刑可能是刺字，最轻的是铐上脚镣，所以这个讲不通。"无咎"的真义，朱熹的注为"不免于伤灭其鼻"，为什么还"无咎"呢？我认为，六二当然是软，因为六二本身是柔，所以"噬肤"。"灭鼻"，咬东西要是咬得很深的话，鼻子就要贴近，在我看来，这一爻就是指要深入去研究刑罚，这样才无咎。六二多半是讲德性的修养，还不到重刑，重刑应该是上九。而且六二当位，又是阴柔，所以在这个象上我们不应该用刑。

《小象》说："噬肤灭鼻，乘刚也。"这是指六二之阴乘初九之阳，所以要能保持它的阴柔，要谦虚以自处。

六三，"噬腊肉，遇毒"，"腊肉"其实就是腌肉，"遇毒"，肉放太久了，有毒。"遇毒，小吝"，这个毒大概还不是大毒，小有毛病，"无咎"。我认为这里是讲刑罚的作用，实施刑罚有毛病，"遇毒，小吝"，但是不得不用。礼禁于未然之前，法治于已然之后，发生了之后再治，已经是事后了，所以"遇毒，小吝"，小有毛病，但还是得用，我认为这一爻是讨论刑罚的利弊。

《小象》说："遇毒，位不当也。"这是指六三以阴处阳位，要警惕。

九四，"噬干胏，得金矢，利艰贞吉"，这象征嘴巴里有硬物，要把它拿掉。九四代表坏人、硬物，就像"噬干胏"，"干胏"是干的肉，肉是带骨的。"得金矢"，里面的骨头是金属的，注意这个"金"就是金属，"矢"就是箭，金属制的箭头，又硬又直。"利艰贞"，"艰"是困难，"贞"是正道，利于知道困难，把握我们的正道。因为九四是阳，是诚，所以吉。九四这一爻位不当，跟初九又不和、不应，传统的解释都把九四当作罪魁祸首，当作小人的欲望、私欲，要把欲望拿掉。但为什么用一个"吉"字？我们来看看《象辞》的解释。

《小象》说："利艰贞吉，未光也。""未光"是指它还没有发挥九四阳爻的光辉，还须继续努力。现在我们回答是否要拿掉这根爻，或者咬掉它。我的想法是，九四是阳爻，阳爻代表诚，代表实，又代表好，"金矢"实际上是好的，"金"是硬，"矢"是直，是正直的。九四爻就是这一卦的主体，在这一爻上为什么要把它拿掉？九四可从两方面来看，一方面，他是硬的，妨碍整合，另一方面，他是正直，是诚。任何一爻都可以从正反两面来看，这就牵涉到天理和人欲的问题。

几年前，我在九四这个爻上有一个批注，自己写了一个心得：全卦只有这一爻是吉，但它位不当，不应，而且上面是阴，照理说大臣辅助君主，大臣是阴，君主是阳的话，是比。结果大臣强硬，君主柔弱，又不比，所以应该除掉，何以反而吉？我认为在另外一方面。程伊川的注解认为这一爻有正面的解释，即刚贞自守，九四有这个德性。所以我的新解是，九四在嘴巴当中，要整合一个硬的东西，这可看作人欲。但九四是嘴巴当中唯一的阳爻，也是整合的关键，一方面是妨碍整合的爻，另一方面是推动整合的爻。所以这一爻从它是阳爻来看，是诚，是正，是刚直，也是天理。因此我认为，要转人欲为天理就在这一爻上，转人欲为天理是生命转化的契机，天理在于人欲，因为天理需通过人欲而呈现。

谈到天理和人欲的问题，我认为天理在人欲中，人欲中也有天理，因为天理可以包括人欲，天理就是道。传统的儒家没有把天理、人欲分开，整部《论语》中没有提到天理，孔子讲天命，五十而知天命，他没有讲明白哪个是人欲。宋明的儒家，把天理、人欲放到了一个很重要的位置上，要去人欲、存天理。这里我引证了王船山的话，他认为天理不是跟人欲相对的，天理充满了宇宙，就像道充满了宇宙一样，它不会跟人欲相对，天理包括人欲，道无所不在。同时他也认为，《孟子》中之所以提到人欲，是因为被物所化，孟子说人有大体、有小体，小体就是被物所化，被物欲牵着鼻子走。但是，他认为孟子要我们从人欲中去见天理。再者，他也认为每个人满足应该有的欲，各得其所需，就是天理。

现在的问题是，什么叫人欲？我们讲的人欲，跟西方人讲的欲望一样，他们不认为人欲是坏的。欲本来是基本的欲望，人欲还有各种不同的层次，我们只就这一爻来讲，九四是私欲，因为它妨碍了整合。同时它也是利欲，孟子见梁惠王时，梁惠王问孟子："你是不是有利于我的国家？"孟子回答："王何必曰利？亦有仁义而已矣。"如果君主只讲自己的利益，就不会想到人民。如果大臣只讲自己的利益，就不会想到人民，也不会想到君主，如此就会上下交争利。所以在这一爻上，利阻碍了国家人民与君主之间的整合。

利欲，该怎么把它拿掉？就这根爻的"金矢"来看，我认为是正面的意思。由于金矢才能利艰贞，才是吉，没有金矢的话，就不能够艰贞。从正面来看，它就是正直。实际上，这一爻是从利转到义，不是咬掉的问题，而是转化的问题。就人的欲望来讲，总是希望明天会更好，这个欲望有什么错？这是天理。我们要考虑怎样将人欲转化为天理，而不是把它拿掉，拿掉不是好办法。要将人欲转化为天理，就要发挥诚的力量。

六五，"噬干肉，得黄金，贞厉，无咎"。这次，它咬这块干肉得到了"黄金"，不是金矢。"黄"有两个意思，一个是地黄，指第二爻，

第二十一卦 噬嗑 | 203

大地是黄土，另一个是指当中。"金"是坚硬，不是现在说的黄金，在《易经》的时代，还没有我们所谓的黄金，都是金属，实际上那个时候以铜为主。

朱熹对"金矢"的解释很好，他说"《周礼》：狱讼，入钧金束矢而后听之"。这是什么礼呢？古代不让随便打官司，如果要打官司，为表真诚，打官司的人要先上交一捆箭，也就是先交预付款的意思，以表示郑重其事。一钧是三十斤，诉讼小的先上交一捆箭，诉讼大的先上交三十斤铜，借此以让人慎重，不随便兴讼，这是前爻"金矢"的意思。朱熹的注是按照《周礼》这本书来的。

那么"束矢"跟"钧金"代表什么呢？代表这一爻的诚，打官司要有诚，不能随便。"金"跟"矢"还有一层意思，"矢"是直，正直、诚，"金"是铜。为什么是铜呢？铜者反照，不见得真是铜镜，而是要反照自己。

六五中，"黄"强调金，黄代表柔软，跟金矢不一样，金矢代表正直。六五是君主，却是阴爻，一个意思是指君主以柔软的方法来处理问题。另外一个意思就是，以柔来服人之心，即让小人心服，这样才无咎。"贞厉"，"贞"是指柔，因为狱是危险的，所以以柔和谦虚的态度面对危险才能无咎。

《小象》说："贞厉无咎，得当也。"这是指以柔处事，处理得当。

☆师生问答

学生：为什么讲干肉？

老师：这个卦象征嘴巴里有东西，这个东西肯定是吃的，那么吃的东西如果是新鲜、好吃的，就吃下去了，用刑是不得已的，用刑就跟吃腊肉、干肉一样，这些肉有时候会有毒，所以用腊肉、干肉来作象征。

上九是讲用刑过度，物极必反。"上九：何校灭耳，凶"，"何"通"荷"，肩荷，刑罚放在肩上。"灭耳"就是杀头，整个头放上去了，杀头是重刑。起初在脚上没有关系，只是禁足，让我们走路不方便，现在把头罩住了，要被杀头了，当然是凶。

《小象》说："何校灭耳，聪不明也。"眼睛看不见，耳朵也听不见，用刑过度了。

初爻到六爻，初爻讲用刑要轻，第二爻讲用刑要深入，第三爻谈用刑的利弊，第四爻讲用刑贵在正直，第五爻讲用刑贵在服人，第六爻讲用刑过度。我们今天都改讲整合了，那么该如何去整合呢？我认为，第一，要防微杜渐，开始的时候要注意潜在的问题，也就是人与人之间潜在的问题。第二，要整合双方，互相深入了解。第三，就整合来说，整得不好会有小毛病，虽有怨言，但要面对它，不可退却。第四，就是转私欲为公正，转私利为大利，转两方面的目的变成一个大的目的，这是一个关键。我认为九四是关键，要在关键的地方下手。第五，以柔道来处理，不能强制他们整合，如果整合不起来，就要柔和，使它慢慢转化。第六，不可过度，不能从外面施压，要从里面来转变。这是整合问题的六个条件。

第二十二卦　贲

【卦辞】

贲：亨，小，利有攸往。

"贲"本身是指白色或无色，以哲学的意思来讲是装潢、修饰，合在一起是无色的修饰。就卦象来讲，☲，内卦是离，是光明，外卦是艮，是止，光明要止，要加以节制，这就是修饰，因为节制而有光明。修饰不是绝对的好事，若讲到修饰，第一要讲"亨"，即要沟通，要了解，对于修饰要修得正好，太过也不行，所以要了解。第二要讲"小"，我认为"小"不是小利，而是指贲这个修饰要用在小的事情上，也就是说，修饰是小的做法，在小事上有用。"利有攸往"，修饰有利，为什么有利？《礼记》中有一句话说"无本不立"，没有本不立，"无文不行"，"文"是修饰，没有修饰就不能行。在人与人的社会中要有修饰，讲话要有修饰，不能想讲什么就讲什么，本身的仪态也要有修饰，我们讲礼和仪，仪就是修饰仪表，所以"利有攸往"。

【彖辞】

《彖》曰：贲亨，柔来而文刚，故亨。分刚上而文柔，故小利，有攸往，天文也。文明以止，人文也。观乎天文，以察时变；观乎人文，以化成天下。

《彖辞》说："贲亨，柔来而文刚，故亨。"什么叫"柔来而文刚"？"柔"是就内卦来讲的，内卦中只有六二是柔，所以指六二。"来"，《易经》中的"往"是到外卦，"来"是到内卦，"柔来而文刚"，柔来到第二爻，来"文刚"，"刚"就是初九跟九三，这两根阳爻是刚。此处用了一个"文"字，要注意，"文"是修饰，以使刚不要太强。"故亨"，所以才能亨通，才能沟通，才能阴阳和谐。"分刚上而文柔"，就外卦来讲，只有上九是阳爻，这根阳爻的刚到了上九而文柔，"文柔"是指下面两根阴爻，阴为柔。上九能"文"下面两根阴爻，"故小利，有攸往"。为什么"小"呢？因为外卦是艮，艮是止。什么是"止"？"止"就是限制扩大，使其小。此处把"亨"和"小"都当成作用来解释。"有攸往，天文也"，朱熹的注说，"天文"前面有句"刚柔交错"漏掉了，加上去的意思是以柔来文刚，以刚来文柔，刚柔之间互相限制，这就是天文。

天文就是宇宙的道理，宇宙的道理为什么刚柔互相文呢？我姑且做如下解释，拿春夏秋冬四季来讲，春天代表柔，有时候柔会太过，夏天代表刚，夏天以刚来文春天的柔。夏天的刚又会太过了，所以秋天的柔来文夏天的刚。秋天的柔又会太过，秋天的肃杀之气凝聚，就是冬天。冬天代表潜伏，这种凝聚会走向极端，所以春天再以它的柔，将冬天走向极端的强刚、坚冰加以化解。所以，春夏秋冬可以说是刚柔的互相交错，互相的文。交错是指它的转变，文是互相的作用。天文是刚柔的互相交错，互相以刚文柔、以柔文刚，也就是天道。

"文明以止，人文也"，这是在讲卦象。内卦是离，离是文明，外卦是艮，是止。"文明以止"就是用礼乐来对人的文明加以节制，这就是人文。人文一定要把握天文，天文是天道自然，用自然加以节制，加以转化。把"人文"用节制来解释，这是一个比较深入的看法。中国文化讲求衣衫文化，有所谓"垂衣裳而天下治"，因为原始社会的人类不穿衣服，衣衫象征着节制，它跟西装不一样，西装就像是剥下的兽皮一样披一下。西方的餐具是从原始社会活生生杀野兽延续而来的刀叉，中国的餐具是筷子，所以这是节制与转变，是文。我们的衣衫，我们的筷子都是一种文。

"观乎天文，以察时变"，这里用了一个"观"字，"观"是用智慧来看天道的文采，了解时的变化，春夏秋冬的交替。"观乎人文，以化成天下"，观人类的文明变化，用了一个"化"字，移风易俗之谓"化"，也是教化。所以这里讲贲，讲修饰，在人文上，中国的礼乐就是一种修饰。孔子说"不学礼，无以立"，所以中国的贲、修饰，对儒家来讲是很重要的。孔子又说"言之无文，行而不远"，如果言语不加以修饰，就行不远，就不能长远发展。

【象辞】

《象》曰：山下有火，贲；君子以明庶政，无敢折狱。

《大象》说"山下有火，贲"，上面是艮，是山，下面是离，是火，山下有火是贲。想想看，山下的火光照耀了整座山，这也是一种修饰。所以从这个象来说，"君子以明庶政"，君子要了解一切政务，了解就是沟通，就是"亨"。但是"无敢折狱"，不敢去断狱，是什么意思呢？孔子说"必也使无讼乎"，所以讼不是一件好事情，前面的噬嗑卦讲用狱，是不得已而用之。有了诉讼，诉讼双方要先钧金束矢，以表示慎重。比如程明道做县官的时候，墙上悬挂四个字"视民如伤"，看人民就像看到自己一样，他们受了伤害，就如同自己受伤了一样。断狱是大事情，断错的话是会害死人的。贲是小事情，"明庶政"就是了解人民的这些小问题、小事情，将其看得清清楚楚。对于断狱这种大事情，即不敢轻率地折狱，不是不折狱，"无敢"是指最好不要有，是慎重的意思。

【六爻性能】

初九：贲其趾，舍车而徒。

《象》曰：舍车而徒，义弗乘也。

六二：贲其须。

《象》曰：贲其须，与上兴也。

九三：贲如濡如，永贞吉。

《象》曰：永贞之吉，终莫之陵也。

六四：贲如皤如，白马翰如，匪寇婚媾。

《象》曰：六四当位，疑也。匪寇婚媾，终无尤也。

六五：贲于丘园，束帛戋戋，吝，终吉。

《象》曰：六五之吉，有喜也。

上九：白贲无咎。

《象》曰：白贲，无咎，上得志也。

初九，"贲其趾"，凡是初爻指的都是脚，修饰你的脚趾，脚要穿鞋子，鞋子就是一种修饰，没有鞋子的话，赤脚是走不远的。赤脚是野蛮社会的行为，穿上鞋子才代表文明。"舍车而徒"，"徒"是走，"舍车"就是不要车。车子在古代是比较奢侈的，有马车的都是大夫以上的阶层，普通人民没有车子。孔子有一辆马车，颜回死后，颜回的父亲请孔子把车子卖掉给颜回置办椁。孔子说不行，虽然他视颜回如亲子，但是他不能卖掉车子，否则他就没有办法跟大夫一起上朝了。所以，这一爻就是讲素朴的修饰，不要豪华。

《小象》说："舍车而徒，义弗乘也。"意思是说，不要乘车，因为乘车的是有钱、有地位的人，至少是大夫阶层。

六二，"贲其须"，"须"是胡须。胡须代表什么？为什么要养胡须？这是讲究修饰。这根爻是六二，六二代表女性，女性怎么会有胡须？男性的须是本来就有的，这里用一个女性来讲，意指不是本来就有的，只是一个装饰而已。从"贲其须"来讲，"贲"不是必需的，但是有时候需要一点修饰。男人有胡须，看起来比较成熟。我有一个学生是读心理学的，他在读书的时候没有留胡须，就是一张娃娃脸。毕业之后，他做了心理顾问，就留了胡须，不然的话，他的娃娃脸会让人怀疑这个像小孩一样的人不能解决问题，这个是职业胡须，不是必要的，有时候却需要。

《小象》说："贲其须，与上兴也。"从卦象上来讲，阴爻上面是阳，胡须是被牵动的，脸动胡须也会动。朱熹没有解释，我认为"与上兴也"也是往上，这一点修饰使得我们往上走。

九三，"贲如濡如"，"濡"是濡湿，九三是阳爻，是刚强，这一根阳爻在两根阴爻当中，受着阴爻的濡湿。"濡"右面是"需"，我们讲需卦的时候说，"需"下面的"而"是胡须，上面是雨，下雨了，雨水把胡须濡湿了。儒家的"儒"也有需，儒家是以德润身，德是一种修饰，礼乐也是一种修饰。"永贞吉"，能够永远把握自己的贞道则吉，"贞"就是指九三阳爻，阳爻代表诚。

《小象》说"永贞之吉"，把握我们的诚，以诚为正道。"终莫之陵也"，最后没有人可以欺凌我们。九三代表危险，三多凶，所以要用诚来修饰。

六四，"贲如皤如"，"皤"是指白色，以白色来修饰。"白马翰如"，"翰"就是毛，白马的毛当然是白色，这两个地方都是讲白色。"匪寇婚媾"，这四个字又出现了，不是强盗，而是自己的结婚对象。因为六四跟初九一阴一阳，所以是正应，代表婚姻关系，也就是说，我们以白和素来修饰自己，这样才会有好的婚姻。如果在结婚之前，我们把自己修饰得光鲜亮丽、知书达礼，结婚后就会发现有差距。这说明不要修饰得太过，要用本色来见人。

《小象》说："六四当位，疑也。"位当，但是有疑，为什么有疑？一开始认为是寇，结果发现"匪寇婚媾"，所以最后没有毛病。疑当然是不好的事，我们知道四多惧，战战兢兢，虽然这根爻位当而和，但因为是柔乘刚，同时上面又是六五，是阴，这两个条件不太好，所以有疑。

六五是主爻，君主之爻，"贲于丘园"，"丘"是山坡，"园"是田园，"丘园"加起来就是指国家，因为这一爻是君主。这个修饰是修饰君主的国家，修饰君主的田园、君主的山河。"束帛戋戋"，"束帛"是指国库里面的钱，"戋戋"是指少，因为君主拿国库的钱去修饰了，从事地方建设，这样国库里的积蓄就少了，所以吝，没钱了，但是终吉，最后还是吉的。因为地方建设属于国家的建设，能使整个国家富有。君主清贫，国家富有，这是人民的福气。我们看看历史上有没有这样的事实？汉初文景之治就是最好的例子，汉文帝穿草鞋上殿，最爱的妃子的床帐没有绣饰，就是"束帛戋戋"。

☆师生问答

学生：唐玄宗年轻的时候也说过，"吾貌虽瘦，天下必肥"。

老师：唐玄宗前期做得很好，国富民丰，可是后期国库的钱不用在人民身上，而为杨贵妃和她的家族所浪费，害得我们伟大诗人杜甫的一对儿女活活饿死。杜甫悲愤之下写出了"朱门酒肉臭，路有冻死骨"的千古名句。

《小象》说:"六五之吉,有喜也。"因为终吉,有大庆喜。这里没有太深入的解释。

上九,"白贲无咎",这里有一个"白"字,上九的"白"与六四的"白"有什么不同?我认为,六四的白是修饰的白,上九的白是纯洁的白。这一根爻,位不当又不应,并不好。"白"是返璞归真,发展到高峰,上九不能再修饰了,"白贲"就是没有修饰。从整个卦可以看出什么叫作真正的修饰,无颜色的修饰就是最高的修饰。这是这个卦的真正精神,本来面目。

《小象》说:"白贲,无咎,上得志也。"上九是得什么志?在上得的是天下之志,以天下为志,不是个人的小志。

☆师生问答

学生:修饰是有瑕疵的,如果能够把精神面貌调整好,以德润身,就是无修饰的了。

老师:所以,最高的境界叫淳朴。这个修饰不是本来就有的,本来有的就无所谓修饰了,这点修饰为了"亨",为了沟通,是必须要有的,但是不能夸张,不能过分。修饰到最后,没有修的修饰,让人家了解你的本色,才是最高的境界。

学生:从这个卦来看,它下面是志,不是党,那个文明还是要出来。用修饰把一些东西显露出来,把一些东西挡掉。

老师:"文明以止",什么叫作"文明"?原始社会的人类有野性,有动物的物欲,需要用文明来加以修饰。修饰之后,依然使人欲得到发展,如果用天理来化人欲,这个人欲就不会走向泛滥。所以礼乐是修饰,法律是一种限制,不如礼乐。礼乐文明,文明以礼乐为主,能把人类真正的人性发展出来,就是贲。

第二十三卦　剥䷖

【卦辞】

剥：不利有攸往。

"剥"是剥蚀，树木凋零是剥，国家衰微是剥，一个家庭败坏是剥，个人精神意志消沉也是剥。剥是一种外在力量，阻碍了我们往上发展，阻碍了精神的发展。"剥"即用刀来削，这个卦从整个卦象来讲很清楚，䷖，五根阴爻往上，只有一根阳爻，小人道长，君子道消，小人越来越多，君子越来越少，这样的社会当然是剥。就内外卦来讲，外卦是山，是刚强，内卦是地，是柔弱，刚在上，柔在下。我们看下面的东西柔弱，慢慢地挖，就会往下沉，所谓沧海变桑田，桑田变沧海，都是剥，这是从卦象来看。

从哲学上来讲，内卦是柔，外卦是止，用柔弱的方法来止住它，用柔弱的方法来解决剥的现象，即在剥的时候要慢慢地用柔的方法来解决。因为剥代表能量的消耗，在这个时候，不能如暴风骤雨般地去解决问题，只能逐步解决。卦辞很简单，只讲"不利有攸往"，就是不要往前跑，要待在自己的位置上节省精力。这是说，剥的时候要懂得节省，不能乱动，以静来应对危机，所以是不利有所往的。

【彖辞】

《彖》曰：剥，剥也。柔变刚也。不利有攸往，小人长也。顺而止之，观象也。君子尚消息盈虚，天行也。

《彖辞》说"剥，剥也"，剥就是剥削。"柔变刚也"，五根阴爻是柔，要变掉上九的刚，刚为阴柔所剥。这个时候"不利有攸往，小人长也"，小人之道得以发展。"顺而止之"，这是止剥的方法，要顺其道来止住它。小人不好对付，因为一根阳爻对付五根阴爻不容易，势单力薄。这个卦的主爻很清楚，是上九。小人道长，五根阴爻冲击上九，所以上九只好顺其势限制它们。"观象也"，观察这个象。"君子尚消息盈虚"，"尚"是重视，"消"是消减，"息"通常是休息，停止也是"息"，但是"息"还有生长的意思，不是完全停住，所以说"消"是消减，"息"实际上是生长。为什么"息"是生长？因为"息"是要休息而培养我们的元气。从上九这一根爻来看，下面五根阴爻要来消掉它，它要把握自己的能量，把握自己的精神来应付它们。"盈"是满，"虚"是谦虚，即充虚，所以君子要了解宇宙之间"消息盈虚"的道理，顺其势来转化小人。

☆师生问答

学生：老师，这一卦跟蛊卦有一点接近，都是改革弊端。

老师：蛊卦是讲我们怎样整治以前留下的弊端，剥卦是讲宇宙的变化，很多当前的险恶环境、邪恶力量，在冲击我们。蛊是讲过去，剥是更进一步，在当前这个环境中，力量逐渐消减影响着我们，所以剥跟切身相关。我们身处于社会之中，时时受到剥，受到外在的各种影响，所以要懂得"消息盈虚"，这是天道，天道有复，下面一卦就是复卦。

【象辞】

《象》曰：山附地上，剥；上以厚下安宅。

《大象》说："山附地上。"山往地上动，因为地逐渐空了，所以山就往地下沉陷，这是"剥"。"上以厚下安宅"，这是儒家的教导，在上的人要注意下面空虚，"厚"就是要打好根基。"以厚下安宅"，就是要建地基，巩固根本，以防止被剥。

【六爻性能】

初六：剥床以足，蔑贞凶。

《象》曰：剥床以足，以灭下也。

六二：剥床以辨，蔑贞凶。

《象》曰：剥床以辨，未有与也。

六三：剥之，无咎。

《象》曰：剥之无咎，失上下也。

六四：剥床以肤，凶。

《象》曰：剥床以肤，切近灾也。

六五：贯鱼，以宫人宠，无不利。

《象》曰：以宫人宠，终无尤也。

上九：硕果不食，君子得舆，小人剥庐。

《象》曰：君子得舆，民所载也。小人剥庐，终不可用也。

这一卦很奇怪，都是以"床"来作象征，这个象也像一张床。为什么以床来作象征？因为我们躺在床上睡着时，是无知觉的状态，这跟我们在被剥的时候那种不知不觉是一样的。社会中一些不好的东西会一点一点地腐蚀我们，我们在不知不觉中会受影响，所以用床来比喻，即我们睡在上面，但是不知不觉。

初六，"剥床以足"。"足"是脚，初六当然是指脚了，人的脚在最下面，先将我们的床脚剥掉。"蔑贞凶"，"蔑"是忽略，忽略了正道则凶，就是被剥掉了。"贞"，如果拿初六来讲是阴柔，是谦虚，如果不能把握谦虚的正道则凶。"剥"指能源的危机，也指我们精神的消损，此时我们要把握谦道，否则就会滥用精神了。

《小象》说："剥床以足，以灭下也。""灭下"是下面被消灭了，被剥掉了。

六二，"剥床以辨"，"辨"是指关节，到床腿了，第二爻就跑到腿了。如果我们还在无知觉地睡着，就会有凶。

《小象》说"未有与也"，为什么呢？因为六二跟六五不相应，所以没有外来的帮助，听其剥，任其剥，没有发觉。

六三很奇怪，"剥之，无咎"，前面都是凶，六四也是凶，只有六五不利，为什么六三反而说"无咎"？六三位不当，但是它与上九一阴一阳相应，也就是在剥当中，它有上面的外援。"剥之"，"之"是指什么？我认为就是指"剥"，剥掉了剥。为什么剥掉了剥？因为这一爻实际上是处于五根阴爻当中，俗话说最危险的地方就是最安全的地方。因为有上九的援助，有上九来点醒它，所以这根爻并非处在不知不觉中，有上九的相应就不是不知不觉的，所以它有相应，它有意识。虽然六三处于剥当中，但是它有意识地面对剥、处理剥，所以无咎。

《小象》说："剥之无咎，失上下也。""失"是离，离掉上面的两根阴爻和下面的两根阴爻。因为这根爻有上九的相应，离掉这群小人，所谓"剥之"，是反过来剥掉了剥。

☆师生问答

学生：为什么"剥之无咎，失上下也"？

老师："失上下"，上面两根阴爻，下面两根阴爻，所以朱熹注"上下"为"四阴"，"失"是离开，离开上下的阴。从位置上来讲，因为六三上下相应，所以它有上九的援助可以跳出去。处在剥当中，不要受剥的影响，要能面对它来处理剥，在剥的时候不要逃避。

学生：所以，只要不逃避就有人来帮你。

老师：对，也就是说在剥当中需要外援，这个外援实际上也是内援，因为上面那根阳爻是诚，所以要以诚来处置。

六四，"剥床以肤"，不知不觉剥到身上了，整个床塌了。"剥床以肤，凶"，剥到身体上，触及身体了，当然凶险。

《小象》说："剥床以肤，切近灾也。"床被剥掉了，把床丢掉睡地板，反而很安全。面对这个问题，换个思路来讲，就是节省能源、财源。在剥的时候，要懂得节省，不要消耗。但六四还是处在不知不觉当中，还是睡在床上，结果床塌了，身体受伤了。"切近灾也"，就是指还在床上睡，不知道床板没有了，灾就在身边。

六五是君主，君主带领这五根阴爻，同时这个君主是柔弱的，他面临着下面四根阴爻。所以这一卦实际上是一串鱼，"贯鱼"是指下面四根阴爻合在一起，小人道长。一贯是一串，阴以鱼为象征，这一串小人，君主该怎样处理？"以宫人宠"，什么是"宫人"？"宫人"就是指宫廷中的太监、婢女，对于这些小人，要以对付太监的方法来处理，什么是处理太监的有效方法？可以宠他们，但是不要重用他们，这是君主对太监的处理。为什么要宠他们？因为对付君子容易，对付小人较难，如果不宠他们，他们会制造麻烦。所以君主对付小人，只在表面上对他们好，但是不要把实权交给他们。

《小象》说："以宫人宠，终无尤也。"孔子说："唯女子与小人为难养也，近之则不逊，远之则怨。"这句话中的女子与小人就是"宫人"，本爻六五若处理得很好，便能"终无尤也"。

上九，有句话叫"硕果仅存"，指的就是这一爻。"硕"是大，上九当然是大，阳爻是大，果实仅存"不食"，没有被吃掉。在五根阴爻冲过来的时候，我们要保护这根阳爻，不要让他被吃掉，否则就坏了，整个是阴了，所以要保持这个阳。"君子得舆，小人剥庐"，我们从两个方面来讲这句话。第一个方面，上九当作君子来讲，就坚守他的原则，坚守他阳刚的诚，不为阴所剥。第二个方面，上九就小人来讲，小人处在这个位置上，为五根阴爻所剥，"小人剥庐"，房子被剥掉了。这给我们的教训是，上九要坚守原则，不要被剥，他是唯一的精神力量，不能被消减掉。在剥的环境当中，要少动，要保持精力，要保持诚。

《小象》说："君子得舆，民所载也。"这一爻坚守了原则，就会转化这些小人。治国就像在水上行走，水可以载舟也可以覆舟。"小人剥庐，终不可用也"，不能用小人，要用君子，只要能够坚守原则，慢慢就会转化小人。如果连君子都没有的话，这个国家就完了。如果还有一个君子，这个君子到了下面一卦复卦，就转回来了。剥和复是两个相关的卦，很重要。

第二十四卦 复 ䷗

【卦辞】

复：亨。出入无疾，朋来无咎。反复其道，七日来复，利有攸往。

"复"有两个意思，一个是回去，另一个是归来。这里的"复"是指重新归来。从卦象来看，䷗，内卦是震，是雷，外卦是坤，是地，指雷出地上，像春天的雷，春雷一声大地动，万物复苏，这是从内外卦来讲的。从六根爻来讲，初九是主爻，只有这一根是阳爻，阳爻在最低的地方，阳开始发展，上面是五根阴爻。

"复：亨"，因为"复"，所以"亨"，万物能够交融，阳气到每个地方都能亨通。"出入无疾"，"出"是指出来，从地里面出来，"入"是进到这个世界，出来而入世。因为这根阳爻是从地里面出来的，进入了这个世界，出而入世，没有问题。"朋来无咎"，"朋"是指初九，从初九开始，阳逐渐增多，所以"朋"是指阳，阳越来越多，也没有问题。

"反复其道"，"反复"不是反反复复，而是反而能复。前卦是剥，这一卦是复，由剥而复，跟"出入"是一样的道理，出而能入。"反复其道"，反而能复其道。"道"出现在了《易经》中，可见"道"这个字被我们用得很早，早于老子。接着"七日来复"，什么叫"七日"？这是指由剥到复，实际上这里有好几种说法，我认为两种说法比较好。一种说法是，由剥到复，从剥卦的第一根爻算起，一直到第六根爻，然后到了复卦的初九，正好是第七次。另外一种说法是，我们看"十二辟卦"，注意剥卦后面是坤卦，坤卦后面是复卦，也就是剥卦跟复卦当中有一个坤卦，剥卦最上面一根爻是阳爻，剥卦的上九经过坤卦的六根阴爻，到了复卦的第一爻，又是第七根，这也指"七日"，所以"七日"是从七根爻来数的，也就是一个周期。中国古代讲周期都是用"月"来算，一个月分成三部分，称"旬"，没有用七天来算的。但是《易经》六根爻，认为七天就由剥而复，就转变了。所以一阳复始，"利有攸往"，可以发展。

【彖辞】

《彖》曰：复，亨。刚反动而以顺行，是以出入无疾，朋来无咎。反复其道，七日来复，天行也。利有攸往，刚长也。复，其见天地之心乎？

《彖辞》说"复，亨"，阴阳要互相交流沟通。"刚反动而以顺行"，"刚"是指初九阳爻，阳爻返回来，古代"反"与"返"通用。"动而以顺行"，"动"，内卦震是雷，是动，外卦是坤，是地，是顺，动而能顺行，是顺着阳气发展。"是以出入无疾，朋来无咎"，这是重复卦辞。"反复其道，七日来复，天行也"，这不需要解释了。"利有攸往"是指阳爻逐渐生长，是有利的。下面这句话是重点，"复，其见天地之心乎"，这是第一次出现"天地之心"，《老子》中没有讲"天地之心"。看到天地之心，我们首先就会想到张载的四句话，"为天地立心，为生民立命，为往圣继绝学，为万世开太平"。张载为什么说"为天地立心"？因为"为天地立心"就是要一个复。复是什么？天地之心是什么？《系辞》说，"天地之大德曰生"，所以"心"就是生，生生不已的心就是天地生万物的心。道家的注跟儒家的注不同，王弼的注说天地之心是静，程伊川的注说天地之心是动，一个静，一个动。

☆师生问答

学生：老师，这样讲好像张载见不到"天地之心"，所以他要替天地立心。

老师：天地究竟有没有心，谁都不知道。宗教上认为天地有心，但是佛家认为天地无心。以前熊十力和印顺法师有一场笔战，熊十力认为天地有心，他的《新唯识论》就是强调本心，印顺法师认为佛家无心，天地自然是无常，没有心，所以儒、佛的看法是有分歧的。

学生：听起来跟"天地不仁，以万物为刍狗"的观点很接近，天地不去强调这个心。

老师："天地不仁，以万物为刍狗"，天地以万物为刍狗，任其自生自长。所以在这个地方，我们实在没有办法以人的智慧去论断天地有没有心。但是"为天地立心"，是先把天地有没有心这件事放在一边，我们送一个心给天地，所以我认为，"为天地立心"就好像是放一颗人造卫星到天上去。

学生：这是不是自我欺骗、自我催眠？

老师：这个说法实际上是在批评所有的宗教了，我们不谈这个问题。我们说儒家是体验，儒家看宇宙万物自古至今都是生生不已的，这个生生不已，就是宇宙万物的中心，把它当作中心，这并没有错。我们就拿人造卫星做比喻，当我们把人的心建立起来时，就像把人造卫星放到天上之后，它就可以四通八达了解宇宙万物。这也是我把儒家这句话用在我的《中庸诚的哲学》中的原因，因为《中庸》说"诚者，天之道"。"诚"本来是一个道德的概念，我们把"诚"像人造卫星一样放到天上去，也就是说，把道德形而上化之后，它就具有了普遍性。因为每个人都有每个人的道义，每个学派有每个学派的道德，把道德形而上化之后，这就不是相对论，而是普遍性的。所以把心往上提之后，不只是我的心与你的心可以相通，人与人之间、人与神之间、人与物之间也可以相通，这是中国哲学的一个特色。

【象辞】

《象》曰：雷在地中，复；先王以至日闭关，商旅不行，后不省方。

《大象》说："雷在地中，复。"雷在下面，地在上面，雷的阴气在地下触动生机，这是复。"先王以至日闭关"，"至"是冬至，冬至这一天关闭所有城门。为什么要关闭？"商旅不行"，不要做生意，这是让大家在家里休息。为什么要休息？反思，自己检讨自己。因为春天马上要来了，大家都希望有计划可实行。"后不省方"，"后"是后王，前面是先王，后王根据先王这套理论，"不省方"，不到地方去考察，"省"是考察、省察，"方"是四方。如果君主到某个地方去考察，那个地方的人就都忙进忙出地招待他，便不能安静。也就是说，君主不去干扰百姓，让百姓都能够在家里反省、准备、计划，这是"复"的一个作用。

☆师生问答

学生："复"是一阳要动了，这里又讲静，又讲停，感觉很微妙。

老师：是啊，所以我们前面也讲过了，日出而作，日入而息。日入而息包括日出而作，因为日入而息是修养，是充电，是为了第二天能日出而作。静是为了动，休息的"息"其实是生长的意思，息是呼吸，是生长，是充实，是内心的动。一阳复始是外在的，息是内心的。

【六爻性能】

初九：不远复，无祗悔，元吉。

《象》曰：不远之复，以修身也。

六二：休复，吉。

《象》曰：休复之吉，以下仁也。

六三：频复，厉无咎。

《象》曰：频复之厉，义无咎也。

六四：中行独复。

《象》曰：中行独复，以从道也。

六五：敦复，无悔。

《象》曰：敦复，无悔，中以自考也。

上六：迷复，凶，有灾眚。用行师，终有大败。以其国君凶，至于十年不克征。

《象》曰：迷复之凶，反君道也。

初九，"不远复，无祗悔，元吉"。"不远复"就是还不远，马上复，复得很快，走得太远就复不回来了，所以一念之复要快。初九是刚开始，还不算太远，初九不复的话，就走得太远了。"祗"是大，"无祗悔"就是没有大悔。"元吉"，"元"就是要注意开始，所以在复的时候就要省察、反省，要注意自己的动机，这样才会吉。

《小象》说："不远之复，以修身也。"这时候要修身。

六二，"休复，吉"，"休"是很有意思的字，"休"不是完全停止，实际上是动。前文大有卦中有"顺天休命"，"顺天"指顺着天，"休命"不是休掉命，这个"休"是告诉我们不要想东想西，要将念头集中，顺着它走，所以有休养生息的说法，这是黄老之治的休养生息。实际上休养是慢慢发展，休等于安，安于这条路。这根爻是说不要乱动，要顺着它发展，如果六二不休，有动的话，就干扰了初九的发展，所以要停在这个位置上。但实际上是在动，慢慢地动。这根爻就像站在船上，船在动，它也跟着动。

《小象》说："休复之吉，以下仁也。""仁"是指什么呢？是指初九重视下面这一爻，让下面向上发展，是仁者之心。

六三，"频复"，是指一再地复。"频"就是一再、复之又复，"频复"在修养上也就是指反省。"厉"是指外在有危险，不是内在的。这一爻当然危险，由内到外面临一条鸿沟，如果我们能够一再努力地复，就能无咎。

《小象》没有什么解释，"频复之厉，义无咎也"，只是强调没有咎而已。

六四，"中行独复"。《易经》多半是第二爻、第五爻讲中，这个地方讲"中"是什么意思？是指六四处于五根阴爻的当中，被众阴围绕着。在这五根阴爻中，唯有六四爻能够与初九相应，位当而应，能够知道复。

《小象》说"中行独复，以从道也"，这是指"就有道而正焉"。因为初九代表道，代表仁，代表阳气，所以与初九相应，是"就有道"。

六五，"敦复，无悔"，"敦"来自什么呢？来自坤，因为外卦是坤，是地，地之象敦且厚，即敦厚。"敦"也通于诚，代表厚道。

《小象》说："敦复，无悔，中以自考也。""考"是考察，"自考"就是反省。这一爻是君主，阴处阳位，位不当，且与六二同为阴，不相应，处境并不是很好，所以有悔。如果能够敦厚如地，就能无悔。

上六,"迷复,凶,有灾眚",是指迷于复,就是迷惑了,不能复了。上六跟初九相差太远了,所以有"灾"、有"眚","灾"是外在的,是水火之灾,"眚"只见于《易经》,"眚"是眼睛的病,眼睛代表我们的判断、我们的看法,这里是指内在有问题了。"用行师,终有大败",这个时候如果我们行师打仗,就一定会大败,因为国君处在凶的环境里,所以打仗的时候"至于十年不克征",十年都打不下来,"十年"代表长久,久而不克,等于失败。

《小象》说:"迷复之凶,反君道也。""君道"是初六的敦复,不是从事征伐,所以在这一爻上就是不能动,不能出征,只能守在爻上。

☆师生问答

学生:老师可不可以解释一下"悔"跟"咎"的区别?因为这一卦用的"悔"比较多。

老师:"悔"跟"咎"不同,"悔"有两种解释,一种是做了事情之后的后悔。另一种是,如果做了会后悔,后悔在前,就能避免不好的结局,所以悔跟悟常常在一起,如果先悔悟了,就不会做这件事情了。"咎"是外在的责备,做了一件事情,别人说我们不好,别人归咎于我们。我把吉、凶、悔、吝放一起来分辨。"凶"是做一件事情的结果,"悔"是做了事情会后悔。"悔"比"凶"还好一点,"凶"是一个判断语,没有救了,"悔"是还可以挽救。"悔"是内心的,"凶"是外在的。

"吝"跟"悔"的意思差不多,"吝"多半是一种羞耻,吝啬就是感到不好意思。"悔"是比较强的,"吝"是心里不舒服,是感到对不起人的一种表现,悔吝常常组在一起说。"悔"是事后,"吝"在事前,"凶"是结果。

学生:这样来看,悔反而好。

老师：悔是可以改变的。

学生：那为什么又强调无悔呢？

老师：因为只有悔了才能无悔，才能避免悔。也就是说，你悔悟了，不做这个事情就可以无悔，悔悟而后无悔。

第二十五卦　无妄

【卦辞】

无妄：元亨利贞。其匪正有眚，不利有攸往。

我们很熟悉"无妄"这个词，佛教也常讲"无妄"。程伊川说"无妄之谓诚"，他用诚来解释无妄，朱熹则加上了"真实"，"诚者，真实无妄之谓"，认为无妄是真实，是诚，这是儒家的看法。佛家的无妄就是没有妄心，没有妄念。无妄之灾，这个典故就是由这个卦来的。从卦象上来讲，☰，下面震，是动，是雷，上面是乾，是健，是天，动而健很好，因为动而光明，阳也是光明。而且二五两爻位当而相应，待在自己的位置上没有妄想，没有妄念，也是真实的诚。

无妄卦很好，"元亨利贞"四个字都具备了，是说无妄的人要有四德。"其匪正有眚"，"元亨利贞"的"贞"是正道，所以要把握正道。"匪正"是说，如果不是正道的话，就有毛病。"不利有攸往"，无妄本来很好，为什么不利？因为我们要往前去冲，"不利有攸往"是指此时不适于往前，最好待在自己的位置上，而且要有正道。虽然有"元亨利贞"，但还需具备两个条件，第一个是把握正道，第二个是不妄想。

【彖辞】

《彖》曰：无妄，刚自外来，而为主于内。动而健，刚中而应，大亨以正，天之命也。其匪正有眚，不利有攸往，无妄之往，何之矣？天命不佑，行矣哉！

《彖辞》说："无妄，刚自外来，而为主于内。"在这个卦中，九五当然是一般性的主爻，同时初九也是主爻，因为开始的时候要无妄。"刚自外来"的"刚"是指外卦乾，乾代表刚。"主于内"，是指内卦的初九是阳。"动而健"，"动"是指内卦震，"健"是指外卦乾。"刚中而应"，"刚"指九五，九五在正中的位置上且应于六二。"大亨以正"，为什么用一个"大"字？因为乾是大，"亨"是相通交流，二五两爻相应交流而把握正道，两根爻都在正的位置上。"天之命也"，这里是第一次出现天命。

"其匪正有眚"，如果不正的话，就有毛病。"不利有攸往"，为什么不利？"无妄之往，何之矣"。这里有问题了，"无妄之往"，无妄不可以随便走，要走的话就要明确走到哪里，"何之"就是去哪里。这句话是反问句，能跑到哪里？下面则是解释，"天命不佑，行矣哉"，如果天命不保佑我们的话，就都行不通，所以说无妄跟天命要有关系。

现在我们来解释天命。在临卦九二的《小象》，我们提到"未顺命"，朱熹说"未详"。为什么第二爻是未顺命呢？我在前面提过，这一爻应该立命，还不到顺命。孔子五十岁才"知天命"，立命哪有那么容易？所以我们先说"天命"，这两个字来自《尚书》，商汤伐桀的时候说："我要打仗，我是顺应天命。"革卦有"汤武革命，顺乎天而应乎人"，《尚书》中又讲了"天命不易"，即不容易了解，天命不可知。一方面君主说，我顺承了天命，另一方面《尚书》又说，不容易知道天命，这些问题都放在一起了，所以我在这里要特别加以分析。坤卦中的"乃顺承天"是承天而实行，这个没有问题。临卦的外卦是坤，坤是地，内卦是乾，乾是天，地要顺乎天，这个也没有问题。顺天命、顺乎天、顺乎命，这三句话在哪里呢？在大有、无妄和革三个卦的《象辞》中。《象辞》是解释整个卦的，但是这三个卦的主爻都是第五爻，也就是说，在第五爻上讲顺天，而不在第二爻上。"未顺命"的意思也是一样，"志不舍命"，不要舍弃你的命。顺承天命都是在第五爻上，在第二爻或者初爻上，还谈不上顺命。第五爻是君主，只有君主在君位上才能说顺命，这是从《易经》本身来看。

我把这个意思配合着孔子的人生总结来说，孔子讲"十有五而志于学，三十而立，四十而不惑，五十而知天命"，他是到五十岁才知天命的。但是要注意，孔子是七十岁的时候才讲这句话，他是七十岁随心所欲，不是五十岁，如果在五十岁，他还不敢讲自己知天命。

☆师生问答

学生：如果五十岁讲，会被人家批评。

老师：也许孔子五十岁时已有这个想法，但是他到七十岁才说自己知天命。"六十而耳顺"，"耳顺"是说耳朵听到外在所有批评的话，他都能顺，也就是顺天。五十而知天命，六十能够顺天命，这应该不错了。"七十而从心所欲不逾矩"，什么叫"矩"？"矩"是天理，而不是普通礼节，孔子说普通的礼节是指"三十而立"。

学生：还要跟从一个命，跟从一个规则，七十岁时规则都没有了。

老师："从心所欲"不是说他自己立了一个规矩，违背所有的礼，而是说他从心所想的就是规则了，即跟规则合在一起了，也就是不违背世俗所有的礼。"三十而立"是立什么？我以前的解释是，三十岁立于礼，这个绝对没错。因为"十有五而志于学"，孔子十五岁进太学，所学的是大学之道，当时的大学之道主要以礼为主。到了三十岁的时候，孔子对周代的这一套礼法已经很精通了，孔子那么伟大，三十岁能够对礼有深刻的了解也很正常，所以说三十岁立于礼。

人生有三不朽，立德、立功、立言，从高层次来讲，就是你要为人、为万世立一个德的标准，像关公讲义就立了一个德——"义"，使得后人尊奉他为神明。立功可以举夏禹，立言可以举孔子，这是从高层次来讲的。我们这一层次的人，要顺着孔子讲的言而立，根据他的德，立我们自己的德。高层次的哲学家、伟人立了德，能让大家遵循才有用。所以张载的"为生民立命"，就是为老百姓立命，老百姓要根据他们立的命而立。"立命"还不是"天命"，所以我认为"为生民立命"的"命"有两个意思。第一个是物质的命，也就是儒家讲的，使大家都有饭吃，《尚书》说"利用厚生"，这是物质的命。第二个是精神的命，在这里我强调精神的命，立命就是要建立自己的精神生命，除了物质生命，我们还要确立自己的精神方向，让自己有精神生命。在三十而立的时候，人人都可以立精神生命。我们要确立自己的精神，强调自己的精神，了解自己的精神，不要只强调物质生活，所以立命就是立精神生活，不一定是知天命。

学生：这个比较像治国的方针，治国就是要能够替百姓打理好物质的命和精神的命。

老师：从高层次来讲，他们为百姓建立了精神的命，但是从老百姓来看，我们要根据圣哲告诉我们的，立我们的精神生命。所以我强调，立命还不是知天命。四十不惑是立德，五十而知天命是要了解天命。要了解天命、天道，并不容易，孔子说"朝闻道，夕死可矣"，可见闻道不容易。

学生：立命是一个比较大的概念，那么立命与三十岁时决定投入一个职业，两者有什么不一样？

老师：你可以说你三十岁的时候，你决定做一名老师，这是你所立的精神生命，是你的立命。但是，这不代表你在三十岁的时候就知道天命了。孔子到五十岁才知天命，就说明知天命跟立命不一样，六十而耳顺是顺命，了解天命之后，做任何事情都能顺着天命去做。

【象辞】

《象》曰：天下雷行，物与无妄；先王以茂对时，育万物。

《大象》说"天下雷行，物与无妄"，是指天上的雷打在地上，使万物生生化化，都是真实不虚的。佛家看到万物都是无常，都是妄想，但是这里强调万物都是真实的。"先王以茂对时，育万物"，"茂"是茂盛、发展，是万物生生之茂，"对时"就是合时，顺乎时。先王以"无妄"的道理，让万物都能够发展得茂盛，因为万物都是真实不虚的，然后再进一步养育万物。

【六爻性能】

初九：无妄，往吉。

《象》曰：无妄之往，得志也。

六二：不耕获，不菑畬，则利有攸往。

《象》曰：不耕获，未富也。

六三：无妄之灾，或系之牛，行人之得，邑人之灾。

《象》曰：行人得牛，邑人灾也。

九四：可贞，无咎。

《象》曰：可贞，无咎，固有之也。

九五：无妄之疾，勿药有喜。

《象》曰：无妄之药，不可试也。

上九：无妄，行有眚，无攸利。

《象》曰：无妄之行，穷之灾也。

初九，"无妄，往吉"。前面卦辞是"其匪正有眚，不利有攸往"，是不利的，但是初九为什么"往吉"呢？这根爻在震卦中，是动，而外卦乾是光明，所以在这根爻上可以往。卦辞不是指这一爻，而是指整个无妄的道理。

《小象》说："无妄之往，得志也。"什么叫"得志"？因为志在外，志在天道、天命，所以它往的话就可以到达乾的光明。

六二，"不耕获"，我的解释是不求耕获，即耕种不要只想到收获。"菑畬"，"菑"是耕地，"畬"是播种了三年的田地，经过三年的耕种，它比较肥沃了，"不菑畬"，也就是不求田地肥沃，只专注耕种。这两句话的意思就是，只求耕耘不求收获。如果只为了收获，只想到成就，那就已经有妄想了。所以这两句话就是讲顺其自然，只管做，不要想结果。"则利有攸往"是一个条件句，如果能如此，就可以往，否则的话不能往。

《小象》说："不耕获，未富也。""未富"是不求富，"富"是富有，不求富有就是不求收获。

六三，之前讲的"无妄之灾"来了。"无妄"本来很好，没有妄想，没有妄念，灾从何来？这里讲了一个比喻，"或系之牛"，"或"是比喻，比如我们把牛拴在木头上，"行人之得，邑人之灾"，外地人看到牛，把牛牵走了，"邑人之灾"，身为牛之主的本村人就损失了。"无妄之灾"就是说本来蛮好的，结果外地人带来了灾，不是自己造成的灾。我们本来内心纯洁，但是外边的灾害照样来，灾是从外面来的，不会因为我们无妄就没有灾。很多修行功夫很高的人也会生病，像唐玄奘晚年生病很痛苦，他也有灾。

《小象》说:"行人得牛,邑人灾也。"这等于没有什么解释。

九四,"可贞,无咎"。"贞"是在九四这一爻上,九四爻是阳爻,"贞"是诚,"可贞",我们可以用九四的诚作为正道。"无咎",这里没有"无妄",因为到了九四是外面的行为了,是指行为上以诚来代替无妄。诚,朱熹的注解是真实不虚,真实不虚就是无妄,诚也就是无妄。无妄是《易经》中的词语,也是佛教用语,对儒家来说就是一个"诚"字。

《小象》说:"可贞,无咎,固有之也。"无妄是我们本来就有的。《中庸》说"诚者,自成也","自成"就是固有,是自己本有的,只要本于原有的性情就能无咎。

九五,"无妄之疾"。前面讲"灾",是外面来的灾,"疾"跟"灾"不同,疾是指自己的身体生病了。"无妄之疾",尽管我们的内心很纯洁,也照样会生病。在这里要注意,"无妄之疾"讲的是心病,"勿药有喜",不要吃药,心病还须心药医,自己想通了就会疗愈,所以要抓住生病的原因。

《小象》说:"无妄之药,不可试也。"什么叫"不可试"?九五是君主,居于高位,所以无妄的药没有作用,"不可试"就是不要吃药,无妄没有药。很多人的身体本来没有病,却经常觉得这里不舒服,那里也不舒服,拼命地吃药。其实这是心病,就像胃病一样,胃病多半是心理的病,有时候吃药反而会加剧病情。这句话的意思是说,病不是外在的,吃药没有用,不要吃药。

☆师生问答

学生:"勿药有喜",这个很特别,为什么不用"无咎"?

老师:因为这根爻是正中,当位,与六二又相应,本来就很好,是转忧为喜。说喜是因为它本身就很好,没有问题。

上九,"无妄,行有眚,无攸利",到达最高了,在行为上却口口声声地说"无妄",这是一种毛病。"无妄"就像我们说的无辜,我们已经在最高的位置上了,要对自己的行为负责,不能退缩。所以"无妄"在行为上是有毛病的,无妄有灾,无妄有疾,无妄也有病,这三点给了我们一个深刻的启发,不要因为自己内心纯良、动机好、待人好,就不管行为上是否会影响别人。

《小象》说:"无妄之行,穷之灾也。"发展到最高了,过分了。"无妄"就是天真,在初九开始时天真很好,因为年纪还小,发展到最高,老了还天真,那就有毛病了,令人难以接受。

第二十六卦　大畜 ䷙

【卦辞】

大畜：利贞。不家食，吉，利涉大川。

我们前面讲过小畜，小畜的第四爻是阴爻，其他都是阳爻，现在大畜是两根阴爻。实际上大畜是畜大，大畜下面是三根阳爻，阳爻很刚强，整个卦就是讲如何驯服前面三根阳爻，驯服之后，把它们的力量累积起来才能有用。大是阳，在经过两根阴爻的畜之后，下面三根阳爻变成了上九这一根阳爻，即大畜。

大畜从卦象上来讲，䷙，下面三根爻是乾，刚强，上面三根爻是艮，艮是止，止是限制，限制阳刚。卦辞说"利贞"，"贞"是这个卦的主爻六五，利于把握谦，以谦为正道来对付刚强。"不家食"，就是不为自己家而求食。什么是不为自己家而求食？就是怎样畜养臣子，使臣子不是只为了自己的家，更要为国。所以大畜是畜养国家的人才，使之都为国家，不要只想到自己的家。因此说"不家食，吉"，能转家为国，则吉。

☆师生问答

学生：就像孟子见梁惠王。

老师：对，不讲利才会有吉，才能"利涉大川"，才能通过危险。"大川"就是危险，国君聚集人才，就是为了渡过难关。

学生：小畜是讲做臣子的如何在这一群有才能的人当中调和，而本卦的目标更大，其着眼点是国家。

老师：对，小畜是第四爻的大臣怎样为国君聚集人才，聚集人才要符合天道，上九是天道。大畜是更大范围地培养人才，国家建设需要人才，所以大畜很重要。"利涉大川"，就是能使国家渡过危机。

【象辞】

《象》曰：大畜，刚健笃实，辉光。日新其德，刚上而尚贤。能止健，大正也。不家食，吉，养贤也。利涉大川，应乎天也。

《象辞》说："大畜，刚健笃实。""刚健笃实"是指内卦三根阳爻。三根阳爻，"笃实"是一义，还有一义是"辉光"，即有光辉。"日新其德"，这里强调德，如果培养这些人才，就要使他们都有德，而且德要日日新，又日新。《大学》中所说的"日日新，又日新"，不是指每天都有新知识，而是指德行每天都有不一样的境界，每天都在提高，"日新其德"。"刚上而尚贤"，"刚上"是指这三根阳爻往上，"尚贤"是指六五的君主要尚贤，强调君主要能够用这三根阳爻的人才。怎样尚贤？"能止健"，外卦艮就是止，内卦乾就是健，能够止健就是制止阳得过刚。而"大正"，就是使他们归于正道。"不家食，吉，养贤也。利涉大川，应乎天也"，他们不只重视自己的家庭，还能为国做贡献，这样才能助国家渡过难关，这才是合乎天道的、无私的。

☆师生问答

学生：为什么是止于健？

老师：上面三根爻是艮，艮是止，下面三根爻是乾，乾是健，限制下面三根阳爻，就是驯养。驯其厉，化厉为好，有这两个意思在里面，不要只讲一个意思，否则就把它限制住了。我们说畜牛、羊也是一样的，牛、羊都很有野性，经过驯养之后，野牛才能为我们所用，马才能为我们所乘，才能发挥它们的力量，不然我们就不能用它们了，对君主来说就是不能用人才了，所以驯兽跟驯人是差不多的。"应乎天"就是乾道，"天"就是乾。

【象辞】

《象》曰：天在山中，大畜；君子以多识前言往行，以畜其德。

《大象》说"天在山中"，下面是乾，是天，上面是艮，是山，这是大畜的象。"君子以多识前言往行，以畜其德"，"识"是知识，"德"是道德，这两句话表明，知和德都很重要。这三根阳爻的力量很大，有才能的人就有知识，有知识就有力量，但若是知识用得不好就有危害了。"以多识前言往行"，我们要畜养他们的德，知识要能化为德，将知识的力量以正道发扬出来。

【六爻性能】

初九：有厉，利已。

《象》曰：有厉，利已，不犯灾也。

九二：舆说輹。

《象》曰：舆说輹，中无尤也。

九三：良马逐，利艰贞。曰闲舆卫，利有攸往。

《象》曰：利有攸往，上合志也。

六四：童牛之牿，元吉。

《象》曰：六四元吉，有喜也。

六五：豮豕之牙，吉。

《象》曰：六五之吉，有庆也。

上九：何天之衢，亨。

《象》曰：何天之衢，道大行也。

初九，"有厉，利已"。"厉"是有危险，因为阳爻开始了，"已"是止，"利已"就是利于止。所以，一开始就要注意该怎样去驯服，一产生欲望，就要知道怎样加以限制。王阳明有一次在虎丘山的庙里与学生们打坐，回去之后王阳明就写了一封信给学生们，告诉他们打坐的时候动念，一念欲生，欲生时要赶快抓住来限制它、转化它，就像初爻的阳气，不然的话，等它发展出很大的力量就难以驯服了。

《小象》说"有厉，有已"，有危险，赶紧止住，"不犯灾也"，这样就不会犯难，不会造成灾害。

☆师生问答

学生："有厉"是外在的危险吗？

老师：对，危险。凡是看到"厉"，就是代表有外在的危险，但不一定是凶，外在危险可以被处理。

九二，阳又生了，又增多了，所以还是用止的方法。"舆说輹"，"说"通"脱"，"輹"是车轮的辐，实际上就是车轮。车轮松脱了，不能动了，这一爻是告诉我们强阳的毛病。

《小象》说："舆说輹，中无尤也。""舆说輹"是外在的，不能动，没有关系，可以不动。只要内心做到"无尤"，没有可以被怨尤的事，就好了。

九三，九三多半是不好的，因为三根阳爻，到了第三爻就是最高了。实际上"良马"是指三匹马，把三匹马合在一起，三匹马拉马车。若要马能拉车，这些马是否要接受训练，要互相照顾？不能个人强出头，只顾自己跑得快，所以要"闲舆卫"。要注意"闲"字，家人卦有"闲有家"，"闲"是挡住邪恶、邪念。"舆卫"就是三匹马拉一辆马车，要防卫。总而言之，现在君主训练这三根阳爻，使其结合在一起拉马车，为国所用。这里不是个人主义，不是强调个人的力量，而是强调力量的聚合，这样才能用，才能"利有攸往"。

《小象》说："利有攸往，上合志也。"九三阳刚，上面六四是大臣，六五是君主，都是阴柔，所以此处"上合志"，是说与六四、六五合志。

六四，"童牛之牿，元吉"。"童牛"就是小牛，小牛刚刚长出角来，便不知天高地厚，用角乱戳，容易把角戳断。对于这种小牛，养牛的人都会放一根木条在牛角上，让牛角不要乱戳，这根木条就是道德、法律，是外在的限制。所以，这句话是说用道德来训练他、限制他，实际上儒家的教化都是训练道德。"元吉"，"元"是从根本上以训练道德除掉人的自私自利，所以，人在很小的时候就要立志，希圣希贤，这是中国传统的教育方法，但是这还不够。

《小象》说："六四元吉，有喜也。"这里没有讲什么，只是指对他来说是好的。

六五，"豮豕之牙，吉"。"豮"是去掉生殖器，"豕"就是猪，猪去掉生殖器。实际上这个猪是指野猪，它的牙很利，到处伤人。现在我们把野猪的生殖器去掉之后，它就没有欲了，虽然它的牙很利，但是不伤人了。不过牙还在，利还是利。也就是说，人才就像野猪，他们的知识、才能就是牙。

上九，"何天之衢，亨"。"衢"是大路，是道，何天之道，"何"跟草字头的"荷"一样，担当了天道，也就是把人的力量转化成天的力量。

《小象》说："何天之衢，道大行也。"大畜到了最高的天上，是天的大畜，是道的周遍，无所不包。

实际上这个卦是讲如何培养人才，今天我们中国人做学问，学问越高，越心平气和，对人、对事的态度都非常平和。

第二十七卦　颐 ☲

【卦辞】

颐：贞吉。观颐，自求口实。

"颐"，左边是象形字，表示眼睛很大，像老虎的眼睛一样，右边是头。颐，我们现在解作吃东西。有一个成语叫作"颐养天年"，就是人要注意身体，活到应该活的年龄。这个卦上面是艮，是山，下面是震，是雷，即雷在山下。就象来讲，☲，上面一根阳爻，下面一根阳爻，就像一张嘴巴，当中四根阴爻是一个口。上面的山不动，下面的雷动，就像我们吃东西时的样子，上面脸部不动，下面牙齿动。

"颐"就是养的意思，养有很多种解释，我把重要的写在这里。第一是养物，养万物，在《象辞》中说是"天地养万物"。怎么养物？中国人注重仁民爱物，爱物而养物。我想到了今天科学时代的养物，有的人饲养大量的鸡，那根本不是养物，而是用科学的方法来杀养物。中国人对万物是一种民胞物与的情感，比如猪，猪是家庭的一分子，"家"下面就是猪（豕），其实我们对猪还是有情感的，不是一味地为了杀。再比如养鸡，不是说养了就杀，鸡在早上会打鸣，所以我们要把物当作跟人类生活有关的东西来对待，赋予其文化的内涵，把物变成一种对人的贡献，而不是将其当作一种被残杀的物。所以，中国人养物应把物当作人，养民也是一样。

第二是养民，"为生民立命"，就是养民，不只是满足人民的欲望。养民的"养"，和养人一样，养己就是修己。再说养神、养性、养心、养情、养气，养是从内在去调养自己。

第三是培养，从物来讲，指的是种子，即培养它们的生机。所以养是一种生机，蓄养也是这样，蓄养万物，使它们能够发展。

第四是修养，修养是外在的道德，修养与涵养有所不同，修养是外在道德的表现，涵养是内在精神的表现。

第五是生养，庄子就是讲生养，万物的生生，宇宙的大化。

就颐卦来讲，我把下面这根阳爻当作物质，最上面这根阳爻是主爻，下面是讲物质，上面是讲精神，把握住这点，再看整个卦就容易了。

"颐：贞吉"，"贞"就是正道。在这个卦中，主爻是最上面的阳爻，阳代表诚，所以以诚为正道则吉。"观颐"，这里用了"观"，而不用"看"或"视"。"观"是一种内心的体验，如果只用眼睛看，就是肉体的，"观"要比普通的看、视都要深刻。这是说要去体验"颐"，然后知道要"自求口实"。"实"是一个重点字，口实当然是吃东西，要了解吃什么，"观颐"让我们了解嘴巴吃什么。吃的东西有两种，一种是物质的，另一种是精神的。这个"实"，除了食物，还指我们讲话是否实在。

【彖辞】

颐，贞吉，养正则吉也。观颐，观其所养也；自求口实，观其自养也。天地养万物，圣人养贤以及万民，颐之时大矣哉。

《彖辞》说："颐，贞吉，养正则吉也。"这里重复"贞吉"二字，提出"养正"，即培养正气。孟子的养气是培养浩然之气，养心是正其心，养情也是正其情，所以讲一个"正"字。养物是要正其物，格物是使每个东西都在它们应该在的位置上，我们要去培养它们，所以"正"是养的重点。"观颐，观其所养也"，看一个人所养的东西，就可以看出这个人的人格。很多人只讲物质的养，我们就知道这个人只讲物质，没有精神。"自求口实"是"观其自养"，看他是以什么来养己。"天地养万物，圣人养贤以及万民，颐之时大矣哉"，为什么《彖辞》里面常常讲"时"？因为《易经》是配合着时空的。就卦象来讲，爻是位置，是空间，讲运用就是"时"。一谈运用就会涉及时间。

【象辞】

《象》曰：山下有雷，颐；君子以慎言语，节饮食。

《大象》说："山下有雷，颐。"外卦是艮，是山，内卦是震，是雷。就这个卦的象来讲是嘴巴，是颐，但是山下有雷，跟颐养有什么关系？朱熹没有作注。我们可以想象，山上生万物，也可说山养万物。雷触动生机，"春雷一声，万物复苏"。所以雷是生，山也是生，山下有雷这两个概念连起来就是生养、养育，因而称之为"颐"。

"君子以慎言语，节饮食"，有同学问我，《易经》讲诚、讲谦，"慎"也很重要，为什么《易经》没有讲慎？六十四卦中的确没有"慎"，但孔子的"十翼"有，坤卦的"履霜，坚冰至"就是慎，脚踩到霜就要谨慎了，所以很多爻辞虽然没有"慎"，但是有慎的含义。诚、谦也是要慎，诚、谦不能离开慎，之所以谦，就是因为慎。那么，这里的"慎言语"是养什么？养礼，也养神。言语多了就会伤神，打坐时之所以把嘴巴闭起来，是因为要养神，最上面的爻以精神为主。"节饮食"是最下面的阳爻，以食物为主。饮食是一件最普通的事情，我们少不了饮食，每天都要吃东西，但是要有节制，节制是修身的根本。"节饮食"不只是指保养身体，也指修养精神，因为饮食代表物欲。

【六爻性能】

初九：舍尔灵龟，观我朵颐，凶。

《象》曰：观我朵颐，亦不足贵也。

六二：颠颐，拂经于丘颐，征凶。

《象》曰：六二征凶，行失类也。

六三：拂颐，贞凶。十年勿用，无攸利。

《象》曰：十年勿用，道大悖也。

六四：颠颐，吉，虎视眈眈，其欲逐逐无咎。

《象》曰：颠颐之吉，上施光也。

六五：拂经，居贞吉，不可涉大川。

《象》曰：居贞之吉，顺以从上也。

上九：由颐，厉吉，利涉大川。

《象》曰：由颐，厉吉，大有庆也。

初九，"舍尔灵龟，观我朵颐，凶"。"舍"是舍弃的舍，舍掉我们的"灵龟"，"灵"是精神，因为《易经》占卜用的是龟甲，所以中国人认为龟代表神圣，代表智慧。灵龟是指上面一爻，"舍尔灵龟"就是舍弃了往上的精神，往下执着于物质。"朵颐"，"朵"是耳朵，嘴巴一动，耳朵就得动。我们只知道"大快朵颐"，吃得很痛快，肚子消化不了，吃完之后就拉肚子了，这就是执着于物质享受，只看重吃，是凶。

《小象》说："观我朵颐。"只看到我吃什么，"亦不足贵也"，这不是该重视的。

六二，"颠颐"，"颠"是颠倒，"颐"是要养正，现在颠倒了就不正了，但正道都是向上的，现在不向上求正，而向下颠倒了，也就是六二以食物为主，"颠颐"。"拂经于丘颐，征凶"，在中国的经纬中，"经"是正，"拂"是违背，即现在违反正道。"颠颐""拂经"在这个卦中出现了好几次，"颠颐"是颠倒向下求食物之养，"拂经"是违反正道，不能向上。这两个意思差不多，但是我们在注解上有差别，一个是向下求食物，另一个是违反正道来求养，不能向上。"拂经于丘颐"，根据朱熹的标点，"拂经"是一个句子，"于丘颐"也是一个句子，"丘"是指上面，违反了正道，即违反向上求的正道，这是一种解释。还有一种标点是"拂经于丘，颐"，"丘"是指上面，因为上面是山，艮卦是山，是丘，丘是止的意思。"于丘"就是知止，"拂经于丘"是违反知止，即不能知止，这是另一种解释，意思是我们应该停在这里，不然的话就"征凶"。拼命追求物质生活，以此为正道，就有凶。

☆师生问答

学生：这里的"丘"是指上。

老师：丘陵是山，是上没有错，而且上面的艮也是山。

学生：这一卦六二之所以是中正，只是因为与六五不相应。

老师：对，不相应，不能往上，得往下，因为它前面是颠、拂，所以下面的阳爻靠近时，很容易被吸下去，向上的力量不够，要向下走。

学生：为什么没有办法向上？

老师：没有九五与其配合，不能相应。

学生：这个卦往上走却不得相应。

老师：就这一爻来讲，因为不得相应，所以它不往上走。

学生：在这种情况下，是停在原地，还是往上走？

老师：正面的意思是停在原地，因为与上面不相应。也就是说，这一爻离上爻的精神太远，跟下面的物质很靠近，容易被物质生活腐化。

学生：停在原地，容易被下面腐化，往上走又不相应，那怎么办？

老师：就看你怎样把握。"养"不容易，我们处在这样的社会，物质生活环绕着我们，要养精神、养心很不容易，所以要下功夫。

学生：所以还是修身养性重要。

老师：这是一种功夫。

学生："颠颐"是容易被初九吸引，那么"拂经于丘"是往上走吗？

老师："拂经"是不往上走，不走正道。

《小象》说"六二征凶，行失类也"，指六二没有类了，因为与六五不相应。六三还是"拂颐"，"拂"是违反正道，这样就会征凶。"征凶"有两种解释，第一种是以此为正道则凶。"拂经"，以"拂颐"为正道就凶。第二种是指我们要把握正道来面对凶。

六三，"拂颐，贞凶。十年勿用，无攸利"。这和前一爻相同，有凶。"十年"是很久的意思，要等很久都不能用，也指养气、养神、养精要花时间，不是马上就有效。"无攸利"，是无所利，也是不求利，在这一根爻上不要想到利。负面的意思是，在这一爻上没有利，正面的意思是不要求利，因为一谈到利，就往下走了，只求物质生活了。

《小象》说："十年勿用，道大悖也。"在这根爻上是"拂颐"，"拂"是违反正道，所以往下走，强调初九这根爻是物质享受，是凶。

六四，"颠颐，吉，虎视眈眈，其欲逐逐无咎"。六四是吉，是无咎，也是"颠颐"，"颠颐"就是往下。虽然"颠颐"往下，但是六四跟初九当位，阴阳又是相应，所以有吉，"吉"是由于他们位当而应。

为什么"虎视眈眈"？"颐"的左边是一只大眼睛，老虎的眼睛在这里瞪得大大的。老虎代表君主，代表尊严，代表威严，所以这里用"虎视眈眈"。

这一爻可以注意下面的物质，因为这一爻是大臣，大臣要治国，所以应该注重人民的物质生活。如果做大臣的整天注重精神生活，人民就会饿死，只有这一爻可以强调物质生活。这一爻是位当且相应，同时还要"虎视眈眈"，虽然注重物质生活，但是要保持自己的尊严，"虎视眈眈"就是保持尊严，不要丧失自尊去追求物质生活。"其欲逐逐"，"逐"是达到、满足，使得人民的欲望都能够达到，都能够满足，这样才能无咎。

《小象》说："颠颐之吉。"为什么"颠颐"还有吉？"上施光也"，因为上位能够"施光"，"施光"是为下面、为人民，所以还是吉。

六五，"拂经"，为什么讲"拂经"呢？因为这根爻位不当，而且与六二又不应，不是正道，所以劝他不能乱动，要"居贞吉"，"居"就是要停驻，因为外卦是艮，是止。"贞"是六五，是谦虚，所以要求停在六五的位子上，守谦则吉。"不可涉大川"，不可冒险，"涉大川"就是险，做任何事情都要一步一步地来，不可铤而走险。

《小象》说："居贞之吉，顺以从上也。"这是孔子的象，要往上，崇上，上面是阳爻，是这个卦真正的主爻，所以要往上走，上面代表天道，代表精神。

上九，"由颐"，"由"用得很好。"由"是从的意思，"由颐"就是所有人要得到"颐"，就要从这根爻上施与。如果下面五根爻都向下，就不好了，要向上，这才是真正的给予万物、养育物的主体。提到"由"，我们会想到"自由"，这里也有自由的含义。这一爻代表精神，代表自由，精神与物质相对，不受物质的拘束，才能自由。"由颐，厉吉"，这里用了"厉"，要注意危险，因为到了最高是危险的，到了绝对自由的时候也是很危险的。自由是好的，但也是很危险的，精神也一样，精神是好的，但是用得不好也不行。所以有"厉"，"厉"是外在的危险，但是如能克服，用好的一面，则吉。

☆师生问答

学生：老师，上九的自由应该是"从心所欲不逾矩"吧？

老师：我的老师吴经熊在美国讲孔子的时候，听众都是大学生，吴老师说孔子要到七十岁才能"从心所欲不逾矩"，你们要是从心所欲的话，每个地方都会逾矩，因为你们只有十七八岁。这是很高层次的自由，如果误解意思了，运用起来是很危险的，所以要养十年，要加以修炼才能达到这个境界。

上九接着说，如果真能够达到这个境界，就能"利涉大川"，意思是可以经过大川，即使有危险也都可以渡过。同样，如果一个国家的人民都能培养真正的精神，这个国家遇到任何危机都可以转变。

☆师生问答

学生：老师，我还不太懂这个"由"，为何这里的"由"是程伊川的任天下由之，是让天下自由？

老师："由"本来的意思是所从出，指颐养的所由，自由是我们引申的意思。颐之所从，真正的养颐要从这个地方来讲，这个是讲精神的，讲天道的。最上面那根爻讲天，又是阳，所以指天道。

学生：这个"厉吉"是因为厉所以吉吗？

老师：对，"厉"代表外在可能有的危机，但不代表凶。为什么"厉"？因为到了最高，完全精神化了，没有物质了，这不就是我们现在一般人认为的不利吗？

学生：应该是不受物质约束，不会汲汲营营地去追求利，去追求利就会跟人家起冲突。

老师：对，"厉"是指这根爻有危机，但是这个危机可以有转机。

《小象》说："由颐，厉吉，大有庆也。"朱熹等于没有解释。为什么"大有庆"？因为阳是大。"有庆"，就爻位来讲，这一爻位不当，所以有厉，但是与六三相应，反而有吉。这一爻有厉有吉，就看我们如何应付。

第二十八卦　大过 ䷛

【卦辞】

大过：栋桡，利有攸往，亨。

《易经》中的"大"代表阳，"过"是多，即过多、过分。这个卦的卦象，䷛，上面一根爻和下面一根爻都是阴爻，其他都是阳爻，正好与颐卦的卦象阴阳相错，即阴变阳，阳变阴。下面一根阴爻负载着上面四根阳爻，太重了，负担不起，就叫大过。二五两爻都是阳爻，既不相应，又不太调和，也是大过。

卦辞是"栋桡，利有攸往，亨"，"栋桡"是指房子主要的栋梁弯了。我们通常将房子喻为国，喻为家。国家危险，有危机，就是"栋桡"。房子"栋桡"了，即当国家有危机的时候，"利有攸往"，"有攸往"就是要去拯救它则利，不能逃避，不能隐遁。"国家兴亡，匹夫有责"，即是说"利有攸往"。"亨"是要了解，要交流，要沟通，在"栋桡"的时候，国家有危机的时候，我们要清清楚楚地了解问题在哪里，才能去拯救。"栋桡"一下，不仅要知道弯了，还要知道怎样去解决问题，如果贸然去拯救，不懂问题的所在的话，怎么能够将其扶正呢？

【彖辞】

《彖》曰：大过，大者过也。栋桡，本末弱也。刚过而中，巽而说行，利有攸往，乃亨。大过之时大矣哉。

《彖辞》说："大过，大者过也。""大者"就是阳，阳太过了，太多了。"栋桡，本末弱也"，"本末"，初爻跟六爻都是阴，都是弱。"刚过而中"，四根阳爻过强，"过而中"是过乎中，也就是不中，阳超过了中道，不中不正，不正就是歪，所以说"桡"。"巽而说行"，"说"读"yuè"。内卦是巽，外卦是兑，兑是悦，"巽"代表潜伏、柔软，"说"代表大过是可以解决的，所以"利有攸往，乃亨。大过之时大矣哉"。这里又出现了"时"，大过的时候要去拯救，时机很重要，要想把危机变成转机，就要把握"时"，抓不住"时"的话，危机就会越来越大。

【象辞】

《象》曰：泽灭木，大过；君子以独立不惧，遁世无闷。

《大象》说："泽灭木，大过。"内卦是巽，是木，外卦是兑，是泽，泽就是河水，河水灭了木，淹没了木，是大过之象。这个跟"君子以独立不惧，遁世无闷"有什么关系呢？"泽灭木"，是说水淹没了木，这当然是危机，但是我们想一想，水淹没了木，木还是要生长的，而且木还可变成舟，可以在水上航行。《大象》说"君子以独立不惧"，就是说木不会永远为水所淹，水淹木是暂时的，所以木就像君子一样，尽管国家有危机了，君子也独立不惧，有超然独立的精神，不会被冲倒。"遁世无闷"就是无畏，可以隐则隐，可以仕则仕。"泽灭木"只是暂时的，君子可以隐，但是基本原则、精神不变，当出现转机时，再出来救世。

【六爻性能】

初六：藉用白茅，无咎。

《象》曰：藉用白茅，柔在下也。

九二：枯杨生稊，老夫得其女妻，无不利。

《象》曰：老夫女妻，过以相与也。

九三：栋桡，凶。

《象》曰：栋桡之凶，不可以有辅也。

九四：栋隆，吉。有它吝。

《象》曰：栋隆之吉，不桡乎下也。

九五：枯杨生华，老妇得其士夫，无咎无誉。

《象》曰：枯杨生华，何可久也。老妇士夫，亦可丑也。

上六：过涉灭顶，凶，无咎。

《象》曰：过涉之凶，不可咎也。

初六，这一爻的上面有四根阳爻压着，所以这是一根非常弱的阴爻。怎样去应付四根刚强的阳爻呢？它说："藉用白茅，无咎。""藉"就是垫，垫在下面，要用白的、软的茅草垫在下面，就像在搬钢琴时，把一些海绵垫在下面，否则钢琴容易被碰坏。这句话就是在讲一个"慎"字，小心才能无咎。

《小象》说："藉用白茅，柔在下也。"这里没有什么解释。"柔在下"，站在这个爻上，知道上面四根阳爻太强，不要去跟它们打仗，要以柔克刚。

九二，"枯杨"，"杨"就是"阳"。"生稊"，"稊"就是一种很小的米粒，假定枯掉的杨树生出一点小的芽，有生机了，因为上面四根爻都是阳，所以阳很盛，就像"老夫得其女妻，无不利"。因为是枯杨，所以是老夫，但是娶了一个年轻漂亮的女孩子做妻子，"无不利"，是有利的。

《小象》说："老夫女妻，过以相与也。"虽然大过，过了他的位，但是还可以相遇，还可以相交，因为他有新的生机。

☆师生问答

学生：如果年纪大的人娶了一个年轻漂亮的老婆，就会有生机。

老师：不一定要结婚，比如年纪大的人跟年轻人交往，他就会有新观念，就会发生转变。我们也是一样，要跟年轻人多交流。

九三，"栋桡，凶"。就内卦来讲，九三是内卦的最高点，这多半代表阳太盛，这一爻多半是危险的。所以这里说"栋桡"，弯曲了，阳刚太盛了，所以凶。

☆师生问答

学生：九三与上六相应。

老师：我要解释这个问题，九三位当而相应，为什么是凶？因为这根爻夹在诸强阳之中，位虽当，却是率阳，阳过盛。虽与上六相应，但被两根强阳挡住，发挥不出优点了。在别的卦上，也许还有办法自圆，偏偏遇到大过卦，是栋桡之象，它只有面对这一不好的处境。

《小象》说："栋桡之凶，不可以有辅也。""不可以"就是没有办法，没有办法辅助他，因为他太骄傲了。这一爻就是居高位而自骄，所以有凶。这样的人没有办法去劝他，不可以辅佐他。

九四，"栋"又回来了，"隆"就是没有桡，又弹回来了。为什么这一爻有"栋隆"之象呢？因为九四与初六相应，阴阳相和。为什么九三与上六相应就是凶，九四与初六相应就是隆，就是吉呢？因为九四是真正辅佐君主的大臣，他有责任拯救国家的危机。什么叫"有它"？如果大臣不是真正为了国家的存亡，而是还有个人的其他想法，他就有"它念"，就会"吝"，就有羞辱。所以不能有它念，要专心为国家。九四跟初六相和，有内助，但是这根爻要往上帮助君主，如果他还是留恋初六，只想到他的家，只想到他的爱人、情人，就无法专心辅助君主，就会有吝，就有羞了。

《小象》说："栋隆之吉，不桡乎下也。"他不往下眷恋自家，能够往上为君为国。

九五，又是"枯杨生华"，这时候"枯杨"的阳很盛。"生华"跟"生稊"不同，"稊"是小苗，"华"是花朵，比喻昙花一现。花是暂时的，虽然现在很漂亮，但是没有生机。"老妇得其士夫，无咎无誉"，九五明明是阳，就这根阳爻来讲，应该是士夫得其老妇，但士夫娶一个老太太，这种情形很少有。所以把话倒过来是，"老妇"指九五，"老妇得其士夫"，老太太嫁给了一个年轻的小伙子，"无咎无誉"，即没有好坏可分。

《小象》说："枯杨生华，何可久也。"这不是咎吗？"老妇士夫，亦可丑也"，这是孔子的话，所以《小象》跟爻辞不一样，它加上了孔子的看法。

上六，"过涉灭顶，凶，无咎"。上六到顶了，"过涉灭顶"，指过河的时候没过了头顶，被淹死了，当然有凶了。结果却是"无咎"，凶了还无咎，怎么解释？朱熹解释为"成仁"，杀身成仁，因为国家有危机，所以要出来拯救国家，虽然自己牺牲了，对自己来讲是凶，但是"成仁"了，救了国家，没有憾，没有憾就是无咎，所以这是讲得通的。

《小象》说："过涉之凶，不可咎也。""不可咎"就是不能怪他。

也许这个年轻人冒险后死了，对他的家庭来讲失去了儿子，毕竟忠孝不能两全，为了国家而牺牲，这是有价值的。

有同学问我，我也想到了这个问题，为什么九三、上六都是位当而相应，却有凶？我的解释是，在所有的卦当中，虽然九三跟上六位当而相应，但九三都是不好的，任劳任怨的谦卦除外。原因是，内卦第三爻原则上都是不好的，三多凶。阳的话，阳会太盛，阴的话，阴柔会太过，这个位置本身就不好。如果九三是阳爻，举两个相同且重叠的卦来说，艮卦，艮上面是阳，艮就是止，说止就不好。巽卦，巽下面是阴，上面是阳，巽就是潜伏，第三爻也是不好的。离卦，离当中是阴，上面、下面都是阳，离是光明过度，第三爻也是不好的。乾卦，下面三根都是阳，阳过盛了，夕惕若厉，也是不好的。我们可做一下统计，凡是第三爻是阳爻，位虽是当的，但都不好，即使与上六相应，也不好。凡是在下面的四根爻，上面有阳的，就卦本身来说都不好，所以我开玩笑说，这是它们的宿命。

大过卦，我曾用诸葛亮的一生为喻。初爻是谨慎，诸葛亮一生唯有谨慎，他做事很小心。第二爻"枯杨生稊"是用新人，诸葛亮的厉害之处是自己不会打，但能用五虎将，能够用新人，用年轻人。第三爻是危险，国家危机。九三跟上六相应，在三国鼎立的危险时刻，诸葛亮知道只辅助刘备是不够的，他在"隆中对"的时候就知道，一定要联吴，要找外援。第四爻是栋隆，国家复兴，所以就诸葛亮来讲，是忠心为国，没有他想。从诸葛亮的《出师表》中就可以看出，他的一生就是帮助刘备，从来没有为自己做打算，如果他为自己做打算，早就把阿斗给取代了。第五爻，阿斗枯杨生华，没有办法了。诸葛亮后来十几年都是在辅佐阿斗，但只能做到维持现状。到了最后，被灭顶。诸葛亮一生鞠躬尽瘁，死而后已。所以拿诸葛亮这一生来讲大过卦是最佳的描写。

第二十九卦　习坎 ☵

【卦辞】

习坎：有孚，维心亨，行有尚。

很多注《易经》的人发现，两个卦重叠的卦，卦名大都只有一个字，如乾、坤、离、兑、巽、震、艮七卦，唯独坎有两个字，习坎。朱熹认为"习"是错置的，应该把"习"拿掉，但我认为"习"非常重要。"坎"是危险没错，但《易经》不只告诉我们有危险，还教我们怎样处理危险。因为乾不需要习乾，坤不需要习坤，所以就只告诉我们怎么做，唯独"坎"是危险，所以要用一个"习"字。"习"有三个意思，一个是练习，另一个是军队演习，还有一个是习惯。"坎"是水，水代表危险，"习坎"就是习于水性。坎卦两个卦重叠就是坎上坎下，☵，"坎"代表水，代表陷，代表危险。在这个卦里面，第二爻、第五爻都是阳爻，这两根爻是主爻。最重要的是要把握这两根阳爻来处理危险。

"习坎：有孚，维心亨，行有尚。"马上就有"孚"，"孚"就是这两根阳爻，代表诚。"维心"，"维"是支持，要支持这个"心"，要安这个"心"，这是"心"第一次出现在《易经》六十四卦里，很重要。

"亨"就是交流、了解，因为习险是要了解危险，习水性就是了解水性，所以"亨"很重要。"行有尚"，"行"是指所有行为，"尚"是崇尚，所有行为都要树立一个最高的价值观念来让我们崇尚，而不是稀里糊涂的，这样才能处险。我们看这几个字，遇到任何危险都要有诚，都要使心安定，都要有一个主要的目标，这样才可以度过危险，这就是卦辞给我们的指示。

【彖辞】

《彖》曰：习坎，重险也。水流而不盈，行险而不失其信。维心亨，乃以刚中也。行有尚，往有功也。天险不可升也，地险山川丘陵也。王公设险以守其国，坎之时用大矣哉。

《彖辞》说："习坎，重险也。""重"，重叠，这是指内外两个卦都是坎，是坎险的重叠。"水流而不盈"，"盈"是满，有凹的地方，如果水不把凹的地方流满，就很危险，容易掉下去，水流满了以后，就不会掉下去了，所以"水流而不盈"代表险。"行险而不失其信"，"信"就是解释"孚"，"有孚"，即要有诚信，国家的危机要用诚信来解决。"维心亨，乃以刚中也"，为什么讲"维心"？因为二爻、五爻都处于当中位置，代表中心，以刚处中，刚、诚就是乾，阳处中道，即中的位置。"行有尚"，就是有一个理想。"往有功也"，这样去做的话才有功。这些都是解释卦辞的，下面一段是补充发挥的。

"天险不可升"，什么叫"天险"？山川丘陵是地险，所以很高的山、很汹涌的河，都是险。但是这个险我们要习，要了解，然后高山河流才能够成为国家的防御设施，使外敌进不来。所以要习险，要能够用险。古代学者认为，《易经》教人习险，孔子教人用险，用险就是利用山川丘陵的险，使其成为军事险要之地，"王公设险以守其国"。

现在回过头讲"天险","天险不可升",字面的意思很容易解释，就是天很高，我们没有办法爬上去，但是现在改变了，人类可以到达月球了。

说到天险，我就想到我们常常说的天命、天时、天机、天道、天意、天刑等，违反了这些就是险，也就是说，天时、天命、天机等是不可违反的，"不可升"就是不可超越。天刑不可遁，我们的生死就是天险，是天给我们的，逃不掉。

☆师生问答

学生："天刑"的"刑"应该不是法的意思，对吗？

老师：庄子讲了三个刑，分别是外刑、内刑和天刑。外刑是法律，是刀兵。内刑是内心的惩罚，焦虑症、抑郁症都是内刑，所以心理疾病是内刑。天刑是自然的，虽然如此，但我们还是把它当作刑，如死亡，生死本来就是自然的，我们不想死，却不由自主，这是天刑。天刑不可违，不可逃，即天刑不可遁，可遁的话就危险了。天命也不可违，天给我们的命就是如此，违背不了。知天命可以顺天命，不知天命就会违天命，违天命就糟糕了。

《易经》的《象辞》里常常讲的"时义大矣哉"就是指天时，我们要顺其天时，时间就是天，天就代表时，我们不能错时，不可失时，所以《易经》讲见机而作，"天时不可失"。

"天机不可泄"，能泄就不是天机了，一讲出来就不是天机了。如果我们真正顺天机，拿庄子来讲，庄子的天机是自然的生化，我们只能顺乎天机，不能去评论，也不能拿来利用，更不能拿来骗人，因为天机不可泄。

"天功不可贪"，天功都是宇宙的造化，人类的文明也是天功，不要以为人可以征服天刑，不可贪天之功，以为都是我们的功能。

"天道不可离"，日常生活中到处都有天道，"道也者，不可须臾离也"，这是儒家的话，"可离，非道也"。

那么，什么叫"天爵不可弃"？"天爵"有两种解释，一种是孟子说的，仁义礼智是天爵，功名富贵利禄是人爵。有天爵而后有人爵，有了仁义礼智，然后有这个位置，即官位。如果没有天爵，只讲人爵就完了。有人爵而弃天爵，就违反了天道。另外一种来自一段故事。魏晋时兵荒马乱，有一个富人抱着儿女逃难。人家问他，你有那么多钱，为什么不抱着珠宝，却要抱着儿女。他说，那些珠宝是人爵，危险的时候可以舍弃，我的儿女是我的天爵，天爵是自然的，是天给我的，有这个天爵，遇到危险的时候，反而扣得紧。官位、富贵可以弃，但是父母、儿女的天爵之情不可弃。

"天意不可渎"，我们违反了天意，就是入了天险，天险是不可以逾越，不可以冒犯，不可以违背的。

所有礼制都是让我们不陷入危险，不会被侵犯，这样的话就不会违反天道，就不会有险了。所以古代的圣哲，像周公制礼作乐，把天险设在人世上，所以我们要习，习礼、习坎，这是一样的道理。

【象辞】

《象》曰：水洊至，习坎；君子以常德行，习教事。

《大象》说"水洊至"，"洊"是一再，因为这个卦是坎水，重复的水，所以水一再到来，也就是一再面临危险，我们要对付它们，就要习怎样去了解它、应付它。"君子以常德行，习教事"，这两句话是针对前面的《象辞》说的。"习教事"就是处理地险，教人民怎么样利用山川的地险防御去教事，但是处理一半，不是全部处理。"常德行"就是处理天险，也就是怎样顺乎天刑、天命、天时、天机、天功、天意。

为什么叫"常德行"？我今天做了一件有道德的事，明天就忘了，"习"是习常，就是天天习，使德行能够维持，不是暂时的、片面的，所以"常"很重要，以日用为常。当我们把德行以为常的时候，自然跟天刑、天命、天功等都打成一片了。这就是孔子所谓的"从心所欲不逾矩"，是自然的，是常德行。我们看《老子》的"道可道，非常道"也有一个"常"字，这个"常"字有两个意思，一个是永远，另一个是平常，即一方面是讲德行能够永恒，另一方面是讲德行能够平常，能够体现在日常生活中。

【六爻性能】

初六：习坎，入于坎窞，凶。

《象》曰：习坎入坎，失道凶也。

九二：坎有险，求小得。

《象》曰：求小得，未出中也。

六三：来之坎坎，险且枕，入于坎窞，勿用。

《象》曰：来之坎坎，终无功也。

六四：樽酒簋贰，用缶，纳约自牖，终无咎。

《象》曰：樽酒簋贰，刚柔际也。

九五：坎不盈，祗既平，无咎。

《象》曰：坎不盈，中未大也。

上六：系用徽纆，寘于丛棘，三岁不得，凶。

《象》曰：上六失道，凶三岁也。

初六，第一爻是阴爻，是坎的开始，也是危险的开始。进入危险，所以说"入于坎窞"，"窞"是潭水，潭中之潭是很深的，代表危险。"坎"是指陷下去，从"坎窞"可以看出来是很深的潭，但是水还没有满到上面。如果水满到上面，就不是潭而是河水了，河水的话坐船就可以了，但潭会使人掉下去，因此有凶。

《小象》说"习坎入坎"，是指习坎而掉入坎险中。"失道凶也"，因为离开道了，所以有凶，即天道不可离。

九二，这一爻是阳爻，在坎里面只有中间一根阳爻，坎卦中间的那一爻多半是好的。下面一根阴爻、上面一根阴爻都是危险的，都是不好的。因为九二代表诚，代表原则，所以说九二："坎有险，求小得。"掉到水里面后赶紧抓一根树枝就有救了。这是"求小得"，在这个时候还不是大得，因为坎是危险，就是求可以保身，注意"小得"者保身也。不要贪图过多，留得青山在，不怕没柴烧，保命第一。

《小象》说："求小得，未出中也。""未出中"就是它还在当中，所以只求有小得。九二这一爻是中道，是主爻。

六三，这一爻多半是危险的，因为它所在的内卦是坎，面临的外卦也是坎，所以说"来之坎坎"，"来"是从外而来，坎的危险一再地来，危险得很。"险且枕"，把险当作我们的枕头，意思是睡在危险上面，这是睡在险中，还没有感觉到危险，以为安全。"入于坎窞，勿用"，是指真正进入了坎中之潭，险中之险。这个时候唯一的方法就是不要动，"勿用"就是不动。在危险的时候要静下心来撑住，不要乱动，先看清目标，看清险在哪里，考虑怎样出去，一动的话，就失去了方向。

《小象》说："来之坎坎，终无功也。"这是解释"无功"，终究无功，但更不要求功。

六四,六四是大臣的位置，在外卦上，爻辞说"樽酒簋贰"，实际上是祭祀用语，"樽酒"是拿酒杯来祭祀，"簋"是竹子编的小篓子，用来放东西，"贰"实际上就是二，两个小篓子一壶酒，这四个字就代表用酒、用食物来祭祀。"用缶"，"缶"就是瓦器，亦即用瓦做装东西用的器具。用瓦表示是用俭朴的东西做的，竹篓子不是珍贵的雕花器皿，也表示俭朴，所以这六个字就是表示用很简单的器具盛了食物来祭祀。"纳约自牖"，"约"是简约，生活节俭，"自牖"是从窗口透出。第四爻代表心，这个窗也代表心窗，代表心。这几句话的意思是，处于危险的时候要表达为臣的心志，他用简单的生活来表现俭朴。这样才"终无咎"，结果没有危险。如果这时候这个大臣还铺张浪费、花天酒地，那就麻烦了，这代表骄傲，所以处险。在六三上不动，在六四的时候要简约、俭朴，生活要平淡。

《小象》说："樽酒簋贰，刚柔际也。"为什么是"刚柔际"？"柔"是指六四，"刚"是指九五。大臣遇到九五的阳刚之君，要怎样自处？要表达自己的诚意，表达自己的谦虚，表现自己的生活很俭朴。意思是不能骄傲，要以柔来对付刚，因为九五是阳刚。

九五，这是阳爻，也是坎当中的阳，但它是在君主的位置上。"坎不盈"就是指危机还在，水流不满，如果坎被填了就不会危了，不被填满的话就是一个洞，会掉下去，所以说"祗既平，无咎"，只有把坎填平才无咎。

"坎"是水，我们常说"水平"，水平是水之德。中国人的"平"很有意思，它代表心满意足，容易满足叫作"平"。以前我的家乡有一句话叫作"心平好过海"，意思是如果我们的心是平的，涉海就没有危险。过海就是危险，心平代表知足。我曾经讲过怎样将老子思想运用在现代生活中，当时我讲了三点，最后一点就是知足。用老庄的方法处理现在的问题，就是要知足，知足可以减少很多烦恼、很多痛苦，所以老子知足的思想可以用在现代生活中。

《小象》说："坎不盈，中未大也。""大"就是至大，是指水还没有平。本爻虽在当中，但没有达到大的境界，所以"坎不盈"，还是有危机的。

上六，危险了，这一爻已经到了最高，忽视了坎的危机，所以这时候"系用徽纆，寘于丛棘"，"纆"是用几根粗的绳子编成一根大的绳子，也就是指用粗的绳子把它绑住，然后"寘于丛棘"，把它放到"丛棘"中，也就是放到监牢里面。"三岁不得"，"三岁"是指久，陷在危机里面出不来了，当然是凶。

《小象》说："上六失道，凶三岁也。"是指上六太高，忽视了坎险，失去了道，所以三年出不来了。

☆师生问答

学生：像前面否卦都有好，可是这个卦从头到尾没有一个好的。

老师：这是要让你了解危险就在周围，不能掉以轻心，所以都用危险来警示，一旦掉以轻心就会掉进去。卦名"习坎"，亦即习险，就是说在面临危险的时候，要战战兢兢。庄子说过，"福轻乎羽"，福像羽毛一样轻，"莫之知载"，没有人知道去载它，"祸重乎地"，祸像地一样重，但是我们画地而趋，还要跑进去。祸患就像地一样，地在我们周围，随时随地都有祸，但我们还偏偏往里面钻。所以这个卦告诉你有凶，让你警惕，不给你一点甜头，不让你有一丝忽略之心。

学生：老师，这是不是说在险中最好的结果是无咎？

老师：对，在险中根本不要想贪图什么，最多是第二爻求小得，第五爻是知足，因为这两根爻是主爻，只有这两爻告诉你处理的方法。

第三十卦　离

【卦辞】

离：利贞，亨。畜牝牛，吉。

离卦是重叠的两个离，☲，离代表火，代表光明。"离"现在是分别的意思，但是离的本字"離"可能跟鸟有关，因为它右边是鸟，而且还很漂亮，所以大概是雀之类的。离卦不是分别、分离，而是遭遇，所以屈原的《离骚》意思是遭遇了骚乱。"骚"是困扰，因为屈原心有不平。

为什么"离"是遭遇？"离"就象来讲是光明，但也是火。火不能自己燃烧，必须附在物体上才能燃烧，所以"离"有附着的意思。"离"也是丽，丽本来是鹿，也是漂亮的意思。因此"离"真正的意思是有所寄托、有所附着。离卦当中的两根爻是主爻，即第二爻和第五爻。离是光明，是火，但是两根主爻是阴爻，是柔弱，不柔弱的话就整个被烧光了。

卦辞说"离：利贞"，即利于贞，"贞"就是正道。因为二五两根阴爻是主爻，所以"贞"代表阴柔，代表谦虚，即利于把握阴柔的正道。"离"需要"亨"，"亨"就是沟通、了解，离的时候要了解。"畜牝牛，吉"，"畜"是养，"牝牛"是母牛，牛代表阴，尤其是母牛。牛本来是很强壮的，但是母牛的强壮中含有阴柔，所以不要小看它。阴柔不是虚弱，阴柔是阴爻，跟阳爻一样强健。阴爻的强健是以柔弱来表达的，所以以母牛来表达阴柔，这样的话才会吉。

【彖辞】

《彖》曰：离，丽也。日月丽乎天，百谷草木丽乎土。重明以丽乎正，乃化成天下。柔丽乎中正，故亨，是以畜牝牛，吉也。

《彖辞》说："离，丽也。""丽"就是附丽，附在上面而产生丽，就像"日月丽乎天"，日月一定要在天上才能挂得住，没有天的话，日月就会掉下来，所以有附丽，日月附在天上才有大光明。同样，"百谷草木丽乎土"，所有的草木都要靠着土才能生长，要寄托在土上。也就是说，这种光明、这种丽要有根本，失去根本就不会有光明。"重明以丽乎正"，"重明"就是指两个离重叠，"丽乎正"就是要附在正道上。光明附在正道上才是真正的光明，如果不附在正道上就是小聪明、小技巧，是很危险的，附在正道上才能"化成天下"。所以说"柔丽乎中正，亨"，二爻在内卦的当中，五爻在外卦的当中，这两根爻都是在中正的位置上，这样才能沟通。"畜牝牛，吉也"，就是要培养六二、六五的谦柔之道。

【象辞】

《象》曰：明两作，离；大人以继明照于四方。

《大象》说"明两作，离"，光明两次产生了"离"，这是现象。"大人以继明照于四方"，明了又明，内卦是明，外卦又是明，即所谓的"继明"。"明明德"也是"继明"，即一明再明。但是"明明德"的传统解释是，光明这种光明的德，第一个"明"当动词，第二个"明"当形容词。"继明"的"明"是本来的明，本来的明德，我们要把明德继续发展下去，是明之又明。就像"生生之谓易"一样，第一个"生"是无可奈何，天生万物，人不能干涉，但是第二个"生"是人的努力，是可以支持生的发展的，所以非常重要。人是天地之间的发展，即阴阳之和，这就是天道之生的发展。

还有一成语叫"成性存存"，天命之谓性，天给我们性，第一个"存"是保存天给我们的性，第二个"存"是存在，我们要保持它的生存，发展它的生存。天交给我们性，有了性而不去发展，性在里面就会烂掉，所以第二个存很重要。存存、生生和明明，都是一样的道理。

"继明照于四方"，如果日月照万物，今天照了一天，第二天不照了，就不能"继明"。我们知道第二天太阳还会升起来，所以"继"是功夫。在我看来，离卦当然是指光明，但光明在道家中都是指才能，换言之，"离"就个人来讲是指才能，就整个世界、国家来讲是文明。个人的才能要发挥，人类的文明要继续。丽要附着在根本上，我们的才也要有所附丽，才要以德为本，不然这个才就有危险。文明也是一样的，文明要以文化为本，科学文明、物质文明的现象都要有根本，如果没有根本，文明就很危险。

【六爻性能】

初九：履错然，敬之，无咎。

《象》曰：履错之敬，以辟咎也。

六二：黄离，元吉。

《象》曰：黄离，元吉，得中道也。

九三：日昃之离，不鼓缶而歌，则大耋之嗟，凶。

《象》曰：日昃之离，何可久也。

九四：突如其来如，焚如、死如、弃如。

《象》曰：突如其来如，无所容也。

六五：出涕沱若，戚嗟若，吉。

《象》曰：六五之吉，离王公也。

上九：王用出征，有嘉，折首，获匪其丑，无咎。

《象》曰：王用出征，以正邦也。

初九，"履错然，敬之，无咎"。"履"，履卦是践履，用脚去实践、去做。"错然"，为什么错呢？因为初九跟九四都是阳爻，两根阳爻不相应，不应就错。同时，一开始看到光明，有一点错然，那么在这个时候要以诚敬之心存之。这是"敬"第一次出现在《易经》六十四卦中，"敬"是中国文化中一种很重要的德，尤其在《尚书》里面用得很多。要以诚敬的态度应对，才会无咎。为什么"无咎"？因为本来两根爻都是阳爻，有问题，现在持敬的话就会避免危机。"丽"虽然光明，但光明本身也是有危机的，文明也是一样，世界文明本身也牵涉很多危机。

《小象》说："履错之敬，以辟咎也。""辟"就是"避"，意思是说持敬可以免咎。

六二，这是主爻，"黄离，元吉"。"黄"代表土的颜色，六二是地上，是黄色的，黄又代表阴，因为黄是中色，不是耀眼之色。六二是阴柔，所以这个光明、这个丽，掺杂了阴柔，又因为六二是地，是从土地里面出来的，所以是比较柔弱、柔软的，地的光明是生养万物的。"元吉"跟"大吉"不同，"元"是元亨利贞，是指根本，所以这里的"元吉"是指能够把握根本则吉，以六二的阴柔为根本则吉。碰到"元吉"的时候要注意，很多注解把"元吉"直接翻译成"大吉"。为什么原文不用"大吉"，而用"元吉"呢？因为是着重于开始、本源和根本。

《小象》说："黄离，元吉，得中道也。"根本在中道，因为九二处在内卦之中，中道就是中正之道，把握中正之道则吉。

九三都是凶的，九三这根阳爻很盛，是内卦的高峰。"日昃之离"，太阳到了正午就会西斜，如果在这个时候"不鼓缶而歌"，就有"大耋之嗟"。"耋"指七八十岁的年纪，"大耋之嗟"即老年时的悲哀。"鼓缶而歌"，"缶"是瓦盆子，秦代的音乐都很粗俗，用的音乐器材不是很好，只拿一个瓦盆子就开始唱歌，这代表一种恬淡的心境。我们击缶而歌，日出而作，日落而息，帝力于我何有哉，所以"鼓缶而歌"代表安于当前的生活，没有太多欲望。这样的话我们到老年的时候，就不会后悔悲哀了。

一个人处于九三，在年龄上属于三十而立，四十而不惑，所以在中年阳盛的时候，要用一种恬淡的心境来处理事务，这样年老时就不会悲哀。如果四十岁时还是野心勃勃地要这个、要那个，那么到了五十岁、六十岁以后，达不到的话就后悔了，就悲哀了。也就是说，在光明正当中的时候，要想到任何事情都会物极必反，不要老是想着权势、利禄。

《小象》说："日昃之离，何可久也。"也就是说，这种光明是不会长久的，天道循环，所以要求"鼓缶而歌"。我以前谈到立命，立命以后马上要安命，能够安于命，还要知命。人在四五十岁的时候，能够把握立命、安命、知命这三个命，就是"鼓缶而歌"。

九四，光明太强了。"突如其来"是指没有准备，没有立命，就会有措手不及的遭遇。"突如其来如，焚如、死如、弃如"，指一切都烧死了，还被丢弃了，这是非常强烈的现象，从心理学来说，这是一种强烈的情绪。

《小象》说："无所容也。"有"突如其来"这种强烈的火烧过来，

"无所容也",使得我们无所容身,即死无葬身之地、无转圜之地。"容"就是退转,一点退路都没有了。

六五,又是阴柔,阴柔就要流泪了。"出涕沱若","沱"是大雨,"涕"是脸上的泪水。六五是阴柔,所以雨水、泪水交加。按理说是不好的,但为什么"戚嗟若,吉"?"若"是有一点忧伤,有一点忧伤反而吉。流眼泪,这是政治眼泪,六五是君主,君主流眼泪,像刘备就常常流眼泪,他的眼泪很有价值。这个时候用一个"戚"字,代表忧患,如果君主有忧患之心,"则吉"。虽然在离当中,在光明当中,或者一个国家表面上看好像非常鼎盛,但此时仍要有忧伤的心情,或忧患的意识,不要有骄傲的态度,不能像秦始皇一样到山上去大喊要征服一切。

《小象》说:"六五之吉,离王公也。"这里的"离"是光明的附丽,指王公大人有这种特色。六五是君位,要有六五这种谦虚柔弱的精神,才会有吉。

上九,"王用出征,有嘉,折首",表示打仗了,有好结果。"折首",捉到敌人的首领,擒贼擒王。"获匪其丑,无咎",什么叫作"获匪其丑"?传统学者把"丑"当作同类、族类、同族,只要不站在我这一边就是敌人。抓了敌人,敌人不是我的同类,无咎。但是我还是尽量就这个字本身来解,因为把"丑"解释成同类,这是相反的意义。我把"丑"解释成敌人,"丑"就是仇,也就是抓住对方,但是不把他当作我们的仇人,这就是仁者无敌于天下,这样才能无咎。擒贼擒王之后,对于俘虏的那些人,不要视为敌人,不要将其杀尽杀绝,而是要同化他们。

上九位不当,跟九三又不应,应该很不好,为什么还要出征,还会有嘉,还会无咎?这就是我们难以解释的地方。六十四卦的每个卦爻都有通例,位当了、相应了,或者阴乘阳、阳乘阴,大多数情况都可以用到通例，但是也有例外的时候。也许有百分之八十可以适用于通例，百分之二十例外，而这百分之二十的例外中，还有百分之十五是可以解释的，剩下的百分之五很难被解释。有时候很难解释的例子就要摆在那里，等待机缘，有一天我们会碰到很奇妙的现象，结果就打通了。

就这一爻来讲，位不当、不应，为什么出征？我的解释是，因为这一爻在天上，在光明至天处，光明至天处而照耀万物，这不是人为的，所以才有"王用出征"，光被四表。这是第一点。第二点，上九经过了六五，六五流眼泪，又流鼻涕，使上九柔化了，然后又加上忧患的心情，以及阳爻乘阴爻是好的，有乘的好关系，上九出兵打仗，仁者无敌于天下，而不是像秦始皇一样灭绝他国。第三点，"离"是附丽，到了上九附丽于天，即天道，替天行道，所以才无咎。

《小象》说："王用出征，以正邦也。"这里的重点是"正"，前面的《彖辞》讲"重明以丽乎正，乃化成天下。柔丽乎中正"，也是强调"正"。"正"的反面是邦有乱，所以要回到正，要用他的出征来"正邦"，实际上还是不得已的。"以"就是为了，即为了正邦，为了平天下。平天下的"平"很重要，"平"是和平的平，不是镇压的平，平天下，使天下能够均平，所以"正"也是一样，是公正均平的意思。

第三十一卦 咸 ䷞

【卦辞】

咸：亨，利贞，取女吉。

所谓破字格，是指字破了，但仍能表现出特定的意思来。比如"兑"是快乐，把"悦"的心字旁拿掉就是兑。"夬"是河堤决裂的"决"，拿掉三点水。也就是说，把字的某个部分拿掉，该字本身就有特殊的意思了。"咸"本来是感，把心字底拿掉，就成为无心之感。有心之感是欲望，无心之感是《易经》讲的阴阳之感，阴阳之感是无心的，是自然之感。

就咸卦的象来讲，䷞，内卦是艮，是山，代表止，外卦是兑，是泽，代表快乐。所以就象来讲，止而乐很重要，这个快乐不是放纵的快乐，是能够有所止而达到的快乐。咸卦的二五两爻位当而应，第五爻是君主，也是主爻。

咸卦的第一个字讲"亨"，我们说它是上下左右四方的交感。"利贞"，卦辞中的"贞"要看卦的主爻，主爻是九五阳爻，代表诚，即利于以诚为正道。因为感应要诚，不诚的感应是有问题的。"取女吉"，"取"是嫁娶的娶，"女"代表柔，九五跟六二相应，能够取六二的柔道，以柔道来处事。这个卦一方面讲诚，另一方面讲柔，柔代表谦虚。我认为真正的感应是两个字，一个是诚，另一个是谦。我把所有的阳爻都以诚来看，所有的阴爻都以谦虚的谦来看，所有的感应不离这两个字，内在要诚，外在要谦。

【彖辞】

《彖》曰：咸，感也。柔上而刚下，二气感应以相与。止而说，男下女，是以亨，利贞，取女吉也。天地感而万物化生，圣人感人心而天下和平。观其所感，而天地万物之情可见矣。

《彖辞》说"咸，感也"，说明了"咸"是一种感应。感应和反应不同，反应是人家将言行施加给我，我做出的一个反应，感应是自己对人或物交流的相应。举个例子，我驾车从家到学校，驾车时我要注意外在的一切变动，要反应很快。但是我到公园里的时候，是对幽静的环境与外面的树木花草产生感应。感应是无心，反应是有心，二者不同。

《易经》讲的"感"是无心之感，"柔上而刚下，二气感应以相与"，"上"是外卦、上卦，外面是兑卦，兑卦是柔，下面是艮卦，艮是山，是刚，两气感应。兑是泽，泽气往下，艮是山，山气往上，两气相交，是感应。"以相与"，"相与"就是相交。"止而说"，"说"是悦，是指艮能止才有悦，才能够产生彼此的快乐。"男下女"，因为艮卦是少男，一根阳爻、两根阴爻，兑卦是少女，一根阴爻、两根阳爻，艮男在兑女之下，少男能够吸引少女。"是以亨，利贞"，这是讲少男、少女的相感，能交流则亨。"利贞"指要以女性的谦柔为正道，"取女吉"即取法女性的道，不要强制追求，要以柔和的态度来谈恋爱。所以咸卦实际上是指少男、少女的恋爱。

下经一开始就是讲男女的恋爱，因为《易经》有男女，然后有万物，阴阳、男女是最重要的现象界。《彖辞》又说"天地感而万物化生"，"天地感"是天地相感，天道向下，地道向上，天地之气相交，然后才能产生万物。所以天的乾阳之气下了地，触动了地的生机，地下面的万物产生生机，以至于生物。这种中国的生化观，跟一般的科学不一样。

《彖辞》又说"圣人感人心而天下和平"，说圣人跟人心相感，感应是相交，不是说圣人单方面去感人心。《老子》说"圣人以百姓心为心"，百姓是有心的，圣人以无心来感百姓的心，这是要交感的，圣人感人心，人心也要感圣人。如果只有圣人感人心，而人心没有感觉的话，就不能化了。这里讲"天下和平"，"和平"两个字出现了，我们把"和平"两个字放在一起，但没有想到和是和，平是平。孙中山讲的忠、孝、仁、义、信、礼、和、平，这是八德，没有说七德，所以和与平是两种德，"和"是和谐，"平"是平等。"和"是中国哲学中最重要的字，而且《易经》讲的阴阳相和也是和谐。"平"包括太平，也包括平等，还包括平均、平衡。"圣人感人心"，使天下所有人能够和谐相处，同时也能够平等相待，这是世界的和平，这是感，没有这个感就达不到和平。

"观其所感，而天地万物之情可见矣"，这里要注意"情"，为什么用"情"？中国人认为"情"字很有深意，"情"指情感、感情，但是"情"还代表实，指实情。在《庄子》中，"情"在好几个地方都代表实、实情、事情，所以中国的文化离不开"情"。我的朋友吴森在《中西文化比较》中说，西方的文化是理的文化，中国的文化是情的文化。用"情"字比用"实"字好，就算西方追求宇宙万物的真实、真理，也只是高高地摆在那里，中国人用一个"情"字，不只有真性，还有感情、有欲望，天下万物之情是活的。也就是说，由咸、由感能知天地万物的生命。

第三十一卦　咸　|　273

【象辞】

《象》曰：山上有泽，咸；君子以虚受人。

《大象》说："山上有泽，咸；君子以虚受人。"上面是泽，下面山，为什么从这里面可以看出"咸"呢？因为山泽通气，泽水向下降，山气向上升，所以两气交感。山的外壳是硬的，一根阳爻在上，但内在是阴的，是虚的。要注意只有山的内在是虚的，它才能受水，水才能够下来。如果山的外在是阳，内在也是阳，都是硬邦邦的，水流不下来就不能交感了。所以这里用一个"虚"字，"君子以虚受人"，这个"虚"是指山里面的两根阴爻，因为虚就是柔，也就是谦，能虚才能感受人。

☆师生问答

学生："以虚受人"的实际表现是什么呢？这好像不只是一般所谓的谦虚吧？

老师：不是。"感"有两个意思，一个是受，另一个是化。圣人以虚受人，从而能够化人。"无分别心"是佛家的话，"无分别心"只是对外在不加以分别，圣人是进一步能够产生情的感应。佛家不讲情，所以他讲"无分别"，"无分别"就是无情。《易经》是要讲情的，但是这个情是虚的情，不是情绪，不是强烈的热情，当然也不是虚情假意。

学生：是"虚怀若谷"吗？

老师："虚怀若谷"是《老子》的话。

学生：老师，圣人用心若镜，如果是"若镜"的话，那就比较像没有情。

老师：圣人用心若镜，"用"当运用来讲，为什么要若镜呢？就是没有主观的成见。从镜的反映角度来说还是有东西的，所以庄子是有情的，但是有了情之后，他不执着，就像镜子一样反映出来，因为有些东西它有反映，却没有痕迹。说到这个地方，我想起一个问题，现在我把"虚"和佛家的"空"，做一个简单的区分。第一，"虚"是就心来讲，虚其心，心虚。而"空"是就物来讲，物没有自己，"空"是指万物皆空。第二，"虚"的相对是实，虚实。而"空"的相对是真，真空。第三，"虚"是有感。而佛家的"空"是绝想，没有任何念头，这是空。第四，"虚"是指用，"空"是指体。

【六爻性能】

初六：咸其拇。

《象》曰：咸其拇，志在外也。

六二：咸其腓，凶，居吉。

《象》曰：虽凶居吉，顺不害也。

九三：咸其股，执其随，往吝。

《象》曰：咸其股，亦不处也。志在随人，所执下也。

九四：贞吉，悔亡，憧憧往来，朋从尔思。

《象》曰：贞吉悔亡，未感害也。憧憧往来，未光大也。

九五：咸其脢，无悔。

《象》曰：咸其脢，志末也。

上六：咸其辅、颊、舌。

《象》曰：咸其辅、颊、舌，滕口说也。

初六，"咸其拇"，"拇"是脚趾头。我们知道初爻代表脚，就身体来讲，脚代表刚开始，所以脚趾头动了就有感觉了。我们有一句诗叫"春江水暖鸭先知"，为什么是鸭子？因为鸭子的脚在水里面，所以脚趾头先感觉到冷热。但是脚趾头感觉到冷热，只是感觉而已，脚趾头不会走路，它不能动情。就像李煜的词"春意阑珊"讲男女的感情，表示少女、少男十四五岁的时候刚刚有春意、春情，那时还不能动，只是有感觉。

《小象》说："咸其拇，志在外也。"就是他想向外走，想要动，但只是志，还不是行动。

六二，"咸其腓，凶，居吉"。这里从脚到了腿。"腓"指的是小腿的肌肉，感觉在小腿的肌肉上，小腿的肌肉是管行动的，我们走路要靠小腿上的两块肌肉。古代行军的时候，士兵都要绑绷带，绑了绷带才能走得远。小腿代表行，要动。初六先是有春情，第二爻就要跑出去了。这时候"凶"，有危险。"居吉"，要停在那里才会吉。但是六二当位，跟九五又相应，本来很好，为什么不动呢？我们要注意，谈男女的感情，六二代表阴柔，也许今天不一样，但在古代，假如一个女孩子喜欢一个男孩子，她不会主动说"我爱你"，而是要在她的位置上吸引九五过来。她可以用各种方法，但是不会动。这是咸卦的一个作用，因为内卦是止，所以不能乱动。

☆师生问答

学生：这个卦以前看是讲男女交往，现在看好像不只是这样了。因为老师说"咸其拇，志在外也"，男女交往用不着"志"。

老师：这个"志"倒不是很严肃的字，当然这是孔夫子或他学生的志。志代表意，所以这个"志"真正的意思是意在外也。

学生：心在外。

老师：心在外，但还是不要跑出去，要留在自己的位置上吸引对方过来，而不是主动去追求。

学生：初六指的是少女，还是少男呢？

老师：初六当然是指少女，因为六是阴柔，但要说少男也可以。大脚趾也会动，但小腿还得控制一下，虽然凶，不好，但居吉，停在自己的位置上则吉。

《小象》说"顺不害也"，要顺其自然，要顺九五，要顺时、顺理就不会有害，否则就会有危险，有凶。

九三，"咸其股，执其随，往吝"。咸卦到了九三是腰，三代表腰。就身体来讲，"股"是屁股或腰这一带。腰这一带是什么呢？是肾脏，过去说肾水，就是指欲望，肾代表性欲。爻辞说要"执其随"，"执"是控制，"随"就是跟随、追随。我们要动，不要跟着欲望来追求，要控制一下。因为在艮卦中，第三爻是止，要止住，要控制情欲。"往吝"，"往"是说，如果不能"执其随"，跟着情欲而往的话就"吝"，要害羞了。我们还没搞清楚对方，马上就去追求，是要吃闭门羹的。

《小象》说"咸其股，亦不处也"，就是不要处在这个地方。"志在随人"，即意在随人，我们只想跟着别人，胡乱跟着别人动，我们就会被下面控制了。

☆师生问答

学生：九三还是不要动，但是九三位当中正，且与上六相应。

老师：所以这个例子是说，位当而应并不表示要采取行动。位当，即你就在这个位置上，而应，即你吸引对方过来，要讲和谐，要讲感应。但问题是，为什么不能动？因为内卦是艮，是止，三根爻都是止的意思。

九四："贞吉，悔亡，憧憧往来，朋从尔思。"九四是指心，其实九三有时候也指心，往下一层的心代表欲，九四是在上的心，即心思。

"贞吉","贞"是正道,九四是阳,以诚为正道则吉。"悔亡",就不会有悔了。为什么"憧憧往来,朋从尔思"?这一爻就是有心之感,因为有心之感是"憧憧往来",也就是心中上上下下随着万物而转,"憧憧"是指心意不定。为什么"朋从尔思"?我们一直想要别人跟我们的想法一样,这就是心念。无心是虚,有心就不虚了,这就是我们心思之欲的毛病。

《小象》说:"贞吉悔亡,未感害也。""贞"在九四阳刚上,是诚,因此不会有害。"憧憧往来,未光大也",是说心思不定,内心还不够光大,依旧以自己的信念为信念,以自己的看法为看法,要求别人跟自己一样,不能无私地开放。

九五,到了君主这一爻了,"咸其脢,无悔","脢"是指背上的肉。背肉是无感的,感在前面的心,背肉就是无心之感,心是有心之感,君主的感要无心,要像背肉一样。但我们身体的脊椎骨支撑了整个身体,虽然感觉上不灵敏,但很重要,因为它不以心去感。九五是阳爻,是诚,以诚来感,以诚感人,而不以心感人。

《小象》说:"咸其脢,志末也。"心志是少了点,"末"就是少的意思。

上六,"咸其辅、颊、舌"。上六就是头上了,是嘴巴,所以感都在辅、颊、舌上。"我爱你""甜心""亲爱的",这些都是甜言蜜语。上六阴柔而不诚,在这里没有分好坏,只是说感在嘴上。

《小象》说"滕口说也","滕"指用在口说上。爻辞也没有说好坏,只是说这种感觉、感应是在嘴上。用嘴巴说,当然有好坏,通常我们认为不好,因为是在嘴上说的。我们有时候需要把自己的感觉表达出来,所以嘴巴说还是要看心的想法,可见仍然是有心之感。

第三十二卦　恒 ䷟

【卦辞】

恒：亨，无咎，利贞，利有攸往。

恒卦的"恒"是指恒心，"恒"是竖心旁，右边实际上象征着一艘船。船在河里开，水流推着船走，船顺着水流，能够永远开下去，这是"恒"的象形。就恒卦的象来讲，䷟，下面是巽，是指柔和、顺从，上面是震，震是动，动于巽，指动顺于理、顺于时才能保持永恒。这一卦的内卦巽是长女，外卦震是长男，这是讲已经成人了，所以这一卦大多讲的是古代夫妻的关系。前面咸卦是少女、少男的恋爱，这一卦则是讲家庭关系。

少女、少男结婚以后，怎样才能保持家庭的永恒？先看爻位，二五两爻位虽不当但相应，相应非常重要。二爻是主爻，因为它是阳爻，是主体，要诚。卦辞说"亨，无咎，利贞"，怎样保持"恒"？要亨，要沟通。了解一个家庭的状况，就看夫妻的关系，夫妻能够沟通，能够互相了解，才会无咎。一个家庭之所以常有危险，就是因为不能沟通，不能了解就会有很多麻烦。"利贞"，利于把握正道，这个正道就是阳爻，主爻，利于把握诚，即夫妻之间要讲诚。"利有攸往",可以往,家庭要发展,夫妻的关系要发展,所以刚刚结婚可以有蜜月期,但不能永远处在蜜月期,过了蜜月期就要发展家庭。

☆师生问答

学生:老师,为什么此处"亨"下面突然接出"无咎"?

老师:恒卦的每根爻都有不好的现象来说明,所以说要保持一个东西的永恒,就会随时随地碰到很多危险。家庭也是一样,夫妻之间有很多或明或暗的危机,要保持永恒不容易。因此"无咎"非常重要,"无咎"是一个功夫词,怎样才能做到无咎,没有后悔?孔子认为读《易经》可以无大过矣,无大过就是"无咎"。所以"无咎"是时时警醒自己,男孩子到外面,一不小心就会产生问题,随时随地都可能有麻烦,所以"无咎"很重要。

【象辞】

《象》曰:恒,久也,刚上而柔下,雷风相与,巽而动。刚柔皆应,恒。恒,亨,无咎,利贞,久于其道也。天地之道,恒久而不已也。利有攸往,终则有始也。日月得天而能久照,四时变化而能久成,圣人久于其道而天下化成。观其所恒,而天地万物之情可见矣。

《象辞》说:"恒,久也,刚上而柔下,雷风相与,巽而动。刚柔皆应,恒。"外卦是震,是刚,内卦是巽,是柔,外刚内柔,雷风相与,就像雷跟风互相依靠,一个家庭的男女关系也是互相依靠。"巽而动",一定要顺其自然,顺着道理来动,这样的话"刚柔皆应"。六根爻虽然有的位不当,但是在这六根爻中刚柔都是相应的,每根爻都是相应的。"恒,亨,无咎,利贞",这是重复卦辞的话。"久于其道也","久"是要在道上久,家庭关系顺着道才能久,不是久于其有钱,不是久于其浓情蜜意，而要有道。

所以"天地之道，恒久而不已也"，夫妇关系要配合天地之道，才能恒，才能久而不止。事实上"不已"是一个功夫词，能够做到"不已"，即生生不已，不容易。怎样做到"不已"？"利有攸往，终则有始也"。要做到"不已"，有以下五个重点。第一要诚，把握诚。第二要柔，谦柔。第三要把握正道。第四要知返，"利有攸往，终则有始也"，就是要知返，任何事情都要回头看看。第五要能和。这是一个家庭的关系，也是夫妻的关系。所以"日月得天而能久照，四时变化而能久成，圣人久于其道而天下化成"，"得天"是得天之正道，也就是说，日月得天之正道，然后才能久照。四时也一样，四时的变化能够循环才能够久成。"圣人久于其道"，圣人能够顺从这个道，因为只有道是久的，圣人才能久，也才能使天下化成。圣人治万民，他要了解万民的发展，要能够为长远着想，这样才能久。

"观其所恒，而天地万物之情可见矣"，我们要看一件事物之所以恒的原则，什么叫作"所以恒"？看看宇宙万物中哪一个东西是恒的，然后研究它为什么恒，这样才能够知道天地万物之情。"情"是真实，天地万物的真实是生生不已。

【象辞】

《象》曰：雷风恒；君子以立不易方。

《大象》说："雷风恒；君子以立不易方。"为什么是"雷风恒"？"雷"代表震，雷神是震，风代表化，化万物，以震能够化万物，才能恒，圣人把握正道而能化万物。"君子以"，以雷风恒的象，以这个道理原则，然后"立不易方"。孔子说"三十而立"，我们说立命，即建立我们的精神生命，"不易方"就是确定我们的方向，建立精神生命之后，才能知道这一辈子的正确方向。

☆师生问答

学生：老师，雷跟风是最不能恒的，为何此处却以雷风作为恒？

学生：一般先秦的经典都以雷风作为不恒之象，比如《老子》说："飘风不终朝，骤雨不终日。"

老师："飘风"是不终朝，不飘风的话就可以长了。"飘"就是一个突然的现象。"雨"，几千年来雨还是雨，"骤雨"就是不能久，雷风或雨都是自然界的一个现象，既然是自然界的现象，从现象里面就可以看出恒的道理。观察为什么有雨，就能了解雨是天地的自然，雷也是一样，春雷能给万物生机，不断地触动生机就是恒。

【六爻性能】

初六：浚恒，贞凶，无攸利。

《象》曰：浚恒之凶，始求深也。

九二：悔亡。

《象》曰：九二悔亡，能久中也。

九三：不恒其德，或承之羞，贞吝。

《象》曰：不恒其德，无所容也。

九四：田无禽。

《象》曰：久非其位，安得禽也。

六五：恒其德，贞，妇人吉，夫子凶。

《象》曰：妇人贞吉，从一而终也；夫子制义，从妇凶也。

上六：振恒，凶。

《象》曰：振恒在上，大无功也。

初六,"浚恒,贞凶,无攸利"。"浚"是水道向下疏通,"浚"本来是深的意思,"浚恒",就凶。我们知道,如果要恒,就要有地基,就要有基础,但是在这个卦中,这根爻既是阴爻,又是浚,浚是水深,这个基础下面是下水道,基础不稳固。这一爻是说,如果一开始要恒,就先不要想深,一开始就想深便不能恒。恒要一步一步来,从简易的地方开始,打好基础才能恒,不然一曝十寒,恒不了。

《小象》说:"浚恒之凶,始求深也。"也是指一开始就求深的毛病,这都是我们常批评的一步登天、欲速则不达。

☆师生问答

学生:老师,"贞"怎么解释?

老师:如果"贞"下面是"利"的话,就很简单,"贞利",即把握正道的利。如果是"凶"的话,有两种解释。一种解释是把握正道,面对凶。正道是什么?初六是谦,用谦虚面对这个凶。另外一种解释是,"贞"是负面的意思,即以浚为正道则凶,把这个当作正道就凶。两种解释都可以,所以直接说把握正道就凶。朱熹常常这样注,"虽贞,亦凶",这有点讲不通。我们要紧扣前面的字,以前面"浚恒"为正道则凶。

九二,只讲"悔亡",很多人说应该是漏字了。我们可以添一两个字,应该是"贞吉,悔亡"。为什么"贞吉,悔亡"呢?因为"贞吉"常常用,且利于正道。比如大壮卦九二就是利贞,九四也是利贞,利于把握诚的正道则悔亡,这根爻很显然是阳爻,是诚。夫妻也是一样,任何事情要求永恒的话,第一要把握诚。

《小象》说:"九二悔亡,能久中也。"这个是阳爻,是中道,它是诚,能以诚自处,所以悔亡。

九三，都是凶，"不恒其德，或承之羞，贞吝"。我们说过，到了第三爻，九三志得意满，"不恒其德"，他的"德"就不恒了，因为阳过多会变得骄傲，这样就会"承之羞"，就麻烦了。"贞吝"，羞就是"吝"，所以要把握诚与吝，恒跟诚互为表里，诚才能恒。

《小象》说："不恒其德，无所容也。"这是对羞和吝来说的，就是不能见容于人。

☆师生问答

学生：老师，这是说要把握"吝"吗？

老师："吝"是不好，是羞吝，它跟"悔"不一样。悔比较强，吝则是心里的一种感觉，感到羞辱，感到不满意，感到惭愧。"不恒其德"，如持德不恒就有羞。做事情没有恒心，所谓见异思迁，当然有羞。

学生：为什么"贞"和"吝"放在一起？

老师："贞吝"跟"贞凶"差不多，凶比较强。贞吝有两种解释。第一种是把握贞，贞就是诚，把握诚于可吝之事。第二种就是以不诚、不恒为正道，总是变来变去，就会吝。《论语》中引证了这两句话，可见孔子对这两句话很重视。

九四，它是很麻烦的一爻。没有说吉、凶、悔、吝，只说"田无禽"，只将事实告知我们，于是象注就把爻辞未指出的意思强化了。

《小象》说"久非其位，安得禽也"，即把负面的讲出来了。为什么"久非其位"？因为九四是阴位，现在是阳爻，所以位不当，九四位不当却阳刚很强。上面的六五是一个柔弱的君主。九四带领九三、九二两根阳爻，这三阳结合在一起的力量很大，冲击了君主。

什么叫作"安得禽"？"田无禽"的"田"，程伊川把它解释成打猎、田猎，这是传统的解释。打猎打不到野兽，结果偏偏找了一些没有野兽的地方，是无位，即不知方向就达不到目的，这是象的解释。九四跟初六位不当，但是相应，从负面的意思来看是达不到目的。但原本它并没有说负面的意思，只是说"田无禽"这个现象。那么有没有正面的意思呢？前人的注倒没有提及，这是我加上去的。"田无禽"，因为九四多半是心，"田"比喻心，如果从佛学的角度来解释，就是心田。"田无禽"是田里面没有野兽，也就是心里面没有欲望，这是我的解释。为什么九四没有欲望？因为要恒就一定要无欲，无欲才能恒，有欲就不能恒。九四的大臣更要无欲，这样才能与君主配合。九四带领着其他两根阳爻，君主又是柔弱的，九四如有欲的话，可能有篡夺王位的企图，很危险，这也是一种解释。我认为这两种解释都可以，反正它没有说吉凶。

☆师生问答

学生：老师，这样的话，跟"恒"的关系是什么？

老师：无欲才能恒，这是条件。讲位也是一样，要恒的话，就要知道自己的位置，这样才能发展。所以，我们要做一件事情时，要先想想自己是不是适合这个位置，不是这块料，再恒也没有用。就好比说，我想学音乐是绝对不行的，因为我知道我不是学音乐的料子，五音不全，所以不能拼命去坚持。

六五，"恒其德，贞"，这是一个有争议的问题。"恒其德"，这没有错，恒要有德。恒的是什么样的德，在六五上讲很清楚，六五是柔弱，恒要以柔弱为德。"妇人吉，夫子凶"，这句话有问题。

《小象》说："妇人贞吉，从一而终也；夫子制义，从妇凶也。""从一而终"是古代的看法。"夫子制义，从妇凶也"，"制义"就是权衡。我们现在看到"义"容易把它强化，认为是义气、正义，事实上"义"

的真正意思是适宜，每个人都适宜才是"义"，义者宜也。所以夫子要知道权衡，不能执着。"从妇"是像妇人一样，若男人像妇人一样从一而终则凶，我觉得这个注不太好，注出问题来了，尤其是现在。如果我们要避免这个注，就不必为圣人避讳，《小象》也不一定是孔夫子写的。所以，我们暂且把象注放在一边，看看是不是可以有别的解释。

"恒其德"是柔弱、谦虚，如果我们像妇人一样柔弱，则吉。反之，如果像老夫子一样顽固不通，则凶，"夫子"代表像老夫子一样顽固。这根爻就是要我们谦，要我们柔，因为它要面对下面三根阳爻，所以要以柔弱之道来应付它们。

上六，上六就位来讲本来位是当的，它又跟九三相应，本来是好的，但是这里是负面的。"振恒，凶"，"振"是动得快，因为外卦是震，震是动的，动跑到最高了，又因为它很轻，所以动得太快，不符合"恒"的原则。"恒"是要稳重，要有基础，要慢慢地动。而这个很快的震很轻飘，上六又是阴，这样的话就凶。

我们现在回过头来想想"恒"。"恒"是一种很重要的德，但是从初六一直到上九，都是从负面来解释的，都没有讲吉。为什么要从负面来解释？因为"恒"有正负两个意思在里面，择善而固执是好，择不善而固执则坏。因为有正负两个意思，所以这个卦都从负面来说正面，如果从正面来说正面的话，就会使人执着，不知道其负面的意思。从负面来说正面，就会避过负面的错误。这一点使我想起《老子》的第一句话，"道可道，非常道"，很多人都把"常"字翻译成永恒，认为永恒就是恒了，但是老子不说永恒，永恒的话有正负两面，所以"常"不完全是永恒，它是常常，这就软化了很固执的永恒。

《小象》说："振恒在上，大无功也。"即动得太快不稳固，就没有恒的好结果。

第三十三卦　遯䷠

【卦辞】

遯：亨，小利贞。

遯䷠，上面是乾，是天，下面是艮，是山。就象来说，两根阴爻往上发展，逼退阳爻。"遯：亨，小利贞"，要"亨"，要了解形势，"小利贞"，"遯"有小利，因为"遯"是避开了危险，避开的是小问题，只有在小问题上可以用遯，大问题不能遯，虽然三十六计逃为上策，但是要把握"贞"。就爻来讲，下面两根爻是主爻，是阴柔、谦虚，在遯的时候要谦柔，不能刚强。

【彖辞】

《彖》曰：遯，亨，遯而亨也。刚当位而应，与时行也。小利贞，浸而长也。遯之时义大矣哉！

《彖辞》说："遯，亨，遯而亨也。"要遯，要能避得正好，就得了解环境，不然就遯不掉。"刚当位而应，与时行也"，"刚当位"，"刚"是指九五，九五在它的位置上跟六二相应。所以就遯卦来讲，二五两爻位当而应。"与时行也"，这是配合时间来看。"小利贞，浸而长也"，

"浸"就是指两根阴爻是慢慢发展的。"遁之时义大矣哉","遁"是要把握时义,什么时候该遁,什么时候不该遁,时很重要。不该遁而遁了是不对,该遁时不遁有危险,所以这个卦特别强调"时义"。

【象辞】

《象》曰:天下有山,遁;君子以远小人,不恶而严。

《大象》说"天下有山,遁",这个象,上面是天,下面是山。为什么天下有山就是遁的象呢?我想到李白的诗,"山随平野尽",如果是一片平坦广阔的原野的话,我们看到的山很高,慢慢向远离山的方向走,走得越远看到的山越矮,最后就消失了,从天来看山就是这个形象。又如孟浩然的"野旷天低树",野外很广大,相形之下树就低了下去,树代表山。所以山有遁去的象,有跑掉的象,有离开的象,有从大变小的象,从这些诗里可以看出来。

"天下有山",可是为什么得到的是"君子以远小人,不恶而严"?很多人看了遁卦,认为二阴向上,好像是小人来了,变多了,君子要赶快逃,这哪是《易经》的意思?君子怎么可以遁,可以逃呢?小人是增加了,但这个卦真正的意思是,君子不是用逃走的办法来对付这些小人,君子要远小人,不是君子逃走,而是君子要使小人遁,使小人离开。

君子要如何使小人不能靠近自己?原则是"不恶而严"。"不恶"是一种应付的方法,即不要在表面上露出我们对他们的厌恶。"不恶"一个意思是怀柔,我们知道可以得罪君子,但不可以得罪小人。"而严",但是自己还是要保持尊严,不能同流合污。"不恶"的另外一个意思是不妥协,虽然表面上不表现出厌恶他们,但是也不能向他们妥协,这样才能对付小人,这样才是"遁"。"遁"有两个意思,一个意思是离开、退去，另一个意思是藏起来，含藏而后光大，反而能逼退他们。

【六爻性能】

初六：遁尾，厉，勿用有攸往。

《象》曰：遁尾之厉，不往何灾也。

六二：执之用黄牛之革，莫之胜说。

《象》曰：执用黄牛，固志也。

九三：系遁，有疾厉，畜臣妾，吉。

《象》曰：系遁之厉，有疾惫也。畜臣妾吉，不可大事也。

九四：好遁，君子吉，小人否。

《象》曰：君子好遁，小人否也。

九五：嘉遁，贞吉。

《象》曰：嘉遁，贞吉，以正志也。

上九：肥遁，无不利。

《象》曰：肥遁，无不利，无所疑也。

初六，"遁尾，厉，勿用有攸往"。初爻都是脚，但现在是尾巴。"遁"是离开，背着身子当然是尾巴在外，所以遁有尾。"厉"指危险，没有危险就不用遁了，这是说环境是危险的。"勿用有攸往"，也就是说不要这样动，不能往前，往前才遁。一个意思是，现在尾巴被抓到了，就象来讲是要我们背着走，把尾巴藏起来。另外一个意思是，遁而有尾则厉，遁要遁得干净，躲在桌子底下露着屁股，就会被人家就抓住。有的人要遁，要做隐士，却又宣扬自己要隐居，这就是遁而有尾，其实是好名，是想要人家知道，但遁要遁得干净，不要留尾巴。

《小象》说"遁尾之厉"，"厉"指危险。"不往何灾也"，"不往"

就是不动，不动也是一种遁。

六二，"执之用黄牛之革，莫之胜说"，"说"是脱，解脱的脱。想遁却遁不掉，被绑住了，而且不是被细绳子绑住，是被牛皮绳子绑住，想脱也脱不掉。这一爻就是无法遁，无法逃。为什么？我们知道六二代表君子，代表有道德修养的人，国家兴亡匹夫有责，他有责任，不能遁。所以六二代表中正之道，代表责任，不能遁。本卦讲遁，第二爻就讲不能遁，这一爻是主爻，主爻说明不能遁，不能遁则利。

《小象》说："执用黄牛，固志也。"为什么要用黄牛之革呢？是为了固定自己的志向。在讲天命的问题上，这一爻是立命之爻，建立自己的志、自己的命，不能遁。

九三，"系遁，有疾厉，畜臣妾，吉"。"系"是用绳子绑住。假定在一个国家里面，做臣子的想离开朝廷，结果君主不让他离开，这就是"系遁"。"有疾"是指有毛病。要遁的话就会有不良的结果，所以是"厉"。"畜臣妾"则吉，"畜臣妾"就是养臣妾。汉朝时，萧何看到刘邦杀功臣，后来他就整天花天酒地，刘邦看他这么没出息，就不再担心他会造反了，所以萧何是躲在臣妾堆里避过了灾难。但这不是鼓励我们花天酒地，而是不要表露野心，这也是遁。九三在内卦也是止，他处于一种很为难的环境，遁也不好，不遁也不好，一说遁，君主就要杀他，不遁，君主就忌妒他，所以要找一个别的方法避过去。

《小象》说："系遁之厉，有疾惫也。""厉"是有危险、有毛病，"惫"是要能防备。"畜臣妾吉，不可大事也"，是指不要表现出自己是做大事的人，"不可大事"就是没有大志，不要显露自己的才华。遁卦的前面三根爻讲不能遁，后面三根爻讲遁。

九四，"好遁，君子吉，小人否"。"好"是讲心之所好，从内心里就有遁这种喜好，亦即好于遁，意思就是自然地遁。有的人本身就比较谦虚，不显露自己，不求名，不求功，这就是好遁。九四是在大臣位置上，他喜欢谦虚，任何事情都做老二的哲学，这对君子来说是吉。为什么对小人来说是"否"呢？一种解释是，小人把遁当作逃避，随时随地都在推卸责任。君子代表不求功，不求利。另外一种解释是，君子能够这样才吉，小人不能像君子一样好遁，所以"否"是否定了前面的好。小人到了大臣的位置，志得意满，认为自己是一人之下，万人之上，他不懂得遁。

《小象》说："君子好遁，小人否也。"小人的"否"就是不好遁，不知谦退。

九五，到了君主的位置，"嘉遁，贞吉"。"嘉"的意思是，不论何时何地都能自得，每一件事都能够处理得很好。这一爻就是老子讲的无为，《老子》中有一句话，"功遂身退，天之道也"，"身退"就是"嘉遁"，"嘉"就是完成了，然后身退。《庄子》说的"圣人无功"也是这个意思。九五是君主"圣人无功"，不求功，这是遁。

《小象》说："嘉遁，贞吉，以正志也。"真正为人民不为权位，才是嘉遁的贞吉。

上九，"肥遁，无不利"。"肥"的偏旁是"肉"，不是"月"，就现在来讲，"肥"不是很好，肥还能遁吗？瘦才跑得快，猪肥了就要被宰，还能无不利吗？古代人解不通"肥"，就把"肥"改成了"飞"，"肥"跟"飞"同音通假，飞遁，即飞走了，这样也讲得通。这种改字很容易，改一个字就可以遁了。所以在古代，尤其是清代，很多考据学家遇到讲不通的时候，就改一个字，只求讲得通。其实那个字只是表面上讲不通，但是它有用意，如果没有了解它的深意而妄改，进通了也只是一个负面的、很简单的意思，深意却被遁掉了。

我对"肥"的解释是心宽体胖。在古代，"肥"还是比较好的字，人们认为肥的人比较有福气。体胖代表什么？以哲学的角度来说，我认为是绰绰有余，肥的话，再瘦一点没有关系，如果瘦的话，再瘦下去就不好了，肥有瘦的本钱，这是第一个意思。第二个意思，这使我想起了庄子的思想。这个卦是在天上的遁，到了天上遁不掉，为什么？庄子认为，把船藏在山谷，把山藏在水里面，夜半就会有人把它们搬出来。沧海桑田，天地的变化是遁不掉的。只有"藏天下于天下"，何可遁也，就是把自己藏在天下，任其变化。如果想自己躲起来长生不老，就遁不掉。怎么把自己放在天下呢？比如死了以后变成什么都可以，就是把自己遁于天下之中，也就无所遁了。

所以，我认为这一爻就是讲把自己遁于天下，一无所遁，这就是"肥遁"，即无所不可。不要想着遁，遁总是为谋一部分私利。我们应该把整个生命交给天下，所以我认为"遁"就是《庄子》用的"藏天下于天下"。

"遁"有一个很浅显的意思是逃避，但是《易经》的遁不是讲逃，而是讲避开，避开小人，避开凶险，避不是遁，不是逃。避到最高境界，是无所避也，不需要去避。上面讲的三根爻，好遁、嘉遁与肥遁，实际上都不是在逃避，而是强调内心的修养，无入而不自得，无时而不可。总归一句话，如果按君子、小人来讲的话，这一卦就是讲君子如何能使小人离开，而不是君子躲开小人，小人离开是遁，君子是天，天很高自然显得山就遁了。

《小象》说："肥遁，无不利，无所疑也。""疑"，对"无不利"来说，是指不要怀疑"无不利"，一定是好的。对"肥"来说，就是一任自然，不要有疑虑。

第三十四卦　大壮 ䷡

【卦辞】

大壮：利贞。

大壮卦的象跟遁卦正好倒过来，䷡，两根阴爻在上面，四根阳爻在下面。就象上来说，这四根阳爻一直往上发展，越来越壮，两根阴爻退了，这就是大壮。这个卦的主爻在第四爻，这根阳爻带领着下面三根阳爻一起发展。大壮跟大过不一样，大过是四根阳爻在当中，初爻跟上爻都弱，大壮是四根从地下起来的阳爻，根基稳固，向上发展。卦辞是"利贞"，"贞"是指九四这根爻，意思是诚，以诚为正道来处理大壮。

【象辞】

《象》曰：大壮，大者壮也。刚以动，故壮。大壮，利贞，大者正也，正大而天地之情可见矣。

《象辞》说："大壮，大者壮也。""大者"就是阳，意思是阳很强壮。"刚以动，故壮"，"刚"是指内卦，内卦是乾，三根阳爻是刚，外卦是雷，是动，三根乾阳向上发展，上面是雷动。"大壮，利贞，大者正也，正大而天地之情可见矣"，是指大的阴爻合正道，大壮就是使万物都能够顺着正道而发展，代表天地之情。天地之情就是"天地之大德曰生"，天地使万物能够生生发展，都能顺着他们的正道发展，这是天地之心。

【象辞】

《象》曰：雷在天上，大壮；君子以非礼弗履。

《大象》说："雷在天上，大壮；君子以非礼弗履。""雷在天上"，讲的是内外卦，内卦是乾，乾为天，外卦是震，震为雷，雷在天上。雷在天上为什么是大壮呢？说雷的作用在司过，即人间的过错，因为雷公正无私，所以是讲正道的，天也讲正，天是大，是大正。君子看到雷在天上的象，要效法它，"非礼弗履"，为什么讲"礼"？"礼"是天经地义，是天之道，儒家所有的礼制都是配合天道的。"礼"是把天道落实在人世间所确立的制度上，不是周公一个人想出来的。"礼"是正，"非礼弗履"就是孔子在《论语》中讲的"克己复礼"。孔子对颜回说："非礼勿视，非礼勿听，非礼勿言，非礼勿动。"这是"克己"。为什么讲到"克己"？这是针对九四这一爻说的，九四带领了三根阳爻，很强，是大壮，这个时候要克制自己，不要顺着自己的欲望去发展。

九四能够克制自己，就能顺正道而走。我们做一件事，进展得很好，或者办一家公司发展得很好，都是大壮。在这个时候，领导人物要知道克己复礼。如果只是野心勃勃地去发展，就会出现危机。"非礼弗履"，这个礼也代表基础，要订定法制，打好基础再去发展。

【六爻性能】

初九：壮于趾，征凶。有孚。

《象》曰：壮于趾，其孚穷也。

九二：贞吉。

《象》曰：九二贞吉，以中也。

九三：小人用壮，君子用罔，贞厉。羝羊触藩，羸其角。

《象》曰：小人用壮，君子罔也。

九四：贞吉，悔亡。藩决不羸，壮于大舆之輹。

《象》曰：藩决不羸，尚往也。

六五：丧羊于易，无悔。

《象》曰：丧羊于易，位不当也。

上六：羝羊触藩，不能退，不能遂，无攸利，艰则吉。

《象》曰：不能退，不能遂，不祥也。艰则吉，咎不长也。

初九，"壮于趾，征凶。有孚"。"趾"是脚趾，第一爻是脚。毕竟是阳爻，"征凶"是不要以为一开始就很强壮，任何事都有侵略性，这样会有危险，要有孚，要有诚，以诚为基础。古代很多的注把"有孚"当作必然，与"征凶"合起来就是必然有凶，但我把它们分开，"征凶"后面加上句点，接着再强调要"有孚"，要有诚。为什么这里要讲孚，不讲止？一般情况下，初爻讲止，讲潜伏，这里却出现了一个"孚"字，因为内卦是乾，乾讲诚、讲孚，以诚奠定基础去发展，不是讲止。

《小象》说："壮于趾，其孚穷也。"我认为这不是说他的诚没有了，"穷"当不足来解，其孚不足，我们要有孚，要培养，孚不会穷，孚只会不够。

九二，"贞吉"，指中正之道。本爻处在内卦之中，只讲了"贞吉"，"贞"就是诚，以诚为正道则吉。

《小象》说："九二贞吉，以中也。"这没有什么好解释的。

九三，"小人用壮，君子用罔，贞厉"。九三则凶，为什么呢？内卦的乾发展到第三爻，阳太盛了，容易骄傲，志得意满。"小人用壮"是说，小人在这一爻上认为自己的势力很强，用自己的力量蛮干、硬干。"君子用罔"，"罔"本来是无的意思，我认为"罔"是针对"壮"来讲的，"君子用罔"就是君子不用壮，小人用壮，君子不好强，不用自己的势力。

☆师生问答

学生：因为有迷惘，所以要三思，想清楚再动。

老师："夕惕若厉"，战战兢兢，这是乾卦九三的爻辞。"贞厉"，因为这是阳，所以君子在危险的环境中要把握诚。九三是由内到外的变动，九三也是内卦最高，所以是危险的，要以正道处危险。为什么有危险？下面一句话就是解释"厉"的。"羝羊触藩，羸其角"，就像很年轻的羊，年少气盛，自以为了不起，拿自己的角到处去戳藩篱，戳到树丛里面，把角折断了。整个六十四卦，阴阳的"阴"只出现一次，"阳"没有出现，但是"阳"用具体的"羊"来代表，所以"羊"就是代表阳爻的"阳"，这三根爻是阳爻，九三不知天高地厚，折断了自己。

《小象》只是重复爻辞，等于没有解释，所以我说《小象》并不深入，不如《大象》。

☆师生问答

学生：老师，《小象》说，"君子罔"，少了一个"用"。为什么说小人得志，君子就迷惘呢？

老师：朱熹的注有问题，他说"小人以壮败，君子以罔困"，这是把"罔"解释为迷惘了，好像是说小人用壮，壮使君子迷惘，这个解释还是不好。《小象》是解释该爻爻辞的，不能和爻辞相反，这里应是省略了一个"用"字，"用罔"绝不是迷惘，迷惘就不是君子了。

学生：可以从另外一个角度来解释，因为少一个"用"字，所以是君子不用迷惘。

老师：这是道家的了。"罔"本来是无，是"用无"，"用无"就是用没有，用没有就是不用壮了。

九四，"贞吉，悔亡。藩决不羸，壮于大舆之輹"。这根爻带领着其他三根阳爻，向上冲击了君主。这根爻怎么处理呢？要"贞吉"，要把握诚正则吉。"悔亡"，这是条件句，贞吉者悔亡，不能把握诚正的话就有后悔，把握诚正就能够冲破藩篱，角也不会被折断。壮在什么地方呢？壮在"大舆之輹"，"輹"是车轮，"壮"不是壮在头角上，要壮在下面的轮盘上。要注意，壮在头角上的话就是骄傲，我们说人家骄傲也说有角，角会戳伤别人，壮在轮盘上，可以走。总之，不要壮在头角上，要壮在脚上。

☆师生问答

学生：老师，前面的"藩决不羸"是什么意思？

老师："羸"就是瘦弱，指可以突破，因为上面是两根阴爻，要向上突破他们。突破他们不是用头上的角去突破，而是用下面的脚去突破，也就是指勤于做事，而不是勤于表现。

《小象》说："藩决不羸，尚往也。"强调可以往前走，虽然说九四是主爻，代表壮，但是真正的君主是六五，要煞费苦心地处理这个强阳大壮。一般都把九四当作主爻，我认为六五是主爻，代表我们怎么处理大壮，所以六五是最重要的。第五爻原则上就是主爻。

六五，"丧羊于易，无悔"。"羊"就是强阳，六五使这四根强阳失掉它们的阳刚之力。"于易"指很简单、很轻松，"谈笑间，樯橹灰飞烟灭"，"易"就是用简单的方法，就像太极拳，当太极拳碰到少林拳，一个拳头打过来时怎么办？不能跟他们硬拼。因为六五是柔弱，柔弱对付强阳只有用软的。这样的话才能无悔，否则就对付不了。九四、六五都有"悔"，我们看九四的悔是悔在太强，要以诚来无悔，六五是以谦柔来无悔。

《小象》说："丧羊于易，位不当也。"意思是我们不要从正面看，要绕一个弯来看，位不当是指六五，六五应该是阳，却是阴。因为位不当，所以处理阳的地方要能够用容易的方法，不能用很复杂、很强硬的方法来解决。"丧羊于易"，是由于位不当，所以他要这样做。位不当，也就是了解现在所处的位置有危机，他的臣子太强了，所以要小心谨慎。

☆师生问答

学生：六五跟小畜很接近，就是因为下面的臣子太强。

老师：小畜也是。"畜"，一方面要驯养，然后培养它的气势，另一方面要用它的力量。这里也是一样，君主一方面要驯服这四根阳爻，但不是打消它们或压制它们，他是柔弱的君主，需要用人，所以得用软的方式。

上六，"羝羊触藩，不能退，不能遂，无攸利，艰则吉"。上六不能像六五一样，能够有这种功夫来化解阳刚，羊触藩，既不能退，也不能进。"无攸利"，进退两难。下面是条件句，如果知道"艰则吉"，也就是说，如果知道有这种情形，就能吉，"艰"有一种警觉性，换句话说，没有警觉性则凶。

《小象》说："不能退，不能遂，不祥也。""不祥"指的是不祥之兆，所以知艰则吉，如果能知艰的话，"咎不长也"，咎被停掉了，就没有麻烦了。

第三十五卦　晋 ䷢

【卦辞】

晋：康侯用锡马蕃庶，昼日三接。

晋卦，一般的翻译把"晋"当作进步，但是"晋"跟进步不同，进步是直线的、平面的，古代都说晋见君主，所以"晋"是往上的意思。《易经》中有三个卦的意思都是往上，一个是晋卦，另一个是升卦，升是往上升，还有一个是渐卦，渐也是往上渐渐发展，这三个卦的性质不同。

本卦的卦辞一开始就有晋级的意思，政治上的晋级，"康侯用锡马蕃庶，昼日三接"。康侯是周公的弟弟，如果《易经》是文王所写，文王就不会把自己的儿子称为康侯，所以前人的注把康侯当作不特定的人，只代表安康、康定，是社会康定的侯。也就是说，这个政治人物做得很好，所以君主要给他奖赏。"用锡"，实际上"锡"是"赐"，赐予的意思，送给他马，以表示奖赏。"蕃庶"表示很多，因为他有功劳，把区域治理得很好，所以君主送给他很多东西，一天还要接见他三次，可见很重视他。这个卦辞里面没有用到"元亨利贞"，也没有用到"吉凶"，只说明一个被晋级的事实，这就是政治，是祸是福谁知道。

【彖辞】

《彖》曰：晋，进也。明出地上，顺而丽乎大明，柔进而上行。是以康侯用锡马蕃庶，昼日三接也。

《彖辞》说"晋，进也"，要注意"进"是向上晋的晋，而不是向前进步的进。"明出地上，顺而丽乎大明"，为什么是"明出地上"？从卦象来讲，☷，下卦是坤，是地，上卦是离，是火，代表光明，所以说光明出自地上。这个卦的二五两爻都是阴爻，并不是全好。因为是晋见君主，六五是主爻，他负责晋，有君主的赏识才能晋。"明出地上，顺而丽乎大明"，这是讲六根爻，内卦讲坤，坤是顺。"而丽乎大明"，"丽"者离卦，离是明，"丽乎大明"是讲外卦，"顺"是讲内卦，所以"柔进而上行"，要注意下面三根爻都是阴，是柔，柔往上进，不是强硬的。"是以康侯用锡马蕃庶，昼日三接也"，这是重复的。

【象辞】

《象》曰：明出地上，晋；君子以自昭明德。

《大象》说"明出地上"，下面是地，上面是明。"君子以自昭明德"，这是孔子的说法，"自昭明德"，实际上就是"明明德"，"昭"就是明。所以从"明出地上"来看，就是自己要有明德才能往上升，没有明德的话，上面不会让我们晋级。"自"是自力，要能自力图强。

【六爻性能】

初六：晋如摧如，贞吉。罔，孚。裕，无咎。
《象》曰：晋如摧如，独行正也。裕，无咎，未受命也。
六二：晋如愁如，贞吉。受兹介福，于其王母。

《象》曰：受兹介福，以中正也。

六三：众允，悔亡。

《象》曰：众允之，志上行也。

九四：晋如鼫鼠，贞厉。

《象》曰：鼫鼠贞厉，位不当也。

六五：悔亡，失得勿恤，往吉，无不利。

《象》曰：失得勿恤，往有庆也。

上九：晋其角，维用伐邑，厉，吉，无咎，贞，吝。

《象》曰：维用伐邑，道未光也。

初六，"晋如摧如，贞吉。罔，孚。裕，无咎"。为什么用"摧"？"摧"就是有阻碍，什么阻碍？第一，上面两根爻是阴爻，所以在晋的时候为上面的阴爻所阻。怎么办呢？"贞吉"，因为初爻是阴，是谦虚，把握谦柔则吉。"罔，孚"，如果把"罔"解作迷糊，迷糊的孚就解释不通了，若把"罔"解作无，没有孚也讲不通。传统的解释，把"罔"解作无，"孚"解作相信，没有人相信我们。我则是把"罔"当作用无，君子用"罔"，君子不用壮，不用壮就是不用强，所以"罔"就配合了"贞"。"贞"代表谦虚，代表柔弱，谦虚柔弱不用强，不用壮则"孚"，才能表达我们的诚。怎么做到不用壮，不用强？要"裕"，"裕"是一个修养字，就是给自己留空间，留余地则"无咎"。要往上进的时候，不要单方面地冒进，要有基础，要有余地，甚至还要有退路。

《小象》说"晋如摧如，独行正也"，在进的时候有阻碍，所以要行正。前面有两根阴爻阻碍，可能是忌妒我们，所以我们独行时要把握正道。为什么说"独行"？因为初六和九四相应。"裕，无咎，未受命也"，这个时候还没有受命，还没有被君主接见，所以这个时候也要"裕",也许到了二爻之外就被接见了。没有被接见的时候,要有宽裕的心来自处,"受命"是受君主之命。

六二,"晋如愁如,贞吉。受兹介福,于其王母"。又来一个"愁"字,被接见的时候要诚惶诚恐,不要志得意满。这时候君主接见我们了,把握"贞"的正道则吉,把握谦柔则吉。"受兹介福,于其王母",为什么是"王母"呢?因为六五是阴爻,所以用"母"来代表,其实就是"王",因阴而说"王母"。"受兹介福","介"有两个意思,以中国哲学来看,一个代表耿介的"介",另一个代表少。《老子》中用过"介","使我介然有知"(《老子》第五十三章),这个"介"代表少。六二的"介"也许是指少,因为二爻跟五爻不是正应,两个都是阴爻,受到上面的重视,但又不是很受重视,要有心理准备。

《小象》说:"受兹介福,以中正也。"六二处于当中的位置,还是要把握中正之道。

六三,"众允,悔亡"。六三、六二、初六都是阴爻,"众允"就是指第三根阴爻六三与其他两根阴爻合在一起。所以要往上升的话,所有同事都认为我们很好,上升才会顺利。如果我们得罪了同事,被同事们反对,单单一个人升级的话就有危险。"众允"代表上面的阻碍没有了。六三要得到众人的支持,条件俱足才能悔亡。上面两爻是"晋如摧如""晋如愁如",这一爻可以说是晋如悔如,有悔了,但是能得到大家的支持,跟大家相合就能悔亡。

《小象》说:"众允之,志上行也。"是指它的志是向上的,上面的人和下面的人都能赞同。

九四,"晋如鼫鼠"。这里没有讲悔,但是讲了"鼫鼠"。为什么讲鼫鼠?因为鼫鼠就像土拨鼠或者地鼠一样有能,但它的能不够完备。我们都知道地鼠畏首畏尾很怕人。这是说在这一爻上不要太志得意满,九四这根阳爻为众阴所包围,下面三根阴爻,上面君主又是优柔寡断的阴爻，唯独自己有才能，但是自己的才能不要完全显现出来，要像鼫鼠一样。据说鼫鼠有五种能，它能飞，但不能飞过屋顶；它可以爬树，但不能爬到树顶；它能够站起来用脚走路，但是不如人走得快；它可以过河，但是不能渡长江大河，只能过小溪；它会钻洞，但钻得不深，不能藏身。它有能但又不是完全有能，这就表示处在这个位置上的大臣，本来有能，但是要掩盖自己的能。当进到这个高位时，不要说自己可以胜任，一切都没有问题。

《小象》说，像这个鼫鼠一样的"贞"，要用诚于危险中，为什么要像鼫鼠一样，而不是很正面积极地发挥我们的能力？因为位不当。九四应该是阴爻，结果是阳爻。

六五，"悔亡"。突然写悔亡，前面应该有话，但爻辞没有写。本来有悔，但是悔亡，也许跟下面有关。"失得勿恤"，"勿恤"就是不要忧，不要一直想到得失，有失有得，这样的话，可以往则吉。君主本柔弱，但是他的大臣很强，很有才，这时君主不要有得失之心，否则就会生忌妒心，就会怀疑大臣，以致不能用人。既然要用人，就要相信他们，不要考虑自己的得失，怕失掉权位，或是怕他们做大。

《小象》说："失得勿恤，往有庆也。"这里没有任何深解。

上九，"晋其角，维用伐邑，厉，吉，无咎，贞，吝"。"晋"，到牛角尖上是"晋其角"，最高的就是牛角了。这个时候"维用伐邑"，"维"就是只能，只能用它伐邑，"邑"就是自己的封地，自己的国家叫"邑"，不是伐国，伐国是别的国家。这一句话实在很麻烦，有四个完全相反的词，又厉又吉，又吉又无咎，又无咎又吝，所以晋到最高了，五味杂陈，祸福都有。

《易经》妙就妙在好像把矛盾的东西都放在一起了，它在前面的卦辞中只是说"晋"，让我们好高兴，但到了最高的时候，突然给我们当头棒喝，让人五味杂陈。"厉"是危险，我们爬到最高当然是危险，因为高于君主了。"厉"是一种外在的危险，因为到牛角上去钻牛角尖了。"吉"是事的结果。"晋其角"是厉，"维用伐邑"是吉，那么"维用伐邑"怎么解释？在这个位置上，如果征伐其他国家就凶，只治理自己国内的问题就吉。治理自己国内的问题，我们还可以转变，转变是谈个人的问题，是谈心的问题，是回到内心。把"邑"当作心，回到内心就是检讨自己，反省则吉。爬到那么高的位置，如果还志得意满，还是很强的样子，当然凶，如能向自己反省，就会吉。

什么叫"无咎"？无咎本来是有咎，因为上九位不当，太高了。这根爻跟六三是相应的，位不当的话，就不要站在这个位置上，要回头寻找内在的帮助。这根爻也可以跟着"维用伐邑"来讲，"维用伐邑"是向内治则吉，向内反省可以无咎。吉是讲事的结果，咎是让我们避免过错，它是外在的责备。虽然讲无咎，讲吉，但是还要有德，有贞，要把握正道，把握诚，才可以免于咎。

"吝"是一种羞耻，为什么有羞？因为钻牛角尖了。吝本来是吝啬，是小，现在钻牛角尖了，升到最高了。不要以为自己还是以前的样子，要反省自己在政治上该隐退了，所以有吝。

《小象》说："维用伐邑，道未光也。"因为这不是真正的天道，是"未光"的，是一个小的羊角，所以只能管自己的内务和自己的心。

第三十六卦　明夷 ䷣

【卦辞】

明夷：利艰贞。

卦辞只说"利艰贞"，外卦是坤，是地，内卦是离，是火。离是光明，光明到地下去了，不是明出地上不能晋，因为钻牛角尖钻到地下去了，所以明夷。"夷"是伤害的伤，光明受到伤害。本卦二五两爻都是阴爻，不能相应，这一卦就是讲那些真正的君子、真正的大臣不能为君主所用。一种是君主不能赏识他们，他们不能晋；另一种是他们要晋，但君主是昏君，像商纣，臣子是很危险的。这个时候要"利艰贞"，"艰"是重点，是一种警觉，警觉到环境的危险。"贞"，要把握贞，把握正道，这一卦的六二和六五都是主爻，六二是一个君子，或者是一个臣子，要把握谦虚，把握柔弱。六五本来是君主，但是这个六五不是讲君主，而是讲大臣箕子，以箕子为主，讲最高的六五箕子如何躲过灾难。

【彖辞】

《彖》曰：明入地中，明夷。内文明而外柔顺，以蒙大难，文王以之。利艰贞，晦其明也。内难而能正其志，箕子以之。

明入地下，光明到地里面去了，不能显出来，这叫作"明夷"。"内文明而外柔顺，以蒙大难"，"文明"指的是离卦，"柔顺"指的是坤卦，虽然里面是文明，但是外面要柔弱，不能刚强，实际上是内刚外柔。"以蒙大难"，如何才能处理他们所遭遇的大难，这就是"艰"。

"文王以之"，文王被商纣囚禁，蒙难了，所以文王要内在文明、外表柔弱，不能显露自己有智慧。因此，当商纣把他的儿子剁成肉酱，做成肉丸给他吃的时候，他假装不知道，吃掉了。这就是商纣在考验他，看他知不知道这是他儿子的肉。文王心里清清楚楚，但是假装不知道，所以商纣认为文王没有智慧。文王之所以如此，是因为他了解艰难之道，把握了谦柔。"晦其明也"，掩盖了他的明。"内难而能正其志，箕子以之"，"内难"就是内心知道艰难，但还是能够"正其志"，即把握原则。"箕子以之"，箕子以这个方法应对艰难。《象辞》是孔子和他的弟子写的，他以周代的文王跟箕子两个人物的事实来解说明夷卦。

【象辞】

《象》曰：明入地中，明夷；君子以莅众，用晦而明。

《大象》说："明入地中，明夷；君子以莅众。""明入地中"没有错，明在下面，地在上面，这是明夷之象。君子以这个方法"莅众"，"莅众"是面对外在的众人、众物、众事。"晦而明"，《老子》第四十一章说"明道若昧"，"昧"就是暗，光明之道从外面看是暗的，看不清楚，同时也用"晦"去真正显明心志。这里有两层意思，第一层意思是，外面是晦，里面是明，遮盖他的光明。第二层意思是，用晦的方法来保持内在的明，譬如箕子，他装疯的同时又保持着内心的清明，躲开了暴政，这是用晦，不然就跟比干一样了。

【六爻性能】

初九：明夷于飞，垂其翼，君子于行，三日不食，有攸往，主人有言。

《象》曰：君子于行，义不食也。

六二：明夷，夷于左股，用拯马壮，吉。

《象》曰：六二之吉，顺以则也。

九三：明夷于南狩，得其大首，不可疾贞。

《象》曰：南狩之志，乃大得也。

六四：入于左腹，获明夷之心，出于门庭。

《象》曰：入于左腹，获心意也。

六五：箕子之明夷，利贞。

《象》曰：箕子之贞，明不可息也。

上六：不明晦，初登于天，后入于地。

《象》曰：初登于天，照四国也。后入于地，失则也。

初九，"明夷于飞，垂其翼，君子于行，三日不食，有攸往，主人有言"。这个爻辞很长，第一爻用"飞"，实际上第一爻不能用"飞"，第五爻跟第六爻都是天，才能用"飞"。第一爻是指脚，脚是要走的，但是这里特别用了一个"飞"字，意思是走得太慢了，用"飞"来表达急切。所以在一个昏君领导的国家中，要离开它，不要拖拖拉拉，要有飞的心。这个"飞"不是振翼而飞，而是"垂其翼"，翅膀是垂下来的，"垂其翼"是低飞，因为要偷偷摸摸。"三日不食"，没有带粮食就跑到外面，三天没有饭吃，这是指孔子被困于陈蔡。"主人有言"，被主人发现了，还要挨骂，"有言"就是批评，即"我很赏识你，你不仅不为我所用，还偷偷摸摸跑掉"。

我们要理解这段话，不一定要像箕子、文王一样，陷入极端的困难当中。比如我们的朋友开了公司，当了老板，他想让我们加入，但是我们不愿意替他做事，他一定会骂我们。这时我们不要管他"有言"，该走还是要走的，不要怕被批评。意思是不要管他怎么说，要有决心，慢了就走不了了，所以要飞。

《小象》说："君子于行，义不食也。"意思是想走就快走，这是为了义，即使三日不食也无所谓。

六二，"明夷，夷于左股，用拯马壮，吉"。我们在生活中经常以右手为主，以左手为辅，这里说伤到左股，即左腿骨，也就是说伤到次要的部位，未中要害。虽然行动不方便，但仍然可以逃亡，在这个时候必须要走。"用拯马壮"，用壮马来拯救自己，这个马当然是阳，阳谓之马。在这个卦上，靠近六二的两根爻是阳爻，一个是初九，另一个是九三，也就是说，当我们受到伤害的时候，要依靠别人，要靠另外的凭借来拯救自己。从象上来说，六二可以靠初九的力量来辅助它，也可以靠九三的力量来提携它。这根爻的重点是，虽然有伤害，但是还不能逃，不能离开，而是要想方法维护自己。为什么要这样呢？因为第二爻是修德，是君子的修德，也就是说，他是有责任的，他在中正的位置上，不能随便走掉。

《小象》说："六二之吉，顺以则也。"为什么"则"？"则"是原则，就是中道，即以阴柔为中道来渡过难关。

九三，这是危险的一爻，由内到外。这里说"明夷于南狩，得其大首，不可疾贞"。九三跟上六是一对，朱熹的注和其他的注，尤其是宋明理学家的注，把上六看成昏君，所以九三等于革命。这个大臣采取行动，向南打猎就是向南发动攻势，上面外卦的离是"南"。"得其大首"，抓住他们的首领，也就是抓住上六，杀掉他，这等于革命。

"不可疾贞"，不可以快，要有准备，要把握正道。

有的人认为这个卦是讲汤武革命，有的人认为这是说文王，文王回到南边去准备革命。文王到了西南之后，他没有马上发动革命，而是到他的儿子武王时才革命。"不可疾"，大臣看到形势不可为，但他不逃避，他要解决问题，这是一种普通的说法。我加上一种说法，我认为到南边去不一定是革命，可能是到南边去避难，因为南边是退隐的象征。在政治上也是一样，中国的政治中心在北方，到南方就代表隐居了。所谓"得其大首"，不一定是指首脑，也可以说我们得到了大利，即有所得。所以不一定采取革命，九三跟上六毕竟是一对，他们的关系是相应的，不一定要把上六看作昏君，要革命，要干掉他。

《小象》说："南狩之志，乃大得也。"即大有收获，也许会"苟全性命于乱世"，"躬耕于南阳"。

六四，"入于左腹，获明夷之心，于出门庭"。这一爻是近君的大臣，所以"入于左腹，获明夷之心"。六四是心，说明夷在心的位置上。我们现在说的"心腹"，就是从这个地方来的。这个大臣是君主的心腹，这是好的。我们有一个词叫"心腹之患"，这是坏的。这个大臣得到君主的赏识，是君主的心腹，君主把他看得很重要，就像比干一样，都是近君的大臣。这个时候为什么"出于门庭"？开了就出去的是"门"，"庭"是后院，意思就是要开一个后门，也就是要留一条出路。虽然得到君主的赏识，但是君主不是高明的君主，是像商纣一样，我们要随时为自己准备出路，这才叫"门庭"，不要死守这个君主。不过，目前我们不能离开，虽然君主不重用我们，但是他又把我们当作心腹，这很糟糕。也就是说，六四暂时不能离开，但是要准备好退路。

《小象》说："入于左腹，获心意也。"这等于没有什么解释，只是重复前面一句话。

六五，"箕子之明夷，利贞"。一般来讲，六五百分之九十以上都是君主，但是这一爻以明夷为主，六五是拿箕子来作代表，由此可以看出，这一卦讲的是像箕子这一类的大臣。不但他们的心志不能宣达，而且明和才能受到了影响。那么要如何避世，要如何来处理这样的场面呢？《易经》六十四卦都是拿现实生活的具体事情来作为象征，从这个地方可以看出，古代的大臣处在这个位置上，碰到昏君时的进退之道，这在古代是很重要的。"箕子之明夷"，"明夷"在六五上，这里没有讲清楚箕子怎样处理明夷，我们根据历史知道，他假装疯狂而避难，是不得已的。虽然表面上好像精神错乱了，但是内心是清清楚楚的，也就是说他由明跑到暗的地方，因为他的心志不变，所以"利贞"。"利贞"的"贞"指第五爻，以柔来处理，不像比干，比干要直谏，结果被挖心了。

《小象》说："箕子之贞，明不可息也。"箕子心里面的"明"并没有"息"掉，用晦而明，虽然晦，但还是明。后来武王找到箕子，但箕子没有去帮助武王，而是率领族人来到了朝鲜半岛，建立了箕子侯国。

上六，"不明晦，初登于天，后入于地"。明夷跑到最高，上六又是阴柔，所以说"不明"，"不明"就是"晦"，晦里面没有明，已经到了最高峰，完全暗了。"初登于天"，虽然跑到最高，但是"后入于地"，掉在地下，整个暗了。但《大象》说"晦而明"，跟"不明晦"不一样。虽然"晦而明"是在晦里面，但是还保持着光明的心志，"不明晦"就是完全不明，完全是暗的。

《小象》说："初登于天，照四国也。"其实"照四国"有一点问题，"初登于天"本来是可以照四国的，现在掉到地上了，失掉原则了，虽然所在的位置很高，是天道，但是有时候还是有遗憾的。《中庸》说："天地之大也，人犹有所憾。"《易经》上六也好，上九也罢，很多都是不好的，所以要注意。像乾坤两卦，我们认为乾卦是天道，是绝对好的，但是乾里面没有阴，是纯阳，坤也是一样，即使升到天位，还是会有危险。这个卦放在今天来讲，不一定是大臣，但是有时候，我们的志，我们的想法，我们的理想，也会受到挫折，也是明夷，也不能宣达。

第三十七卦　家人 ䷤

【卦辞】

家人：利女贞。

家人卦是谈家庭的问题，也就是家里成员的关系问题。卦辞一开始就是"利女贞"，"女"代表女性、柔弱、柔软，内在都是女性的特质。本卦中，䷤，下面是离，是明，上面是巽，是柔弱，这种明以柔弱的方法来发展，是利女贞的。因为家庭问题是柔性的，所以要以柔弱的方法来处理，不能硬来。第二爻是阴爻，实际上第二爻是主爻，所以"女贞"是指第二爻，以谦虚为正道。

我讲《易经》是用"诚"和"谦"，其实诚里有谦，谦中有诚，两者相互为用，不能分开，也就是阴阳的相互为用。回到我们前文讲的乾卦，乾卦用九，"见群龙无首"，为什么"见群龙无首"？就是要用九，用阳爻的时候不要强出头，要谦。坤卦的用六也是"安贞吉"，安于柔弱、谦虚，回到正道。乾也能谦，坤也能谦，阳也能谦，阴也能谦，这时阴阳才能相和。同样的道理，夫妻关系也是一样的，所以"利女贞"，即是以女性的柔软为正道。

【彖辞】

《彖》曰：家人，女正位乎内，男正位乎外。男女正，天地之大义也，家人有严君焉，父母之谓也。父父、子子、兄兄、弟弟、夫夫、妇妇而家道正，正家而天下定矣。

《彖辞》说"家人，女正位乎内，男正位乎外"，这是从象来讲的。"女"是指六二，在内卦之中，是阴爻，是正位。"男"是指九五，在外卦之中，是阳爻，是正位。一个内卦，一个外卦，清清楚楚，这就是我们中国人所谓的女内、男外。这是古代的看法，现在没有这种关系，即使二五两爻倒过来，九二是阳，六五是阴，也很好，在《易经》所有卦里面，九二、六五也都是吉。因为九五变成九二，把自己放在下位而谦，六五君主以阴爻、以谦而下，反而容易和。所以，所有的卦里面都是吉的。

"男女正，天地之大义也，家人有严君焉，父母之谓也。父父、子子、兄兄、弟弟、夫夫、妇妇而家道正，正家而天下定矣。"这里没有讲君臣，只讲到个别的家庭成员，因为这一卦是讲家人。这个卦中也讲正名，孔子的名除了家庭，还有君臣的正名，这里讲的正名完全是家庭伦，所以"正家而天下定矣"，所谓齐家治国，我们在九五时再讲，因为有了君主才讲到齐家的问题。

【象辞】

《象》曰：风自火出，家人；君子以言有物而行有恒。

《大象》说："风自火出，家人。"内卦是离，是火，外卦是巽，是风，风从火里面出来，火一烧就产生了风，因为里面有气在对流，所以风自火出。继续由内而外，火快风也快，风大火也大，风火息息相关。

这个象说明了家庭成员是息息相关的，我们是家庭的一员，家庭的问题就是我们的问题，家庭的好坏就是我们的好坏，我们不能推卸自己的责任。因此，君子可以从这个象里面知道应该怎么做。

"言有物而行有恒"，言之有物，古代家庭讲相敬如宾，从夫妻关系、父子关系来讲，父母要言之有物，上行不正，下效就歪了。我们不要认为家居生活就可以随便，家居生活一样要注意言行，因为我们的一言一行会影响自己的儿女。"有物"就是有则，有原则。"行有恒"，为什么要讲"恒"？第三十二卦是恒卦，它是讲夫妇之道，我们曾经讲到《象辞》的时候说，"恒久而不已也"，要做到"不已"有五个重点，第一要把握诚，第二要谦柔，第三要把握正道，第四要知返，第五要能和。这都是从恒卦中得出来的修养要点。如何才能使我们的行为有恒？要有诚，要能谦，要以正道而行，要时时反省，要能够相合，这五点也可以说明怎样"行有恒"。

说到家人的关系，前面讲到"言有物"，就是要谨慎。我们处理家庭关系时常常以为在家里无所谓，在外面要谨言，却忘记了在家里说话也要慎重。大家可能有过这样的经验，有时候先生随便讲一句话，太太就勃然大怒，弄得不可收拾，所以要谨慎，要想想看说出这句话的后果。有时候夫妻吵架，什么都不管了，伤对方自尊的话也讲出来了，这样的话就不好了，小则对方记恨一辈子，大则离婚，所以要言有物、行有恒，家庭是情感的关系，情感不离欲望，必须小心这个欲。

【六爻性能】

初九：闲有家，悔亡。

《象》曰：闲有家，志未变也。

六二：无攸遂，在中馈，贞吉。

《象》曰：六二之吉，顺以巽也。

九三：家人嗃嗃，悔厉吉，妇子嘻嘻，终吝。

《象》曰：家人嗃嗃，未失也；妇子嘻嘻，失家节也。

六四：富家，大吉。

《象》曰：富家大吉，顺在位也。

九五：王假有家，勿恤，吉。

《象》曰：王假有家，交相爱也。

上九：有孚，威如，终吉。

《象》曰：威如之吉，反身之谓也。

初九，"闲有家，悔亡"。有悔是不好的，要小心处理家庭的问题，做不好就会发生让人懊恼的事情。怎样避免悔？"闲有家"。"闲"是门里面有一个木，木就是木闩，以前的人用木条做闩。"有家"就是有家之门，隔内外。因为人有了家可以防御强盗小偷，也可以防御外邪，所以家庭代表一种防御，使外面的邪不能入侵。朱柏庐的《治家格言》全文就是一个"闲"字。有漂亮的太太，不要雇年轻的用人，这就是"闲"。同样的，先生很帅，不要带女性朋友回家，这也是"闲"。"闲"就是把门闩关好，这一条就是说明家庭的重要性，要谨慎，能"闲"则有家，否则这个家就有麻烦了。

《小象》说："闲有家，志未变也。"为什么"志未变"？朱熹的注说，这是预防，家庭是防御的第一道门，很重要。但朱熹没有注出什么是"志"，"志"针对爻辞的"悔亡"，就是指不要让后悔之事发生的这种心思始终不变。

六二，"无攸遂，在中馈，贞吉"。这一爻是主爻，代表妻子。"无攸遂"，就是不要求达到某种理想或目的，也是坤卦里面的"无成"，不要求有成，不要想自己的成就，好好准备每天的三餐，让大家吃得很开心就满足了。"在中馈"，即在家中负责厨房，负责伙食。又说把握正道则吉，这个正道就是柔，就是谦虚。

《小象》说："六二之吉，顺以巽也。""巽"是顺，就像巽卦一样柔顺。巽卦有两个象征，一个是象征木，另一个是象征风。木是生长，树木是慢慢长高的，顺其自然地生长。风是风化，慢慢风化一切。所以这两个象征表面上看是柔，但是发展起来很刚，任何土都挡不住植物的生长。

九三，"家人嗃嗃，悔厉吉，妇子嘻嘻，终吝"。第三爻多半代表凶，都是不好的，因为即将由内到外了。九三是阳，多半代表阳刚、骄傲。"家人嗃嗃"，"嗃嗃"是好像有一点严厉，比喻父亲很严厉。"悔"是懊恼，家庭成员中做儿女的常常有懊恼，因为父亲很严厉，所以他们怕见父亲，怕跟父亲谈话。"厉吉"，"厉"是指九三由内到外，外在的危险，"悔厉"，也可以说悔于厉，在危险中把握悔的心情，却是吉。父亲很严厉，虽然我们做儿女的有时候会感到苦恼，但是这对家庭来讲有吉，对儿女的将来有吉，有好处。否则"妇子嘻嘻"，父亲管教不严，家里面的小孩子整天嘻嘻哈哈，追求欲望。"吝"是有羞愧、不好的事情，是家丑，凶。

《小象》说"家人嗃嗃，未失也"，指没有失掉原则。因为言有物、行有恒，所以没有失掉原则。"妇子嘻嘻，失家节也"，家庭失掉了节制，快乐失掉了节制就变成欲望的追逐，欲望的追逐就失去了家庭的恒。

六四，"富家，大吉"。六四是大臣，大臣辅助君主，六四是阴，九五是阳，这一对配合得很好。就家庭问题来讲，九五代表先生，六四代表太太，这个太太"富家"，"富"是动词，能够富其家，就是有帮夫运。"富"不一定是指金钱多，能够使家庭繁荣发达便是富。"大吉"，"吉"就是很好，为什么要加"大"呢？能大则吉，有时候说元吉，能元则吉。什么叫能大则吉呢？就是太太若要使得家庭发达，就要懂得大原则。如果太太为了让家里有钱，收受贿赂，就会害了家庭，所以知道大原则、大道理，才能吉。这个"大"是一个重要的功夫字，不只是大吉而已。

阴柔也有大的，我们不要看阴柔是小，坤卦里面也讲"含弘光大"，能够含养"弘"在里面，然后发扬光大，这是坤道。六四的大臣也一样，他是阴爻，代表谦虚，谦虚是大，而不是说这根阴爻代表柔弱。因为山在地下是谦，而六四是大臣，我们知道宰相是大，宰相肚里能撑船，所以在男人背后推动的太太是真正有大见识、大理念的。

《小象》说："富家大吉，顺在位也。"这没有什么大解释，"在位"就是当位，因为六四应该是阴柔，他是在位，做他应该做的事。

九五，以家人关系来讲是丈夫或父亲，这里还用了一个"王"字，因为是九五之尊。"王假有家，勿恤，吉"，这个"假"是假借，就是靠、依据，"有家"就是处理家庭问题。君主的治国是通过齐家，"有家"其实就是指齐家。齐家不只是指君主本身的家，君主能够真正齐家，治国当然治得好。我们看古代君主，有很多人是不能齐家的。如果君主不能齐家，但能治国，怎么办呢？这个解释就不通了。齐家的另外一个意思是齐人民之家，如果君主能够使自己国家里的每个家庭都男有分、女有归，男女婚姻美满、事业发达，国家自然就平了。也就是说，真正的君主治国要靠处理家庭的问题，如果处理了所有家庭的问题，就一定会吉，什么事情都可以做成，国家就会吉。

《小象》说："王假有家，交相爱也。"儒家的"爱"是指君主爱人民。这里也讲"交相爱"，因为家庭问题多涉情感，所以用一个"爱"字。

☆师生问答

学生：为什么主爻放在二，而不是放在五？

老师：因为家人卦的卦辞是"利女贞"，所以处理家庭问题是一个柔道的问题。九五是阳刚，所以处理柔道的问题当然是第二爻。我们再看爻辞，爻辞里面六二的"在中馈"，在主爻的位置上，是家庭的中心。处理家庭问题实际上在于六二，不在于九五，九五是借它来治国。以现在来说，九五是阳刚，代表父亲，六二是阴柔，代表母亲，处理家庭问题时，最重要的是母亲，不是父亲。因为母亲是家庭的重心，她维持了父亲和儿女的关系。

上九，"有孚，威如，终吉"。这一爻到了家人卦的最高峰，代表父亲。父亲要做严父，所以除了"诚"，又加了一个"威"字。对家人有威严，才能使家庭成员都能合正道。

《小象》说："威如之吉，反身之谓也。"这里说得很好，它把对家人的威严转向自己，责己要严。父亲的威不是来自他的地位、权力，而是来自他的守正不阿。

第三十八卦 睽

【卦辞】

睽：小事吉。

从字形上看，"睽"是两个人，你不看我，我不看你，相背反目，意见不同。我们在生活中常常碰到这种情况，父母、儿女都可能意见不同，在公司里面也会跟上级意见不同，这是《易经》讲的有关意见不同的事，很重要。卦辞为"小事吉"，这很有趣，意见不同在小事上是好的，为什么在大事上不好？没有讲，只是说小事则吉，这句话暗示了大事不能意见不合，小事可以意见相左。回到前面说的家庭关系，以夫妻的关系来说，夫妻在小事上意见相左是正常的。结婚之前，丈夫跟妻子都是单身，各有各的想法，磨合了以后，彼此了解了，就学会了谦让，学会了如何来表达意见，这对一个家庭来说是吉。如果没有意见相左来磨合，这种婚姻有时候就是很危险的，因为双方都放在心中，没有坦诚沟通，结果一触即发，不可收拾。

【彖辞】

《彖》曰：睽，火动而上，泽动而下。二女同居，其志不同行。说而丽乎明，柔进而上行，得中而应乎刚，是以小事吉。天地睽而其事同也，男女睽而其志通也，万物睽而其事类也，睽之时用大矣哉！

《象辞》说："睽，火动而上，泽动而下。"睽卦☲，外卦是离，是火，动而上，火动而上烧。内卦是兑，是泽，泽水下流。一个火、一个泽，这两个气不相交，火气往上，水气往下，所以我们说意见相左，不和。"二女同居，其志不同行"，内卦是兑，是少女，外卦是离，一根阴爻在中间，就是中女。以象来说，家庭成员一个卦三根爻里面，只有一根阴爻，就代表女，一阴在最下面是长女，在中间是中女，在最上面是少女。同样，一个卦三根爻里面只有一根阳爻，阳爻在最下面是长男，在中间是中男，在最上面是少男。所以，这里兑和离的两女是少女跟中女。"二女同居"，住在一个屋檐下，"其志不同行"，一个屋檐下不能住两个女人，这是说她们的心志不一样。

"说而丽乎明，柔进而上行，得中而应乎刚，是以小事吉。"这个是"悦"不是"说"，因为内卦是泽，泽代表兑，兑就是心中的喜悦。"丽"，上面是离卦，"丽"就是明。"柔进而上行"，"柔"是指六五，六五在第五爻君主的位置上。"得中而应乎刚"，六五在中间的位置，与九二相应，位虽不当，但二五相应，所以又是吉。这个地方是"小事吉"，为什么用"吉"这个字？因为他们相应，相应则吉。

我认为下面几句话很重要，"天地睽而其事同也，男女睽而其志通也，万物睽而其事类也"。天地气势不同、位置不同，一个在上，一个在下，"睽"就是异、不同，天地不同，但是所做的事情相同，这个事情就是它们的功，其功用相同，都维系了宇宙的法则。位置不同、性能不同，正因为它们不同，反而能够配合，一起来维系宇宙的功能。从男女关系来讲，"男女睽而其志通"，男女就像夫妻一样，夫妻有时候意见不同，大都是为了教育儿女，或者家庭的发展，目的是相同的。如果意见不同，目的也不同的话，那就不好了。因为"志通"才能调和他们的差别，所以"志通"很重要。就外在万物来讲，"万物睽"，万物更是千差万别，树长得很高，草长得很低，万物千差万别。但是"其事类"，"类"就是相似，相似谓之"类"。什么叫作"其事"呢？"其事"就是其用，万物之用相似，天生万物必有用，尽管万物有所差别，每个差别都有用，这是宇宙的功用。所以我认为这三句话很好，它说明了天下、天地、人文与宇宙万物都有差别，但是它们的差别都会聚合在一个共同的目标上，维系宇宙万物与家庭的和谐，实际上就是异而同。

☆师生问答

学生：老师，"睽之时用大矣哉"，前面都讲"用"，为什么这里有一个"时"字？

老师：很多《象辞》里面都有"时用"，为什么要讲"时用"？"用"一定配合时间。我们讲"位"，讲"时"，讲"几"，每根爻都是位，但是每根爻都会变，变就是"时"，没有"时"就不会变。比如水往下，火往上，水往下是它的性能，但是要怎样去用它，这是"时"。水要用在水的地方，火要用在火的地方，如果用得不当，或说时间不当，火会烧掉一切，水则淹没一切。所以"时用"是讲要把握"时"来"用"，在"时"上要见"几"，"几"就是智慧。

【象辞】

《象》曰：上火下泽，睽；君子以同而异。

《大象》说："上火下泽，睽；君子以同而异。"上面是离，是火，下面是泽，是水。水火不同，是异，也就是"睽"，两气各走各的。"君子以同而异"，君子以这个道理了解同中有异。我们现在看两气不相交，照理说，这种现象在《易经》很多地方都是不好的，天地否，上下不相交。虽然水火不相交，但是水有水的性能，火有火的性能，水永远往下去灌溉万物，火永远向上去温暖万物。如果它们都能够由着自己的路子去走，就维系了整个宇宙的发展，因此各走各的路子也是好的。

就像家庭中的夫妻关系，有时候成员个人的志向也许不一样，一个学艺术的，另一个学科技的，但是彼此都了解对方的发展，而能够维系在一起。所以，丈夫无须让太太跟他学同一行，要顺着太太，太太也不一定要丈夫顺着她，每个人有每个人的意志、每个人的想法，但是最后他们目的是相同的，这就是同中有异。怎样同呢？因为他们有差别，同才能把它合在一起，这个叫作大同小异。有小的异，实际上就是民主，民主不过就是同中有异。如果都是异的话，所有人民都自私自利，都是为了自己，国家就完了。这个卦是讲"睽"，讲相异，讲相异的时候，却要讲同，我们要了解这一点。

【六爻性能】

初九：悔亡，丧马勿逐，自复。见恶人，无咎。

《象》曰：见恶人，以辟咎也。

九二：遇主于巷，无咎。

《象》曰：遇主于巷，未失道也。

六三：见舆曳，其牛掣，其人天且劓，无初有终。

《象》曰：见舆曳，位不当也。无初有终，遇刚也。

九四：睽孤，遇元夫，交孚，厉无咎。

《象》曰：交孚，无咎，志行也。

六五：悔亡，厥宗噬肤，往何咎。

《象》曰：厥宗噬肤，往有庆也。

上九：睽孤，见豕负涂，载鬼一车。先张之弧，后说之弧。匪寇婚媾，往，遇雨则吉。

《象》曰：遇雨之吉，群疑亡也。

初九，"悔亡，丧马勿逐，自复。见恶人，无咎"。"悔亡"是本来有"悔"，现在"悔亡"。在前面的爻辞里，有时候我们一开始就是"悔亡"。我们之前说，可能是前面漏字，或者是作者没有写，比如"利贞，悔亡"，利于把握正道则悔亡，可能是这样的，但作者只是写"悔亡"。从这里的"悔亡"也可以看到后面，怎样"悔亡"呢？"丧马勿逐，自复"，则悔亡。"丧马"是指掉了东西，或者有所亏损，有所遗漏，但是不要马上去追，要"自复"，要让它自己回来。刚才讲了"时用"，这个地方就是"时"，不要马上去追，让它自己顺着其势，自己回来。

为什么讲这个呢？这是第一爻，刚开始的时候意见不合，不要强迫马上合，要等待时间来解决。夫妻吵架也是一样，学会忍耐，不要马上解决问题，证明我对你错，对簿公堂。"丧马勿逐，自复"，如果你真的是对的，就不要得理不饶人，或许反省一下，发现自己错了，就会"自复"。为什么"见恶人，无咎"？这一句就出现问题了，朱熹注得有点怪，他说孔子见阳货，阳货就是恶人，那有什么好处？这里我们要注意，一开始的时候碰到恶人，这个恶人实际上就是我们不喜欢的人，而不是有罪的坏人。在开始的时候碰到跟我们意见不一样的人，就会不喜欢他，我们碰到这样的人要注意。"无咎"，为什么"无咎"呢？因为意见不同，所以我们要以无咎的心情来对待。同时意见相左也有吉，譬如夫妻一开始意见相左，对这个家庭的将来反而好，因为彼此可以借此交流。

☆师生问答

学生:"悔亡"是指什么?指下面的"丧马勿逐,自复。见恶人,无咎",然后才能悔无吗?

老师:对。为什么有悔?因为意见不同。所以站在这个爻上,刚刚开始的时候,会有一些事情跟人家意见不合,这个时候不要把它看得太严重,非要争出是非,要先以"无咎"的心理来坦然处之。

《小象》说:"见恶人,以辟咎也。"是指碰到不喜欢的人,反而可以使我们免于咎,因为他使我们看到意见不同的一面,自己将来也会改正,彼此了解,以后就不会有悔。这是初爻,开始的时候有这种意见也是好的。

九二,"遇主于巷,无咎"。九二跟六五位不当,但是可以相应,所以"遇主于巷,无咎","主"就是指六五,"遇主于巷",巷子就是指渠道,渠道就说明了可以沟通,所以我们要与六五那个上面的人,找到沟通的渠道,相应则吉,无咎。也就是说,意见相左不好,但是要找到沟通的路子。男女之间也是一样,刚开始的时候不知道怎么处理意见上的不同,后来慢慢学会了,知道用什么方法可以沟通。

《小象》说:"遇主于巷,未失道也。"九二是指中道、正道,但是这个道也可以看作不失去沟通的路子。

六三,"见舆曳,其牛掣,其人天且劓,无初有终"。六三是麻烦、危险,都是凶。六三这根阴爻又乘阳,九二是阳,居高、骄傲,意见相左,自己又骄傲,不肯认错。从象上怎么讲呢?"见舆曳,其牛掣,其人天且劓,无初有终",看到车子被拖住,这表示意见不一致,"其牛",就像牛被绳子扯住。朱熹注了一半,他认为,车子被拖住,是指九二,第二爻把它拖住。牛被拴住是指第四爻,第四爻也是阳爻,所以一根阴爻夹在两根阳爻当中，一个被拖，一个被阻。至于"天"，不是天理的天，而是一种刑罚，在额头上写字叫作"天"，割掉鼻子叫作"劓"，这是古代的一种刑。朱熹认为，上九猜忌很深，"天且劓"指的是上九，但我认为上九跟六三应该是一对，应该是相应的，所以我始终不太同意"天且劓"指的是上九。我的意思是，车子被拖住，牛被扯住，这是指九二。因为车跟牛是一个东西，车子不能往前进，是被后面拖住了，车和牛都是被后面拖住了，即九二。

"天且劓"，割掉鼻子，是指前面，指九四，不是指上九。也就是说，六三跟上九可以相和，结果陷在两个阳爻当中，被它们扯住了，有了阻碍。这个阻碍"无初"，开始的时候被阻碍了，"有终"，到最后还是有终，有终是因为六三跟上九相和，最后要突破这个阻碍。实际上我们知道，第三爻跟第四爻多半是指心的问题，六三当然是心的障碍。虽然用车子来比喻，表面上是意见不同，但是实际上是指他内心的障碍，要把障碍除掉。

《小象》说："见舆曳，位不当也。无初有终，遇刚也。""位不当"是指六三之阴，"遇刚"是指上九的阳刚，能相应。

九四，"睽孤，遇元夫，交孚，厉无咎"。"睽孤"，即处于一个"孤"的位置。为什么是"孤"的位置呢？位置不当，上面六五又是柔弱的君主，九四是一个大臣，他正好介于两根阴爻当中，六三是阴，六五也是阴，所以是一种孤单。"遇元夫"，"元"是开始，"夫"当然是指阳，意思就是，如果他能够遇到元夫。初九跟九四本来是一对，结果两个都是强阳，都很硬，不太好，现在他要以诚交孚，就是以诚心相交，所以"交孚"。因为它介于两根阴爻之间，上面的君主又柔弱，所以环境是"厉"，位置是"厉"，如果能够以诚相交，就可以避免咎。也就是说，九四对下、对上都要以诚相处，在意见相左的时候，要反省，以诚来自勉。但是这只能避免咎，因为阴阳不和，不是吉，所以只能做到无大过，不要求有功。

《小象》说"交孚，无咎"，为什么"无咎"？因为他"志行也"，他保持了自己的志，这个志实际上就是诚，以诚待人而求和的志不变。

六五，因为整个卦都在讲意见相左，到六五人君"悔亡，厥宗噬肤，往何咎"。他怎么能"悔亡"？因为意见相左有悔了。"厥宗噬肤"，"噬肤"是咬肤，"肤"是柔软，也就是说，我们的嘴巴咬柔软的肤，咬得很深，亦即深入了解。君主与大臣意见相左，大臣给他提出了很多建议，他要深入了解。"厥宗"，"宗"是把握宗旨，把握原则，深入地去了解，这样去做就不会有咎了。"厥"是其，第三人称，也就是指他的宗旨。

《小象》说："厥宗噬肤，往有庆也。"这是指可以往，因为已有深入的了解，所以去了就能沟通，值得庆贺。

上九，"睽孤，见豕负涂，载鬼一车。先张之弧，后说之弧。匪寇婚媾，往，遇雨则吉"。这感觉就像在演电影，"睽孤"，因为跑到最高，所以孤单了。先看到的是"豕负涂"，意思是看到一群猪在泥土里面，"涂"就是在泥土里，也就是说，把对方看成猪。人大都是这样，吵架的时候，骂对方不但是猪脑子，而且是在泥地上打滚的猪。然后"载鬼一车"，看敌人又是猪，又是鬼，因为上九是到最后了，比较强，所以不像开始的时候意见相左，到上九好像要决裂了，骂人是猪，是鬼。"先张之弧"，把箭拉开了，要想射猪、射鬼。"后说之弧"，"说"就是脱，把拉上的弓箭放了下来。上九跟六三是一对，他之前大概把六三看成是猪，看成是鬼，后来一看不是强盗，不是敌人，是他的婚配，这是"匪寇婚媾，往，遇雨则吉"。上九阳刚太盛，遇到雨，这个雨也就是六三，是阴，六三湿润上九的强阳，因为太干了，脾气太暴躁了，所以有雨水这样的湿润，则吉。

《小象》说："遇雨之吉，群疑亡也。""遇雨"是上九和六三的阴阳相应，使上九不致太阳刚，下面六五的君主便不会怀疑他有异心了。

第三十九卦　蹇 ䷦

【卦辞】

蹇：利西南，不利东北；利见大人，贞吉。

蹇卦䷦，内卦是艮，是山，外卦是坎，是水。至少有两个象，一个是山水，山上有水，《大象》也说"山上有水"，另外一个是坎，是险，艮是止，止险，怎样停止险。"蹇"的意思是前面有困难，有危险，"蹇"上面是一个"塞"字拿掉了"土"，下面是"脚"，脚走路受阻碍，是指前面有危险。

我们看卦辞，一开始就是"利西南"，"利西南"在《易经》中差不多出现了五次，"不利东北"好像出现了两次，而且在《易经》中讲方位的只有这几次，这几次讲方位都一面倒地只讲西南有利。就地缘的关系来看，我们知道文王在西南，当然利西南，这是很清楚的。就方位来讲，西南代表坤，代表安静，实际上"利西南"就是利于处在比较安静的地方，不宜动。"蹇"是前面有困难，不能动，不宜动，所以利西南，不利东北。东北是商纣的地方，是动的地方，若完全以历史事实来讲，以文王来说，不能动。"利见大人"，就这个卦来讲，九五是主爻，"大人"当然是指九五。九五是阳刚中正大人之德，所以在困难的时候若能够碰到大人，则利。大人除了实际上的人，还代表一个大原则，也能代表老师。"贞吉"，九五是阳爻，"贞"就是诚，以诚为正道则吉。

【象辞】

《象》曰：蹇，难也。险在前也。见险而能止，知矣哉。蹇利西南，往得中也；不利东北，其道穷也。利见大人，往有功也。当位，贞吉，以正邦也。蹇之时用大矣哉！

《象辞》说："蹇，难也。险在前也。"因为前面的坎卦是险，所以"险在前也"。"见险而能止，知矣哉"，"止"当然是从艮卦而来，山代表"止"，"能止"的"止"在中国哲学里面很重要，老子就说"知止不殆"，"知止"，便是懂得什么时候该止，什么时候该往。在中国哲学中有两个读音相近的词，一个是"知止"，另一个是"知至"，我认为这两个都是功夫词，要下功夫。"知止"，需要知道什么时候该止，主要是针对欲来讲的。人的欲望永远不会被满足，应该适可而止，所以老子讲知足，知止也是知足。"知至"是从德行来讲，从善来讲，亦即《大学》中"在明明德，在亲民，在止于至善"的"至善"。所以一个是对欲望要知止，一个是要知道最高的理想，要去达到它。

现在这个卦是讲"知止"，"见险而能止"才是真正的知，不能知止怎能算得有知？"蹇利西南，往得中也"，"往得中"就是九五在中，九五处中正之位，"西南"也是文王之地。"不利东北，其道穷也"，"东北"代表艮，"其道穷也"，即不能再走了。"利见大人，往有功也"，"大人"是指九五，亦即要去找大人，把握原则、正道，才有功。"当位，贞吉"，因为九五位当，处正道则吉。"以正邦也"，九五是君主，目标在正邦。"蹇之时用大矣哉",这里出现了"时用"的"用",用在知止,知止是知道什么时候该止,所以时之用很重要。

【象辞】

《象》曰:山上有水,蹇;君子以反身修德。

"山上有水",为什么是"蹇"?我们想想,如果山上有泽,泽就是好的,但泽水下降,那么泽跟水有什么差别?所有的注都没有说明这个问题。既然是象,我们想想看山上有水是什么。如果有泽就不一样了,因为泽聚水,到了冬天泽会变成冰,所以它没有危险。但本卦的坎是水,不是泽,不是聚水,而是散水、流水。水从山上流下来了,加上大雨,成了泥石流,便有危险。

这让我想起小时候。我的家乡在浙江青田,小船可以到青田县城,但到不了小村落,因此就要爬五六个小时的山。我记得当时一个亲戚带我爬山,他用青田话说了一句民谚叫"口干不喝山溪水",因为山上的水可能有危害,水聚不住就冲下来了,由此可知,山上有水也是危险的。这跟"君子以反身修德"有什么关系呢?我们想想看,如果山上的水能够聚起来成了泽,或是冬天结成冰,就不会有危险,也不会流光,只有这两种情形,一种是结冰,另一种是聚水。聚水是泽,是湖,将来我们会讲到节卦,"节"就是有湖泽,有湖的话就会节制住水,让它留一点,不让它流掉,所以是"节"。节操就是修德,知道节制,不要让水流光。结冰也是一样,结冰是凝聚,精神不要涣散,不要流失。知道凝聚也好,知道节制也好,这两个概念是我们看到"山上有水"得到的启发,从《象辞》中我们知道要"反身修德","修德"就是节制。

【六爻性能】

初六：往蹇，来誉。

《象》曰：往蹇来誉，宜待也。

六二：王臣蹇蹇，匪躬之故。

《象》曰：王臣蹇蹇，终无尤也。

九三：往蹇来反。

《象》曰：往蹇来反，内喜之也。

六四：往蹇来连。

《象》曰：往蹇来连，当位实也。

九五：大蹇朋来。

《象》曰：大蹇朋来，以中节也。

上六：往蹇来硕，吉。利见大人。

《象》曰：往蹇来硕，志在内也。利见大人，以从贵也。

初六，"往蹇，来誉"。一般注《易经》的学者都说，由内卦到外卦谓之"往"，由外卦到内卦谓之"来"。我在前面的卦中有用到这个说法，但最近我发现有问题，因为"来"不一定意味着从外卦到内卦来。我们想想初六这一爻，"往蹇"，"往"的外卦是坎险，怎么个"来"法呢？关于这一点，朱熹和程伊川都有很多讨论，一般来说就是停在自己的位置上，不要往，也就是初六不要走，停在位置上是"来"。为什么"来誉"？如果初六不动的话，就是无咎无誉，潜龙勿用，"誉"从何来？问题出在"来"上。"来誉"，不是站在这个位置，誉会来是因为"来"才有誉。"誉"曾经在《易经》中出现过几次，大多出现在阴爻上，坤卦的六四"无咎无誉"有一个"誉"字，蹇卦的初六也是阴爻，所以"誉"是一种赞美。我们知道六根爻的性能，第二爻多誉，可见"誉"跟阴爻有关，跟第二爻有关。誉跟功不同，功是很强烈的，誉只是一般口头上的赞美，六二是阴爻，所以是比较温和的。还有谦卦初爻讲"谦谦君子"，这也是一种誉。

《小象》说："往蹇来誉，宜待也。"就是要等待，停留在自己的位置上不要动，动就有危险，不动就有好处。

☆师生问答

学生：如果不动的话，"誉"会从外面来吗？

老师：初六跟六四都是阴爻，不应。如果是初六跟九四的话，就阴阳相和，阴阳相和有两种情形，一种是初六可以去，因为九四是阳，所以初六可以和它相和。另一种是九四来追初六，因为相和，有婚姻关系。现在初六、六四都是阴，所以不是很明显的婚姻关系，就是"来誉"。所以我认为"誉"是一种比较轻微的赞美，处在初六的位置上，虽然跟六四不和，但是站在自己的位置上没有危险，即使六四没有反应也能自得其乐，这个乐是来自自己的美好，即"誉"。我们一般人都眼巴巴地等着别人的赞美，认为这是名誉，其实这也是危险的。

学生：这里之所以不用"无咎无誉"，是因为六四可能会帮忙。

老师：对，因为这个时候在这个位置还谈不上"无咎无誉"，多半在六四才行。六四靠近君主，有危险，得捂住自己的嘴巴，"无咎无誉"。但初六"无咎无誉"就完了，虽然停在自己的位置上，但还是准备要走，不能跟退休一样，只求"无咎无誉"。初六跟六四不一样，六四可以讲"无咎无誉"，初六还没有资格讲"无咎无誉"。实际上初六一点成就都没有，我们说"无咎无誉"，就像讲功成身退一样，如果自己一点功都没有，退个什么？

六二，"王臣蹇蹇，匪躬之故"。这里没有往也没有来，这一爻只讲"王臣蹇蹇","蹇蹇"就是有困难了,有危险了,"王臣"在危险当中。"匪躬之故",危险不是他自己造成的。六二这一爻代表君子,代表修德,也代表臣子,六四是大臣,但六二是普通臣子。臣子处在困难当中,即使遇到困难也不是他自己的问题,但这一爻代表责任,国家有困难,就是他的职务,他要坚守在自己的位置上,做该做的事情。"匪躬之故"就是有任何困难都不要想是谁的责任,因为就是自己的责任。六二跟九五位当而应,所以这根爻没有讲到往、来、危险。

《小象》说:"王臣蹇蹇,终无尤也。"是指不怨天,不尤人。朱熹的注是鞠躬尽力而已,"王臣蹇蹇"就是指诸葛亮。

九三,"往蹇来反",九三靠近坎险,前面就是险。"反",即是反身,九三是要由内卦走出,这时候要能回到内心,当我们面临危险的时候,要先反求诸己。

《小象》说:"往蹇来反,内喜之也。"反求内心,"内喜之也",为什么用"喜"字?因为九三是阳爻,与上六相应,又代表心,感情比较显明,所以用一个"喜"字,代表喜乐。

六四,"往蹇来连","连"什么?朱熹认为连九三,因为九三是阳爻,它接九三的力量。在这根爻上,下面是阳爻,上面也是阳爻,这是蹇卦中仅有的两根阳爻,六四正好处在它们之间,所以我认为"连",一方面连九三,另一方面连九五。六四跟九五是比的关系,最模范的比就是六四是阴,九五是阳,大臣以柔道来辅助君主,这是最好的比,也是最好的连。

《小象》说:"往蹇来连,当位实也。"六四是阴,当位,但为什么用一个"实"字?"实"是指它的实情、实在,也就是它能连九三、九五的本领。

九五,"大蹇朋来",因为他正处在坎险当中,凡是坎卦,无论是内卦还是外卦,当中那一爻都是阳爻,是正面的意思,都是好的。如果在内卦的话，就是九二，九二多半好，在外卦的话，一定是九五，九五当然是当位而中正，都是好的，有"大蹇朋来"之象。"朋"是指什么呢？第一，"朋"是九五跟六二相应，位当而应，所以"朋"是指六二。第二，"朋"是指六四，是大臣的辅助。六二、六四两根阴爻，在九五遇到困难的时候来帮忙，九五能得六二君子、六四大臣的辅助。

《小象》说："大蹇朋来，以中节也。""中节"是处中正之道，所以有大臣、君子的辅助。如果君主不中正的话，大臣、君子就没有办法辅助。"大蹇朋来"，我们想到了俗语说的"风雨故人来"，正在有风有雨很为难的时候，好朋友来了，这是多么感人的场面呀！

上六，"往蹇来硕，吉。利见大人"。"来硕"是什么意思？"硕"，一定是阳才叫"硕"，也就是大。"硕"有两种，一种是指九五，九五来支持他。同时上六跟九三是一对，一阴一阳能相和。另一种指九三。所以，我们跑到最高位置的时候很危险，需要阳刚之气来支持，需要正直的朋友来帮助，这样的话才吉。就"利见大人"这句话来讲，九五是大人没有错，九三阳爻也可以说是大人，这是指能得九五的大人来辅助支持。

《小象》说："往蹇来硕，志在内也。"如果就《小象》的解释，"志在内"，可能是指九三，九三内外相应，当我们遇到危险的时候，要有内应，但同时《大象》说"反身修德"，所以我认为"志在内"就是要回归自己的内心，反省自己，修养自己，"内"也是指内心。卦象是指内卦，道德修养指的是内心。"利见大人，以从贵也"，如果回到内心的话，"利见大人"的"大人"就是原则，也就是回到内心，把握自己的原则。上面两根爻是天，到了上六，讲大人也可以象征天理，反求天理，所以，当我们遇到危险的时候就想想天理，我们做的事情是不是为天理所容，有没有问题。

第四十卦　解 ䷧

【卦辞】

解：利西南，无所往，其来复，吉。有攸往，夙吉。

"解"的意思，正好跟前面的蹇卦倒过来，"蹇"是前面有困难，"解"是要把困难解脱掉。怎么除掉困难？解卦䷧，坎倒过来，在内卦，还是坎，下面的山倒过来到外卦，就变成震，震是动，动于险。前面的蹇卦看到险要退，现在这个解卦要有动作，要在险里面去动，之后还要能够出险。震卦在外面，可以看出是从险里面跑出去，出险谓之"解"，亦即解救危机。卦辞说："利西南。无所往，其来复，吉。有攸往，夙吉。"一开始也是"利西南"，在蹇卦的"利西南"是指时间还没到，前面有困难，我们应该停在西南的地方做准备。解卦的"利西南"也是要在西南准备之后再去解决困难。这个时候的西南代表柔、柔软、柔弱的方法，也就是说不用强硬的方法，所以说"无所往"。假定我们发现没有办法解决困难，"其来复，吉"，回到自己的位置上。如果以文王为例，就是回到他的地方，力量不足的时候还不能动，所以"无所往"。"有攸往"指的是后来准备充足，就可以有所作为。"夙吉"，动作要快，不要延误，认为可以往、可以解救的话，要赶快去解救。

解救困难有两种情况，一种是认为这个困难实在没有办法解决，暂时停了下来；另一种是如果可以解救的话，就要把握时机，"夙"是早的意思，代表时机、时间，早去早回。

【彖辞】

《彖》曰：解，险以动。动而免乎险，解。解，利西南，往得众也。其来复吉，乃得中也。有攸往，夙吉，往有功也。天地解而雷雨作，雷雨作而百果草木皆甲坼，解之时大矣哉！

《彖辞》说："解，险以动。动而免乎险，解。""解"就是有险，然后我们要动，要发挥作用。"动而免乎险"，能够动才能免于危险，才能脱困，这是"解"的意思。"解，利西南，往得众也"，"往得众"，这个卦第二爻是阳爻，第五爻是阴爻，位虽不当，但是相应相和，可以"得众"，"得众"是指可以得到六五这个朋友。"其来复吉，乃得中也"，"其来"就是回到，如果不能解决问题，就回到九二，九二还是得中正之道。"有攸往，夙吉，往有功也"，这里没有什么解释。下面几句话我认为比较重要，"天地解而雷雨作，雷雨作而百果草木皆甲坼"，"解"是开，天地开，开就是指天地相合，这个时候"雷雨作"了，有雷有雨。相反的是天地闭，天地闭就是大人隐。"雷雨作而百果草木皆甲坼"，是说所有草木种子的壳都裂开了。

☆师生问答

老师：我要请教蔡同学，上次我说种子种在地下，经过冬天，再到春天，很硬的种子就会裂开，再请你来解释一下。

学生：因为胚芽受到冬天寒冷的刺激以后，到了春天就会分泌激勃素，这种激勃素会从里面把种子的外壳破坏，将其融掉、分解。

老师：就是说冬天很冷，碰到了春天温暖的空气。气在地底下就是阴，在冬天的时候阴气聚合，到了春天，阳气进入地下之后，触动了藏在里面的阴气，然后阴阳相和，万物就生长了，这个符合你的理论。本来冬天的种子种在地下是很冷的，到了春天，天地一开，雷雨作，阳气就是春雷，为什么雷雨作呢？雷会打动地下，然后雨水渗透到地下，暖气下去了就触动了里边的阴气，阴阳相和，阴阳一和，种子就破土而出。我的解释是哲学的解释。

【象辞】

《象》曰：雷雨作，解；君子以赦过宥罪。

《大象》说："雷雨作，解；君子以赦过宥罪。"什么叫"解"？"解"本来是果子把自己的壳解掉，实际上壳是在捆绑着我们，可以将其看作是一种罪孽。"赦过"就是解除，也就是解掉人的罪孽，使人新生。先赦掉人家的过，然后才有新生。所以从"雷雨作"里面可体验到怎样修身，怎样赦过。或许我们从这个卦中可以知道，西方宗教讲原罪，佛家讲慈悲，儒家讲"赦过宥罪"，都是一样的道理。"赦过宥罪"，不但是不注重他们的罪，而且是为了新生，这是积极的做法。

☆师生问答

学生：那如何"赦过宥罪"？

老师：禅宗就是给你一棒子，打开你的壳，这就是春雷一声。

学生：打死了？

老师：打死就不是新生了，所以要打得刚刚好，把壳打破，但不要把里面的生机打掉。

【六爻性能】

初六：无咎。

《象》曰：刚柔之际，义无咎也。

九二：田获三狐，得黄矢，贞吉。

《象》曰：九二贞吉，得中道也。

六三：负且乘，致寇至，贞吝。

《象》曰：负且乘，亦可丑也，自我致戎，又谁咎也。

九四：解而拇，朋至斯孚。

《象》曰：解而拇，未当位也。

六五：君子维有解，吉，有孚于小人。

《象》曰：君子有解，小人退也。

上六：公用射隼于高墉之上，获之，无不利。

《象》曰：公用射隼，以解悖也。

初六，"无咎"。一开始就讲"无咎"，却没有讲怎样才能无咎，我们也不确定是不是漏字。如果不漏字，就"无咎"来讲，"无咎"是一个功夫词。它跟吉凶不一样，吉凶是一个判断语，而怎样做到"无咎"，这是一种功夫。初六是去解除人家的困难，我们一开始先要做到一无亏欠，无愧于天，如果自己本身有咎，本身有亏，怎么能去解别人的难？

《小象》说："刚柔之际，义无咎也。"初六上面是九二，"刚柔之际"就是阴阳相接之际，这就是我们所谓的"几"，变化的"几"。一开始就是变化的关头，第一步就要先做到心里无咎。

九二，"田获三狐，得黄矢，贞吉"。下面两根爻是地，这是地上的田，"三狐"，"狐"是阴性，就这个卦来讲，除了六五君主，还有三根阴爻，也就是九二要对付这三根阴爻，要解困，解危险，就需要先除掉它们。靠什么除掉这三根阴爻呢？"黄矢"。为什么是"黄"？因为中国的地是黄色的，"黄"代表地，九二代表地，"矢"是阳，九二是阳，用黄铜做的箭射掉这三根阴爻，也就是三只狐狸。"贞"，把握正道，九二是阳，把握诚正之道，以诚正之道来除掉阴险。

《小象》说："九二贞吉，得中道也。"这等于没有解释，只是强调九二要守中正之道。

六三，"负且乘，致寇至，贞吝"。六三本是最危险的，"负且乘"，"负"的一种解释是背负，六三的上面是九四，不是六四，"乘"是乘九二，阴乘阳不好，且夹在二阳之中，不胜负荷，岌岌可危。另一种解释是哲学的解释，"负"是背上有东西，肩膀上扛东西的都是苦力，乘车是贵族士大夫的特权——孔子只有一辆马车，还舍不得卖掉给颜回买棺椁，卖掉车后不能跟其他大夫一起上朝。这里是说它本身是一个苦力，结果在马车上，还要显耀自己，这样的话，"致寇至"，就是遭麻烦了。财不能外露，有一点点钱还放到顶上，坐在马车上炫耀自己，那不是招强盗来抢吗？也就是说，所有的困难、麻烦都是自己招的，这一根爻是麻烦的制造者。

"贞吝"有两种解释。一种解释是以此为正道，即把上面的行为当作正道，视为理所当然，则吝，"吝"是羞愧，有羞愧之事发生。另外一种解释是"贞"指六三，六三是谦，以谦为正道来处理、面对吝。两种解释都可以。因为从正面来讲要谦虚，"负且乘"就是骄傲、不谦虚，六三乘在九二上面，他自以为了不起，但位不当，所以要谦虚。

《小象》说："负且乘，亦可丑也。"这是负面的批评，所有的麻烦都是"自我致戎"，自己招来人家抢夺，"又谁咎也"，这要怪谁呢？庄子说"膏火自煎"，因为膏能燃，所以是自己招人来烧它的。从这一爻上可以看到，本卦把所解的困难都拉回到了内心，因此所有的困难都是在自己心里形成的。

九四，"解而拇，朋至斯孚"。九四是到外面了，外面就有行动。"拇"是大脚趾，本来初爻代表脚，震卦也代表脚，所以震卦的初爻当然是大脚趾。震卦代表动，脚动的时候，大脚趾先动，所以"解而拇"，亦即大脚趾解开了，意思就是动了。冬天太冷了，大脚趾会像结冰一样而生冻疮，现在春来了，大脚趾动了，像解卦一样，春情发动。"解而拇，朋至斯孚"，"朋"就是指九四，它跟初六是一对。它也要解，因为它在发动的时候，需要与内在的初六相和，即有内助才能够解决问题。

《小象》说："解而拇，未当位也。"这是位置不当，因为本该是六四，它现在是九四，所以"未当位"，这等于没有解释。我们想想为什么讲"未当位"？我想这个解释可能是针对"朋至斯孚"来讲的。位不当，所以要朋友来，我们的大脚趾解了，要去做事的话，需要朋友。

六五，"君子维有解，吉，有孚于小人"。这里用了一个"维"字，"维"多半指心，例如维心。这里的"维"是支持的意思，又如国之四维，礼义廉耻。"君子维有解"这句话可以这样解释，六五是人君，人君需要君子来支持才能解，六五所指的君子就是指九二，六五、九二是一对，所以在君主之位，他需要有德的君子来帮助他解困、解难，这样的话则吉。"有孚于小人"，在困难、艰难的时候，小人是个阻碍，小人也是指另外的三根阴爻，在九二上是把它们当成狐狸，在这里，君子与小人相对。

文王的时候，关于君子、小人之分，道德意味还不是那么强，小人只是一般的人。根据历史考证，到了孔子手上，君子、小人的道德意味才逐渐强烈。在孔子以前，尤其在文王的时候，小人指的是一般的普通百姓，这样解释的话，"有孚于小人"，就是君主要诚信于老百姓，只有感动一般的老百姓，才能解困。国家有难的时候，需要君子来支持，但也要以诚信来感召一般的人民。所以在卦辞上的君子、小人，我们不要太强调小人就是无德之人。

《小象》说："君子有解，小人退也。"这是亲贤臣、远小人。这里的"小人"就有道德上的欠缺。从这里可以看出，孔子的《象辞》跟文王的爻辞有点不同，因为《小象》可能是后儒所作。

上六，"公用射隼于高墉之上"，解卦到最高了，也就是险到最上面了。"公"，王公、君主。"用射"，要射掉什么呢？要射掉"隼"，也就是老鹰，很凶悍的鹰。在什么地方射掉呢？在"高墉之上"射掉它。那什么地方是高墉呢？除了上六这个位置高，还有一个高的地方是六三，六三是内卦最高的地方，上六是外卦最高的地方。所以也可以这样看，这个时候他射掉六三那个坏人，射掉麻烦的制造者，这样的话就"无不利"了。

《小象》说："公用射隼，以解悖也。""悖"是悖反、反叛、作乱。就象上来讲，好像射掉那个坏人。但在六三是什么样的坏人呢？实际上，六三是说明所有麻烦是他自己造成的，现在上六要射掉他，上六也需要扪心自问。王阳明讲过："破山中贼易，破心中贼难。"内卦是心，解难到最后，要解除自己心中之贼。贼是贪欲，一切麻烦的制造者，症结就在这里，所以"解悖"的"悖"就是乱，乱就像丝结在一起。《老子》说"解其纷"，"纷"是丝结，是纷乱，自己内心的欲望跟外在纠缠在一起了，所以要解其纷。这里讲解卦，老子的"解其纷"放到这里刚刚好。

第四十一卦　损䷨

【卦辞】

损：有孚，元吉，无咎，可贞，利有攸往。曷之用？二簋可用享。

损卦䷨，内卦是兑，是口，代表快乐，外卦是艮，是山，代表止。内卦同时代表泽。为什么构成一个损的形象？古代的学者勉强解释，上边有山，山下有泽，泽水把山掏掉了，这样山不是要倒下来吗？他们的解释就是，损上而益下谓之"损"，泽在下面损掉上面的，这个我们后面再解释。

我们先看卦辞，"损：有孚，元吉，无咎，可贞，利有攸往。曷之用？二簋可用享"。通常我们看到"损"就是损害、损伤、亏损，都是非常负面的意思，但是实际上，"损"是一个正面的意思，它是"有孚"，要有诚。为什么要有诚？实际上"损"就是损掉自己的欲望，所以要有诚。接下来还是很重要的字，"元吉"，"元"就是心理学讲的动机，即在损当中要把握动机，不要把根本损掉。我们现代人的损就是把根本都损掉了，这是最危险的，所以这里特别强调"元"，能把握元则吉。"无咎"即不要损人利己，损人利己就有咎，要做到无大过。"可贞"即把握正道。这个卦辞中又是"元"，又是"无咎"，又是"可贞",然后是"利有攸往",还有"利",即用几个完全是正面的功夫字来说明"损"。

我们在生活中经常会碰到损,但是在损的时候,要有正面的功夫来处损,来面对损,甚至还要主动去损掉那个损。注意,"损之又损"是老子的话,所以读这一卦要想到老子的"损之又损,以至于无为"。老子的哲学跟损卦有很大的关系,老子讲"损","反者道之动",用损的方法来求正。"弱者道之用",为什么讲弱?因为弱是损。这是卦辞,我们要注意这几个正面的功夫字。那么该怎样用损?不是让人家损,也不是自然地让它损掉、破坏掉,而是要"二簋可用享"。"二簋"就是两个小竹篓子,我们祭祀的时候,不要那么多牛、羊、猪,只要在两个小竹篓子里放一些蔬菜,就可以用来祭祀。实际上"享"跟"亨"是一样的,"亨"就是一种祭祀,"尚享",也就是请神来享受,跟"亨"一样都是沟通的意思,沟通天人。这个地方用"二簋可用享",就是老子讲的"朴"。

【象辞】

《象》曰:损,损下益上,其道上行。损而有孚,元吉,无咎,可贞,利有攸往。曷之用?二簋可用享。二簋应有时,损刚益柔有时。损益盈虚,与时偕行。

《象辞》说:"损,损下益上,其道上行。""下"代表我们的欲望,这也是西方哲学家说的,下半身代表欲望。"下"还代表个人的私心,臣子的私心,"损下"就是损掉私欲。"上"是指智慧,指国家,指君主,国家之大利就是"上"。所以归结为一句,"损下益上"就是损掉个人的私欲,以增益国家之大利,这是"其道上行"了。有的学者认为,"损"就是损掉人民之利,损掉人民而有益于君主,这样解的话，"损"就是不好了，他们认为"损"带有负面的意思。我避免了这个传统的解释，我要从正面来讲。《象辞》里讲了"损下益上"，如果损掉人民而有益于上面的君主，就是不好的，怎么又说"其道上行"呢？这说不过去。所以我用刚才的方法来解释，这样的话"损而有孚，元吉，无咎，可贞，利有攸往"，损掉私欲，当然有诚，这样才会元吉，才会无咎，才可以当作正道，也才可以做什么事情都有利。

怎样"二簋可用享"？"二簋应有时"，也就是说用两个小竹篓子，"时"是时菜，也就是合时之菜，不要把旧的东西或剩的东西、不合时的东西拿来祭祀，祭祀要用应时的食物，虽然是简单的蔬菜，但是也要新鲜。"损刚益柔有时"，"损刚益柔"就是损掉我们的刚强，要增益我们的柔和之德，这不是老子的思想吗？老子讲的就是"弱其志"，"柔弱胜刚强"。"有时"是把握时间，时时能够损掉刚强，所以"损益盈虚，与时偕行"，什么时候该损，什么时候该益，都要把握好时间。这一卦讲损，下一卦讲益，就时间上来说很重要，该损的时候损，该益的时候益。

【象辞】

《象》曰：山下有泽，损；君子以惩忿窒欲。

《大象》说："山下有泽，损。""山下有泽"为什么会构成损？为什么孔子说"君子以惩忿窒欲"？原因很清楚，"下"代表欲，损下是损掉欲，这是孔子的话，也是老子的话，孔子和老子在这个思想上是一样的。老子说"损之又损，以至于无为"，就是对欲望损之又损，达到无为的境界，无为就是无欲。

☆师生问答

学生：从"山下有泽"，怎么联想到"损"呢？

老师：一般是从宋明理学家的视角，他的意思就是泽是水，山下有泽，泽把山脚下的石头慢慢侵蚀掉了，也就是损掉了。我避免用这个解释，我认为山下有泽，山是刚强，泽是柔软，山配合了柔软的泽，这是一片好风光。如果山下没有泽，还是一片荒地的话，就没有风景，所以山下有泽是一道调和的、美丽的风景。

学生：程伊川也是这么看的，因为山泽通气。

老师：那是从通气来看。问题是我认为是山在上，泽在下，山气往上，泽气往下，怎么通？所以若就气来讲上下，好像不能通，不如说是以柔来配合刚。也就是说，泽是一片柔，损掉山的刚强之气，用柔软的泽来陪衬，使得山的刚强之气被软化，而不是说把山脚挖掉。

【六爻性能】

初九：已事遄往，无咎，酌损之。

《象》曰：已事遄往，尚合志也。

九二：利贞，征凶，弗损益之。

《象》曰：九二利贞，中以为志也。

六三：三人行则损一人，一人行则得其友。

《象》曰：一人行，三则疑也。

六四：损其疾，使遄有喜，无咎。

《象》曰：损其疾，亦可喜也。

六五：或益之十朋之龟，弗克违，元吉。

《象》曰：六五，元吉，自上佑也。

上九：弗损益之，无咎，贞吉，利有攸往。得臣无家。

《象》曰：弗损益之，大得志也。

初九，"已事遄往，无咎，酌损之"。"遄"是快，"已"是已经，已经做好我们的事，马上往，"无咎"，就是没有咎。初九位当，跟六四又相应，当然可以往，只是要"酌损之"。这根爻是阳爻，上面也是阳爻，两个阳的阳气很盛，要斟酌地损掉刚强之气，这样才可以去做事。不然的话，事情完成了，很多时候就骄傲了，认为是自己完成的，很了不起。老子讲"功遂身退"，"身退"的观念就是"酌损之"，不要执着于自己的成功，自认为了不起。《老子》说"生而不有，为而不恃"，"已事"就是为，"酌损之"就是不恃，不执着。这是第一个损，第一个损就是完成了一点小事情，要损掉，不要以为自己做了大事情。

《小象》说："已事遄往，尚合志也。"这是解释，因为初九跟六四相应，"尚"就是跟上面的上一样，跟上边合志同心。

九二，"利贞，征凶，弗损益之"。"利贞"，就是利于把握正道，正道是阳，以诚为正道。"征凶"，是指很强硬地去做一件事情，或者向外征伐，这样并不好，因为整个卦辞是讲损，如果要征就是损人，损别的国家，所以"征凶"。损要损自己，尤其是损自己的欲望，不要损他人。"弗损益之"，这句有很多解释，我现在的解释是，弗损弗益，不求损，不求益。在九二这根爻上，多半是修养自己，修养自己不要想到损，也不要想到益，只求耕耘，不问收获，所以在于诚。

《小象》说："九二利贞，中以为志也。"这里没有什么解释，以中道为正，以中道为志。因为九二在内卦之中，所以志在中正。

六三，"三人行则损一人，一人行则得其友"。六三这根爻有问题，因为驾乘了两根强阳，所以在内卦最高处，代表骄傲、虚骄、志得意满，这实际上就是违反了损的原理，教训就是"三人行则损一人"，三个和尚没水吃，要损掉一个人，两个人就可能合志了，不要有第三者。为什么讲"一人行"？实际上六三跟上九相应，他一个人去的话就会跟上九相和。"三人行"，如果六三、六四、六五一起行就糟糕了，三根爻都是阴爻，阴气太重会互相忌妒，不能成事。为什么"损一人"？两个人可以合志同心，三个人就有他心，有他心就不能相合了。

《小象》说："一人行，三则疑也。"很清楚，一人行就很专心，三人行就会互相猜忌。

六四，"损其疾"，"疾"就是毛病，"使遄有喜，无咎"，马上有喜。那么现在问题是什么毛病？六四是阴爻，阴爻的毛病是阴柔太过。如果九五是阳，那么六四跟九五就是绝配，阴辅助阳。现在六四夹于六五、六三之间，这三根爻都是阴柔，所以阴柔太过，是毛病。"损其疾"，就是损掉阴柔太过的毛病，然后才能马上有喜。喜从何来？六四跟初九相配，阴阳相应，因为是喜，所以无咎，没有麻烦。如果是讲功夫的话，就是要损掉它的毛病。

《小象》说："损其疾，亦可喜也。"这等于没有解释。

六五，损卦到了六五出现了"益"，"或益之十朋之龟，弗克违，元吉"。为什么用一个"或"字？因为之前都是讲损，现在讲益，这是一个大改变，所以用一个"或"字，或是、或者、也许之意。"益之十朋之龟"，一对为朋，"十朋"就是指多。《易经》中的"龟"代表神灵、智慧，实际上这一句话的意思就是，可能增加了很多智慧。但是前面都是讲"损"，损而后有智能，这里讲正面的意思，损掉欲望，就得到智慧，损掉毛病，就得到智慧。得到智慧之后，"弗克违"，不能违，"克"就是能，也就是说有了智慧的时候，做任何事情都能做得通，没有阻碍。

这句话是从损的角度来说的，六五是柔弱，柔弱胜刚强，刚强莫之能胜。《老子》中讲水，水是天下之至柔，所有刚强的东西都不能够战胜水，即使是钢刀也没有办法改变水，这就是"弗克违，元吉"。这里还要加上"元吉"。我们一直说"元吉"跟"大吉"不同，卦辞里面讲到元吉，就是把握元气。"损之又损，以至于无为"，这个六五就是无为之智，无为之智不是说什么都没有了，其实有元，有根本。

《小象》说："六五，元吉，自上佑也。"这没有什么解释，因为六五到天位了，"上"就是天，由天保佑，天的保佑是给我们智慧。

上九，"弗损益之，无咎，贞吉，利有攸往。得臣无家"。又来一句"弗损益之"，我们在九二时就碰到了这个词，现在在上九时又碰到了同样的词。到了上九，损到最高了，无可损了，益也到最高了，无可益了。上九是到了天道，也是"弗损益之"，这个时候没有损益。九二的"弗损益之"，是不求损益，上九的"弗损益之"是无可损益，要超脱损益的概念。想想看，如果"损之又损，以至于无为"，到了无为阶段还有损益吗？无为已经没有损了，有益的话就不是无为了，所以已经超脱了损益的概念。

"弗损益之"，就"贞吉"。"贞"，上九是阳，是诚，把握诚为正道则吉。"利有攸往"，达到无为境界，无为而无不为，这不是"利有攸往"吗？无为而无不至。接着"得臣无家"，"无家"有两个意思。第一个意思，这时候辅佐的臣子都不以他们个人的家为念，如果这些臣子在帮助君主的时候，时时都想到个人的家，就有私念，就不能把所有精力都贡献给国家，整个损卦就是要除掉私念，所有臣子都是为公，不藏私。第二个意思，对君主来讲，"无家"，即不要家天下，要真正以天下为公。家天下是君主的私欲，我看到很多电视剧演到古代的君主时，台词为"这是我一人的天下""是我汉家的天下，刘家的天下"，这是家天下，损得不干净。"弗损益之"实际上就是损得非常干净，再没有什么可损、可益了。

《小象》说："弗损益之，大得志也。""大得志"实际上就是以天下为志，不以个人为志，也不以私欲为志。我觉得朱熹的注不知所云，很多宋明理学家执着于儒家的看法，他们不从道家去想，去了解。如果把老子的思想放进来，损卦就很清楚了，"损之又损，以至于无为"，很容易了解。

☆师生问答

学生：老师，老子的思想就是从这一卦来的吗？

老师：老子就讲一个"损"字，讲无为是损，讲弱也是损，都是损。损是正面的，无为是正面的，弱也是正面的。

学生：阳刚太强，给他削弱一下。

老师：对。老子认为弱就是为了强，真正的强。

学生：老师，朱熹在注中为什么提到"惠而不费"？

老师："惠而不费"即实惠而不花费太多。

学生：是不用花钱吗？

老师：如果是"惠而不费"，用老子无为的思想来解释可以解得通。"绵绵若存，用之不勤"，"用"是用掉，虽然用之而不勤，但是不会劳累精神，绵绵若存，这是道家的方法。用它用不完，只有用的时候无欲、无私、无为，才用不完。有私、有为的话，一用就用完了，不可能"惠而不费"。所以若想更深刻地讲"惠而不费"，还是要讲到老子的思想上去。

第四十二卦　益

【卦辞】

益：利有攸往，利涉大川。

"损益盈虚，与时偕行"，益卦是前卦的损倒了过来，☲，这一倒过来，内卦就变成了震，是动，外卦就变成了巽，是风，是顺。巽就是柔弱、柔和，以柔和的方法来动。"益"，我们一看到就喜欢，但"益"很不好用，会用到负面的意思，人们一看到"损"就会有警惕，但对"益"就没有警惕。"益"要动于柔和，慢慢地动，所以《老子》说的"动之徐生"，可以解释这个"益"字。下面震是动，上面巽是徐，也就是慢慢地，树木要慢慢地生长，不能快，快了就是揠苗助长。"益：利有攸往，利涉大川"，有利益了，就可以过大河，过大河代表危险，这里的"益"指智慧，有智慧就可以往，可以利涉大川。

☆师生问答

学生："风雷益"的传统解释都是讲疾风迅雷，意思是很快，这个"慢慢动"是从哪里得来的？

老师：我是看上面的巽卦，巽就是潜伏，巽卦也代表木，树木不是一下子就长出来的。假定以风来讲，风得是和风，狂风的话就完了，吹倒一切有什么意义？只有和风才有意义。所以，无论是从风的概念，从木头的概念，还是从巽卦本身潜伏着这种温柔的过程，都是慢的。快的东西没有益，任何快的东西都是一曝十寒，如果以很快的速度得到钱，就会有危险，都是这样的。所以我认为要配合着《老子》看，但是我们要看看后面所说的是不是有这个概念。

【彖辞】

《彖》曰：益，损上益下，民说无疆，自上下下，其道大光。利有攸往，中正有庆。利涉大川，木道乃行。益动而巽，日进无疆。天施地生，其益无方。凡益之道，与时偕行。

《彖辞》说："益，损上益下，民说无疆，自上下下，其道大光。"什么是"上"？"上"是上面的欲，君主的欲望、君主的私利以及领导阶级的私利，要损掉。"益下"，"下"是下面的需要，人民的利益。实际上这是针对今天的民主来说的，要真正为下面的人民创造利益。"民说无疆"，人民的快乐是无限，这也是《老子》的话，《老子》说"高以下为基"，也就是说，上以下为基础。"利有攸往，中正有庆"，做什么事情都"利有攸往，中正有庆"，为什么"中正"呢？"中正"是指六二、九五，六二、九五位当而和，都属于中正之位，所以才是"中正有庆"。

"利涉大川，木道乃行"，为什么能够"利涉大川"？因为巽卦是木，用木头可以造船，可以涉险。"益动而巽，日进无疆"，"益"是动，但是要巽地动，巽就是柔和，是徐徐地、慢慢地，"益动而巽"就是《老子》的"动之徐生"，动它，使它徐徐地生。所以"日进无疆"，"日进"，一天一天地进，而不是很快。"天施地生，其益无方"，"无方"就是无疆，"天施地生"，才能无疆。"凡益之道，与时偕行"，这也可以看成徐，与时间的配合就是一步一步地来，与时偕行。

【象辞】

《象》曰：风雷，益；君子以见善则迁，有过则改。

《大象》说："风雷，益；君子以见善则迁，有过则改。"为什么从风雷得到教训是"见善则迁，有过则改"？因为"风"的作用是化，如春风化雨般化育万物，春风化雨地化育万物就是迁善。"雷"的作用在思过，所以这里的"风"是"见善则迁"，"雷"是要我们"有过则改"，从风雷得到了"见善则迁，有过则改"的启示。

【六爻性能】

初九：利用为大作，元吉，无咎。

《象》曰：元吉，无咎。下不厚事也。

六二：或益之，十朋之龟，弗克违，永贞吉。王用享于帝，吉。

《象》曰：或益之，自外来也。

六三：益之用凶事，无咎。有孚中行，告公用圭。

《象》曰：益用凶事，固有之也。

六四：中行告公从，利用为依迁国。

《象》曰：告公从，以益志也。

九五：有孚惠心，勿问，元吉，有孚惠我德。

《象》曰：有孚惠心，勿问之矣！惠我德，大得志也。

上九：莫益之，或击之，立心勿恒，凶。

《象》曰：莫益之，偏辞也。或击之，自外来也。

初九，"利用为大作，元吉，无咎"。"利用"指利于用初九，初九位当，是震的开始、动的发端。益是增加，一定要动，所以要用初九来"大作"。"大作"不是什么事情都做，也绝对不是大刀阔斧，疾风骤雨，而是心里面有大理想。"大作"实际上是指他有大有为的理想，不是说真正去动的大。在益的时候，一开始心里面就有大的理想，这是"元吉"，即在开始的时候把握"元"，把握正确的方向，把握好的动机，这样去做就会"无咎"。

这里我们要检讨，"元吉，无咎"出现在损卦卦辞中，也出现在了益卦初九中，但是朱熹、程伊川与《周易折中》的作者李光地，都把它看作条件句，他们解释只有"元吉"，才可以"无咎"，不能"元吉"，就不能"无咎"。他们为什么要这样解释？因为他们有一个错误的看法，认为"元吉"就好了。吉了，怎么还谈无咎？他们把"无咎"包括在"吉"里面，吉就是什么事情都吉了，所以元吉一定很好，讲无咎就多余了。他们为了解释为什么"元吉"还要讲"无咎"，就把它改成了条件句，也就是说，必须"元吉"才能"无咎"。事实上朱熹跟程伊川都忽略了"元"，他们把"元"改成了"大"，程伊川说"大善"，吉就是善，朱熹说"尽善"，尽善尽美，他们都直接将"元吉"等同于"大吉"。但是在《易经》中，有时候有"大吉"，有时候有"元吉"，我们要区分开。

《易经》特别强调功夫，"元"是一个功夫字，是讲怎样把握我们的动机。"利用为大作"，"大作"就是元，元是开始，开始的时候有"大"的潜能，将来才会变大，开始的时候没有"大"的潜能，将来再变也是小。所以"元"是一个功夫字，要在"元"上下功夫。"无咎"是一个功夫词。"吉"是事实的结果，不是功夫字，我们无法在"吉"上下功夫，只要我们照着做，最后就会吉。吉或凶都是一个判断结果，不是功夫字，功夫在"元"上，功夫在"无咎"上。"元"是开始时的功夫，"无咎"是在做的时候的功夫，即一个在动机，另一个在做事，是各有所指的。

《小象》说:"元吉,无咎。下不厚事也。"什么叫"下不厚事"?朱熹注了,下面是初九,就是初九不担任厚事,强调不去做重大的事。"为大作"是说要有大有为的理想,但不是说在初九时就大刀阔斧地去做,而是要一步一步地去做,即有一个"徐"字,要慢慢做,达到大有为的理想。

六二,"或益之,十朋之龟,弗克违,永贞吉。王用享于帝,吉"。第二爻多半是指修德,君子修德。"益"是指增加智慧,所以六二就强调智慧了。益卦的六二和损卦的六五"益之十朋之龟"都是讲同样的话,为什么损卦要到六五,益卦则到六二?损卦就是要损欲,损欲损到六五才能够无为,才有智慧。益卦一开始就修德,这是儒家的思想。同样,"弗克违,永贞吉",永远把握我们谦虚的正道。六二是阴柔,是谦虚,以谦虚为正道则吉。怎么个谦虚法?"王用享于帝,吉","用享"是祭祀,"帝"是天帝。就像文王经常到岐山去祭祀,向天帝申告,表示自己的诚心诚意。这时候祭祀,一方面代表诚,另一方面代表谦,诚和谦都是沟通天人,用诚心来感动天神,也代表自己的渺小谦虚,所以在这根爻上修养自己要谦虚,要有诚。

《小象》说:"或益之,自外来也。"这里所谓"外来"是就象来说的,六二跟九五是一对,六二用享于上方,得到九五的相应,六二代表的不是大臣,而是普通君子,以诚和谦跟君主沟通,"自外来"就是指自九五而来,跟他相和。现在是普通君子,十年寒窗修养自己,待君主赏识了,便礼贤下士,像苏秦一样,最后六国拜相,这是"自外来也"。

☆师生问答

学生:老师,刚才讲六二"王用享于帝",这个看起来像是六五会形容的，怎么出现了六二？

老师：六二本来是臣位，这是一个譬喻的例子，意思是就像君王一样，不是说六二是王。实际上，我们就文王来讲，文王当时还是商纣王的臣子，还不能称帝称王，但在他的封地，他也是君，"王用享于帝"正是他祭于岐山的事实。

六三，"益之用凶事，无咎。有孚中行，告公用圭"。六三多半是凶，六三又是阴爻，夹于两个阴爻当中，太过于阴柔。"益之用凶事"，"凶"没有问题，虽然六三的位置是凶，但是整个卦讲益，益的道理在六三的凶位上，结果却"无咎"。为什么"无咎"？"有孚中行，告公用圭"。先说"益之用凶事"，"凶事"当然是危险的事情，也代表家有凶事。第一，"益"不是只能用在很安乐、很好的事情上，它还可以用在凶事上。第二，我们在凶事中也可以得益。在凶事中既能警惕，也可以增益我们的智慧。所以益可以用在凶事上，从凶事中也可以得益，如果能够这样去体验的话就无咎。也就是说，能够这样的话，就无入而不自得了，没有什么好怕的，无论吉凶都无所谓，都可以得益，这叫"有孚中行"。"有孚"就是有诚，为什么有孚中又有诚？"告公用圭"，"告公"是王公，"圭"，一个意思是玉，古代大臣上朝时都手持一块玉板，玉板上写着字，相当于现在的小抄，因为有时候大臣见君主时会讲不出话来，所以就需要看看小抄。另外一个意思，"玉"代表心之纯，纯洁、无私念、无私欲，也就是说，在这根爻上没有私欲，像玉一样纯，没有私念。

《小象》说："益用凶事，固有之也。"朱熹的注是"欲其困心衡虑而固有之也"，这是用孟子的"天将降大任于是人也，必先苦其心志"，所以"困心衡虑"。这句话的意思是，遭遇不幸的事情时，在这个不幸的事情中也有益的道理，要从中去发掘益，去增加智慧。"固有之"，一个意思是本来就有、原有的，所以我们要去发掘。另外一个意思是，不是他要故意强调、说好听的，而是劝我们不要怕凶，事实上本来就有这个道理，不是他讲的，是固有的。所以"益用凶事"，就是本然之理，而非故作惊人之语。

六四，"中行告公从，利用为依迁国"。六四跟九五又是一对很好的配合，六四是臣子，以阴柔来辅助君主的阳刚。"中行告公从"，他向九五报告，九五之君很相信他，即使像迁移国家首都这样重要的事情，君主也会采纳他的意见。也就是说，君主绝对相信他，不论小事还是重大的决策都相信，表示他们之间沟通良好，这是一种智慧。六四要有这样的智慧，才能得到君主的相信。

《小象》说："告公从，以益志也。"这是说有益于意见的沟通。

九五，"有孚惠心，勿问，元吉，有孚惠我德"。九五是君主，君主要增益智慧，该怎样做呢？要"有孚惠心"，君主要有诚，九五是诚，"惠心"是恩惠之心，也就是仁心。如果君主有这个条件，不用占卜就是"元吉"。"元吉"不是大吉，我还是把它拆开来，"有孚惠心"就是他的"元"，就是他原来的动机，如果是诚、是仁心的话，就一定吉。接下来重复说"有孚惠我德"，"有孚"是有诚，"惠"也是一样的施惠，前面只是"惠心"，现在是"惠我德"，还加了一个"我"字，有什么不同呢？"有孚惠心"是指君主有仁心，"有孚惠我德"是指仁心要变成实际上对人民的德，"惠德"是指对人民来讲有德，有惠心而没有惠德是不行的。就像孟子去劝那些君主，君主说，我也有仁心啊，我经过厨房看到杀牛，牛哭得很悲哀，我说"以羊易之"，换成羊吧。君主认为自己有仁心、有恻隐之心，但是这还不够，孟子认为，他要用这恻隐之心想着人民，要推展出去爱人民，推展出去就是"惠我德"。放在自己心里面就是"心"，用出去就是"德"，所以"德"是实际的行为，这里重复两次，有不同的意义。

《小象》说："有孚惠心，勿问之矣！"是指如真有惠心，就不要占卜了，一定会吉。"惠我德，大得志也"，以德去惠人民，才能大得志于天下。得志于天下就是得了人民的拥护。

上九，"莫益之，或击之，立心勿恒，凶"。损卦的上九讲"弗损益之"，前文有弗益之、弗损之，这个地方又是另外一个讲法了，"莫益之"，不能益之，因为益到最高了，所以不能得到益了。"或击之"，要用击的手段去得到它，就是把益当成追求，当我们感觉追求不到的时候，还是要用激烈的手段去达到它，这不是"弗损益之"，而是还要求益，不能无为，益到最上面是有危险的。"立心勿恒"，实际上就是立心不满足，"恒"就是常，恒常，立心是常的话，就是顺着常了，现在就是立心不能顺着恒常，不能顺着自然，还要益。

"凶"，假定"益"是增加我们的知识，增加到最后，拼命在知识上追求，这就是危机。到了最上面一爻，会有什么现象呢？比如有的科学家就自以为了不起，认为自己的知识可以解决一切，这就是危机。同样，追求智慧到了最上层，很多人就说"我有智慧""我悟道了"，自以为了不起，这也是最危险的，所以智慧到了最上层就不要以为这是智慧，不要以为是自己的智慧，如《老子》所谓的"绝圣弃智"。

《小象》说"莫益之，偏辞也"，什么叫"偏辞"？"偏"是有所偏，也是负面的意思，告诉我们不要再求益了，否则的话，"或击之，自外来也"。什么叫"外来"？"外"就是天道，天险不可升，天理不可违，天机不可泄。

我们看了损卦，又看了益卦，现在把损、益综合起来。什么叫"损"？第一损欲，第二损己，第三损私利。什么叫"益"？第一益智，智慧；第二益人，利于别人；第三大利，是以美利利天下而不言所利。"损"是由下而上，"益"是由上而下，这很奇怪。我们通常认为益都是往上，现在的益反而是由上而下。所以讲损的时候由下而上，一步一步地损掉，但精神还是往上。老子一方面"损之又损"，另一方面德一直往上，所以由下而上。"益"，由上而下，损掉上面的，一步一步地往下打根基，根基宽为仁，为大义。

我们来想想看，天道是上，益是天道往下走，天道往下走才能对人民有利。如果天道一直待在上面，就没有用，所以天道是由上而下。人道是损欲，由下往上。因为损益盈虚，损中有益，益中有损，所以我们不要看片面的。损中有益，表面上是损，事实上是一方面是损，另一方面我们的精神却往上升。益中有损，一方面一直增加，另一方面以为是增加，结果早被损掉了。所以益中有损，损中有益，我们要学会把握。

第四十三卦　夬 ䷪

【卦辞】

夬：扬于王庭，孚号有厉，告自邑，不利即戎，利有攸往。

夬卦䷪，内卦是乾，是天，外卦是兑，是泽，泽在天上。泽水应该往下，乾阳应该往上，照理说两气应该相交。前代的学者，尤其是宋明理学家，都是从象来看，也就是从五根阳爻跟一根阴爻的关系来看，阳爻代表君子，阴爻代表小人，所以君子道长，要把小人决掉。夬卦的"夬"加上两点水是"决"，亦即河堤被决掉，如果加个竖心旁是"快"，赶快决掉，也就是五根阳爻赶快把小人除掉。

我认为这样的象还是有点问题的，问题在后面。我们先看卦辞，二五两爻都是阳爻，阳阳不应，实际上是阳太盛。五根阳爻都是君子，君子把小人决掉，这当然好。实际上从另一方面来看，阳太盛并不好。卦辞说："夬：扬于王庭，孚号有厉，告自邑，不利即戎，利有攸往。"这个卦有两个主爻，一个是上六，因为这是唯一的一根阴爻，另一个是九五，因为九五面对着阴爻，他领导下面四根阳爻去决掉这根阴爻，所以九五也是主爻。

这个卦辞实际上不是从上六得的，而是从九五得的，"扬于王庭"，九五是往上的，"孚号"，"孚"就是诚，有诚的号令，因为九五是阳，是诚。"号"有三个意思，一个是号角，吹着号角去召唤；另一个是诚信，是信号；还有一个是哭泣，是哀号。这里是指号角，吹响号角，召唤下面四阳一起把上六干掉，是号令天下。"有厉"，有危险，因为上面是阴，九五面临着阴，跟九二阴阳也不和。"告自邑"，"自邑"就是自己国家内，宣告命令于国内，也就是把精力放在国内，安邦第一。"不利即戎"，不利于到外面去打仗，把心放到外面的话，国内就有叛变了。但是"利有攸往"，可以往，也就是说可以采取行动，不能停留在那里，因为有一个小人在那里，所以要把他决掉，这是卦辞。我们可以看出，整个卦辞是针对九五的，我们前面说过，卦辞多半是从主爻的象得来的，所以是指九五。

【象辞】

《象》曰：夬，决也。刚决柔也。健而说，决而和。扬于王庭，柔乘五刚也。孚号有厉，其危乃光也。告自邑，不利即戎。所尚乃穷也。利有攸往，刚长乃终也。

《象辞》说："夬，决也。刚柔决也。""决"，一个意思是河堤决掉，另外一个意思是分裂。这里是指九五背叛上六，"刚决柔也"，刚决掉柔，把它除掉。就整个象来讲，九五是要把小人决掉，"刚"也可以说是与柔决裂，"决"有决裂的意思，即分开。"健而说，决而和"，不是"说"，而是"悦"，因为兑是悦，上面的兑卦是悦，下面的乾卦是健，所以"健"是指内卦，"悦"是指外卦。"决而和"的"和"很重要，虽然决裂了，但要能和，决而不和不是《易经》的道理，《易经》应该是刚柔相和。如果九五把上六决掉的话，那就变成了乾卦，六根爻就都是阳了，乾卦阳刚太盛，并不好，这根阴爻还得保留。所以有

"决而和"，"和"救了前面的"决"。决掉就太刚了，决掉还要保持和，刚对付柔，对付到最后要能够达到和，所以我认为"和"很重要。因为和才能悦，健而悦，不和怎么能悦呢？健而不悦的话，就太刚强了。"和"也是对"悦"来讲的，有和才能有悦。

"扬于王庭"，是指九五的发号施令。"柔乘五刚也"，就卦象来讲，上六这个柔乘了五个刚强的阳，阴乘阳不好，阳乘阴则好，上六乘五阳，太过分了。"有厉"，即危险，所以要决掉它。"其危乃光也"，即转危为安。"告自邑，不利即戎。所尚乃穷也"，"尚"是尚武，"所尚乃穷也"是不能尚武，不能去打仗。"告自邑"跟"即戎"不一样，"即戎"是打仗、用兵器，"告自邑"是宣告政策于国内。安邦不一定要打仗，这两句话就是不能用兵，如果用五根阳爻的武力，就是"穷"，就会走入穷途末路。"利有攸往，刚长乃终也"，"利有攸往"，可以找五根阳爻一起往上发展，是刚长，阳刚如果发展了，"乃终也"。"终"有两个意思，一个是终止，可以终止危险，是有利的。另一个是有的人认为把上面的阴决掉叫"终"，但我不这样认为，有"终"也可以解释成有好结果。这是好的、正面的解释，意思是如果使阳刚好好发展的话，就会有好结果。

【象辞】

《象》曰：泽上于天，夬；君子以施禄及下，居德则忌。

《大象》就是解释乾卦和兑卦的，"泽上于天"，"泽"在天上，这个象没有错。"泽上于天，夬；君子以施禄及下，居德则忌"，为什么君子以"泽上于天"的象，要"施禄及下"？咸卦说，下面是山，上面是泽，山上之泽润湿山，有交流。但现在的夬卦，泽在天上，代表雨水，雨往下降，所以"施禄及下"。

"居德则忌"，朱熹注："居德则忌，未详。"程伊川注："居德，谓安处其德。则，约也。忌，防也，谓约立防禁，有防禁则无溃散也。王弼作'明忌'，亦通。"程伊川代表儒家，王弼作"明忌"，代表道家，这两个注我都看不懂。程伊川在朱熹之前，朱熹的注解多半是用程伊川的，如果程伊川的注很好，朱熹就会用程伊川的注，现在朱熹不用，还说"未详"，可见朱熹似乎对伊川的注不太赞同。那王弼的"明忌"是什么呢？他是把"忌"字当作禁忌来讲，但是禁什么，这个意思不太清楚。如果"明忌"的"明"是光明、明示，"忌"是禁令，指宣明禁忌，还是看不出跟"居德则忌"的关系。

这里的"居德"不能用儒家的观点来注，因为儒家的"德"本身一定是好的。《老子》第三十八章说："上德不德，是以有德；下德不失德，是以无德。"老子已经讲得很清楚了，"上德不德"就是不居德，"下德不失德"就是居德，居德是只以为自己有德。王弼应该是以《老子》第三十八章的"上德不德，是以有德"来注的，我们不知道为什么他没有注好，也许他没有想到。《庄子·德充符》中有几句话很好，王弼对《庄子》好像没有特别研究，我说他没有特别去研究，不是冤枉他，他当然看过《庄子》，比如《老子》第五章"天地不仁，以万物为刍狗"，"刍"就是草狗，王弼的注就是天地不为狗生草（即"天地不为兽生刍"），狗哪会吃草，"刍狗"在《庄子》外篇、杂篇里面是指祭祀，可见王弼没有看懂"刍狗"。

《庄子·人间世》中有一段话很好，"福轻乎羽"，我们追求的幸福像羽毛一样轻，但是"莫之知载"，我们都不知道去载。"祸重乎地"，祸像地一样，也就是说我们随地都有祸，"莫之知避"，意思是不知道怎么样离开。"已乎已乎"，算了算了，停止吧。"临人以德"，"临以德"就是"居德"，以道德自居。"殆乎殆乎"，危险啊，危险啊。"画地而趋"，如果朋友做了错事，我们以道德之言责备他，好像自己很有道德一样，这样的话，朋友看到我们就唯恐避之不及了。"临人以德"就是"居德"，也就是执着于德，以道德自高。"居德则忌"，"忌"是忌讳，就是不能居德，居德是最大的忌讳。如果泽水居德，自以为高的话，水就不会向下流。"施禄及下"，施禄不能及下就危险了，就像天上有云，云中当然有水，如果水蒸发掉，不能变成雨，云就没有用途了。所以，这句话可以完全以老庄和道家思想来解释。

"居德则忌"，儒家当然也有这个思想，儒家没有说骄傲，没有说居德，儒家的德也是一样要影响人的。"德不孤，必有邻"，德不会孤，一定有邻，德孤就是居德，居德则孤，这是儒家思想，这句话非常重要。

"居德则忌"，实际上如果没有这句话，整个夬卦就会被误解。我认为"居德则忌"这句话救了夬卦，否则整个夬卦都是说五根阳爻把这根阴爻决掉。决掉就没有阴了，还是要保留的，这个阴是水，水还要向下流。我认为《大象》很好，这一句话实际上是整个夬卦的精神。假定卜到这个卦，而我们不幸在上六怎么办？这五根阳爻要把我们决掉，该怎么处理呢？我们还要救这一爻，而"居德则忌"救了这一爻，不要决掉它。在道德的角度，要把小人决掉是越快越好，但是就象来讲，不应该决掉，刚不能把柔决掉，刚要和柔相和，决掉的话就全是阳刚了，就是乾卦用九的"见群龙有首"，这六根爻都有头，要打架了。

【六爻性能】

初九：壮于前趾，往不胜，为咎。

《象》曰：不胜而往，咎也。

九二：惕号，莫夜有戎，勿恤。

《象》曰：有戎，勿恤，得中道也。

九三：壮于頄，有凶。君子夬夬，独行遇雨，若濡有愠，无咎。

《象》曰：君子夬夬，终无咎也。

九四：臀无肤，其行次且。牵羊悔亡，闻言不信。

《象》曰：其行次且，位不当也。闻言不信，聪不明也。

九五：苋陆夬夬，中行无咎。

《象》曰：中行，无咎，中未光也。

上六：无号，终有凶。

《象》曰：无号之凶，终不可长也。

初九，"壮于前趾，往不胜，为咎"。一开始就是阳，下面四根爻都是阳，因为将来阳会很盛，所以这个时候就"壮于前趾"，我们的脚趾很强，脚趾很强就表示好动。"往不胜"，不要马上往，不要为了强调自己的强而拼命往前。往有咎就是要慢慢来，阳气刚盛，发展太快是不行的。如果阳发展得很快，一开始很强的话，初九跟九四都是阳，不和，初九就会冲击上面四根阳爻，所以要停顿在那里慢慢来。

《小象》说："不胜而往，咎也。"不胜还要往，是自找麻烦。

九二，"惕号，莫夜有戎，勿恤"。九二本来应该是阴位，现在是阳位，位不当。这一爻的阳又盛了一点，又强了一点，所以说有"惕号"，要警惕，不要强调自己的强。"莫夜有戎"，"莫"下面有一个日，读"mù"，是指晚上，这也就点出了阳太强了，需要雨。晚上代表雨，代表阴，所以要警惕，警惕晚上有人偷袭。"勿恤"就是不要惧怕，提高警惕就可以了。这句话是说九二要戒备，"有戎"，"戎"当然就是战争，就是强阳，所以要戒备强阳。

《小象》说："有戎，勿恤，得中道也。"虽然有戎，但不要担心，只要能把握中道即可，九二的"中道"是诚。

九三，"壮于頄，有凶。君子夬夬，独行遇雨，若濡有愠，无咎"。九三是内卦第三根爻，第三爻的位置多半是凶，阳太盛，代表一种骄傲，所以"壮于頄"，"頄"就是额头，因为到上面了，所以把强盛写在脸上。"有凶"，会有凶险，"君子夬夬"，"夬夬"就是刚强。但是"独行遇雨"，"独"就是单独，因为只有九三跟上六阴阳相和，其他几根爻都没有阴，所以九三会碰到雨，雨就是上六。"若濡"就是淋湿了，本来是强阳，被雨淋湿了，感觉不舒服，但是"无咎"，没有麻烦。比如有人西装革履，人模人样，一副很骄傲的样子，结果一场雨把西装淋湿了，只好赶快回家换衣服。淋湿了，反而有好处。就好像被老师、被禅师打了一棒，当头棒喝也是雨，反而有救。从九三可以看出来，这几根阳爻都需要雨，有雨则有救，否则太干旱了。

《小象》说："君子夬夬，终无咎也。"这非但没有什么解释，实际上还有问题，因为爻辞的"无咎"是遇雨的原因，即九三跟上六有应有和。这里的"无咎"，好像是指"夬夬"。

九四，"臀无肤，其行次且。牵羊悔亡，闻言不信"。九四是由内到外，外代表行动。"臀无肤"就是屁股上没有肉，也就是既不能走也不能坐，因为屁股无肉，所以坐下去很痛。"其行次且"，是指行也行不得，"次且"就是徘徊留恋，不能行，坐也坐不安，走也走不通。九四的位置是大臣，他上面的君主是强阳，下面还有三根阳爻顶着他，他陷于众阳之中，坐也坐不下，上也上不去。"牵羊悔亡，闻言不信"，"羊"就是阳刚的阳，在《易经》六十四卦中没有阴阳的"阳"，所以《易经》在文王所作的卦里面，没有阳的概念，在象中是用一根爻来表现的文字的话，在乾卦中用"龙"，其他卦中用"羊"。事实上《易经》中也没有"阴"，唯一的"阴"，还是当作树荫的荫。

"牵羊"有两种解释，一种是牵了羊，也就是九四能够牵住这三根阳爻，用绳子把它们牵住，也就是管束它们，不让它们跑走。另一种就是同心合力，如果九四能够带领下面的三根阳爻，就是"悔亡"，就不会后悔。也就是说，这时候九四是大臣，他带领着下面的臣子。

"闻言不信"就是不信谗言，实际上九四要讲诚，要忠诚于九五，即使在心里面也不要怀疑。"闻言不信"就是诚，不要有疑虑，忠君不二。

《小象》说："其行次且，位不当也。""位不当"，本来应该是阴，现在是阳。"闻言不信，聪不明也"，"聪不明"指耳朵听不太清楚，所以有些谗言不要相信。如果耳朵可以听清楚的话，就知道谗言是什么了，聪不明，所以人家讲的话就放在一边。最怕的是"聪不明"还什么都信，那就坏了。因为"聪不明也"，所以"闻言不信"。

九五，"苋陆夬夬，中行无咎"。九五是最高的一根阳爻，面对的阴柔上六。"苋陆"是一种草，这种草生在靠近阴的地方。"中行"是要把握中正之道。九五位当而中正，把握"诚"就是无咎。

《小象》说："中行，无咎，中未光也。"这里为什么讲"中未光"？虽然九五处在中正之道，但是还没有真正的光，因为下面和九二没有正应，上面还有阴柔乘九五，所以它还不能发展它的光。这是一种警示，意思是还有问题，上面还有阴柔，不要骄傲，所以这也是"居德则忌"的意思。实际上"居德则忌"应该是指九五，因为九五是人君。下面几个臣子都是阳，阳气很盛，容易骄傲，所以警惕九五，还没有光大，不要居德，不要自以为光，九五的德要向下流，不能居德。这样讲的话，九五应该跟上六配合，用上六的雨水来润泽下面的强阳，阴阳相和才有雨，雨水才能向下。就这个象来讲，应该如此，而不是把上六决掉。

上六，"无号，终有凶"。"号"有三种解释：哭泣、号角以及诚信。这里是阴，所以是哭。这个时候五根阳爻冲过来了，连哭都来不及，这是第一种解释。第二种解释是没有号令，不能发号施令，不能号召天下，只有九五是"扬于王庭"。第三种解释是无诚，我认为是无诚，因为卦辞中有"孚号"，"孚号"就是诚的号，"号"就是一种表现。到了上六，"孚"不见了，所以无诚。"终有凶"，意思就是要有诚，如果没有诚的话就凶。

《小象》说"终不可长也"，意思是没有办法再发展，已经到终点了。我们现在讲无诚，上六是阴柔，应该是谦虚，但是这个地方不用谦，用诚。我们碰到很多现象，如果下面都是阳爻，一根阴就不能完全用谦，用柔，因为制止不了，对付不了，所以要避免用谦，用柔，而是要有诚，诚是天的另外一种表现，以诚来感化，感化下面五根阳爻，软化它们。所以这个地方讲诚，无诚就有凶，有诚的话，还可以去解决。

到了上六，就要把握我们的诚，要向下走，君主要"施禄及下，居德则忌"，天道是要以雨露来润泽万物，也就是泽水下降，"施禄及下"是九五，这样的话就有正面的解释了。到了上六不要号哭，以为自己没有救了，要用诚对付下面或外面的强阳，以诚意来软化它们。

第四十四卦　姤 ䷫

【卦辞】

姤：女壮，勿用取女。

姤，就卦象来讲，䷫，内卦是巽，是风，也是木，外卦是乾，是天。天下有风，风能够风化万物，能够遇万物，遇万物并能转化它们，这也是好的意思。如果下面的巽代表树木，上面是天，就意味着树木慢慢往上长，树木往上生长本来就是好的。另外，整个卦的主爻是初六，因为只有这一根是阴爻，所以这一根阴爻代表唯一的女性，但是这根主爻在卦辞中是负面的。女为王，后就是王，这个女人很强悍，以为自己是王，所以说"女壮"。卦辞是以主爻来讲，因为初六这根爻是往上发展的，所以女慢慢地壮大。然后到了二爻、三爻又变阳了，转化了。

"女壮，勿用取女"，不要娶这个女人，这个女人太强悍了，这是传统的解释。一女应付五男，这个女人太厉害了，所以宋明理学家把这一爻看得非常负面。但是我们要换一个角度，我的解释是，初六是阴柔，阴柔可以发展，"勿用取女"，就是要让这个阴慢慢发展，不要强调它，否则它的发展就有问题，即它太强悍了，要让它自然发展。

【彖辞】

《彖》曰：姤，遇也。柔遇刚也。勿用取女，不可与长也。天地相遇，品物咸章也。刚遇中正，天下大行也。姤之时义大矣哉。

《彖辞》说："姤，遇也。柔遇刚也。""姤"是邂逅，也就是说这根阴爻遇到了上面的阳爻，就是柔遇刚。一开始当然指九二，九二是最先碰到的，但是上面都是阳，也可以解释成遇到所有的阳。为什么"勿用取女，不可与长也"？"不可与长也"，柔遇刚而和刚相和，保持和谐，这是"姤"的真意，"姤"的意思就是相遇而和。如果取女，即强调女，屈于此柔，一旦这个柔变成刚强，反而不能和。我们要让柔慢慢发展，以达到和谐。如果强调这个柔，柔驾驭了刚，初六变得很强，一个女人应付五个男人，就变成了武则天，变成一个女皇帝，反而不和了。"取女"就是屈服于她，实际上这几句话是讲负面的，不要取女，然后下面是讲正面的。

所以《彖辞》有两面意思，前面几句话是解释"勿用取女"，下面讲遭遇。"天地相遇，品物咸章也"，天是刚，地是柔，可见天地相遇是好的。"品"是动词，给万物以品，就是给万物品质，使得它们都能够发展，所以"遇"是好的。"刚遇中正，天下大行也"，"刚"是指九五，九五在中正的位置上，"天下大行"，所以这个君主像风一样，能够化育万物。如果君主不遇万物，他就不能"施禄及下"照顾万物。

【象辞】

《象》曰：天下有风，姤；后以施命诰四方。

《大象》说"天下有风"，外卦是乾，是天，内卦是巽，是风。所以"天下有风，姤；后以施命诰四方"，"后"实际上就是王，"后"代表后土，这里是指九五，九五能够发布命令诰四方，"诰四方"就是像风一样，风化四方，影响四方。

【六爻性能】

初六：系于金柅，贞吉。有攸往，见凶。羸豕孚蹢躅。

《象》曰：系于金柅，柔道牵也。

九二：包有鱼，无咎，不利宾。

《象》曰：包有鱼，义不及宾也。

九三：臀无肤，其行次且。厉，无大咎。

《象》曰：其行次且，行未牵也。

九四：包无鱼，起凶。

《象》曰：无鱼之凶，远民也。

九五：以杞包瓜，含章，有陨自天。

《象》曰：九五含章，中正也。有陨自天，志不舍命也。

上九：姤其角，吝，无咎。

《象》曰：姤其角，上穷吝也。

初六，"系于金柅，贞吉。有攸往，见凶。羸豕孚蹢躅"。初六是唯一的阴爻，"系于金柅"，"金柅"就是金属棒，就这个卦来讲是九二。九二是阳，因为刚柔要相遇，所以九二对阴柔有一点限制。"贞"就是把握初六的柔，如果初六能够谦虚柔和的话，就可以吉。实际上九二是阳，九四又是阳，初六、九四是一对，也可以相和，所以当然吉。"有攸往，见凶"，照理说应该去追求，但要是突然跑去的话，是不利的，即见凶。意思是说，初六站在他的位置上，吸引阳来归，不要自己跑去追求，这是古代的观念，现代没有这个观念，现在强调男女平等。

这根爻像"羸豕",也就是瘦猪、小猪。"孚"代表中心,属于心的层面。在其他地方,"孚"解作诚很好理解,但在这里若将"孚"解作诚,传统的解释就有问题了。传统的解释把这只小猪看作女孩子,这个女孩子的欲望太多。"蹢躅"就是在那儿跳,这是把这一句话当作负面的意思,把"孚"当作欲来解释。但是我仍认为"孚"代表诚,因为以前都是诚。这只小猪心里面在跳,不一定是坏的,不一定是欲望,阴柔要与阳相和,初六要站在自己的位置上,不要跑去追求,否则有凶,就站在自己的位置上,心里面在跳,这没有关系,就像我们说的春心萌动。

《小象》说:"系于金柅,柔道牵也。""柔道"被牵制住,"牵"就是牵制,牵制就是阻碍。柔遇刚本来很好,但是遇的时候必须是柔和的,不是很强烈的,强烈的欲碰出太大的火花就烧掉了,那就变成了干柴烈火,所以要柔。

九二,"包有鱼,无咎,不利宾"。我们说过"包"都是向下包住,包住"鱼","鱼"是阴,这个"鱼"显然是指初六,九二把她包住。能够包住就无咎,不要让她发展得太快。"鱼"是初六,是阴,凡是鱼在《易经》里面出现,都是指阴爻。"不利宾",这句话很重要,不利于做什么宾呢?不利于拜倒在石榴裙下,入幕之宾。要做主人,不能做宾客,不能屈服,就是"包有鱼",虽然要包住,但是不要屈服。

《小象》说:"包有鱼,义不及宾也。"是指九二和初六没有婚姻关系,只是在道义上要限制她,不能拜倒在她的石榴裙下。

九三,"臀无肤,其行次且。厉,无大咎"。这一爻处于阳爻当中,阳气到了内卦最高,所以"臀无肤",坐不下。"其行次且",行也行不通,下面是阳,上面也是阳。"厉"是环境有厉,有危险,但是"无大咎",为什么没有大的毛病?传统解释说,这根爻离初六的女有点远，九二离得很近，要包住她，因为九二包住了初六，所以九三没有大毛病。

《小象》说："其行次且，行未牵也。"行不得，走不通，为什么走不通？"行未牵也"，就是他的行还没有得到上面的阳来牵，因为九三跟上九都是阳，不相应，所以没有被牵上去，还停留在他的位置上，上不得，下不得，虽有麻烦，但不是大麻烦。

九四，"包无鱼，起凶"。在这个卦里，"鱼"当然是指初六，九四跟初六应该相应，结果却"包无鱼"，为什么呢？因为这个鱼被九二包掉了，所以九四包不到，如果"包无鱼"就会产生凶。意思是说，九四跟初六能够相交就不凶，但是，如果鱼被包掉不能相应的话，就凶。拿婚姻来说，九二是近水楼台，被他先包掉了，所以这个女孩子必须头脑清楚，她的原配是九四不是九二，不能随便跟别人走，要能等待。

《小象》说："无鱼之凶，远民也。""无鱼之凶"是失掉她的配偶。因为九四跟初六是一对，结果被两根阳爻挡住，这是婚姻中的挫折。"远民"，"民"是指初六，初六离九四较远。

九五，"以杞包瓜，含章，有陨自天"。"杞"是树木，这种树木的叶子很大，可以包东西。"包瓜"，实际上"瓜"是指阴性，应该是指初六，他们也想包这个瓜。九五强阳过盛，跟九二不能相应，所以他要"含章"，要含藏他的光彩，不要强调他的阳刚，实际上就是要谦虚，要遮盖自己的光芒。"有陨自天"，"陨"就是陨落、下降，有东西下降于他，那是从天而降的福祉，也就是得到天的保佑。

《小象》说："九五含章，中正也。""含章"指的是"中正"，处于中正之位。"有陨自天，志不舍命也"，"命"就是天命，是指他有志，不舍弃他的天命，天就降福给他。

上九，"姤其角，吝，无咎"。"姤"就是遇，这个遇是钻到牛角尖里了，钻到牛角尖里还能姤吗？当然不能了。"吝"就是羞耻，"吝"也指吝道、小道，我们说吝啬，吝啬就是小气，因此他走入小道，钻入牛角尖。为什么说"无咎"？因为上九跟初六相差很远，如果初六是麻烦，面对这个麻烦的女性，他钻到牛角尖里躲了起来，虽然不好，但暂时没有麻烦。

《小象》说："姤其角，上穷吝也。"跑到很远的地方，上面已经穷尽了，当然有吝了，这是负面的话，毕竟他走入了小道，也是有羞吝的。

☆师生问答

学生：这个"姤"讲的到底是什么状况呢？

老师：问得很好，就整个卦的卦辞来看，"姤"是指初六的发展。初六要对付上面五根阳爻，五根阳爻反过头对付初六，要怎么对付？"不利宾"，不要屈服于她，就是卦辞里面的"勿用取女"，"取女"就是屈服于她。到了九三，虽然是强阳，但是离她远一点的话，还没有大麻烦，亦即保持距离，以策安住。九四讲的是要阴阳相和，所以吉，不和则凶，这才是讲"遇"。从九四来看，"遇"是要阴阳相和，阴阳不相和则有问题，那现在我们就专门讲遇了。

初六，柔遇刚也，初六跟九四是阴阳相和，讲阴阳相和的只有这两根爻，但是阴阳相和要正，相和得不正还是不好的，初六跟九四是正。初六跟九二阴阳相和是牵，牵制它。我们讲"遇"，凡是柔遇到刚，刚能够牵制住柔，使它的柔能够调和，然后九四才能够相和。所以阴阳相和是互相牵制，我们说柔克刚，刚克柔，"克"不是一种很强硬的克，"克"在《尚书·洪范》篇中就讲三德，一个是中正，一个以柔克，一个以刚克。"克"在古代用得很多，主要有两个方面，一方面是克制自己，比如"克己复礼"，然后自己才能够柔和，另方面是柔克刚，刚克柔，互相牵制，然后才能进一步调和。

"姤"也是讲男女关系，女的碰到男的，男的碰到女的，先要克制，如果没有碰到就无所谓，没有好坏可言。姤卦里的"风"有什么作用？它是气的交流，也就是阴阳二气的交流。如果是纯阴纯阳就不成风，一定是阴阳相遇才有风，才能交流。那么这一交流，万物就产生了，就是动了。最后，风之所以能化，我认为是因为气的交流导致的，这是好的。

"姤"本身的哲学意思是"遇"，也就是阴阳相遇。怎样谈阴阳相遇？卦辞里面好像在贬低女性，"女壮，勿用取女"，但是实际上"女壮"的"壮"还谈不上壮，初六是柔，所以卦辞的言外之意是，如果女不壮，女能柔，就可以了。也就是说，在初爻上，如果阴爻是用女来代表的话，就处在最初柔弱的位置上，那么该怎样发展她的柔弱，比如碰到外在很强的环境，如果她不强，那怎么应付。交遇的"遇"都是代表外在很强，才要交流，如果外在很弱，就不需要下功夫了。

我们现在看看初六，给它正面的解释。"系于金柅"，"金柅"是阳，代表诚和原则，所以阴柔要是能把握原则，则吉。但是要站在自己的位置上先看清楚，因为她是柔，外面很强，所以不要贸然地有所作为，这也是正面的，不一定是负面的。不过，她的内心要诚，"孚"是指把握内心的诚，她的内心要跳动，跳动才能应付，内心不跳动就会被阳吃掉，所以内心跳动还是正面的。古代的人用猪来比喻，认为猪有欲望，这是一个象征。到九二，九二也就是"姤"，遇在九二的位置上，"包有鱼，无咎"，"包"就是克服，要克服、限制女性的弱点，则无咎。"不利宾"就是不要自卑，要有女性的自尊，这一爻是在说交遇。在第二爻的位置上要怎么做？以坤卦的第二爻来说，坤是柔，六根爻都是阴爻，但第二爻是以男性之德，即以直方大作为他的德行，所以第二爻要克服女性特质，或者女性的某些弱点。

当交遇在第三爻的时候，第三爻代表骄傲，所以这也是告诫这位女性不要骄傲。因为这根爻是由内到外，所以有很多阻碍。假定初六进入九三的位置，不但周围都是强阳，而且由内到外，要开展行动了，这时候要了解环境的危险，如此则无大咎。到了九四，包无鱼就凶，包有鱼则不凶，"鱼"是柔软的德行，九四是阳，实际上应该是六四，阴。如果初六到了九四，就要把九四变成六四，发挥出女性的德。九二是限制女性的弱点，九四则要发挥女性的优点。

到了九五，初六的女性做了九五之尊，她要想到坤卦的"黄裳元吉"，用谦虚掩盖她的光彩。做了最高的领袖时，因为周围都是强阳，就不要再动了，要发挥女性的优点来软化他们，来用他们，所以"含章"，掩盖自己的才华，这时要学老子的无为之治，如此天会降福给她。到了上九，初六的女性跑到了高峰，钻入牛角了，照理说天道应该没有角，所以她跑到天道的最高处，还是要站在边上，不求有功，只望无过。

第四十五卦 萃 ䷬

【卦辞】

萃：亨。王假有庙，利见大人，亨，利贞。用大牲吉，利有攸往。

这一卦，䷬，下面是坤，上面是兑，坤是顺，兑是悦、快乐，顺而悦。这一卦是说，顺着这个走会获得快乐。二五位当而应，当然很好。我们先看看"萃"，"萃"本来是一种草，草聚在一起，是草丛，有聚合之意。怎么聚合？那就要看卦辞了，"萃：亨。王假有庙，利见大人，亨，利贞。用大牲吉，利有攸往"，卦辞给"萃"很多定义。第一要"亨"，"亨"就是交流、沟通。萃的原则，本来是乱的，然后平乱，亦即本来是人才散失掉了，现在把他们聚合起来，这是整个卦的意思。我们看人君怎么聚合人才。因为开始是乱，所以第一要有亨，要沟通、交流、了解。第二，"王假有庙"，"庙"就是宗庙，就是宗教信仰。这个"王"要寄托宗教的信仰来聚合人才，"王假有庙"也代表信仰，因为古代的帝王祭祀就是拜天，这是寄托于宗教。

"利见大人"，因为卦辞是拿主爻来讲的，主爻是九五，九五是大人，大人是中正之德，代表原则，所以这里是代表原则，君王要聚合人才，要强调原则。接着又是"亨"，这里出现了两次"亨"。通常卦辞中只有一个亨，这里出现了两次，可见交流的重要性。与别人交流要有原则，"亨"可解释成两种交流，一种是祭天，向上天交流，另一种是向人民交流，"利见大人"是向人民的交流。在这个卦里，第一个"亨"是上天，第二个"亨"是万物。"用大牲吉"，"大牲"就是大祭，君主的祭祀，最大的祭祀是祭天，大祭就是用牛、羊、猪这些大牲为祭品，这是最重要的大祭。因为君主聚集人才不是小事情，所以用大祭表示自己的诚。"利有攸往"，可以前进，君主要聚合人才，不能待在他的皇宫里面，要出去招揽人才，要有所行动。

归纳起来，这个卦辞至少讲了六点：第一，信仰；第二，原则；第三，"亨"，就是了解；第四，利贞，"贞"就是正道；第五，至诚；第六，走向人民。这样的话，君主才能拨乱反正，使那些散失的人聚合起来。从历史上来讲，周代各种学术都掌于王官，后来周道失势，所有的王官都跑走了，人才就流失了，但周朝的后代没有做到"萃"，也就是聚合人才，可憾。

【彖辞】

《彖》曰：萃，聚也；顺以说，刚中而应，故聚也。王假有庙，致孝享也。利见大人，亨，聚以正也。用大牲吉，利有攸往，顺天命也。观其所聚，而天地万物之情可见矣。

《彖辞》说："萃，聚也；顺以说，刚中而应，故聚也。"这里讲得很清楚，"萃"就是聚。怎么聚？我们前面讲过六点，现在则是就内外卦来讲。"顺以说"，内卦坤，是顺，外卦兑，是悦，顺到外面是快乐。"刚中"是指九五，九五是主爻，"刚中而应"，与下面的六二相应，所以才能聚。有时候君主要能够与臣民相应，才能够把臣子、臣民聚合起来。"王假有庙，致孝享也"，为什么假庙？宗庙就是祭祀祖先的地方，以孝治天下，从文王、武王开始，都强调孝道。"利见大人，亨"，这是利见大人的原则。"聚以正也"，"正"就是原则，以正道来聚合人才。"用大牲吉，利有攸往，顺天命也"，这里出现天命了，"王假有庙"，是宗教也是天命，君主要聚合人才，就要以天命为依归，以天命来聚合人才。我们在《尚书》中看到，那些君主在发动战争的时候都引用天命，说这是天降于他们的任务，他们要顺从天命。

"观其所聚"，是指要看这个君主聚合人才是为了什么，用了什么方法。前面讲了六点，这里就《象辞》来讲有四点：第一，刚中，刚中而应；第二，正道，聚以正也，是用一个正道；第三，孝，重要的是孝道；第四，天命。我们要看看这个君主聚合人才，是不是刚中，是不是正道，是不是以孝治天下，是不是顺从天命。若能如此，我们才能够通天地万物之情。"亨"就是通天地万物之情，然后才能使得万物都来归。

☆师生问答

学生：何为以孝治天下？

老师：你问古代还是现代？

学生：如果以现代来说的话。

老师：如果是现代的以孝治天下，有些古代礼制上的孝就要改变了。我们要把孝变成大孝，大孝不一定是忠，孝就是家庭问题，也是跟父母的情感，它是人与人之间最大的一种情感，我们不能不承认孝。若把孝再往前推进一步，孝真正的精神就是报恩，我们不能否认孝是报恩，但是报恩是以道德为基础，以孝治天下就要强调它，使得所有人民有报恩的观念。报恩不只是要报答君主的恩，对我们的父母，对有恩于我们的朋友，都要感恩。

【象辞】

《象》曰：泽上于地，萃；君子以除戎器，戒不虞。

《大象》说："泽上于地，萃；君子以除戎器，戒不虞。""泽上于地"，也就是说水在地上，水在地上就会乱流，人才散了就像水在地上流，所以我们要想怎样聚合。为什么想到"除戎器，戒不虞"？"聚"是对付萃的，对付乱的，防乱要先"除戎器"，"戎器"就是兵器。"除"不只是把武器丢掉，也是除旧布新，武器要更新。为什么要更新武器呢？以防不虞，以防战争。"除"还有另一个意思，即整治。因为整治一个社会要除旧布新，所以要聚合人才，用人才来改革社会。我们前面讲到两个卦，一个是小畜，另一个是大畜，这两个卦都代表培养人才，积聚人才。小畜和大畜下面三根爻都是阳爻，对于阳，要驯服他们，积聚他们的力量，为君主所用，为国家所用。现在萃的下面三根爻都是阴爻，萃也是聚，但是聚的方法不同，因为下面是三根阴爻，所以萃要除旧布新，就得转阴为阳。这里用了一个"除"字，"除"就是转，转旧布新的意思。实际上除了武器，教育也要聚合人才，以"戒不虞"。十年树木，聚合人才就要靠教育。

【六爻性能】

初六：有孚不终，乃乱乃萃，若号，一握为笑，勿恤，往无咎。

《象》曰：乃乱乃萃，其志乱也。

六二：引吉，无咎，孚乃利用禴。

《象》曰：引吉，无咎，中未变也。

六三：萃如，嗟如，无攸利，往无咎，小吝。

《象》曰：往无咎，上巽也。

九四：大吉，无咎。

《象》曰：大，吉，无咎。位不当也。

九五：萃有位，无咎。匪孚，元永贞，悔亡。

《象》曰：萃有位，志未光也。

上六：赍咨涕洟，无咎。

《象》曰：赍咨涕洟，未安上也。

初六，"有孚不终，乃乱乃萃，若号，一握为笑，勿恤，往无咎"。因为初六是阴，所以"有孚不终"，意思是它的诚信不够，不能维持至终。因为"有孚不终"，所以有了乱，人才都会跑掉，因为人才跑掉了，所以要聚合。在聚合人才的时候，"若号"，"号"本来是发号施令，也是号召人才，发布命令，此外，"号"也代表诚，因为"有孚不终"，所以要聚合人才，要表达自己的诚意。"一握为笑"，"握"是去用人才，君主三顾茅庐去找人才。本来人才跑掉了，现在拉回来，握握手，请他们帮忙，以诚意感动他们。这个时候"勿恤"，不要担心，不要忧虑。"往无咎"，要往，不要停留在自己的位置上喊口号，要礼贤下士，要三顾茅庐，招揽人才要亲自去，一直停在自己的位置上，怎么能够聚合人才呢？所以这个爻强调往。

《小象》说："乃乱乃萃，其志乱也。""其志乱"，为什么乱呢？因为诚意不足，人才的志乱了，所以要聚。这个象是讲乱的原因，没有讲到"萃"，可见《小象》有时候讲得不太完备。

六二，"引吉，无咎，孚乃利用禴"。"引"是把下面的引上来，引到六二的位置上，即引进人才。如果能够引进人才，就是吉，无咎。怎样引进人才呢？"孚"，仅初六、六二就讲了两次"孚"，可见诚的重要性。怎么孚呢？"乃利用禴"。"禴"是一种小祭，到了九五才是大祭。为什么这个地方用祭？祭代表诚意，跟上天相交，跟上面相交。因为六二与九五是一阴一阳相通，所以"引吉，无咎，中未变也"，"中"就是处中正之道，"中"代表诚，真诚不变。

☆师生问答

学生：初六跟六二有什么不一样的地方？

老师：就初六来讲，他跟九四相应，只是位不当，位不当就乱，所以他要跟上面相交，一握为笑，这是初六的做法。六二的作用在"引"上，阴已经比较盛了，他能够联合初六，所以用一个"引"字。初六、六二都是阴，二者有相似的作用，如果六二是臣子，初六就是人民，所以聚合人才的时候，这个臣子要引进人民，要聚合人民，要使人民不流散。两根爻的位置不同，但作用都差不多，六二是位正，初六是位不正。

学生：可不可以看成，初六是人民想要聚集在一起？

老师：人民为什么要聚？因为有九四大臣的聚合。大臣是聚人民，跟九五聚人才有不同的方法。大臣若要聚人民，只要能让人民安居乐业，人民就来归了，这是大臣的方法。九五要聚六二的话，就要礼贤下士，六二就像诸葛亮一样，刘备要能礼贤下士，才能请他出来。

《小象》说："引吉，无咎，中未变也。"因为他还是把握他的诚，诚正不变。

六三，"萃如，嗟如，无攸利，往无咎，小吝"。这里有感叹了，为什么在聚和乱的时候会有感叹？六三在两根阴爻的上面，位不当，阴过盛，面临两根强阳，跟上六又不应，都是不好的现象。"无攸利"，所以没有利。但是"往无咎"，这就是告诉我们，在第三爻的时候可以往，上面两根爻是阳爻，是君主、大臣，虽然在这个位置上无力，但还是可以往，只是有"小吝"。为什么有小吝？小吝多半是指阴爻，这根阴爻带了下面两根阴爻，他是阴爻的领袖，这也是吝道。

《小象》说："往无咎，上巽也。"因为外卦是巽，巽代表柔和，所以可以往。

九四，"大吉，无咎"。如果"大"当作形容词，说大大之吉，又说"无咎"，就等于没有讲。应该是能够大，则吉，则无咎，"大"才是要点。九四要心胸宽大，要有大的理想、大的原则，"王假有庙"就是大，九四要能强调大原则、大理想，才能聚合人才。如果君主只强调小的问题，大人就不会来，所以"大"很重要，大，然后吉。

《小象》说"大，吉，无咎"，又说"位不当也"。位不当应该是不吉，位当才吉，才无咎，所以这句话没有讲清楚，如果讲清楚了，意思就是位不当，所以要能大。之所以强调"大"能够吉，能够无咎，是因为九四位不当，他是大臣，君主又是强阳，为了避免冲突和猜忌，必须要能大。为国为君，而不为己，如果有私心，不大的话，就不能够和君主相合。所以"大"的意思就是无私心，得臣无家，这样才是所谓的"大"。

九五，"萃有位，无咎。匪孚，元永贞，悔亡"。"有位"很清楚，九五位当，处中正之位，也就是说他有资格真正地聚合人才。要注意，九四没有资格，九四要为君主聚合人才，如果九四不"大"，聚合人才只为了自己，就犯忌了。九五"萃有位"，对九四来说，九四没有位，九五有位，聚合人才，无咎。"匪孚"，"匪"就是非的意思，不是"无"，"无孚"是指没有诚意，"匪孚"是指外在的，指人才开始乱了，因为"萃"是讲乱。人才为什么乱？因为人才"匪孚"，人才不相信君主。所以，九五要保持"元永贞"，这三个字是教训，"元"是动机、本元，要永远把握正道，把握诚，这样才能"悔亡"。这里有一个"悔"字，九五之尊，跟六二本相应，都很好，"悔"从何来？我想"悔"是因为下面三根爻都是阴爻，而九四又是一个强硬的大臣，君主把人才聚合后，在用的时候很危险，所以要把握诚道，才不会有悔。否则聚合了人才，如果用不好，这些人才就会成为乱源。刘备能够用诸葛亮，能够用五虎将，有他的一套功夫，使得人才能够服服帖帖，这很不容易。

《小象》说："萃有位，志未光也。"九五有这个位聚合人才，但是为什么又说"志未光"？我们看象，上面有上六，还不是很光亮，因为上面有阴暗。

☆师生问答

学生：九五发号施令，但没有人听，这该怎么办？

老师：没有人听，那上六就哭了。位是权位、名位，有句话说："唯器与名，不可以假人。"如果名、器被九四拿去了，这就要后悔了，要哭泣了。聚合了人才，人才都被大臣所用，君主管不了，这就危险了。所以要强调君有位，意思是大臣聚合人才为君主所用，君主要把握他的位，把握他的名器才无咎，不然会变成什么呢？"匪孚"，聚来的人不相信他，不相信这个领袖，而相信手下的大臣，因为是大臣聚合了他们，要是这样就糟糕了。所以说"匪孚"，这个时候要把握诚道，以自己的诚去感化他们、去影响他们。所以还是要战战兢兢，九五就是如此。

上六，"赍咨涕洟，无咎"。上六就是教训，"志未光"怎么样？要"赍咨涕洟"，也就是流眼泪，这样才能无咎。这个时候九五怎么处理？一方面"元永贞"，把握诚；另一方面要用上六的柔道聚合人才。就像刘备，他每次出兵打仗的时候，都是流着眼泪说："哎呀，我无能啊，要你们这些兄弟帮我打天下。"这样软化才会无咎，不流眼泪的话，他就是强阳，九四也是强硬的阳，两个阳就要冲突了。所以九五一方面讲诚，另一方面还要以软化的方法运用人才。

《小象》说："赍咨涕洟，未安上也。"在上位还不安，万一弄不好，下面的大臣就抢了他的位置。我们单纯地认为君主能够聚合人才是好的，任何事情都有反有正，这是《易经》的深刻之处。虽然从表面上看很正、很好，但是潜伏了危险的种子。总之一句话，聚合人才，要能够用人才，而就这个卦来讲，九四是聚合人才，九五是用人才。

第四十六卦　升䷭

【卦辞】

升：元亨，用见大人，勿恤，南征吉。

升卦䷭，内卦是巽，外卦是坤，巽是木，是风，坤是地，树木从地里面慢慢生长出来就是"升"。"升"除了树木的向上升，是一个外在的物理现象，德性的提升、地位的晋升也都是升，这是就精神上和政治上来说的。晋卦跟升卦有什么不同呢？晋卦是上面召见我们，是上面的人把我们拉上去，升卦是自己往上升，亦即所谓的提升。晋跟升不同，晋是靠外力，升是靠自己的力量。从升卦中可以看到我们生命的提升、精神的提升，也可以看到我们的道德、德性的提升。

那么，升需要什么条件？元。"元"有很多解释，第一，元是开始，比如说树木是从树苗慢慢长大的，开始很重要。如果一开始，即在元的时候，它不是树木，就不会长得那么高了。种子好，才长得好，种子不好，可能半途就夭折了，所以元很重要。第二，元代表气，所以升要用元气。在升的过程中，"亨"也很重要，亨是交流、沟通。一粒种子在生长的时候，环境很重要，因为它需要被灌溉、需要阳光，还要看土地的贫瘠，所以亨很重要，不亨的话，即使种子再好，也升不上去。

"升：元亨，用见大人，勿恤，南征吉。""用见大人"，这里一般都注"利见大人之利"，但这里用了"用"，这是指用"升"才能见"大人"。为什么要用"升"见"大人"？因为我们说"升"是自我的提升，又元又亨，自我要有生命的提升才能见"大人"。"大人"显然是指六五，要注意六五是君主，是大人，而且六五是阴爻，是谦，也就是说能够见大人，而且是一个很谦虚的大人，才能升，很容易一拍即合，如果是一个很刚强的大人，就不容易沟通。

"勿恤"，不要担忧，在升的过程中不要担心。我们常常说，爬得越高跌得越重，我们会担忧，但是"升"不要担忧，为什么？因为那是靠自己的力量提升的，跟"晋"不一样，"晋"是靠上面的人升，如果上面的人不高兴的话，我们就会掉下来。"南征吉"，为什么"南"？因为上面的坤代表南、代表柔和，"南征"也就是去南边，或者去阴柔的地方，则吉。所以要升，升在很阴柔的地方，不要升在很刚强的地方，否则会碰壁。"南"也出现了很多次，就文王来讲，都是他的地盘，因为文王是在西南方发展的。

【象辞】

《象》曰：柔以时升，巽而顺，刚中而应，是以大亨。用见大人，勿恤，有庆也。南征吉，志行也。

《象辞》说："柔以时升，巽而顺，刚中而应，是以大亨。用见大人，勿恤，有庆也。南征吉，志行也。""柔"是指初六，因为刚开始，初六"以时"，即把握时间一步一步地升，"时"代表顺着次序慢慢来，要配合时间一步一步地升。"巽而顺"，内卦是巽，外卦是坤，坤代表顺，因为《象辞》是就卦辞来讲内卦、外卦。"刚中而应"，"刚"是指什么？指九二，九二很刚，九二跟六五相应。我们从这个卦象中可以看出，初六一升，升到九二，就很好了，因为他跟六五就相应了，"是以大亨"。"用见大人，勿恤"，见大人不要担忧。"有庆也"，这没有什么解释。"南征吉，志行也"，为什么"志行"？孔子说"志于道"，所以"志于道"就能行，要升，要"志于道"，不是乱升，因为有元、有亨就不会乱。

【象辞】

《象》曰：地中生木，升；君子以顺德，积小以高大。

《大象》说："地中生木，升；君子以顺德，积小以高大。"下面是地，上面是木，就内卦、外卦的象来讲，树木会在地里面生长，升上去。"君子以顺德，积小以高大"，什么是"顺德"？第一，要讲顺德，要顺时，柔以时升。第二，顺自然，一定要顺乎自然才是顺，"道法自然"就是顺自然，这是老子的话。第三，要虚己，虚掉自己才能顺。自我很强的话就不能顺，虚己就是虚掉自我。第四，无住，这也许是佛家的话，即不要执着，如果执着就不能顺了。第五，不息，不停，上六有"不息"两字，如果息就不顺了。这是"顺德"的五个含义。不要把"顺"看成投降，而要顺其势、顺其自然、顺其时，所以这里讲的"顺德"很重要。外卦是坤，坤就是顺德，坤顺于乾，就是顺其时间慢慢发展，"积小以高大"，就像树木一样，从小树苗变成大树。

【六爻性能】

初六：允升，大，吉。

《象》曰：允升，大，吉，上合志也。

九二：孚乃利用禴，无咎。

《象》曰：九二之孚，有喜也。

九三：升虚邑。

《象》曰：升虚邑，无所疑也。

六四：王用亨于岐山，吉，无咎。

《象》曰：王用亨于岐山，顺事也。

六五：贞吉，升阶。

《象》曰：贞吉，升阶，大得志也。

上六：冥升，利于不息之贞。

《象》曰：冥升在上，消不富也。

初六，这是顺的开始、升的开始，我的断句是"初六：允升，大，吉"。为什么讲"允升"？卦辞讲"元亨"，"亨"是交流、沟通，不互相沟通的话，怎么上去？"允"就是被允许，外边的环境允许我们升才能升，若一个人想升，上面有阻碍就不能升。"允升"是对九二来讲的。上面九二、九三都是阳，初六是阴，初六要升上来，九二要是阻碍的话就升不上去了。从这里我们可以看出，"允"也有和的意思，允许大家相和，也就是初六得到九二的允了，能相和才能升。所以初六跟九二的关系要搞好，不然就有阻碍。

"大"字后面我用一个逗号，是指要能大，为什么特别强调"大"？因为这个是"元亨"的"元"，元开始要大，不是直接大，虽然是开始，但是在开始的时候就有"大"的潜能。就像种子，虽然同样都是种子，但有的种子最后能变得很大，有的种子就变得不是那么大，有的种子甚至发不出芽来。所以，种子里面有"大"的潜能则吉。为什么不说"大吉"？因为"吉"就是吉，在初六谈不上大吉，所以我要把它们分开，能"大"则"吉"。

《小象》说"允升，大，吉"，重复爻辞。"上合志也"，跟上面的合志，实际上就是指九二，跟九二合志。因为初六跟六四都是阴，所以"上合"是往上与九二相和。

九二，"孚乃利用禴，无咎"，"禴"是小祭。"无咎"，这个小的祭祀代表我们的诚意，因为祭的诚意不在乎东西的大小。九二是普通的君子，所以他要用小祭来表达诚，六五君主才能用大祭。即这一爻要以诚来跟上面沟通，因为君主是六五，是阴，所以九二要以诚意去跟君主沟通而相和。如果这里用大祭，就是僭越了，六五就会对付他，不让他升了。因为他是危险人物，所以用小祭代表诚。

《小象》说："九二之孚，有喜也。"这个不用解释，有喜则九二与六五相和了。

九三，"升虚邑。""虚"很重要，就象来讲，"虚"是坤，正好有路，他要升入虚邑，如果上面不虚的话，就不容易升上去。"升虚邑"的"虚"同时也代表心，"虚其心"，这是《老子》的话。因为九三、六四两爻都代表心，所以是说自己的心要虚，才能升。

《小象》说："升虚邑，无所疑也。"心虚的话，就不会怀疑了，心里面空了，还有什么疑虑？

六四，"王用亨于岐山，吉，无咎"。一般来说这根爻是大臣，这里用了一个"王"字，可能是指文王，文王用亨，"亨"就是祭祀，用祭于岐山。就文王来讲，他被商纣王放回去的时候还是臣子，是大臣之位，文王为了表示他的诚意，常常跑到岐山上向神明祷告，也就是沟通天人。同样，我们要升，要看看在升的过程当中，和上边的关系是否良好、和谐，要有诚、要谦虚才能升。到了六四，要沟通天人才能升。"亨"有两个意思，一个是往上天的亨，是沟通；另一个是往人民的亨，所以说"用亨于岐山，吉，无咎"。

《小象》说："王用亨于岐山，顺事也。"这是说能沟通天人才能顺天道、顺自然，这就是"顺德"。

六五,"贞吉,升阶",六五是君主,也是这一卦的主爻,所以把握贞则吉。"贞"是正道,六五是阴爻,阴爻的正道就是谦,以谦为正道则吉。"升阶","阶"就是阶梯,上升要有阶梯,没有阶梯升不上去。这一爻告诉君主,好的君主要能让人民升,让臣子升,但是,若要人民、臣子往上升,自己要先铺阶梯,要有路子给人家升,而不要把路子挡住。所以这一爻是虚,是空,而外卦是坤,也是空,如此才能升得上来。

看到"阶",我们就想到外在形象上的台阶。升卦也代表精神、生命的提升,也就是说,一个君主要强调精神,要让人民的精神能够提升,就必须建立制度,而"阶"就是制度。所谓建立制度,具体来说,就像周公制礼作乐,不是限制人民,而是使人民的生命往上提升,尤其是乐,它是沟通天人的,若能强调音乐,使人民的生命都健康,都提升了,就是为生民立命。

《小象》说:"贞吉,升阶,大得志也。"这里没有什么解释,意思是君主能够大大得志,因为他使人民都能立命。

上六,"冥升,利于不息之贞"。"贞"是好,"不息"也是好,"不息"就是恒。然而,"冥"负面的意思是暗,外卦的坤是阴,阴代表暗,而且上六是阴,也是暗,就象上来说冥是暗,是不好的。升入黑暗中,不是升得不好吗?要升入光明才好,这里表面上看好像有点矛盾,有点问题。开始的时候,我认为解释有点问题,如果把"冥升"解释成暗,在表面上就是矛盾的,但若我们真正去想,便会发现有很多道理。

很多儒家或易学家都认为,升入暗中了,所以要"利于不息",不息地把握正道来处理暗,要突破暗。以前我也有过这种解释,后来我看到"冘"便联想到庄子的《逍遥游》说"北冥有鱼,其名为鲲",接着有"六月息者也",然后一飞冲天,再展开翅膀,往南冥飞,这里是用了一个"冥"字。《庄子》中的"北冥""南冥",就象上来讲,好像暗得看不清楚，但也表示很深、很远。我们认为远得看不清楚，便是暗的，因为"冥升"代表无穷，因为它无穷，它有冥，实际上是升到了天上，所以我们认为是看到无穷了。

从正面的意思来讲，"冥"就是无穷。升于无穷的时候，"利于不息之贞"，要有恒，升到最高没有止境，这是上六，如果升到上边还有一个限制的话，就升得不高了。后来我又结合了禅宗的思想，禅宗说"百尺竿头须进步，十方世界是全身"，"百尺竿头"是最高了，虽然就竹竿来讲升不上去了，但是跳出十方世界就是"冥"，就是无穷，所以是跳到无穷的境界。"不息"就是百尺竿头更进一步。

☆师生问答

学生：老师，有一句话叫"冥冥之中"，意思就是不容易察觉。

老师：冥冥之中自有神明，还有一个神明在那里，"冥冥"是暗，冥冥之中有神明，不就是亮吗？

学生：从绘画的角度来讲，越远的东西就越虚无。

老师：升到最高是一个无穷的境界，冥，非常好。

《小象》说："冥升在上，消不富也。""消"就是指消减，"不富"就是无阳，"富"就是阳。换言之，阳消减了，不富，就是无阳。《小象》没有把真正的"不息之贞"讲出来，"不息之贞"是这句话的重点，升的功夫就是"不息"。不论是生命的提升，还是精神的提升，"不息"很重要。"顺德"，其中一个意思便是"不息"。

若升得不好，升到这边困了，你不能做到"不息"，也不知道"不息"的作用，无诚，所以马上一转，转到困。我们接着看下面的困卦。

第四十七卦　困

【卦辞】

困：亨，贞，大人吉，无咎，有言不信。

困卦䷮，内卦是坎，坎是险，外卦是兑，是悦。这很有趣，险里面还有悦，很有哲学意味，可从正面来讲，也可以从负面来讲。若说负面，就象来讲，上面九四、九五两根阳爻，为它们外面的两根阴爻所包围，阳被阴包围，是困的象。为什么险而有悦？意思是虽然处困，但还能够把握喜悦之心，这就是正面的意义。它告诉我们，困是不好的，还告诉我们处困之道，《易经》实际上是教我们怎样应付人生。看到困不要怕，人生随时都有困，不如意事十之八九，没钱了是困，事业发展受到阻碍是困，男女的婚姻关系可能有一段时期也有困，这些在人生中都会出现，所以卦辞是"困：亨，贞，大人吉，无咎，有言不信"。处困之道，最重要的是"亨"，"亨"是交流、了解。处困的时候要了解现在所处的位置，如此才能脱困。

这个卦是困，所讲的是脱困之道，脱困重在"亨"和"贞"。孔子说："君子固穷，小人穷斯滥矣。""穷"就是困，"君子固穷"的"固"就是贞，贞固，把握贞固于穷困之际，孔子在这里把《易经》的道理拿来用了。如果要固穷，小人就失去贞了。"贞"是什么呢？就这个卦来讲，九二、九五是两个主爻，被困的是主爻，九二、九五也是阳爻，阳爻代表诚，正道是诚，也就是说，处困的时候要把握住诚。"大人吉"，就卦辞的象来说，"大人"当然是指九二跟九五，因为这两个是主爻。"大人吉"就是有大人之德则吉，不只是说大人吉。就卦辞来讲，我们需要亨，需要贞，需要有大人之德，如此则吉。卦辞告诉我们，在这个卦里面，我们要有这种德，即把"我们需要"放在这里，大家就清楚了。

"无咎，有言不信"，第一个意思，穷困的时候，我们讲的话别人也许不信，但我们要能够固穷，也就是在穷困时有所固守，这样即使别人不信，也不必在意。第二个意思，"有言"指别人的谗言，也就是别人的批评我们不要放在心里。

【彖辞】

《彖》曰：困，刚掩也。险以说，困而不失其所亨；其唯君子乎？贞，大人吉，以刚中也。有言不信，尚口乃穷也。

《彖辞》说："困，刚掩也。险以说，困而不失其所亨；其唯君子乎？贞，大人吉，以刚中也。有言不信，尚口乃穷也。"为什么"困，刚掩也"？"掩"是掩盖，九二的刚与九五和九四的刚为阴爻所掩，所以是困。"险以说"，内卦是险，外卦是兑，兑就是悦，快乐。为什么险了反而有悦？"困而不失其所亨"。这很重要，虽然是困，但不要失掉我们的"所亨"，"亨"就是沟通，"所亨"就是沟通的本质，不要失掉我们沟通的本质，如果失掉了，就是真正的困。困而无咎，因为有沟通才能出去，所以在任何穷困的时候，我们都不要失掉那一点本质、那一点根本、那一点德，否则就真正无救了。"其唯君子乎"，能够不失其所亨，只有君子能做到，因为君子能固穷。"贞，大人吉，以刚中也"，"贞"是讲刚，刚中，九五、九二处中道。"有言不信"，为什么"有言不信"？"尚口乃穷也"。"尚口"就是只靠嘴巴讲，"乃穷"，不要凭口舌，穷困的时候，要紧闭嘴巴。

【象辞】

《象》曰：泽无水，困；君子以致命遂志。

《大象》说："泽无水，困；君子以致命遂志。""泽无水"，为什么呢？这个象的外卦是兑，是泽，内卦是坎，是水。水流掉了，泽就没有水了，就困。泽干了，在没有水的时候怎么办呢？"君子以致命遂志"，"致命"，"致"就是做，尽力去做，"命"就是天命，即尽天命。"遂志"，遂什么志？志于道，在困的时候，要想到天命，想到道。如果自己感觉到困、感觉到穷，想想天命、想想道，就想开了。我做了一辈子的老师，虽然穷困，但是做老师是我的天命，这么一想就很舒服了。

☆师生问答

学生：为什么说"泽无水"？

老师：上面是泽，下面是坎，坎为水，水在泽下面，表示水从下流掉了。水本来应该在泽上，现在水在泽下，所以泽就没有水了。其实穷困时，不要老想着穷困，这一辈子我也没有感觉到自己很穷，你感觉穷，你就真的为穷所困了。

【六爻性能】

初六：臀困于株木，入于幽谷，三岁不觌。

《象》曰：入于幽谷，幽不明也。

九二：困于酒食，朱绂方来，利用亨祀，征凶，无咎。

《象》曰：困于酒食，中有庆也。

六三：困于石，据于蒺藜，入于其宫，不见其妻，凶。

《象》曰：据于蒺藜，乘刚也。入于其宫，不见其妻，不祥也。

九四：来徐徐，困于金车，吝，有终。

《象》曰：来徐徐，志在下也。虽不当位，有与也。

九五：劓刖，困于赤绂，乃徐有说，利用祭祀。

《象》曰：劓刖，志未得也。乃徐有说，以中直也。利用祭祀，受福也。

上六：困于葛藟，于臲卼，曰动悔。有悔，征吉。

《象》曰：困于葛藟，未当也。动悔，有悔，吉行也。

初六，"臀困于株木，入于幽谷，三岁不觌"，都是不太好的象。一开始位不当，同时又进入险中。初六本来应该是脚，现在是臀，为什么用"臀"？因为脚不能坐，只能走，臀是用来坐的，所以我们常常说"坐困愁城"，在困的时候都坐下去了。困卦都是讲环境的，"困"就是困于一种环境里面。"臀困于株木"，"株木"是阳，指九二，是大树木，"困于株木"就是被树木挡住了，使我们不能前进。"入于幽谷"，"幽谷"是指初六，初六是阴。"三岁不觌"，"觌"是看得见，"三岁"是指长时间，也就是说，很长时间出不去，无法重见天日，因为为九二所阻。初六又是阴柔，所以出不去。这个跟"升"不同，"升"是得了上面九二的"允"才能升，现在是受到阻碍，"困"，所以不能升。

《小象》说"入于幽谷，幽不明也"，因为初六是暗，所以是"幽不明"。

九二，"困于酒食，朱绂方来，利用亨祀，征凶，无咎"。"困于酒食"是指没有酒食，如果受困时有酒有食，很多人就会愿意受困，现在说没有酒食，当然是困。"酒食"是譬喻，指没有吃的东西，"酒食"是阴，是水，从九二来讲，它困于下面的初六，也困于上面的六三，这一根阳爻被六三、初六两根阴爻包围，就是困，再加上内卦是水，都是酒食，看得到却吃不到，这才真是困得难受啊！在我们受困的时候，突然来了很多酒食，也是有危险的。所以在受困的时候，不要贪图太多的酒食。

这时候，幸好"朱绂方来"。"朱绂"是指皇上所赐的衣服，九二跟上面的九五本来是一对，但都是阳，"朱绂"实际上是指九五的君主。得到君主的赏识，这个时候怎么办？"利用亨祀"，利用这些酒食来祭祀，表达自己的诚意。"征凶"，因为九二跟九五都是阳刚，所以不能相应，如果直接跑去就是"征"，则凶，意思是要留在自己的位置上，能等待就无咎。假定我们在困的时候，突然有很多酒食、很多钱送过来，千万要小心，这时候是危险的。我们要保持冷静，不要被这些东西引诱，从而失去原则，因为"小人穷斯滥矣"，也就是小人穷的时候，突然有一笔横财过来，就会不顾原则地去追求。所以，在困的时候，遇到酒食、钱财，要把握自己的诚，不能失去原则。

《小象》说："困于酒食，中有庆也。"因为九二在内卦之中，是中正之道，能把握中正之道就不会受困，所以有庆。

六三，"困于石，据于蒺藜，入于其宫，不见其妻，凶"。"困于石"是指前面有大石头挡着，大石头当然是指九四。"困"是指周边的环境，为九四的石头所阻。"据于蒺藜"，"据"是指背后，"蒺藜"，有刺的草，指的是九二，是说六三为九四、九二所困，进不得，退不能。"入于其宫"，回到自己的家，"宫"在古代也是指自己的家，回到家"不见其妻"，太太跑掉了，这真是祸不单行的困。

☆ **师生问答**

学生：老师，为什么会"不见其妻"？

老师："不见其妻"，"妻"当然是指自己的配偶，实际上我认为是指失去自己。即我们有时候一个人陷入穷困，把握不住原则，就失去了自己。

《小象》说："据于蒺藜，乘刚也。""蒺藜"指的是九二，六三是阴，阴乘阳，所以不好。"入于其宫，不见其妻，不祥也"，"不祥"指不是好兆头，是凶。

九四，"来徐徐，困于金车，吝，有终"。九四跟初六是一对，位虽不正，但是有相应的关系。"来徐徐"，"来"指初六之来、配偶之来、朋友之来。"徐徐"很重要，九四上有"徐"，九五上也有"徐"，"徐徐"就是慢慢地。穷困的时候，什么东西都要慢慢恢复，快不得，一快就像突然有酒食。"朱绂方来"的"方"就是很快，刚来、方来，都是代表赶快来，所以来得快的时候要小心。中医也是一样，大病初愈不能马上大补，要慢慢来，所以"徐"很重要，这是一种功夫，徐徐而来。

当初六徐徐而来的时候，"困于金车"，"金车"当然是阳。是什么东西挡住初六跟九四的关系呢？当然是九二，九二是金车。初六时已经讲过"困于株木"，现在是"金车"，所以它来的时候，实际上是"困于金车"，即为九二所挡住。之所以有"吝"，就是因为不能赶快来，只能慢慢来。"有终"，因为它们还是一对，所以阴阳相应，虽受阻碍，但最后还是会来。有的注解把"困于金车"说成没有金车，步行而来，慢慢走过来，这也可以。在困的时候，虽然可以复苏，但是要了解这个过程必须慢慢来，不能快。

《小象》说"来徐徐，志在下也"，为什么"志在下"？因为九四跟初六是一对，"下"是指初六。"志在下"就是不要太高昂，要平心静气，因为九四跟九五都是阳刚，所以在九四大臣的位置上，要把自己放低，要谦虚、谦卑。"虽不当位，有与也"，虽然九四位不当，但是"有与也"，有初六与之相应，"与"就是相和。九四是在外面，如果在外面受困，有里面的人相应，是太太的话，就是有内助，是先生的话，就是有支持，意思是有内应，可以解困。

九五，"劓刖，困于赤绂，乃徐有说，利用祭祀"。"劓刖"，这是古代的刑罚，砍鼻子、砍耳朵，意思都是受刑，受刑多半是指阳刚太过。把鼻子、耳朵割掉了，就不能见人，不能出去了，这就是受困。"困于赤绂"，"赤绂"是指诸侯的服饰。就九五之尊的君主来讲，诸侯是指九四，是下属，诸侯不来支持也是困。但是"乃徐有说"，要慢慢地转变，"说"就是指外卦，外卦本身是兑，是悦，要徐徐才能转忧为喜。怎样徐徐而悦呢？要"利用祭祀"。在这个时候如果诸侯不能来臣服，君主就要用什么方法？要祭天，以祭祀表达诚意。我们前面讲过，"王假有庙"，"有庙"是有宗庙，也就是祭祀，或者用宗教信仰，用诚信来吸引诸侯臣服于他，实际上就是用诚来感化他们。

《小象》说："劓刖，志未得也。""志未得"就是有志不能伸，是困。"乃徐有说，以中直也"，能徐徐而为才能把握中直，"中直"就是内心的诚，诚是直道，是阳刚中正之道。"利用祭祀，受福也"，用祭祀来表达对天的诚，就会得到天的福佑。

上六，"困于葛藟，于臲卼，曰动悔。有悔，征吉"。跑到最高峰了，是阴爻。"困于葛藟"，"葛藟"就是蔓生的带刺植物，"困"是周围的，上六所困的是下面的九五，上六乘九五。"于臲卼"，"臲卼"就是动荡不安，是指上六本身，上六是阴爻，乘于阳，又跑到最高处，所以不安，受困而不安。"曰动悔"，"动悔"是指"困于葛藟"，然后又处于一个臲卼不安的状态，所以说动而有悔。"动悔"是就上六来讲的，这时候不能乱动，跑到最高了，一动就有悔，所以"悔"就是指会有后悔或不好的事情。接着，"有悔"，"悔"是悔悟。如果有悔悟，知道高处不胜寒，就"征吉"。"征"不一定指打仗，也是往前走的意思，也就是能够脱困。因为整个卦讲困，所以有悔的话，就能脱困。

《小象》说："困于葛藟，未当也。"这里不说位不当，而说"未当也"，是指做得不当。因为是阴乘阳，所以行不恰当。"动悔，有悔，吉行也"，这是好的。这个卦告诉我们，处困的时候不要动，在初六上不要动，九二上征凶，也不要动，在六三上当然也不要动，前面三爻是坎险，都是不动。处困的时候为什么不动？因为能源不足，要节省能源。而到了九四需要内助，可以动，到了九五需要天助，祭祀是需要天助的，可以动，到了上六也可以动，但是有一个条件，要时时存有悔悟之心。所以初六、九二、六三都不能动，九四、九五、上六都可以动。因为下面三爻是坎险，要按兵不动，上面三爻是兑，兑是悦，动而悦。

第四十八卦　井 ䷯

【卦辞】

井：改邑不改井，无丧无得，往来井井。汔至，亦未繘井，羸其瓶，凶。

井卦 ䷯，内卦是巽，是木，外卦是坎，是水。它的象就是用木把水提出，象征水井，本卦的"井"是象形字，卦辞所说的是水井的特色和功能。第一，"改邑不改井"，在古代，井是水源，是城市的重心，即使城市迁徙了，井也是在那里不动，这是指井的不变性。第二，"无丧无得"，指井水永远保持它的水源，不因人的汲取而有所消减。第三，"往来井井"，指城市的人都到井中来提水，水是生命之源。第四，"汔至"，指几乎到了井边，"亦未繘井"，意思是未能用绳子从井中提水，这是指没有工具。第五，"羸其瓶，凶"，指水桶破了，也就是工具坏了，当然提不了水，所以是凶。

前人常用井的五个特色和性能描述君子之德。第一，指君子的原则不变。第二，指君子不受外在影响。第三，指君子能为众人所推崇。第四，君子要有方法救人。第五，方法须更新，不能守旧。

【彖辞】

《彖》曰：巽乎水而上水，井。井，养而不穷也。改邑不改井，乃以刚中也。汔至，亦未繘井，未有功也。羸其瓶，是以凶也。

《彖辞》说："巽乎水而上水，井。"内卦是巽，是木，外卦是坎，是水，有入井汲水而上之意。"井，养而不穷也"，是指井水养人生命，没有穷尽。"改邑不改井，乃以刚中也"，是指九五和九二都是阳刚中正，保持原则不变。"汔至，亦未繘井，未有功也"，是指没有方法、没有功效。"羸其瓶，是以凶也"，是指方法有效，如果不合时，就有凶。

【象辞】

《象》曰：木上有水，井；君子以劳民劝相。

《大象》说"木上有水，井"，水在上面，木在下面，所以木把水提上来，这是"井"。"君子以劳民劝相"，"劳民"，"劳"是动词，使人民劳动，"劝"是劝勉人民，"相"就是相助，意思是君子了解井的道理，他要帮助君主治理国家，所以要使人民劳动，不能让人民懒惰，要劝勉、鼓励人民互相帮助，井田制度既是助国家，也是助大家的。

【六爻性能】

初六：井泥不食，旧井无禽。

《象》曰：井泥不食，下也。旧井无禽，时舍也。

九二：井谷射鲋，瓮敝漏。

《象》曰：井谷射鲋，无与也。

九三：井渫不食，为我心恻，可用汲，王明，并受其福。

《象》曰：井渫不食，行恻也。求王明，受福也。

六四：井甃，无咎。

《象》曰：井甃，无咎，修井也。

九五：井洌，寒泉食。

《象》曰：寒泉之食，中正也。

上六：井收勿幕，有孚元吉。

《象》曰：元吉在上，大成也。

初六，"井泥不食，旧井无禽"。初六是阴，位不当，跟六四不应，所以这根爻含有负面的意思。"井泥"，水井下面有泥了，为什么下面会有泥？因为人家不来用水，泥巴沉积了。我们常常说"古井不波"，古井为什么不波？因为捞水才能有波，没有人捞水了，水就是平的，就是死水。"井泥不食"，井水不能喝了，因为都是泥，古井就是被废弃的"旧井"。"无禽"，"禽"也包括人，人和禽都不来了。负面的意思是，这口井有泥巴沉积，不能用了。正面的意思是，我们要修君子之德，要时时修，日日新，又日新，不能日日新的话就会有泥巴沉积。

《小象》说"井泥不食，下也"，"下"就是初六，初六是最低了。"旧井无禽，时舍也"，"时舍"就是这个时候被舍弃了，指古井被人舍弃不用。

九二，"井谷射鲋，瓮敝漏"。"井谷"就是井体，井体像山谷的谷。"鲋"是小鱼，"射"是水滴，因为没有人用古井的话，井里面就有了小鱼、小青蛙，井边的水不断滴下来，就像射鱼一样，都滴在了小鱼身上。井没有用了，我们想想那个情景多凄凉，无人问津。"瓮敝漏"，"瓮"就是水桶，没有人用水桶来提水，水桶也丢在井底，破了。一方面是讲井没有为人所用，有小鱼；另一方面是讲没有工具，木桶破了，没有办法盛水了。

《小象》说："井谷射鲋，无与也。""无与"是指九二跟九五不相应，本来是一对，不相应，所以九二被遗弃了，君主没有来找他。

九三，"井渫不食，为我心恻，可用汲，王明，并受其福"。"渫"是指把污秽除掉，现在我把泥巴、脏水除掉，水就可用了，可是仍然没有人来用水，"为我心恻"，我心里面就很难过。孔子说"人不知而不愠"，现在有君子之德，我的修养和德行都很好，结果君主不知道，不赏识，所以我心里难过。这说明了君子之德要能用，如不用的话就有憾。所以"可用汲"，井水很好，快来汲。"王明"，也就是说，如果九五是一个明君，"并受其福"，他能用君子，就使得人民、国家可以得到福祉。因为九三是由内到外，象征君子之德由内到外，要能用。

《小象》说"井渫不食，行恻也"，指君子的德行有所遗憾。"求王明"，希望明王能够"受福"，能够用他。

六四，"井甃，无咎"。"甃"是指把井修好，把井边的石头都修理好，"无咎"就是准备一新，没有毛病，可以大用了。

《小象》说："井甃，无咎，修井也。"是指把井修好了，亦即君子之德已修养得不错了。

九五，"井冽，寒泉食"。这里的"冽"是指水很清澈，就像刚刚从山上流出来的寒泉，又清又甜。所以这个水是最好的水，可以饮用。

《小象》说："寒泉之食，中正也。"九五阳刚中正，是上品。

上六，是井口，"井收勿幕"，"幕"是掩盖，"收"是指汲水的井口，井口处不要盖上一块石头把它挡住，意思就是永远开放井口。"有孚"，即有诚，"元吉"，意思是井是永远开放来用的。就君子之德来讲，修养到最好，君主不来找，虽然他的心里不舒服，但是他乐意随时备用，只要有人来，就能够用他，这是君子之德，也是儒家的思想，不是道家的。道家的大都是隐士，隐士就是收起来、躲起来了。儒家只是暂时"潜龙勿用"，虽然现在是潜，但是将来还是要用的。

《小象》说："元吉在上，大成也。"指上六如能有元之大，即开放之心，就能大成，亦即成其大。

☆师生问答

学生：请老师再用六爻配合君子之德做一简介。

老师：初六，位不当，又与六四不相应，不能动，但不要故步自封、冥顽不灵。

九二，位不当，也不与九五相应，除了德行，还要求知识，要有方法。九三，位当，且和上六相应。君子虽然修养好了，但还需要被明主赏识，良禽择木而栖，没有明主的话也不能用。孔子说，"人不知而不愠，不亦君子乎"，虽然不发脾气，但孔子还是想要为君主所用，只是不被用时，自己不要愤怒。

六四，六四是大臣了，位当，君子在这个位置上要以德行助民辅君。

九五，在君主的位置上以诚待人，持中正之道。

上六，实际上是孔子的话，"人不知而不愠"。虽然"人不知"，但是他还永远开放，如果吝的话，发起脾气，关起门来，就不能用了，所以要永远开放、永远可用。

我现在再把井卦跟困卦做一个比较。就六爻来看，困卦初六是受困，井的初六也是受困，两个初六都是受困。就九二来讲，困卦的九二是受困于物质，要以诚处之。井卦的九二受困于工具，工具破了，也是以诚处之。困卦的六三，受困之深，进不得，退不得，不能动。井卦的是九三，虽然受困，但是求援、求了解、求明王，明王不用，使他"心恻"。到了困卦的九四，要解困，所以九四以诚待上，让上面了解，困卦的九四是讲诚。井卦的六四讲修己，把井修持好。困卦的九五也是讲诚，以诚对天，祭祀。井卦的九五就是以德为用，为大用，水要保持清凉，一样是修己。到了上六，困卦的上六要知悔，要出去解困。井卦的上六要开放，跟困的做法差不多。

第四十九卦　革

【卦辞】

革：已日乃孚，元亨利贞，悔亡。

"革"是大动作，我们一看到革，就会想到革命。的确是革命，因为这个卦的《象辞》指汤武革命，而且革卦里面还提到命，所以革和命是连在一起的，"革命"两字就是从《易经》革卦中得来的，这也说明中国早就有革命了。

我们看看革卦，内卦是离，是火，外卦是兑，是泽，是水，水火相遇，水把火熄掉。"革"是皮革的革，做皮革需要花很大的力气把毛除掉，总之，花很大的工夫去改变就是"革"，所以"革"是大动作。这个卦的主爻当然是九五，而且二五位当而应，这很重要，真正要革命，要位当，要应，顺天应人，天时、地利、人和就是应。我们看卦辞，"已日乃孚"，强调一个"孚"字，诚很重要，"已日"就是到了那个时候，也就是革命成功以后还要"孚"。在革命之前讲得天花乱坠，他要为人民求福祉，但是革命之后，不兑现说过的话，这不是革命，这是要命，所以"孚"很重要。

"元亨"，"元"是指要重视根本，要有好的动机，如果革命是为了自己的权力，就不是真正的革命。"革"是正面的，要亨，要交流、沟通，要亨通。为什么要革命？因为君主和人民之间阻塞了，君主和人民不相通就会产生问题，所以"亨"非常重要。革命要能元，能亨，能利万物，革命革到最后对人民有害，那就不是革命，而是暴乱，所以要把握正道。

可是革的"元亨利贞"跟乾的"元亨利贞"不同，乾本身就有"元亨利贞"四德，革没有这四德，革是需要"元亨利贞"，有了则"悔亡"。要注意这是条件句，没有"元亨利贞"的革命，就会为人民带来灾祸。革并不是好事情，是不得已的，所以这个地方需要"元亨利贞"，不然就有悔。

【彖辞】

《彖》曰：革，水火相息，二女同居，其志不相得，曰革。已日乃孚，革而信之。文明以说，大亨以正。革而当，其悔乃亡。天地革而四时成，汤武革命，顺乎天而应乎人。革之时大矣哉。

革是"水火相息"，上面是兑，是泽，下面是离，是火，"水火相息"。"息"有正反两个意思，一个是"息"加火字旁，熄掉，另一个是生气、生息之意。水火相息，水把火熄掉，火把水熄掉，同时，水火也能相生，有正面的作用。如果是熄掉，就是把它革掉，如果是相生，就是革掉之后，新的又生了，便是新生。"二女同居"，离卦当中那根爻是阴，阴在中，是中女。兑卦阴在最上，是指幼女，所以两个都是女。二女同居，其志不同，志趣不相合，就麻烦了，一个屋檐下有两个女人，这两个女人是大太太、二太太，就有革，要闹家庭革命。"已日乃孚，革而信之"，"已日"是指革命成功那一天，革命者仍要保持他的孚、他的诚，使人民相信他。"文明以说"，"文明"是指离，离是光，太阳是文明。"以说"，外卦兑是说，"文明以说"，真正的文明是要使大家快乐。"大亨以正"，"亨"就是要普遍，使得普遍的人民都能够亨通，"以正"是指由正道而亨通，正道是指九五，九五是中正之道，以中正来亨通。

"革而当"，指革命得当，是九五的当位。如果革能正当，"其悔乃亡"，就不会有破坏的后悔之事，不然的话有悔。"天地革而四时成"，指天地要有变化，为什么有变化？因为天地不变化就没有春、夏、秋、冬四时了，四时是一定要变的。"汤武革命"，指的是中国最早的汤武革命。"顺乎天而应乎人"，亦即顺天命而为，应乎人民的需要。"革之时大矣哉"，所以革要讲"时"，为什么要讲"时"？因为要等待顺天应人，不顺天，不应人，就会失时，失掉时间，春、夏、秋、冬一定以时而成，不能错乱。

【象辞】

《象》曰：泽中有火，革；君子以治历明时。

《大象》说："泽中有火，革。""泽"是指外卦的泽，是水，内卦是离，是火，水火相遇，代表"革"。因为"革"是变，所以"君子以治历明时"，为什么要"治历明时"？革命会改朝换代，因此历法就会变，夏朝有夏朝的历法，商朝有商朝的历法，周朝有周朝的历法，夏、商、周都有自己的历法。因为整个变了，所以要根据自己的历法来了解时间，把握时间。也因此，"治历明时"是指朝代变了，同时也是指定了新的制度，历法就是制度。

【六爻性能】

初九：巩用黄牛之革。

《象》曰：巩用黄牛，不可以有为也。

六二：已日乃革之，征吉，无咎。

《象》曰：已日革之，行有嘉也。

九三：征凶贞厉，革言三就，有孚。

《象》曰：革言三就，又何之矣。

九四：悔亡，有孚改命，吉。

《象》曰：改命之吉，信志也。

九五：大人虎变，未占有孚。

《象》曰：大人虎变，其文炳也。

上六：君子豹变，小人革面。征凶，居贞吉。

《象》曰：君子豹变，其文蔚也。小人革面，顺以从君也。

初九，"巩用黄牛之革"，"革"就是指牛革、皮革，以牛革来比喻基础要坚固。因为初九在地下，地是黄的，所以用一个"黄"字。我们知道制作皮鞋、皮衣、皮箱等，都要用黄牛的皮革，因为很坚固，而水牛的皮革没有那么坚固。这里为什么说"黄牛之革"？就是因为革命的时候，初九要建立根基，根基要稳固。

《小象》说："巩用黄牛，不可以有为也。"为什么"不可以有为"？因为这时候要奠定基础，所以不可以乱动。虽然初九跟九四不相应，但是初九是阳爻，位当，之所以初九阳爻要培养根基，还不是马上就动的时机，是因为上面九四是阳，没有相应。

六二，"已日乃革之，征吉，无咎"。那时候发动革命就有吉，即使有破坏也无咎。因为六二跟九五相应，六二位当，九五也位当，所以他可以发动，可以去。

《小象》说："已日革之，行有嘉也。"这里没有什么解释，就是鼓励我们要走，这时候时机到了，可以动，因为位当而应。

九三,"征凶贞厉,革言三就,有孚"。这已是跑到了第三爻,由内到外,实际上就是应该发动革命了,但这时候反而是"征凶",不能发动。此时要求"贞厉",贞于厉,因为发动革命都是"厉",是危险的事情,九三的正道就是诚,所以要在危险之中把握诚。不要怕"厉","厉"是指外在的危险,但不一定都是凶。"革言三就",为什么讲"三就"呢?因为发动革命要三思,要谨慎,要警惕,不能只凭一时冲动。为什么这里要三思?因为是从三根阳爻来看的,九三、九四、九五都是阳,这三根爻都有"孚"。为什么革命要三思?因为要有孚,要有诚,真正有诚才能考虑周到。

《小象》说:"革言三就,又何之矣。"这是指如果能三思,有诚,考虑周到,又有什么地方不可以去呢?

九四,到了外卦,已经行动了。九四是阳爻,有诚。"悔亡,有孚改命,吉",因为革命了,而九四位不当,跟初九又不应,本来有悔,所以要有孚,要有诚。"改命",能够改命则吉,不然的话就有悔,"改命"是为人民改命,这是指大臣要能够有诚,为了人民来改变他们的生活或生命。

《小象》说:"改命之吉。""改命"为什么"吉"?"信志也",因为是诚,以诚能够取信,这个信是使人民能够相信革命者的想法。

九五,这是革命之主了,实际上是革命之后的新君,所以说"大人虎变"。这里提出的"大人",当然是君主,不过大人还有别的含义,要真正有伟大的抱负,伟大得像大人才能如老虎一样地变而为王,不是大人的话不行。什么叫作"虎变"?就是变成像老虎那样有文采。《小象》就是讲文采,有光芒,有权威,有威势。"未占有孚",这是重点,意思是革命之后不要去占,不要求神问卜,要"有孚",只要有诚就够了。

《小象》说:"大人虎变,其文炳也。"这里没有什么解释。

上六，因为虎变了，九五是新君，接下去其他人也要变了。"君子豹变"，在我们中国人的观念中，虎的地位比豹高。豹是指臣子，臣子变就是要换臣子了。臣子要怎么换？要换成君子。为什么要推翻君主？因为君主是昏君，所以他下面的臣子多半是小人，现在都变了，臣子也变了。"小人革面"，"小人"不只是指臣子，同时也指普通老百姓，老百姓不能变，他们只是"革面"。为什么"革面"？因为新生，老百姓只是新生，只革一个面，君、臣都变。这时候"征凶"，革命之后要休养生息，就好像汉高祖得到天下之后，汉文帝、汉景帝休养生息，不能再动兵了。"革"是大动作，不能再有大动作。"居贞吉"，要居于自己的正道，以阴柔自处，上六是阴柔，以谦和阴柔为正道则吉，也就是用黄老之治则吉。

《小象》说："君子豹变，其文蔚也。""蔚"本来是草木茂盛，跟老虎的"炳"不太一样，"炳"是光彩夺目。"小人革面"，小人为什么"革面"？以前对那个君主不好，现在追随新的君主了，要"顺以从君也"。

☆师生问答

学生：老师，您讲这个卦都是从革命来讲的，如果从个人的角度怎么讲？

老师：个人讲洗心革面，"小人革面"，我们都是小人，洗心就是洗掉你的心，也就是革心，以前的想法、念头都要革掉，所以整个念头都要转变。若以个人来讲，就是禅宗讲的"悟"，悟了就会整个转变，一念悟则成佛，一念迷则为凡夫，这也是革。所以禅宗的顿悟就是顿革，也是革命，禅宗说："大死一番，再活现成。"

因着这个问题，我们现在从个人来看。初九，"巩用黄牛之革"，就是要有基础，要有知识。到了六二，要有诚，这个时候不能争，要休养生息，想要革新的话，就要在自己的位置上不乱动。第二爻就个人来讲是修德，要修养自己。到了九三，以个人来讲，做任何事情都不要冲动，要小心，要三思而后行。到了九四，要讲改命，孔子到这个时候就是知天命，"五十而知天命"，所以九四是指五十岁的时候要知天命，改命就是知天命。也就是说，要改掉你相信的命运，而去知天命。到了九五，就要把握诚，以诚为主，《中庸》说"不诚无物"。上六是牵动别人，牵动君子，牵动小人，除了自己洗心革面，还要影响其他人，即自己改变以后，接着要改变别人。

所以就自己来说，"革"是很重要的，有很多以前的想法需要转变。所谓"日日新，又日新"就是"革"，代表德性的提升，每天都可以有新的提升。《庄子》说"道隐于小成"，不革就会小成，小成就会志得意满，以为自己有小成就，所以要对以前的小成进行革。佛家叫"舍"，能舍就是"革"。《庄子》的"忘"也是革，忘我然后才能化，才有新的我，这些都是"革"，只是用不同的字来表现而已。

"革"有大小，大的是革命，小的是改变，观念的改变也是革。其实我们在生活中时时在革，阴历年的大扫除是革，家里的东西太旧了要革，吃了太多东西也要革。我们随时都在革，只是革卦从革命来讲，是大革。《易经》的"易"就是革，所以《易经》就是革命之学。

第五十卦　鼎

【卦辞】

鼎：元吉，亨。

在《易经》中，只有两个卦是以实际物品来取名的，一个是井，另一个是鼎。"鼎"不是抽象的，而是具体的鼎，为什么从这个卦象中可以得出鼎？䷱，内卦是巽，是木，外卦是离，是火，取象于用木头生火。若要把火变成热能来烹饪，就需要一只鼎在上面。没有鼎，木生的火就白白烧掉了，如果有一只鼎，上面就可以炒菜，把火变成热能来烧东西。

鼎有两个意思，一个代表养，养物、养民，另一个意思代表重，鼎很重，代表国家。在中国历史上，夏禹搜集九州的青铜做了九只大鼎。在这九只鼎上刻下了全国各地的山川河流及风土人情等，所以鼎象征一个国家的权力。后来夏朝在夏桀王时被推翻了，商朝建立后，鼎迁于商，到了周朝，鼎也被迁了，所谓"鼎迁"就是指国家变了，朝代换了。在这个卦中，"鼎"代表一个新的国家，也代表新的制度，在革之后，亦即革命之后，新的国家诞生了，新国家诞生后就需要建立新的制度，所以这个卦就代表一个新制度的建立，鼎与新合称"鼎新",这是此处用"鼎"的意思。

卦辞只有三字,"元吉,亨","元"是开创、创始,"鼎"是新,代表创始,"亨"是沟通。我们创建一个新的制度,一定要沟通,沟通天人,沟通万物,如不能沟通天人万物,制度便不能施行,所以这里要强调"元""亨"。

【彖辞】

《彖》曰:鼎,象也。以木巽火,亨饪也。圣人亨,以享上帝,而大亨以养圣贤。巽而耳目聪明,柔进而上行,得中而应乎刚,是以元亨。

《彖辞》说"鼎,象也",很清楚,"鼎"是一种象征。这个象说,"以木巽火,亨饪也",内卦是巽,是木,外卦是离,是火。"以木巽火",即用木顺火。"亨饪也","亨"实际上就是"烹",烹饪,用木生火,上面加一只鼎,就是烹饪。在中国,烹饪很重要,饮食文化和服饰文化是中国文化的两大特色。"圣人亨,以享上帝,而大亨以养圣贤",圣人懂得"亨",以享上帝"就是祭祀上帝,这里不是说圣人会烹饪,而是以烹饪来比喻养民,圣人懂得养民,以养民之心来祭拜上帝。所以圣人祭天,就是向天说明自己怎样治理国家,怎样使人民安居乐业。"而大亨以养圣贤","养圣贤"也是一种烹饪,烹饪就是养,养就是培养。"巽而耳目聪明",内卦是巽,外卦是离,离是目,是火,是光明,所以说"耳目聪明"。"柔进而上行,得中而应乎刚","柔"在这个卦中是指上面的六五,六五是柔,"上行"是指在上位,"得中"是指外卦之中,得了中道,"而应乎刚","刚"就是第二爻,六五与九二相应,"是以元亨",所以能把握新制度创始的"元",以及与民沟通的"亨"。

【象辞】

《象》曰：木上有火，鼎；君子以正位凝命。

《大象》说："木上有火，鼎；君子以正位凝命。"内卦是木，外卦是火，就卦象来讲，这是鼎的象征。君子要能从鼎的象征中知道怎样做，"正位"就是怎样真正去合位，怎样知道自己的位合乎正道。我们前面提到的"格物"也是正位，每个人都知道自己的位置在哪里，每个东西都在它的位置上，就是正位。"凝"是聚、凝固，凝固其命，"命"是天命，怎样凝固其天命？建立起天命，也就是说，使每个人都知道自己的位置，都知道怎样顺着天命。因为"天命之谓性"，每一样东西都有它的天命，树有树的天命，花草有花草的天命，只是树木花草它不知道，但我们人知道。"凝"也可以看作专注，即专注地固守他的天命。

【六爻性能】

初六：鼎颠趾，利出否，得妾以其子，无咎。

《象》曰：鼎颠趾，未悖也。利出否，以从贵也。

九二：鼎有实，我仇有疾，不我能即，吉。

《象》曰：鼎有实，慎所之也。我仇有疾，终无尤也。

九三：鼎耳革，其行塞，雉膏不食。方雨亏悔，终吉。

《象》曰：鼎耳革，失其义也。

九四：鼎折足，覆公𫗧，其形渥，凶。

《象》曰：覆公𫗧，信如何也。

六五：鼎黄耳金铉，利贞。

《象》曰：鼎黄耳，中以为实也。

上九：鼎玉铉，大吉，无不利。

《象》曰：玉铉在上，刚柔节也。

初六，"鼎颠趾，利出否，得妾以其子，无咎"。"鼎"多半是三只脚，"颠趾"，这不是说脚断了，而是说我们要把鼎的三只脚颠一下，这样才有利于把里面陈旧的东西倒出来。"否"是旧的，因为鼎是烧东西用的，还剩下一些以前的旧物，要把它颠一下倒出来，洗干净后才能重新烧。为什么说"利出否"？"鼎"是制度，要创建一个新制度，必须除掉旧制度，"否"就是指旧制度，在革命之后，还有很多旧习惯、旧制度，要把它们倒掉、除掉。"得妾以其子"，就古代来讲，如果妾生了男孩，但大老婆没有生孩子的话，妾就变成大老婆。这也就是指换了朝代，本来是普通人，现在变成皇上了。

《小象》说："鼎颠趾，未悖也。"即使颠趾也不违反常规，只是除掉旧的，不是违反正道。不要看他除去旧的，就认为不合道，他是"利出否，以从贵也"。初六跟九四相应，"贵"是指九四，为了新制度的建立，把旧的淘汰，"贵"就是重要的新制度，有价值的东西，没有价值的东西要把它们清除。

九二，"鼎有实"，就是把鼎中的脏东西除掉以后，再把好的、新的东西放进去，因为九二是阳爻，是实。"我仇有疾，不我能即，吉"，很多注解把"仇"当作君主六五，把"仇"解释成配偶，但是我还是维持原义，"仇"就是仇，指九三和九四。"不我能即"，就是不来妨碍我，则吉，我就可以往上发展。也就是说，九二的对象是六五，他们是一对且相应，讲婚姻的话，他们是匹配的。"我仇有疾"，"疾"是毛病，九三和九四都有自身的毛病，自顾不暇，所以不会来阻碍。

《小象》说"鼎有实，慎所之也"，指九二要有诚，和六五相配是他的理想。"我仇有疾，终无尤也"，指阻碍的人本身有毛病，最终会没有麻烦、灾祸。

九三，"鼎耳革"，鼎有两只耳朵，把一根棒子穿进去，才能提起来，如果没有这两只耳朵，就不能提起来，因为鼎很烫。"鼎耳革"的"革"就是坏掉了，如果耳朵坏掉了，"其行塞"，就不能用了，路子就被塞住了。"雉膏不食"，里面烤了、煮了很多好东西，但都不能吃了，因为提不起来，无法食用。九二、九三都是阳爻，九三阳刚太盛，需要雨水、需要阴才没有悔。所以"方雨亏悔，终吉"，有雨水润湿，才没有悔。

《小象》说："鼎耳革，失其义也。"没有什么解释，失义是指阳太盛、太骄傲，对别人的劝言充耳不闻。

九四，"鼎折足，覆公餗，其形渥，凶"。"折足"跟"颠趾"不同，"颠趾"是指把它颠起来，没有说断掉，"鼎折足"是指三只脚断掉了一只或两只，里面的东西倒出来了。"覆公餗"，把主人的食物都倒掉了。

☆师生问答

学生：为什么说九四断足了？

老师：为什么会断？是因为阳太盛，足折断了。九四位不正，它在三根阳爻的最上面，所以阳刚太盛。而君主六五是柔弱的，九四带领下面两根阳爻直逼六五，这是危险的。九四应该是六四，如果六四上面是九五，就可以配合得很好，大臣可以发挥辅助君主的作用。现在这个大臣很强，还带着另两个大臣在很强硬的位置上。

接着，"其形渥"，那些东西倒在了君主身上。"渥"就是脏，洒了一身，一身脏，当然是凶了，功高震主就是这样。革命之后的大臣功高震主，就像韩信一样。

《小象》说"信如何也"，意思是会有什么结果呢？当然是凶了。

六五，"鼎黄耳金铉，利贞"。"黄"是指金属，鼎是青铜做的，而不是黄金，当时大概还不用黄金，"黄"既代表坚硬，又是土地的颜色。"金铉"的"铉"就是指提鼎的棒子是金属做的，"金铉"实际是指九二，因为六五和九二是一对，九二是有诚信、有才能的大臣，由他来辅助君主，则利贞。九二在地上，"黄"是针对他说的。"贞"是六五，是谦虚，君主还要把握谦虚，也就是君主要以谦道来柔和下面三根阳爻，亦即大臣。

《小象》说："鼎黄耳，中以为实也。""鼎"的耳朵是空的，要用"实"，"实"就是用来提鼎的坚硬棒子。实际上，"中以为实"的"实"是指九二，九二是阳，是实。

上九，"鼎玉铉"，"玉铉"不是说整根棒子都是玉做的，只有把手是玉做的，棒子本身是铜的，是坚硬的。提鼎的时候，如果棒子因鼎的传热也变热的话，手就无法放上去，所以用玉做把手可以隔热，才可以提。"玉"代表柔和，这样能大则吉，无不利，这里的"大"是指上九的诚信，使人民相信。

《小象》说："玉铉在上，刚柔节也。"这个也是教训，上九是阳刚，需要柔和，但它和九三都是阳刚，谈不上"刚柔节"，这里的"柔"应指六五和初六之阴，是说它须向下得到六五君主，以及初六人民的相信。

鼎卦是讲新的制度，我们从这六根爻中来看看，建立一个新的制度需要什么条件。第一个条件，也就是初爻，要除旧。第二个条件，新的制度要实在，要言之有物。第三个条件，制度要能行。第四个条件，制度也要有制度，很多人说要建立制度，但他们那个制度本身就没有制度，即他们建立的新制度不周延、不合理，所以说"要有制度"是指真正有原则的、完善的制度。第五要柔和，建立一个新制度是要与人民相合，而不是控制人民，制度如果阳刚太盛，就不能永久，所以要柔和。第六，上九要有诚信，才能使人民相信。

第五十一卦　震 ䷲

【卦辞】

震：亨，震来虩虩，笑言哑哑。震惊百里，不丧匕鬯。

震卦就是两个震叠在一起，震是动，两个震是动了又动。这从象上来讲没有什么，就是震动。实际上也就是雷，雷带给我们震动，打雷的时候，我们的心受到震动，象征有一个突变事件来到我们面前。"震"有两个意思，一个是外在的震，另一个是内心产生的震动、震惊。

卦辞说："亨，震来虩虩，笑言哑哑。震惊百里，不丧匕鬯。"震惊的时候，第一件事就是要"亨"，要了解，不要手忙脚乱，"虩虩"就是心里面有恐惧。"笑言哑哑"，"哑"是没有声音，无声，"笑言哑哑"就是笑而无声。笑而没有声是微笑，也是苦笑，我认为这是一个转变，一开始的时候是震惊，后来想通了，有微笑和苦笑。接着，"震惊百里"是指震之大，很远的地方都受到了影响，就像一场大地震。即使震惊百里，也不要失掉手中的"匕鬯"，"匕"是祭祀时舀酒的调羹，据朱熹的注，"鬯"是祭祀时的盛酒器，它的意思可以用《三国演义》中的一个故事来说明。

曹操跟刘备两人煮酒论英雄。曹操说："天下英雄唯你与我二人。"

这个时候突然一个雷打下来，刘备手上的筷子和调羹都掉了。曹操问他："你的筷子为什么掉了？"刘备说："我怕雷。"于是曹操没有杀掉刘备，因为他认为刘备是胆小鬼，不是英雄。"匕鬯"是祭祀时的重要器皿，不能掉，即使遇到震惊之事，也不能丢掉自己的原则，当然刘备是故意掉的。卦辞的意思是，任何震惊来的时候，都要把握住自己，不要失去自己。

【彖辞】

《彖》曰：震，亨。震来虩虩，恐致福也。笑言哑哑，后有则也。震惊百里，惊远而惧迩也。出可以守宗庙社稷，以为祭主也。

《彖辞》说："震，亨。震来虩虩，恐致福也。笑言哑哑，后有则也。震惊百里，惊远而惧迩也。出可以守宗庙社稷，以为祭主也。""震，亨"，这是解释卦辞。"震来虩虩，恐致福也"，"恐"是心里有恐慌，当外面发生突变的时候，我们心里面有恐慌，"致福"，希望不是祸。"笑言哑哑，后有则也"，这是我们刚才讲的不要丧失匕鬯，也就是不要失去原则，如此才能够转恐惧为微笑。"震惊百里"，即很大的震惊。"惊远"，震在很远的地方。"而惧迩"，"迩"就是旁边。"出可以守宗庙社稷"，"出"是出来，可以从震惊里面走出来。"可以守宗庙社稷"，就可以守国家，也就是说，有这种精神，才能够治国。"以为祭主也"，如果祭祀的时候，打了一声雷就丢掉一切跑走就完了，相反，如果能稳如泰山，就可以为"祭主"，"祭主"就是国君。

【象辞】

《象》曰：洊雷，震；君子以恐惧修省。

《大象》说："洊雷，震；君子以恐惧修省。""洊"就是重叠，像水一样一波一波地来，雷之来，就像一波一波的水。"君子以恐惧修省"，"恐惧"就是战战兢兢，战战兢兢很重要，这就是我们的修养，我们的反省。尽管现在科学文明十分进步，但雷电交加的时候，都会想："我平生没有做坏事，雷不要击中我。"除了雷，地震也是一样。所以这里和心理学有关，这种畏就是忧患，《易经》强调忧患意识，这个忧患意识让我们做任何事情都能够战战兢兢、如履薄冰、如临深渊，也是《大学》里讲的"慎独"，这是修德的表现。这种震惊，使得我们反省，使得我们修德。

【六爻性能】

初九：震来虩虩，后笑言哑哑。吉。

《象》曰：震来虩虩，恐致福也。笑言哑哑，后有则也。

六二：震来厉，亿丧贝，跻于九陵，勿逐，七日得。

《象》曰：震来厉，乘刚也。

六三：震苏苏，震行无眚。

《象》曰：震苏苏，位不当也。

九四：震遂泥。

《象》曰：震遂泥，未光也。

六五：震往来厉，亿无丧，有事。

《象》曰：震往来厉，危行也。其事在中，大无丧也。

上六：震索索，视矍矍，征凶。震不于其躬，于其邻，无咎。婚媾有言。

《象》曰：震索索，中未得也。虽凶无咎，畏邻戒也。

初九，刚开始的时候，"震来虩虩，后笑言哑哑。吉"。这句完全是重复卦辞。在这个卦中，初九是主爻，因为这根爻是动的开始，震的开始，卦辞就由这根主爻来说明。

《小象》说："震来虩虩，恐致福也。笑言哑哑，后有则也。"在《彖辞》中已有解释。

六二，"震来厉，亿丧贝，跻于九陵，勿逐，七日得"。大地震也好，大雷雨也好，震来的时候，"厉"，有危险，面对危险，要有危机感。"亿丧贝"，"亿"就是"臆"，即想一想，"贝"就是钱财，一场大地震来了，自己的房子倒了，有损失了。"跻于九陵"，"跻"就是用脚走到九陵山上。有个习俗叫"重九登山"，古代遇到水灾时会登山，以躲避洪水。这也包括了所有灾害。当震惊来的时候，即使会失掉很多财物，也要赶快跑走，不要贪恋财物，"勿逐"，不要回过头去找。之前在美国的一次水灾中，发生了山崩，旧金山有一位中文系主任本来已经出来了，但他说："啊，我还有好多稿子没拿。"他又回去拿，结果被淹死了。所以，这里提醒我们"勿逐"。"七日得"就是一个周期后，很自然又会回来，不要去追逐。也许水淹过了以后，还可以回去再把它拿回来。

《小象》说"震来厉"，为什么"厉"呢？"乘刚也"，因为六二乘初九之刚，所以是不好的。意思是要尽量谦让，不要竞争。

六三，"震苏苏，震行无眚"。"苏苏"就是软，当大震来的时候，震得我们不能动弹。但是要注意，"震行"是真正能够行的话，要"无眚"，"眚"是内在的毛病，我们要修眚，反省内心有没有错误。

《小象》说："震苏苏，位不当也。"这没有什么解释，只是说六三位不当。

☆师生问答

学生：老师，"震行"的"震"是震惊的意思吗？

老师："震"有两个意思。一个是外在的震动，包括雷、地震，以及一切突发事件，这个震代表突然产生的灾害。另一个是内心产生的震惊、惊惧，内心产生的震惊、惊惧有好有坏。坏的就是心理失常，被惊惧吓倒了；好的就是戒慎恐惧，这是正面的意思。这里的"震行"可以由负面转到正面。

九四，九四是在大臣的位置上，"震遂泥"，表示震得很厉害，是第二个震了。"苏苏"，让你掉到泥沼里面动弹不得。这里没有讲吉凶，只说明了一个现象。为什么有"泥"？因为九四在四根阴爻当中，阴爻是泥，是黑暗，所以他陷进去了。

《小象》说："震遂泥，未光也。"因为整个都在黑暗中，没有光，所以透不出去了。

六五，"震往来厉，亿无丧，有事"。"往来"就是一再地来，来过了又来，"厉"是危险，"亿"是想，"无丧，有事"是指君主。大地震的时候，虽然很危险，但是君主要想想会失掉什么东西，不会失掉什么东西。"有事"，为什么有事情？因为要出来巡察，解决很多事情，而不是逃掉或躲着。普通人可以逃掉，但君主要去做事，去救灾。

《小象》说"震往来厉，危行也"，这是指危险。"其事在中，大无丧也"，"其事在中"是指外卦之中，位中正之道，能行中正之事，虽有小损，但无大失。

上六，已经跑到最高了，"震索索，视矍矍，征凶。震不于其躬，于其邻，无咎。婚媾有言"。震动很频繁，所以有"震索索"，"索索"跟"苏苏"是一样的意思，震得我们乏力，身体苏苏、索索，使得我们眼神呆滞。"矍矍"就是眼睛无神。在这个状况中，"征凶"，不要做任何不是此时该做的事，因为现在是有事的，要解决眼前的事情。上六是最高的，不能再走了，意思是要停在这个位置上，如果去征伐就有凶。"震不于其躬，于其邻，无咎"，这一句话要注意了，卫理贤翻译得很奇怪，如果震动打到我的邻居，没有打到我身上，就无咎。

这个解释实在不好，这是幸灾乐祸。他的解释是从朱熹的解释而来的，朱熹注："震未及其身之时，恐惧修省，则可以无咎。"朱熹漏了"于其邻"三个字，是故意忽略的。我的解释是，"震"是一种惊惧，有这种惊惧时，不要只想到自己，也要想到我们的邻居，这样才会无咎。

我自己就有过这样的经历。之前旧金山发生大地震时，我正带着我的女儿在古筝老师那里学古筝，我们在房子的三楼。一地震，墙上很多古筝都掉下来了，当时我的第一个念头就是抱起我的女儿，即我是先想到了别人，没有想到只是我自己逃。后来我到街上，看到很多人自动维持交通秩序，使得当时的交通格外顺畅，最后大家都得以安全回家。所以我觉得只是修省还不够，必须付之于行动。

"婚媾有言"，是说在大地震的时候，不要谈与婚姻相关的事，因为结婚庆祝会使人不便，受人批评。"有言"是有批评，就是只想到自己，没有顾及别人。所以，这个时候不能谈个人的事情，要谈怎样救灾。

《小象》说："震索索，中未得也。"因为上六是阴，跑到最高处，是"中未得"，所以不能处中正之道。为什么说"虽凶无咎，畏邻戒也"？想到你的邻居，就是"畏"，不是为了自己，而是为了他人。"畏"有正面的意思，君子有三畏：畏天命、畏大人、畏圣人之言。畏是一种宗教的敬畏，不是惧怕，所以我们把它解释作敬畏。

第一爻，初九。它是阳爻，如果我们给正面的说法，就是要培养阳刚之气，因为有阳刚之气，所以不用害怕任何外来的冲击和惊惧。

第二爻，六二。要自然超脱，要顺自然，不要马上去追，还会回来的，只是暂时失掉一些财物，不用担心，为了财物丧命不值得。

第三爻，六三。要有警惕，乾卦的九三说"终日乾乾，夕惕若厉"，这里终日震震，也是夕惕若厉。

第四爻，九四。这一爻没有正面讲，只是说震要遂泥，掉到泥沼里面。这是负面的话，但是我们给它正面的意思，怎样才不会掉到泥沼里面？我认为是君子要自重，自重的话就不会掉到陷阱里，因为这是九四，是阳爻，所以要有诚正之心。

第五爻，六五。"无丧，有事"，有什么事？外在当然会有事，但是心中要有主。心中要有原则，也就是不要把"匕鬯"弄掉。

第六爻，上六。我们要想到别人，能够想到别人就任何震惊、任何危险都不怕了，就像母亲为了儿女而无所畏惧一样，这是震的正面的解释。

第五十二卦　艮 ䷳

【卦辞】

艮：艮其背，不获其身，行其庭，不见其人，无咎。

震是两根阳爻在下面，倒过来，两根阳爻在上面，就是艮䷳。艮是两个艮卦的重叠，艮是山，是止。震和艮是相通的，惊惧的时候，我们要怎么停止惊惧，就是讲艮。

我们看看卦辞，"艮其背，不获其身，行其庭，不见其人，无咎"。"艮其背"，"艮"的作用在背上，"艮"是象形字，指的是背，代表身体。"不获其身"是不求获其身，如果用佛家来解释，就是"无我相"。艮在背上，不在心上，在心上就是以自我为中心，只想着自己，在背上感觉就比较差一点，所以不要只想到自己。"行其庭"，回到自己的家。"不见其人"，看不到人，也就是《金刚经》的"无人相"。一个是"无我相"，另一个是"无人相"，如此才能无咎。

【象辞】

《象》曰：艮，止也。时止则止，时行则行，动静不失其时，其道光明。艮其止，止其所也。上下敌应，不相与也。是以不获其身，行其庭，不见其人，无咎也。

《彖辞》说："艮，止也。时止则止，时行则行。"这里解释"止"，还讲了一个很重要的"行"字，该止的时候止，该行的时候行，才是真正的"止"，如果所有的东西都止，那就完了。就这个卦来讲，如果在初六、六二两根阴爻上，就表示我们还要行，九三、上九代表止。我要给"止"下五个定义。第一，是限制，限制自己。第二，是知止，知道要止，不要太过分。第三，是休止，休息于止。第四，是止于其位，素其位而行。第五，是止于至善。所以"止"不是完全的停止，它有深度。我们要了解"止"，要"动静不失其时，其道光明"，"行"是动，"止"是静，是指可以动、可以静，要顺其时，把握时间，其道光明。下面又说，"艮其止，止其所也"，这就是止于其位，"所"就是位。

《大学》中说"止于至善""知止而后有定，定而后能静"，这就是"止"的作用。《大学》里面也讲"为人君，止于仁，为人臣，止于敬，为人子，止于孝，为人父，止于慈，与国人交，止于信"，这个"止"不是说什么都不做，"止于"就是至善，这是"止"真正的意思。接着又说"上下敌应，不相与也"，整个艮卦，一四、二五、三六都不应，所以《易经》中的"敌应"就是指不应，不能应，不能互相交流。"不获其身"就是不要强调自我，"不见其人"就是不要有人相。无我相、无人相，才无咎。

【象辞】

《象》曰：兼山，艮；君子以思不出其位。

《大象》说："兼山，艮。""兼"就是两重，"兼山"是艮，艮卦是重叠的两个山。"君子以思不出其位"，这就是止于其位，所有的思想都不要离开我们的位，要从我们现在所处的位来想问题，要知己。

所以《中庸》说："君子素其位而行，不愿乎其外，素富贵，行乎富贵；素贫贱，行乎贫贱；素夷狄，行乎夷狄；素患难，行乎患难。君子无入而不自得焉。"因为我们不离开我们的位，所以就顺着位而行吧！

【六爻性能】

初六：艮其趾，无咎，利永贞。

《象》曰：艮其趾，未失正也。

六二：艮其腓，不拯其随，其心不快。

《象》曰：不拯其随，未退听也。

九三：艮其限，列其夤，厉熏心。

《象》曰：艮其限，危，熏心也。

六四：艮其身，无咎。

《象》曰：艮其身，止诸躬也。

六五：艮其辅，言有序，悔亡。

《象》曰：艮其辅，以中正也。

上九：敦艮，吉。

《象》曰：敦艮之吉，以厚终也。

初六，"艮其趾，无咎，利永贞"。开始的时候是脚趾，"艮"就是止，止其趾。在脚趾的时候，我们给它限制就无咎。因为脚会乱跑，所以要给它一点限制。"利永贞"，利于以初六的谦柔为正道，不要乱来。

《小象》说："艮其趾，未失正也。"不失正道，指"止"的正道。

六二，"艮其腓，不拯其随，其心不快"。"腓"是小腿，小腿里面有肌肉、有筋，所以小腿代表动，脚趾不会动，脚趾只有感觉，掌管脚的动作的是小腿的肌肉，所以要对小腿的肌肉加以控制。"不拯其随","拯"就是救,"随"是指随欲,小腿为什么会动?因为心让小腿动,小腿再让脚趾走。"不拯其随"就是小腿如果不跟着欲望走,"其心不快",我们的心就不痛快了。

《小象》说:"不拯其随,未退听也。"注意这两句话都是从反面来说的。"不拯其随"是指不受控制地跟着欲望走,这是由于不能"退听","退"是退居于自己的位子,"听"是听自己的心声。也就是说,六二要停在自己的位置上,不要乱随、乱跟。乱跟什么呢?乱跟九三,"随"就是随九三,六二随九三就会有欲。

九三,"艮其限,列其夤,厉熏心"。第三爻是指腰,代表欲望。"限"是限制,也是上下之间的间隔,上下的间隔在"腰"上。"腰"是指肾,肾是欲,肉欲也在肾上。"艮其限"就是艮其腰,这里要艮其限,不然骨头就裂了,不能艮其腰就是不能艮其肾、止其欲,会让整个身体裂掉,欲望熏心,这是危险的。"列其夤,厉熏心","夤"指的是臀部的骨头,"厉"的危险就熏心了。

《小象》没有什么解释,"危,熏心也",只是重复欲望熏心。

六四,"艮其身,无咎"。止于其身,就是修身,"艮其身"就是无私,无私其身,就是无己。因为六四是大臣,六四为了国家而无己的话就无咎。

《小象》说:"艮其身,止诸躬也。"这是讲修身,六四多半代表心,"艮其身"就是不要有自私心。

六五,"艮其辅,言有序,悔亡"。"艮其辅","辅"就是我们的嘴巴,指两颊。为什么要艮其辅?嘴巴会乱讲话,所以要止住嘴巴,才能"言有序",讲的话才有条理,"序"就是原则,这样才会"悔亡"。不然的话,嘴巴乱讲话,祸从口出。因此我们要在言语上修饰,"止"也是修饰。

《小象》说:"艮其辅,以中正也。"因为九五处中正之位,所以他所说的话要能中，能正。

上九，"敦艮，吉"。"艮"就是在背上，艮卦上九是主爻，又代表背，所以我们要"敦艮"。"敦"就是诚，以诚来处艮，就能吉，这是把诚当作主体。怎样艮？怎样止？以诚来止，以诚来止欲，以诚来止小腿，使其不要乱动，以诚来止自我，所以敦或诚是止的主体。

《小象》说："敦艮之吉，以厚终也。""敦厚"两字连言，艮的山是以厚为道，也就是厚道。

☆师生问答

学生："以厚终也"是什么意思？

老师："敦"就是厚，以敦厚到终点，由始至终，以厚来止，以止开始，以诚来止脚趾，以诚来止小腿，以诚来止腰身，以诚来止心，以诚来止嘴巴。因为上九是终，以诚来厚其终。我们就这六根爻再来看一下，以"止"来讲，从初爻开始就要知止。第二爻讲不随，不拯其随，不要跟着人家乱跑。第三爻讲不要贪欲，要无欲。第四爻讲无为，不为自己。第五爻是不言之教，要少讲话，能知沉默。第六爻我要用《系辞》的"寂然不动"来讲，"诚"是寂然不动，"动"是欲望之动，寂然不动，就是寂然无为。

第五十三卦　渐

【卦辞】

渐：女归吉，利贞。

渐卦☴，内卦是艮，是山，是止，外卦是巽，是木。艮是山，巽是木，树木长在山上，从山底到山上，就是树木一层一层地高上去，这就是"渐"的感觉。止而后有渐，就有发展，不能止就不能渐，会变得什么都很快。"渐"就是徐徐的，所以老子的哲学讲"徐徐"，就是从"渐"来讲的。"渐"的部首是三点水，但是渐卦实际上是讲鸟。从水流来说，孟子讲"不盈科不行"，水流到一处洼地，它不会跳过去，一定要把洼地流满。"渐"也是指鸿，也就是水边的鸟、雁子，雁子飞行时，都是从下面慢慢往上飞。

卦辞说："女归吉，利贞。"为什么"女归吉"？女孩子的"归"就是结婚，古代的女孩子结婚就是归到夫家去。为什么要拿"女归"来讲？在古代有吉、凶、军、宾、嘉五礼，嘉礼是指结婚的礼，送结婚信物都是嘉礼，不要写吉礼，丧葬祭祀的礼才叫吉礼。古代人嫁女儿，按照周礼有六个步骤：第一步是纳采，纳采是先带一点东西过去提亲。第二步是问名，即问女孩子的名字，没有提亲时不能问女孩子的名字。问了女孩子的名字以后，回去要占卜看一看这个名字是吉还是凶，如果吉，第三步就告诉女方家，男女相配，是吉，所以第三步叫纳吉。纳吉以后，第四步是纳征，即给聘金，证明男女双方都商定好了。第五步是请期，即问日子，也就是问哪一天是结婚的好日子。第六步是亲迎，也就是迎亲。一定要有六步，一步一步来，就像这六根爻一样，循序渐进，不能跳过去。所以卦辞说像嫁女儿一样，一步一步则吉。古代人去提亲、问名时，都带什么东西呢？带大雁。为什么带大雁呢？因为大雁都是一对一对、成行成列地飞，象征婚姻的成双成对，还有人把大雁当作鸳鸯，因为鸳鸯是夫妻和睦恩爱的象征。"利贞"，如果是女归吉，就利于贞道，"贞"是谦虚、柔弱，不是强硬的意思。

【彖辞】

《彖》曰：渐之进也，女归吉也。进得位，往有功也。进以正，可以正邦也。其位刚得中也。止而巽，动不穷也。

《彖辞》说："渐之进也，女归吉也。""渐之进"是慢慢地进，就像嫁女儿一样。"进得位，往有功也"，"得位"就是六二位当。在这个卦中，六二、九五位当而应，所以这里的位可以指六二，也可以指九五。它们都"往有功"。"进以正"，"正"当然是九五之尊，是君主。"可以正邦也"，夫妇之道，天地之大经，说夫妇正，则国家就正，也就是说可以正邦了。"其位刚得中也"，这个刚是指九五，九五是阳刚，处在外卦之中。"止而巽"，"止"是内卦艮，艮是止，外卦是巽，巽是柔软，也就是慢慢地发展，能够止而渐，它的行动就不会穷。古代婚姻要懂得止，止于其位，婚姻才能发展得很好，君君、臣臣、父父、子子，都要懂得止。

【象辞】

《象》曰：山上有木，渐；君子以居贤德善俗。

《大象》说："山上有木，渐。"下面是艮，是山，上面是巽，是木，树木往山上生长，有"渐"的形象。"君子以居贤德善俗"，夬卦中有"居德则忌"，这里的"居"也是指居德，居贤德。"善俗"，改良风俗，所谓"居德"是往下，如果这个居德不能够善俗，就是自以为德了。为什么要"女归吉"？"女归"就是嘉礼，嘉礼是好的风俗习惯，所以"渐"就是要建立一个好的风俗习惯。风俗习惯都是在渐进当中养成的，而不是君主一声令下说变就变，这样是很危险的。必须渐渐地改变，在慢慢的改变当中，才知道是否适合人民，不适合的就慢慢改。如果只依照一个标准来改掉全部，那就是强迫，就是不知道是否适合，所以改变风俗习惯一定要渐。

【六爻性能】

初六：鸿渐于干，小子厉，有言，无咎。

《象》曰：小子之厉，义无咎也。

六二：鸿渐于磐，饮食衎衎，吉。

《象》曰：饮食衎衎，不素饱也。

九三：鸿渐于陆，夫征不复，妇孕不育，凶；利御寇。

《象》曰：夫征不复，离群丑也。妇孕不育，失其道也。利用御寇，顺相保也。

六四：鸿渐于木，或得其桷，无咎。

《象》曰：或得其桷，顺以巽也。

九五：鸿渐于陵，妇三岁不孕，终莫之胜，吉。

《象》曰：终莫之胜，吉，得所愿也。

上九：鸿渐于陆，其羽可用为仪，吉。

《象》曰：其羽可用为仪，吉，不可乱也。

初六，"鸿渐于干，小子厉，有言，无咎"。"鸿渐于干"，"干"就是水旁边的地，是"鸿"原本住的地方，它一飞就飞到了旁边的岸上。"小子厉，有言，无咎"，"小子"指初六，因为它要飞，有点冲动，所以称它为"小子"，"鸿"属于阳鸟，所以也可称为"小子"。初六位不当，跟六四又不相应，因为它要飞出去，所以有危险。如果鸿鸟躲到草丛里还好，一去外面就有危险，有厉。"有言"，就是有批评，因为不应，位不当，所以会受到批评，这种批评使它有警惕，所以无咎，没有麻烦。

《小象》说："小子之厉，义无咎也。"这里的"义"，应是指它知道渐，一步一步地就会无咎了。

六二，"鸿渐于磐，饮食衎衎，吉"。"鸿渐于磐"，这只鸿鸟开始的时候在水边，然后又飞到水当中的大石头上。"盘"就是大石头，因为鸿鸟不像普通的鸟，它的爪子是平的，所以要停在平而宽的地方。"饮食衎衎"，意思就是在这个时候它有东西吃，"衎衎"是很和悦欢乐的意思，也就是吃得很开心，很和乐。为什么讲"和乐"？就象来讲，六二位正，九五是阳，六二是阴，这两个是一对，阴阳相和，位当而应，所以"衎衎"就是和。为什么讲饮食和乐呢？和乐很重要，吃东西必须吃得安心、舒服，现在人吃东西往往暴饮暴食，或者吃得很匆忙，不能和乐。

谈到饮食和乐，我就想到一句话。每逢过年父亲都要写一副对联，或者写一个横批，我父亲的字写得很好，有一年他跟我说："你写，让你练习。"他给了我四个字，那四个字很好，我到现在还记得清清楚楚，是"饮和食德"。如果一个家庭要和谐，就要强调德，他们饮的是"和"，吃的是"德"，如此，这个家庭才会和谐。这里的"饮食衎衎"，就是"饮和食德"。第二爻都是指修德的，所以这里讲修德以和。

《小象》说："饮食衎衎，不素饱也。""不素饱"就是不白吃，"素"就是白，白吃就是吃人家的不付钱。我们吃下的东西要有营养才是真正有用，如果吃的都是没有营养的，虽然吃饱了但只是素饱，不是食德。因为六二位当，该修德。

九三，"鸿渐于陆，夫征不复，妇孕不育，凶；利御寇"。这只鸟要飞到内卦的最高处。九三是艮，艮卦是止，所以到了九三应该止。"鸿渐于陆"，"陆"是陆地，一开始是水边，然后跑到石头上，接着到了陆地上。就九三的位置来讲，第一它是阳刚，第二它应该止，它是山的最高处，第三它跟上九不相应。九三和上九都是阳爻，不相应，然后九三又陷于两根阴爻当中，就这个情形来讲并不好。"夫征不复"，意思就是丈夫出去打仗不能回来，不能回来当然就是战死沙场了，"妇孕不育"，妇人怀了孕，生不下来，那就是流产，或者难产。我们看渐卦九三，丈夫死了，儿子死了，对妇人来说，这是最大的悲哀，凶。就环境来讲，这只鸿鸟跑到陆地上，没有东西可以遮蔽，它是很危险的，所以"利御寇"，这时候要懂得防御敌人，保卫自己，不然就会被人家抓走或射中。

《小象》说："夫征不复，离群丑也。"有的古注把"丑"当作同类解，不妥，"丑"本来就是不好。"离"不是离开，应该是遭遇，离卦就是讲遭遇。遭遇群丑，为什么遭遇群丑呢？九三陷在两根阴爻的丑当中，所以有这个象不好。"妇孕不育，失其道也"，"失其道"就是九三跟上九不相应，失去相和之道。所以"利用御寇，顺相保也"，在这个时候要止，因为艮卦是止，所以"顺相保"就是用止的方法来保卫自己。

六四,"鸿渐于木,或得其桷,无咎"。"鸿渐于木","木"就是树木,一开始到了陆地,然后再飞到树木上,鸿的爪子是平的,它要停在比较宽平的树枝上面。"或得其桷","桷"是指比较宽平的枝头,它能停住就无咎。也就是说,它飞到高一点的地方,或有遮蔽的地方来保护自己。

《小象》说:"或得其桷,顺以巽也。"为什么这时候无咎?因为内卦是艮止,外卦是巽,巽就是顺、文弱、软弱、柔和,巽代表风,也代表树木,树木是在山上的,指能够顺利找到栖身的树木。

九五,"鸿渐于陵,妇三岁不孕,终莫之胜,吉"。"鸿渐于陵","陵"就是很高的山,到山上了。"妇三岁不孕,终莫之胜","三岁不孕",跟前面的"妇孕不育"不一样。"妇孕不育"是怀孕了但生不下来,"三岁不孕"的"三岁"是指时间很长,意思就是要耐心等待。如果能有耐心等待,"终莫之胜",到最后还是会克服困难,能够怀孕进而生育的。如果卜问有没有孕的话,答案就是别急,最后还会成功的,意思就是要等待,有耐心则吉。

《小象》说:"终莫之胜,吉,得所愿也。"最后还是有希望的,要想有孩子,最终还是会生的,只是要有一点时间,其他事业也是如此。

上九,"鸿渐于陆,其羽可用为仪,吉"。"鸿渐于陆",又一个"陆"字,很多解释《易经》的人觉得"陆"好像解不通。前面的九三有一个"陆"字,因为这里又一个"陆"字,所以很多注解家就自己改字。朱熹注"胡氏、程氏皆云'陆'当作'逵',谓云路也",他说"逵"代表天空上的云,云气是"逵"。但我感觉不正确,因为没有证据表明"陆"就是"逵"。

☆ **师生问答**

学生：老师，是不是要把它当作原来的"陆"来看？

老师：我现在就是这个解释。如果有确凿的证据，说这个"陆"就是"逵"，或者在别的书中有这个字，那我们自然认同。上九是天，如果是指天上的云气，就可以说"鸿渐于天"，但为什么不用"天"而用"逵"呢？

《易经》中有五处用"天"的地方，乾卦第五爻，九五之尊，有"飞龙在天"。中孚卦也有"翰音登于天"，说鸟的声音到了天上。大有卦的"自天佑之"，天来保佑你。大畜卦的"何天之衢"，就是天道，还有明夷卦的"初登于天，后入于地"。因为这五个卦都有"天"，所以用"天"并不是很困难。别的地方能用"天"，为什么这个地方不直接讲"天"，而讲"陆"？到了上九是最高了，鸟不能永远停留在高山上，因为这是鸿，鸿是水鸟，它原本是在水边的。虽然大雁在天上飞，但不是永久的，它还是要回来，所以"鸿渐于陆"。我的解释是，它跑到最高的山林上，然后再回到陆地上，返于陆，它返于陆时，羽毛掉下来，可用为仪。我们知道羽毛可用在舞蹈上，孔子诞辰时跳的八佾舞，所使用的羽毛就很长。也就是说，可以作为世俗礼节的模范，回到原来的地方。所以，还是要回到地上，"鸿渐于陆"。

《小象》说："其羽可用为仪，吉，不可乱也。"这里没有什么解释，"不可乱也"就是礼仪，"礼"就是把天道拿到人世上运用。人世上用礼，就是希望不乱，给我们定下秩序、规矩，因为"渐"就是一步一步。看到"渐"，我们就会想到老子哲学的"徐"，"静之徐清"，"动之徐生"，徐徐就是渐渐，慢慢来。

☆师生问答

学生：这一卦可以跟恒卦做比较吗？

老师：恒的第一爻就是告诉你，如果你一开始挖水就挖得很深，就不能恒，因为基础不够，太快了，所以要慢慢来。任何东西循序渐进才能恒，一曝十寒恒不了。

现在，我从这六根爻再说明一下渐卦的特质。第一，不要急于求成，渐卦的初爻跟恒卦的初爻一样，不急于求成。因为小子厉，骂他小子，就是冲动。第二，要平和，刚才我讲的饮和食德，就是平和。第三，要知止，老子哲学就讲徐，讲知止。第四，要向上，因为飞到山的树木上，是向上。第五，要忍耐，"三岁不孕"就是讲忍耐，没有忍耐就不能渐，恒的原则也是要有耐心。第六，要返本，返于陆，返于本，恒也讲要始终如一，不能脱离本初的动机。

第五十四卦　归妹 ䷵

【卦辞】

归妹：征凶，无攸利。

"归"就是嫁，古代女人出嫁叫作女归，意思是女孩子嫁到男方家就是回到男方那边去，她本来属于男方，父母对她的养育只是暂时的，最后她还是要归。"妹"是指君主的妹妹出嫁，同时也是指嫁女儿。一般来讲，"归妹"就是嫁女孩子，也就是婚姻关系。归妹卦䷵，内卦是兑，是快乐，外卦是震，是动。"归妹"，出嫁当然是动，动而悦，悦而动。"征凶，无攸利"，妹妹或女儿出嫁是一件很高兴的事情，为什么"征凶"？因为这个卦的主爻是六五，是柔，所以嫁妹妹或女儿讲柔，不讲刚。嫁妹妹或女儿为什么要柔？因为是对方要娶他的妹妹或女儿，而不是强迫他妹妹或女儿嫁过去，所以要以柔和的方法来处理，婚姻关系必须柔和，不能刚强。"征凶"，"征"就是征伐，婚姻要悦，不能征伐，用像征伐一样的方式来嫁，或是处理婚姻关系，是无所利的。

【象辞】

《象》曰：归妹，天地之大义也。天地不交，而万物不兴，归妹，人之终始也。说以动，所归妹也。征凶，位不当也。无攸利，柔乘刚也。

《彖辞》说"归妹，天地之大义也"，这里从根本上说"归妹"是天地之大义，婚姻关系是天地之大义。"天地不交，而万物不兴"，如果没有婚姻的关系，没有男女之交，没有阴阳之和，万物就不能发展。"归妹，人之终始也"，为什么写"终始"，不写"始终"？因为婚姻关系是人生之终，是终极目的，有终才有始，有终才有男女生孩子，才有一代一代的始，所以讲"终始"，不讲"始终"。

下面兑是悦，上面震是动，"说以动，所归妹也"，这就是指"归妹"。"征凶，位不当也"，为什么位不当？因为六五应该是阳爻，但现在它是阴爻，九二应该是阴爻，但现在它是阳爻，所以二五位不当。"无攸利，柔乘刚也"，为什么"柔乘刚"？因为六五乘九四的阳刚，这是就六五的位置来讲的。"征凶"，《彖辞》里面讲得很清楚，因为这个卦是指君主的妹妹或女儿出嫁，六五是君主，君主的妹妹或女儿出嫁，应该以柔道来处理，以柔乘刚，就太刚强了。

【象辞】

《象》曰：泽上有雷，归妹；君子以永终知敝。

《大象》说："泽上有雷，归妹；君子以永终知敝。"下面是兑，是水泽，上面是震，是雷，水上有雷，即泽上有雷。这跟归妹有什么关系？有雷的话就有雨，雷催雨，打了雷就催发了雨，雨降下来是泽于水，这是一种和谐的关系，所以这是归妹的和谐。为什么讲到"永终知敝"？朱熹的注说"君子观其合之不正"，什么叫"合之不正"？就是"知其终之有敝"，这个话完全是负面的。其实"永终知敝"是正面的，不应该是负面的。"永"是动词，"知"也是动词，男女之间的婚姻就是一个终极的理想，我们要永其终，永其终就是恒，我们说百年偕老，都是永其终。那么为什么要"知敝"呢？"敝"是指旧、破，也是指弊端、弱点，也就是说，如果我们想要维持长久的婚姻关系，就要知道其中的缺点，要知道冲击婚姻有很多危险，如此才可以避过。"敝"当旧讲时，其反面是新，能知敝者能新，能新则能始。有的人常说自己的太太是黄脸婆，自己的先生是糟老头，这虽然是笑谑的话，但也表明了双方关系之深。所以，即使我们老了，也要"知敝"，也要欣赏"敝"。

☆**师生问答**

学生：结婚时就已经知道了以后会敝，知应该是前知。

老师：对。但除了前知，我们在婚姻关系里，还要有心理准备。我们先知道了以后的婚姻生活会怎样，就不会感觉不满意了，也不会逃避了，因为知道就是那么回事，所以能够维持长久。

学生："知敝"是随时都要知过能改？

老师：自己知道自己的缺点，在婚姻关系中，不要老是说对方的缺点。

【六爻性能】

初九：归妹以娣，跛能履，征吉。

《象》曰：归妹以娣，以恒也。跛能履，吉，相承也。

九二：眇能视，利幽人之贞。

《象》曰：利幽人之贞，未变常也。

六三：归妹以须，反归以娣。

《象》曰：归妹以须，未当也。

九四：归妹愆期，迟归有时。

《象》曰：愆期之志，有待而行也。

六五：帝乙归妹，其君之袂，不如其娣之袂良。月几望，吉。

《象》曰：帝乙归妹，不如其娣之袂良也，其位在中，以贵行也。

上六：女承筐无实，士刲羊无血，无攸利。

《象》曰：上六无实，承虚筐也。

初九，"归妹以娣，跛能履，征吉"。"娣"本来是指妹妹，有次要的意思，不是主要的。古代嫁妹妹或女儿时，有随身丫头陪嫁，尤其是国君的妹妹或女儿出嫁，会有很多随侍。现在这里所讲的，还不止这个意思。假定初九是出嫁，要以"娣"这种次要的心情，即不要把妹妹或女儿看作公主，要以嫁普通女孩子的心情来对待，要除掉金枝玉叶的骄傲。如果能够以这种心情来对待，"跛能履"，即使是脚部残疾，也能走。脚部残疾的意思就是知道自己跛脚，不要以为自己很健全。如果脚不好还能走，这个人一定是很小心、很谨慎的，不然一下子就摔跤了，怀抱着这种心情则吉，意思就是不要骄傲。初九是阳爻，是诚心诚意，也是知敝，要知道自己的缺点，知道自己是跛脚的。

《小象》说："归妹以娣，以恒也。""恒"是指要知道能维持多久，如恒卦的初六爻，讲不要一开始就求深，要慢慢来。"跛能履，吉，相承也"是指以诚相待。

九二，"眇能视，利幽人之贞"。少了一只眼是"眇"，但还能看见。为什么少了一只眼睛？九二跟初九这两根爻都是阳爻，很强，但是要有这种少一只眼睛的心态，不要自以为是。也就是说，认为自己少一只眼睛，看得不是很清楚，即使双眼齐全，也要睁一只眼闭一只眼。又说"利幽人之贞"，"幽"有很多解释，如幽静、隐士。但我认为，因为商朝的监狱称为幽，"幽人"是指文王被囚禁了，是说要有这种幽人的心情。因为他是被关到监牢里，所以要很谦虚，文王对商纣是非常谦虚的，以表示自己无知，没有神通，这是被囚禁的人的心情，以这种心情为正道来处理，也是谦虚的意思。君主嫁妹妹或女儿，要有这种心情才是正道。

《小象》说："利幽人之贞，未变常也。"是指并没有失去常道，还是抱着平常心。初九的《小象》里面用到了一个"恒"字，"归妹以娣，以恒也"，九二的《小象》里面用到了一个"常"字，"利幽人之贞，未变常也"。一个"恒"，一个"常"，我们读恒卦的时候知道，恒卦是讲夫妇的关系，夫妇关系是恒、是常。如果能够维持恒、维持常，就可以维持好夫妇关系，要是想要标新立异，想要新奇的话，夫妇的关系就会出问题。

六三，"归妹以须，反归以娣"。六三跑到了内卦的最高位，位又不当，又乘阳，乘两根阳爻，很骄傲。所以"归妹以须"，他嫁了妹妹或女儿，就像嫁了"须"。"须"是一个很不好的女孩子，嫁过去的是妹妹也好，女儿也罢，都是一个泼妇。嫁过去的"归妹以须"就糟糕了，对方接受不了这个女孩子，所以退回了，即"反归"，要换一个好的。就拿和藩来说，藩王本来要娶漂亮的中原女子，结果嫁来了一个又丑又坏的公主，所以要退回去，不然就要打仗了。为了避免战火，"反归以娣"，收回来，再换一个像"娣"一样谦虚温柔的公主。

☆师生问答

学生：这样看来，第一爻嫁一个跛脚的，第二爻嫁一个一只眼睛看不见的。

老师：第三爻嫁一个泼辣、爱吵架的。所以"反归以娣"，返回去之后，再送一个过去，要以"娣"的心情，不是骄傲的心情。

《小象》说："归妹以须，未当也。"是指不恰当，女孩子自以为是金枝玉叶，嫁过去后骄纵无礼，行为不当。

九四，前面都是代表心情，第四爻是到了行为上。"归妹愆期，迟归有时"，"愆期"就是时间要换，对方的时间不当。时间不当有两种情形，一是男方父亲或母亲去世了，这时不能嫁过去，二是如果女方当时正好遇到生理期，就不能嫁，要换时间。所以"愆期"是必要的，因此说"迟归有时"，虽然是"迟归"，但合乎时。所以九四就是不急躁，要顺乎时，要忍耐，慢慢来。

《小象》说："愆期之志，有待而行也。""志"就是他的意思，为什么要改呢？"有待而行"，他有原因，是有所等待而行。

六五，这是君主，就是他要嫁妹妹或女儿。这里要讲一个历史事实，帝乙是商朝的君主，商朝有三个君主是用"乙"的，一般都认为这里是指汤，他定了归妹的制度。即使是君主的妹妹或女儿，还是要像普通的儿媳妇一样去服侍公婆，这是归妹的制度。"其君之袂，不如其娣之袂良"，嫁过去的公主对对方来讲是"君"，"袂"就是她的嫁妆、衣服，"不如其娣之袂良"，"不如"是指还比不上，"娣"是次要的人，也许是妃子，亦即还不如妃子的衣服漂亮，也就是指要谦虚，不要拿公主的嫁妆弄出庞大的排场，那样对方会接受不了。"几望"就是差不多满，"月几望"就是月还没有圆的时候。也就是说月盈则虚，谦虚则吉。

《小象》说："帝乙归妹，不如其娣之袂良也，其位在中，以贵行也。"指六五在外卦之中，现在是阴爻，要谦虚，谦虚才是它高贵的德性。

上六，"女承筐无实，士刲羊无血，无攸利"。上六是最高的了，走到极端了，物极必反。这个嫁出去的妹妹或女儿，"承筐无实"，就像一个女孩子拿着一个空空的竹篓子，"无实"，也就是无诚、不诚。同时也像"士刲羊无血"，古代的会盟大都要杀羊歃血，以表诚意，现在杀的羊没有血，也就是无诚。这两句话讲的就是没有实、没有诚。

"无攸利"是指没有诚心，没有虚心，一无所利。

《小象》说："上六无实，承虚筐也。"就是指心中不诚实。

☆师生问答

老师：在这里，我要讲一个例子，这是《左传》中把《易经》的卦拿来用的实际例子。现在我就借用高亨先生所著的《周易古经今注》一书后面的附录，引证给诸位看看。

> 初，晋献公筮嫁伯姬于秦，遇归妹之睽。史苏占之曰："不吉。其繇曰：'士刲羊，亦无衁也。女承筐，亦无贶也。西邻责言，不可偿也。归妹之睽，犹无相也。'震之离，亦离之震，为雷为火。为嬴败姬，车说其輹，火焚其旗，不利行师，败于宗丘。归妹睽孤，寇张之弧，侄其从姑，六年其逋，逃归其国，而弃其家，明年，其死于高梁之虚。"

这是说，鲁僖公十五年初，晋献公把女儿嫁给秦穆公时，他问了一卦，问的正是归妹卦。归妹是原卦，其变卦是睽卦，由归妹卦到睽卦，当中只有一根爻变，就是上六，归妹卦的上六变成睽卦的上九。当时负责占卜的都是史官，他说，不吉。为什么不吉？归妹到睽，两个卦，一根爻变，我们看看原卦的变爻，即归妹的上六，其爻辞是"士刲羊，亦无衁也。女承筐，亦无贶也"，这个"衁"是"血"，"贶"实际上就是"实"。《左传》中的字跟《易经》中的字不一样。他是怎么从这个卦里看出问题的？"西邻责言，不可偿也"，"西邻"指的是秦国，把女儿嫁到秦国去，秦国对她有所批评，女儿不能满足他们。"归妹之睽，犹无相也"，"睽"就是反目成仇，"睽"本身就是互相不满意，"无相"是没有人相助，也就是嫁过去后，这个女孩子孤立无援。"震之离","震"就是归妹的外卦,睽卦的外卦也是离,这两个卦,由归妹到睽,是震变成了离,也就是离之震,两个卦是相变的,震是雷,离是火,所以是从这里看出来的。"为嬴败姬","嬴"就是秦国,"姬"是指晋国,他说秦国一定会打败晋国。"车说其輹,火焚其旗,不利行师,败于宗丘","宗丘"是地名,即韩原。"归妹睽孤,寇张之弧,侄其从姑","睽孤,寇张之弧"是指睽的上九爻,其爻辞是"睽孤,见豕负涂,载鬼一车。先张之弧,后说之弧。匪寇婚媾"。开始以为是鬼要射他,"侄其从姑",侄儿为什么要跟从他的姑姑?这是有历史故事的。鲁僖公十五年,秦国伐晋,那时晋国的国君是晋惠公,秦国的国君是秦穆公,晋惠公当政时,晋国发生了饥荒,因为当初晋献公(晋惠公之父)把他的女儿嫁给了秦穆公,他们有一点亲戚关系,所以秦国给晋国送去了救灾粮,但后来秦国发生饥荒时,晋国非但不送粮食给他们,也不卖给他们,这是第一件事情。第二件事情,在秦国帮助晋惠公回国继位的时候,晋惠公曾答应秦国把黄河边上的五座城池送给秦国,后来晋惠公食言,所以秦国的国君很生气,于是决定攻打晋国。

学生:晋惠公当初靠着秦国的帮助才回到了晋国。

老师:秦国打晋国的时候也进行了占卜,国之大事唯祀与戎,他们找了一个卜徒父占卜,"卜徒父筮之,吉。涉河,侯车败。诘之,对曰:'乃大吉也,三败必获晋君。'其卦遇蛊,曰:'千乘三去,三去之余,获其雄狐。'夫狐蛊,必其君也。蛊之贞,风也;其悔,山也。岁云秋矣,我落其实而取其材,所以克也。实落材亡,不败何待"。

占卜的结果说,"吉。涉河,侯车败",对秦有吉,"涉河",过黄河,"侯车败","侯"就是晋惠公,亦即晋惠公的车败。这个辞不见于《易经》,可能当时的《易经》还有别的版本。秦国就问占卜的人,什么叫作"涉河"?什么叫作"侯车败"?占卜的人说,这是好事情,

"三败必获晋君",你跟他打了三次仗,可以俘虏晋国的国君。其卦所遇到的是蛊卦,"蛊"就是前代留下的罪孽,于是说:"千乘三去,三去之余,获其雄狐。"这个卦的爻辞也不见于《易经》,所以可能有另外的爻辞。"千乘",晋国是千乘之国,打败晋国三次之后,一定会抓到"雄狐",也就是抓到晋惠公,所以"狐"就是"蛊",就是晋国的国君。"蛊之贞",风也,"贞"就是指内卦,内卦是巽,是风。"其悔,山也",这个是占卜的名词,"悔"就是指外卦,外卦是山。当时打仗的时候是九月,"岁云秋矣",现在是秋天。我的风吹到他的山上,"落其实而取其材",就把它的果实吹掉了,把它的树木砍掉了,所以战胜了它。"实落材亡,不败何待",一定败,战败三次,晋惠公就逃到韩原去了,之后,再战于韩原这个地方时,秦穆公就俘虏了晋侯而归。这是一个真实的故事,它跟上面我们讲的故事有关系。

我们现在再接着看,为什么说"侄其从姑"?这是指伯姬,也就是晋国的公主。伯姬跟晋惠公是同父异母的兄妹,当秦穆公打败晋惠公的时候,伯姬偏袒弟弟晋惠公。她对秦穆公说:"你不要打败他,也不要俘虏他、杀掉他,如果你要俘虏他,要杀他,我就带着女儿和儿子自杀。"后来秦穆公没有杀晋惠公,而是把他放了回去,但是留下了他的儿子做人质,这个儿子就是圉。这里的"侄"是指晋惠公的儿子,"姑"是指伯姬。晋惠公把儿子圉留在秦国做人质,那时候圉十七岁,他在二十二岁的时候,逃了回去。"六年其逋","逋"就是逃,人质逃回去之后,为什么"弃其家"?因为圉在秦国的时候就结了婚,他的妻子怀了孕,而他逃走了,所以说"弃其家"。为什么说"明年,其死于高梁之虚"呢?他逃回去的那一年,晋惠公死了,第二年秦国又把另外一个公子重耳送了回去,秦国支持重耳,所以圉就在晋国的高梁这个地方被杀了。这是一个历史故事。

晋惠公刚刚被抓到秦国的时候,他说如果当初晋献公占卜的时候,他听了占卜的话，自己就不会落到这个田地。当时的大臣在他旁边就说，我们占卜用龟，龟是一种象征，而《易经》的蓍草是讲数的，要五十根蓍草，万物产生以后有各种象，就能发展了，象多了以后就有数，讲数的关系，"先君之败德，及可数乎"，以前君主造了很多孽，数也数不清，所以占卜、占筮之书才有这种占法。

学生：老师，从《左传》中的故事来看，他们还是在问能否成功，而不是在问该怎么做。

老师：那当然，因为这些国君肯定都是问打仗成不成，吉不吉。"涉河，侯车败"，为什么是晋"侯车败"呢？因为在跟秦国打仗的时候，过了黄河，晋惠公用的是秦国的马车。当时的臣子就告诉他，要用自己的马车，因为自己的马熟悉自己的心理，用别国的马，跟自己没有心理上的联系，很危险。结果正因为如此，晋侯的马车被泥地所陷，无法动弹。当时秦穆公不见得会赢，但正是因为秦国的马车使晋侯败了，所以说"侯车败"。

学生：那他为什么要用秦国的马车？

老师：他认为在别人的国家里面，别国的马比较熟悉，结果适得其反。

第五十五卦　丰 ䷶

【卦辞】

丰：亨，王假之，勿忧，宜日中。

丰卦䷶，外卦是雷，是动，内卦是离，是火，是光明，动于光明，光明而动，就是丰。所以越来越光亮，就是"丰"之象，"丰"的意思就是光明、满、光照大地。谈到"丰"，我想到了之前讲过的"离"。就字面来讲，离跟丰的光明有什么不同呢？离卦《大象》中说"继明"，因为离卦是离上离下，两个离，两个火，是继，所以离的光明是继续，丰是求光明，达到光明，所以丰跟离不太一样。

就这个卦来讲，六二跟六五不应，所以求光明当中仍有问题。卦辞说："亨，王假之，勿忧，宜日中。"第一个字是"亨"，"亨"就是沟通，要求丰，求满，要有深刻的了解，所以沟通很重要。"王假之"，"假之"就是要用这种方法，也就是一个圣王要以丰使得社会丰，国家丰，国富民丰，靠这个来治理国家。换言之，国君能够乘丰，用丰而莅天下，"假"是依靠之意。如果国家不丰，怎么莅天下？孔子周游列国时先到了卫国，卫国当时的社会情形很好，物产很丰富。然后学生就问他，丰了以后怎么样，他说，要教之，也就是要教人民，衣食足而后才能讲礼义，所以要讲教育。"勿忧"当然是指不要担忧。"宜日中"，言外之意是要把握日中，把握机会。

【彖辞】

《彖》曰：丰，大也。明以动，故丰。王假之，尚大也。勿忧，宜日中，宜照天下也。日中则昃，月盈则食。天地盈虚，与时消息，而况于人乎？况于鬼神乎？

《彖辞》说："丰，大也。""丰"是指大、满。"明以动"，"明"是指内卦离，离为明，"动"是指外卦震，震是动，所以这是就内外两个卦来讲"丰"。"王假之，尚大也"，一位国君要强调大来莅天下。"勿忧，宜日中，宜照天下也"，日中才能照天下，莅天下，否则"日中则昃"，斜了，"月盈则食"，满了以后就是骄傲，就会偏，就月食了。"天地盈虚，与时消息"，意思是要把握时间。"而况于人乎？况于鬼神乎"，也就是说在自丰当中，要好好把握住，丰用得不好就斜，用得不好火就会把一切都烧掉。人生的道理以及鬼神造化的道理，都是如此。

【象辞】

《象》曰：雷电皆至，丰；君子以折狱致刑。

《大象》说："雷电皆至，丰。"上面震是雷，下面离是电，有雷有电，很亮，有雷有电也指很快，所以要把握，这就是"丰"。"君子以折狱致刑"，"折狱"即审判狱事。为什么看到雷电就想到"折狱"？雷司公正，电司刑罚，所以说是主持刑罚之事。"折狱致刑"就是像雷一样，像电一样，要有这种光辉照耀。大家都喜欢丰，但丰不是绝对完美的卦，它有缺陷，二五两爻不应，所以它用刑狱来比喻。为什么要"致刑",要用刑罚呢?我们把"折狱"跟"致刑"分开来看。"折狱"是判狱,判狱的话要光明,法官要看得清楚,离是亮,是光明,这是"折狱"。"致刑"是用刑,用刑是为了求光明,为了社会安定,并不是为了报复,这是韩非讲的,杀一个罪犯不是为了报复他,而是要杀鸡儆猴,使其他人不敢犯,所以"致刑"是为了求光明,"折狱"是用光明来照它。

【六爻性能】

初九:遇其配主,虽旬无咎,往有尚。

《象》曰:虽旬无咎,过旬灾也。

六二:丰其蔀,日中见斗,往得疑疾,有孚发若,吉。

《象》曰:有孚发若,信以发志也。

九三:丰其沛,日中见沫,折其右肱,无咎。

《象》曰:丰其沛,不可大事也。折其右肱,终不可用也。

九四:丰其蔀,日中见斗,遇其夷主,吉。

《象》曰:丰其蔀,位不当也。日中见斗,幽不明也。遇其夷主,吉行也。

六五:来章,有庆誉,吉。

《象》曰:六五之吉,有庆也。

上六:丰其屋,蔀其家,窥其户,阒其无人,三岁不觌,凶。

《象》曰:丰其屋,天际翔也。窥其户,阒其无人,自藏也。

初九,"遇其配主,虽旬无咎,往有尚"。初九跟九四本来是一对,应该是和平的,现在两个都是阳爻,"配主"是指九四,遇到这个配主,但两个又都是阳爻,所以"虽旬无咎","旬"就是十天,只有十天无咎,也就是暂时的无咎,不是永久的。"往有尚",我们要去的话,要有一个理想，必须有所崇尚，有一个价值观念。

《小象》说："虽旬无咎，过旬灾也。"可见这是暂时的，暂时很有钱，过了一段时间就后患无穷。

六二，"丰其蔀，日中见斗，往得疑疾，有孚发若，吉"。"丰其蔀"，很多传统的解释都把"蔀"当作草席，好像怕太亮了，用草席遮盖一下。我不太满意这个解释，"蔀"上面是草，下面的"部"是聚集，草的聚集并不是草席，我现在暂时的解释是草丛。光亮开始的时候被草丛挡住，虽然"日中见斗"，但是我们看星斗是往上看，在日中能看到星斗，实际上是暗的，是心里看到，不是眼睛看到。"丰"就是光亮，在光亮的时候要看到黑暗，要看得出有毛病，不要志得意满。换言之，当一个社会发展平稳的时候，我们要能看出它隐藏的危机。"往得疑疾"，就是去的时候要有怀疑，是不是真的"丰"？真的有光亮？所以"有孚发若"，就是要有诚，从心里面发出真诚来，则"吉"。

《小象》说："有孚发若，信以发志也。"是指诚信要从心里面发出来。

九三，"丰其沛，日中见沫，折其右肱，无咎"。传统的解释把"沛"当作大的雨伞，帝王出行时用的华盖。但我不太满意这个解释，因为"沛"是三点水，实际上是一片有雾和水的云气。日正当中时哪有水汽？因为太阳照到树丛中，树丛中的水汽上升了。这根爻是阳爻，说明光很强，所以要以水汽来象征。接着说"日中见沫"，"沫"是一种心态，传统解释一个是斗，一个是心，但我还是认为"沫"是水汽，因为都是三点水，见到水汽，知道不要太刚强，也不要志得意满。"折其右肱，无咎"，虽然太刚强而损掉右手，但是"无咎"。右手代表用，说"折其右肱"，告诉我们不要自恃有很强壮的手就任何事都敢做，要懂得无用，不要用强阳，就像前面的"跛能履，眇能视"一样。

《小象》说"丰其沛，不可大事也"，指这时不可以做大事情，因为阳刚太盛。"折其右肱，终不可用也"，"终不可用"好像是一句负面的话，最后不可用，实际意思就是不要用，要有无用的这种心态。

九四，又是"丰其蔀，日中见斗，遇其夷主，吉"。"蔀"是草丛，但九四是外在，所以这是大树丛，丰到九四很高了，还是要用大树丛把它遮一下。"日中见斗，遇其夷主"，"夷"是平，平就是下面，"夷主"就是指初九。初九讲"配主"，"配主"就是指九四。初九跟九四都是阳爻，意思是要谦虚，要跟下面的人配合，两个都是强阳的话，就不能配合了，应该一个阴一个阳。

《小象》说："丰其蔀，位不当也。"本来应该是六四，现在是九四，位不当。"日中见斗，幽不明也"，因为阳中有暗，所以"不明"。"遇其夷主，吉行也"，如能向下去配合，则有吉之行。

六五，"来章，有庆誉，吉"。本爻是主爻，"章"是指阳、光、光彩，六五是阴柔，以阴柔的方法来吸引阳的光明过来叫"来章"。以柔来刚，这样就有庆，有誉，吉。但是在六五上，我们知道这实际是日正当天了，不是当中，这个光彩没有被遮蔽，照耀四方。

《小象》说："六五之吉，有庆也。"这只是重复爻辞，等于没有什么解释。

上六，"丰其屋，蔀其家，窥其户，阒其无人，三岁不觌，凶"。"丰其屋"，其实是又向下回去了，回到自己的房子里，也就是说光亮被屋顶遮盖住了。"蔀其家"，"蔀"当动词，像树丛一样遮盖了自己的家。"窥其户"，如果斜着眼睛看自己的房间，房间里静悄悄的没有人，就看不到人。"三岁不觌"，"三岁"指长久，"不觌"就是看不见光亮，这是凶，也就是说，丰到了最后，光到了极点，眼睛看不到人，完全黑了。

《小象》说"丰其屋，天际翔也"，丰太过会伤了自己。"丰其屋"，这个时候的位置跟天际一样，因为整个上六是天，是最高了，所以说是在天上飞。"窥其户，阒其无人，自藏也"，"自藏"实际上是指掩盖了自己的光明，不要夸耀自己。虽然朱熹的注中说，"藏"为障蔽遮盖，但是我认为"自藏"是一个正面的词，"丰"到最高很危险，目中无人，所以要自藏，把自己藏起来，无己。假定"丰"满到了天上，最高这一爻，这个丰满是怎样的呢？这个丰满就像天一样，天的光照耀全世界，照耀大地，但天是无己、无私的，这是《象辞》里面的说法。而爻辞的说法是负面的，告诉我们"丰"到这个时候是危险，有凶，换言之，整个都被遮蔽了，看不见人了，则凶。

《象辞》里面的解释是儒家的解释，是正面的，自藏也是一种功夫，可和乾卦初九的"潜龙勿用"相对照。

第五十六卦　旅 ䷷

【卦辞】

旅：小亨，旅贞吉。

丰跟旅是相对的卦，又是倒过来的。下面内卦是艮，上面外卦是离，艮是止，离是光明，要加以止，加以限制。我们现在的"旅"就是旅行，但是古代没有旅行，就这个卦的"旅"来说，实际上是放逐、流亡。当然，古代也有行旅，或者商旅，但是古代的旅是不得已的，危险的。因为古代只要一出远门，不知道什么时候会回家，往往有生离死别的危机。卦辞说："旅：小亨，旅贞吉。"旅卦就是说，做小的事情有亨，有通，不能做大事情，把握正道则吉。旅卦的主爻是六五，六五是阴柔，"贞"是指谦虚，能够谦，能够柔，则吉。

【彖辞】

《彖》曰：旅，小亨。柔得中乎外，而顺乎刚，止而丽乎明，是以小亨，旅贞吉也。旅之时义大矣哉！

《彖辞》说："旅，小亨。柔得中乎外。""柔得中乎外"，"外"是外卦，"柔"是六五，六五处在外卦之中。"而顺乎刚"，是六五顺乎刚。本来六五跟第二爻是一对，但六二是阴爻，"刚"绝对不是指六二，所以这里的"刚"是指上九，"顺乎刚"指六五能够顺乎上九。"止而丽乎明"，"止"是内卦，是艮，是山，是止，"而丽乎明"，"丽"是外卦，外卦是离，离是丽，也是明。"止而丽乎明"就是说能够止才有明。前面是丰，能有止才有真正的丰，不懂得止，整个丰就把自己烧掉了。这里说止而明，"止"是一个功夫字，是知止。"是以小亨"，能知止的话，就知道要小，不宜大。"旅贞吉"，这是重复卦辞的话。"旅之时义大矣哉"，"旅"是放逐在外，所以它的意义很重要，逃亡在外，放逐在外，要把握时，即知道这时该怎么做。

【象辞】

《象》曰：山上有火，旅；君子以明慎用刑，而不留狱。

《大象》说："山上有火，旅；君子以明慎用刑，而不留狱。"下面内卦是艮，是山，上面外卦是离，是火，火在山上，是旅之象，因为火光照亮整座山，就像光亮往远方走。"君子以明慎用刑，而不留狱"，丰卦讲刑，旅卦也讲刑，所以这两个卦是有关系的。旅卦所讲的刑罚是"慎用刑"，为什么要"慎用刑"？这跟旅有什么关系？"慎用刑"是用刑不伤人，要谨慎，刑罚不当反而会害人。用刑的时候，千万要小心，不要用错了，这样才能不伤人。

"不留狱"就是不要冤枉好人，不要随意把人放到监狱中，丢着不管。很多人因一时没有裁决，就被留在狱里面，甚至被忘记了，就这样一直在监狱里面，白坐冤狱。这里的"用刑"跟"不留狱"指的就是不要伤害人，戒之在于谨慎。假定旅卦原来的意思是放逐，被放逐在国外，就像"留狱"，只是监狱不在固定的地方，而是在边疆。有一句话叫"人生如逆旅"，我们的人生也是旅，也就是"留狱"。

【六爻性能】

初六：旅琐琐，斯其所取灾。

《象》曰：旅琐琐，志穷灾也。

六二：旅即次，怀其资，得童仆，贞。

《象》曰：得童仆，贞，终无尤也。

九三：旅焚其次，丧其童仆，贞厉。

《象》曰：旅焚其次，亦以伤矣。以旅与下，其义丧也。

九四：旅于处，得其资斧，我心不快。

《象》曰：旅于处，未得位也。得其资斧，心未快也。

六五：射雉，一矢亡，终以誉命。

《象》曰：终以誉命，上逮也。

上九：鸟焚其巢，旅人先笑后号啕。丧牛于易，凶。

《象》曰：以旅在上，其义焚也。丧牛于易，终莫之闻也。

初六，"旅琐琐，斯其所取灾"。"琐琐"就是很琐碎的小事，一开始在旅的时候，在被放逐的时候，或者移民到国外的时候，如果还斤斤计较于琐碎的小事，就是自找麻烦。人生如逆旅，几十年很快就过去了，所以不要为这些琐碎的小事忧虑，要放得开。

《小象》说："旅琐琐，志穷灾也。"是指只注意琐碎的小事情，没了志气。如果一个国君流亡在外，只图暂时的安饱，这个国君就是没有志气，他应该以复国为目标。如果一个人移民到海外只求过普通的生活，就没有什么意义，不要只求这些小而琐碎的事。

六二，"旅即次，怀其资，得童仆，贞"。"即次"就是安居，有房子可住。我们中国人一移民到国外，首先要买一栋房子，才会感觉安定，因为在逆旅中安居第一。"怀其资"就是得其资，赚了一些钱。

"得童仆"就是有用人了。这几句话就是说在旅当中,或者在移民当中,买了房子,有了一些钱。但是"贞",六二是阴爻,要能"贞",要把握谦虚,不要骄傲,因为是流亡,在国外,所以要能谦虚才不会受排斥。

《小象》说"得童仆",虽然得了童仆,但要把握正道,这样才会"无尤",才不会有麻烦。

九三,九三是内卦之巅,代表止,也代表危险,如果我们在这一爻上骄傲,"旅焚其次",别人就会把我们的房子烧掉。"丧其童仆",伤害我们的孩子。所以"贞厉","贞"就是要把握九三之诚,要在危机中把握诚。

《小象》说"旅焚其次,亦以伤矣",是指伤害到自己。"以旅与下,其义丧也",是指处旅的时候,要谦恭、谦卑,要把自己放在低的地方。因为这一爻是内卦之上,上有离火,所以要处下,否则便会丧义,处事不合宜。

九四,"旅于处,得其资斧,我心不快"。"旅于处",在这个旅当中,得到跟房子一样的处所。"得其资斧,我心不快","斧"是货币,"资斧"就是指钱财,意思是虽然有钱、有房子,但我的心还是不够痛快,因为流亡在外,行旅在外,还不能叶落归根,回到自己的国家,所以心里仍然不快乐。

《小象》说:"旅于处,未得位也。"九四位不当,应该是六四,现在是阳刚,所以位不当。虽然得到钱财,但是心里还是不高兴、不痛快。

六五,"射雉,一矢亡,终以誉命"。这是主爻,"射雉,一矢亡",是指射那只鸟,一箭就把它射死了。"终以誉命"是指流亡在外的国君,回到自己的国家,一箭把篡位的人给射掉了,最后能够"誉命",也就是尽自己的天命,完成平生的抱负。

人生是逆旅，在我们的逆旅当中，虽然有一点钱、有房子，但是不要自以为了不起，这个东西是暂时的。到六五，回去的时候，要达到我们人生的目的，这是天命，要尽我们的天命，达到我们人生最终目的，这是最重要的。如果只是去开一家饭店，赚一点钱，有什么意义？

《小象》说："终以誉命，上逮也。"即是说最后能够尽我们的天命，这是生命往上提升，及于天命。

上九，"鸟焚其巢，旅人先笑后号啕。丧牛于易，凶"，这是从负面来讲。如果我们不能跟六五一样完成天命，就像鸟把它的巢烧了，无家可归，像旅人一样"先笑"，开始的时候很高兴，因为在外面买了房子，后来"号啕"，到了晚年还要悲哀。所以很多移民在外的人，到了晚年还是想落叶归根，总感觉外面不是自己的故乡。"丧牛于易"，"牛"代表根本，"丧牛"就是忘本，"易"是易于忘本，这是人生的悲哀。

为什么要讲"牛"呢？我们要进行对照，前面讲的房子、钱财、用人都是外在的，在中国古代"牛"才真正是生产的根本。我们现在忘掉生产的根本，只是在外面投资、买股票，赚了一些钱，那些东西是危险的，易得易失，这就是忘本之灾。如果我们行旅在外忘了本，就是凶，人生的逆旅也是一样，不要忘了根本。

《小象》说："以旅在上，其义焚也。"上面是离火，把财物烧掉了。"丧牛于易"，一辈子的根本没有了。"莫之闻"就是死在外乡有谁知道？人生如逆旅，房产、财宝、声名，又有谁知道？

第五十七卦 巽 ☴

【卦辞】

巽：小亨，利有攸往，利见大人。

"巽"是巽卦的重复，☴，"巽"代表卑顺、谦卑、顺从、柔和。"小亨，利有攸往，利见大人"，"巽"也是"小亨"，即对待小的事情，可以谦卑、忍让，对待真正重要的大事，则不能一味地谦卑。所以"巽"就是用在小的问题上，它的第一个要点是"小亨"，第二个要点是"利有攸往"，要能向前走。谦卑不是要我们停在谦卑的地方忍让一辈子，屈居人下，谦卑是一个方法、过程，最终还是要达到一个理想，所以要有理想，要能往。第三个要点是"利见大人"，见大人则利，"大人"不一定是指实际上的人，也可以是大原则、大理想。当然从象上来说，九五是大人，是主爻。

【彖辞】

《彖》曰：重巽以申命，刚巽乎中正而志行。柔皆顺乎刚，是以小亨，利有攸往，利见大人。

《彖辞》说："重巽以申命，刚巽乎中正而志行。""重巽"指巽卦的重复、重叠。"以申命","申"是伸张、发展,伸张我们的天命,虽然处于卑顺的地方,但还是念念不忘要尽天命,所以"申命"很重要。"刚巽乎中正而志行","刚"就是指九五,九五是处在中正的当中地位而志行,因为要"申命","申命"是他的志。"柔皆顺乎刚","柔"是指初六,初六是柔,六四也是柔,本卦只有两根柔,这两根柔都顺着九五的刚,尤其是六四,六四是大臣,大臣要巽,要卑,然后与九五的刚强能够配合。"是以小亨",如果遇到大问题,六四就要直谏君主,不能一味附和,要以谦卑的方式劝君主把握大方针。小的事情要巽,"利有攸往,利见大人",这都是劝君主要往,要守住原则。

【象辞】

《象》曰:随风,巽;君子以申命行事。

《大象》说,"随风,巽"。"随风"就是两个"巽",巽是风,随是顺,也就是顺着风。"君子以申命行事","风"是指风化,也指教化,君主的教化如风,草上之风必偃,风吹过去就是"申命",申天命而行事。君主伸张天命,以风来化育人民。

【六爻性能】

初六:进退,利武人之贞。

《象》曰:进退,志疑也。利武人之贞,志治也。

九二:巽在床下,用史巫纷若,吉,无咎。

《象》曰:纷若之吉,得中也。

九三:频巽,吝。

《象》曰:频巽之吝,志穷也。

六四:悔亡,田获三品。

《象》曰：田获三品，有功也。

九五：贞吉悔亡，无不利。无初有终，先庚三日，后庚三日，吉。

《象》曰：九五之吉，位正中也。

上九：巽在床下，丧其资斧，贞凶。

《象》曰：巽在床下，上穷也。丧其资斧，正乎凶也。

初六，"进退，利武人之贞"。巽很柔弱、卑顺，因为卑顺的缺点是没有决断力，所以这里告诉我们，进退要"利武人之贞"。"武人"是指阳刚，要以阳刚的诚来补救阴柔，不然的话，初六位不当，跟六四又不应，处在最低的地方太卑顺，往往没有判断力。

《小象》说："进退，志疑也。"就是怀疑不决，所以"利武人之贞，志治也"，是指要有志，要有理想，虽然处在最低的地方很谦卑，但不要失掉我们的志气。

九二，"巽在床下，用史巫纷若，吉，无咎"。"巽在床下"，"床下"就是低，"巽"本来就是要谦卑。"用史巫"，"史"本来是史官，史官是管《易经》占卜的官吏。"史巫"合在一起，代表这些沟通天人的人忙着工作就能吉，无咎。换句话说，为什么要沟通天人？为什么要祭祀？因为代表诚。虽然在床下，在最低的地方，但仍然要不失其诚，我们的志还要沟通天人，还要往上走，往上发展。

《小象》说："纷若之吉，得中也。""纷若"就是很多，"得中"，因为九二在内卦之中，所以能行中正，九二是阳爻，即能把握诚。

九三，"频巽，吝"。"频"就是反复、一再，因为内卦是巽，外卦也是巽，所以说一再。"频巽"就是一而再再而三地，反反复复不好，也就是说不能太卑顺了，要有一个限度，如果失去限度，就"吝"，也就是难为情，有失尊严。

《小象》说："频巽之吝，志穷也。"这是指没有志气，看到有钱有势的人，就卑躬屈膝。

六四，"悔亡，田获三品"。一开始就出现"悔亡"，六四是阴柔，"田"就是打猎，"三品"指猎物的三种等级。假定射一个阳，第一种情形是一矢中的，射中它的心，它立马死了，这是上品，因为死得很快，没有污染。第二种情形是射中身体，或射中腿，它死得比较慢，但还算干净，这是中品。第三种情形是射中它的大肠，肠子破了，肠子中的东西流出来就有污染了，这是下品。上品是用于祭祀，中品是用于宴宾客，下品是自己吃。这三品就这个卦来讲，是除了九五之外的其他三根阳爻，也就是六四大臣能够对付三根强阳，本来有悔，现在"悔亡"，因为六四跟初六不相应，九五是君主，所以由六四来对付那三根强阳。

《小象》说："田获三品，有功也。"六四有功。虽然六四有功，但六四是阴柔，九五是刚强，六四是以柔弱的方法来帮助九五，所以是"悔亡"。不是说"田获三品"，功高震主，而是说他的心情本来是要避免后悔，避免灾难，以这种心情才会"悔亡"。其次，"悔亡"是一种功夫，"无咎"也是一种功夫，做到无悔、无咎，才是《易经》讲的真正的功夫，"吉凶"倒是其次。吉凶是指结果，一讲吉凶就有贪求，就有欲望，做到无悔、无咎才是真功夫。《易经》是讲无悔、无咎，所以在无悔、无咎的时候，我们要了解如何处理才是真正的有所得。

九五，"贞吉悔亡，无不利。无初有终，先庚三日，后庚三日，吉"。九五是指君主，"贞吉"，九五是阳，是诚，把握九五的诚则吉，然后才能"悔亡"，这是有条件的。"无不利"，因为九五位当。"无初有终"，为什么"无初"？开始的时候并不怎么好，因为九五跟九二不应，九二是强阳，九三也是强阳，即九五下面的两个臣子都是强阳，是"无初"。但是"有终"，最后还是好的。我认为"有终"就是指六四有功，而把功劳献给他，还是有好结果的。"先庚三日，后庚三日，吉"，"庚"就是变更，根据朱熹的注，"庚"解释为变，亦即制度的变化，在变这个制度的前三日，要有诚，变了这个制度的后三日，也要维持诚。"三日"是指很久。

《小象》说："九五之吉，位正中也。"是指九五在中正的位子上，这里没有什么解释。

上九，"巽在床下，丧其资斧，贞凶"。"巽"代表床下，指处在低的地方。这时候"丧其资斧"就是丧掉资产，"资斧"是生生之具，资生之具，以此为"贞"则凶。也就是说，我们要巽，要谦卑，但最后不要谦卑到失去自己的人格，失去自己的尊严，否则就凶。

《小象》说："巽在床下，上穷也。"到了上面穷了，就会失去我们的精神，失去我们的天命。"丧其资斧，正乎凶也"，失去了根本，一定会凶。

我们用六个简单的概念来看，"巽"都有哪些原则。第一，巽要果断，而不是一味地柔弱。第二，要守诚。第三，不要反反复复。第四，要有所为，能有所获。第五，还是要有诚。九二跟九五是两根阳爻，阳爻都是诚，九二的诚是要修诚，九五的诚是以诚待人。第六，用一句成语来说就是要不卑不亢。

第五十八卦　兑 ☱

【卦辞】

兑：亨利贞。

"兑"是无心之悦。兑是两个兑卦的重叠，☱，所以兑代表泽、湖泽，代表口，也代表喜悦。兑卦的二五两爻都是阳爻，虽然不相应，但是这两根阳爻都是主爻。卦辞，"亨利贞"，我认为这三个字就是代表兑的三个特点。第一，"亨"，亨通了解，独乐乐不如众乐乐，快乐要分享。只有一个人快乐，其他人都不快乐，自己也快乐不起来，所以说"亨"。第二，"利"，普通的利是指利益，我这里讲利人，利人则悦，己为人愈多己愈有，这是老子的利人。第三，"贞"，把握正道，刚才我们讲了二五两爻是主爻，是阳，是诚，是快乐。兑一定要诚，不诚怎么会快乐？这三个字是兑的三个原则。

【彖辞】

《彖》曰：兑，说也。刚中而柔外，说以利贞，是以顺乎天而应乎人。说以先民，民忘其劳；说以犯难，民忘其死；说之大，民劝矣哉！

《彖辞》说："兑，说也。""说"是悦，表示快乐。"刚中而柔外"，

九二、九五这两根爻都在内卦、外卦的中间，所以"刚中而柔外"，"柔外"就是指六三、上六，这两根爻都在内卦、外卦的外面、上面。"说以利贞"，这是重复卦辞的话。"是以顺乎天而应乎人"，是指顺天道、应人心，因为天道、人心都是使人快乐的。"说以先民，民忘其劳"，"先民"就是要领导人民，要支持人民，先要使其悦，然后才能使民忘了他们的劳苦，要劝人民做劳苦的事情，就要先使他们感觉那是为了悦，为了理想。同样，"说以犯难"，要人民去犯难、去冒险，或者救国救民，做冒险的事情，就要使他们悦。怎样才能使他们悦呢？使他明白这是为了家庭的安乐，为了国家的安定，有了这样的理想，他们才能犯难，所以人民"忘其死"，就不在乎死的危险了。"说之大"，"悦"是很重要的，"民劝矣"，劝民以悦。我认为一个国家的君主要让人民愉悦，这个悦不同于快乐，快乐是肉体的，悦是精神的。

☆师生问答

学生：所以兑卦没有元的意思，它不是"元亨利贞"，这说明精神上不是一开始就有悦的，对吗？

老师：悦，不是开始就有的，当然得有一个原则在那里，比如我们把"利"当作利人，利人则悦，这个悦不是一开始就有的，你要下功夫，做出真正有利于人的行为才会悦。

【象辞】

《象》曰：丽泽，兑；君子以朋友讲习。

《大象》说："丽泽，兑。""丽"在这里用作附丽，就是靠着某物才有光彩，就像火一样，要有东西才能烧，没有东西就不能烧，这是附丽的意思。兑卦是两个泽的重复，这两个泽附丽，因为两个泽重叠在一起，这是兑的一个现象。"君子以朋友讲习"，如果是两个泽在一起，那么这两个泽要汇流，这边的水通向那边的水，泽水汇流表示互相依靠。从这个现象来说，也许我们就可以想象成"朋友讲习"，彼此的意见、感情相交流，我们以文会友，以友辅道，就是"朋友讲习"，也是最快乐的事情。如果"朋友讲习"，互相感觉不到快乐，还讲习什么？

【六爻性能】

初九：和兑，吉。

《象》曰：和兑之吉，行未疑也。

九二：孚兑，吉。悔亡。

《象》曰：孚兑之吉，信志也。

六三：来兑，凶。

《象》曰：来兑之凶，位不当也。

九四：商兑，未宁，介疾有喜。

《象》曰：九四之喜，有庆也。

九五：孚于剥，有厉。

《象》曰：孚于剥，位正当也。

上六：引兑。

《象》曰：上六引兑，未光也。

初九，"和兑，吉"。只有一个"和"字，悦一定要和，我们常常讲和悦，不和哪有悦？所以悦要以"和"为主。

《小象》说："和兑之吉，行未疑也。"是指我们做任何事情，能和悦就不会有怀疑，如果心中有疑，就表示心中不和，心中不和也就没有悦了。

九二，"孚兑，吉。悔亡"。这句话很重要。"孚"是诚，九二是主爻，是阳，代表诚。悦要有诚，能诚就吉，就无悔。

《小象》说："孚兑之吉，信志也。""信志"就是诚之志，以诚为他的理念。

六三，"来兑，凶"。"兑"在第三爻，就象来说，六三位不正，又乘二阳，跟上六也不应，第三爻本身位置是凶，都是不好的，所以"凶"没有错。为什么讲"来兑"？"来"是从外面来，如果悦从外面来，就不是真正的悦，悦是发自内心的，不是别人给予的，寄托在别人身上的悦是"宠"。《老子》讲"宠辱若惊"，人家宠我们的时候，我们要惊，得宠不是好的吗？因为宠是寄托于外在的，有宠就有辱，所以有凶。

《小象》说："来兑之凶，位不当也。"这只是指位不当而已，还有好多条件，有乘阳，有跟上六不应等，这些关系都会有凶。

九四，"商兑，未宁，介疾有喜"。"商"用得很妙，"商"是商量、讨论，为什么商量呢？因为这根爻是九四，九四是大臣的位置。就位置来讲，九四和九五两根爻都是阳爻，君主是阳爻，太刚强了，九四跟初九又不应，所以这个位置从关系来讲并不好。那么这里为什么用一个"商"字？因为悦是由商议得来的，九四建议九五，如何建议？商量、讨论，使得君主高兴，给他赞赏。但心中不安，如果这个建议不成功，就糟糕了。所以这个商议是寄托在君主那里的，也就是寄托于外面的结果，如果成功了，就会快乐，否则就麻烦了。这个悦是来自外面的，自己没有决定权，所以心里不安。"介疾有喜"，"介"是介意，如果介意这个毛病，内心就转回来了。比如他建议君主，这个建议到底能不能实行？他心里不安，"介疾"就是在乎这个毛病。不要认为这个建议一定是好的，如果心里有这个准备，内心就会转忧为喜，就不会执着了。

《小象》说："九四之喜，有庆也。""有庆"是指他能反省，心中有准备。

九五，"孚于剥，有厉"。九五跟九二并不相应，下面大臣很强，上面上六又是阴乘阳，就位置来讲"有厉"，是有危险的。"孚于剥"，九五是阳爻，"孚"就是诚，"剥"是指环境不好，但他还是守诚，这是正面的解释。负面的解释是，他的诚受到"剥"，因为上六是阴爻，阴乘阳，所以是在剥他。但是我认为这两个解释并不冲突，在承受剥的时候，更要守诚，使诚不受影响。

我们所处的环境有时候会遇到否，遇到剥，或是遇到各种不顺，而能在各种逆境中保持悦的心境，这便是真正的功夫。九五是主爻，"剥"中虽然有"厉"，但是我们要把握这种心情，始终保持守诚不变，这也是功夫。

我们想想人生，由生到死，《庄子》说"一受其成形，不亡以待尽"，现在不亡，而要等死，"与物相刃相靡"，万物就像一把刀子在砍我们，"其行尽如驰"，到了尽头，就像开快车一样。我们每天都在剥，剥到最后连命都被剥掉了，如果我们以肉体上的死为心死的话，就是最大的悲哀。有一句话是"哀莫大于心死"，这是庄子在《齐物论》中说的，这告诉我们，心不要受影响，不要随着外在的形体而流转。形体有剥，外在的环境有剥，但是我们的诚、我们的心不受剥，这就是"孚于剥"，这是真正的悦乐。王阳明曾经说，人生是快乐的，即使人在最悲哀的时候，比如在亲人去世的时候，我们哭出来就是心里在求快乐。我认为王阳明讲的这种内心的快乐不是真正的快乐，而是把悲哀哭出来以后，内心再追求一种快乐，这才是"孚于剥"。

《小象》说："孚于剥，位正当也。"这是从正面来讲。我们在"剥"的时候，要守诚，我们的诚不变，因为位当。

上六，"引兑"。这里没有解释是吉或凶，只说明了"引兑"。

《小象》说："上六引兑，未光也。"是指还不够光大，柔乘刚，与六三不应，所以犹有未光大。"引"有两个意思，第一个是牵，被人所引；第二个是引别人。这根爻在天位，是天道，被人所引是被天所引，就是合乎道，也就是说，我们的悦能够合乎天道，能够顺着天，这是"引兑"。快乐要能牵动别人一起来快乐，上六是到最高了，物极必反，所以上六应该跟九五相和，要引九五一起。所以这根爻有两个意思，一个是被人所引，被天所引，另一个是引别人。悦不是完全单独的，一定会影响别人。

上六跟六三，一个是"引"，一个是"来"，这两个字相互对应。"来兑"就是凶，因为是寄托于外，寄托于别人。而"引"是牵引别人来，所以不一样。如果上六也用一个"来"，即将"来"放在上六中，那么"来"就是好的，因为是来自于天，不是寄托于君主、大臣，或寄托于天。所以我说"引"相当于"来"，但是六三的"来"不好，因为是寄托于别人。

第五十九卦　涣 ䷺

【卦辞】

涣：亨。王假有庙，利涉大川，利贞。

"涣"本来是涣散，是负面的意思，如军心涣散。但是"散"有正面的意思，即把它分散出去，流布出去，不集中在一起，使它能够疏解。就象来说，䷺，外卦是巽，是风，内卦是坎，是水，风在水上，风把水的波浪吹起，水一直流动。所以"涣"也是流动、流散的意思。

我们看看卦辞，"亨。王假有庙，利涉大川，利贞"。谈到君子该怎样用"涣"，第一要用"亨"。"亨"是了解、交流，要了解、交流才能用涣散。这里的涣散当作正面的意思，焕发、唤起、振奋都是"涣"。所以，如果君主要振奋人心，"王假有庙"，就要借宗庙信仰，宗庙可以当祭祀，也可以当宗教。如果君主强调祭祀，强调宗庙，让大家有信仰，就能够焕发人心。如果拿这个事情来看文王，他被商纣关在监牢里的七年，心中想到的是《易经》的内容，《易经》有一种有宗教情感的作用，它能维系人民的信仰，焕发人民的信心。所以他回去以后，常到岐山去祭祀。"利涉大川"，是指如果能够这样做，即使涉大川冒险了，也有利。为什么"利涉大川"？风行水上，风推动船，如果没有风帆船就走不动，"涣"就是要动。"利贞"，就是要把握正道，这一卦，九五是主爻，也是阳爻，所以利于把握诚道，以诚来焕发。

【彖辞】

《彖》曰：涣亨，刚来而不穷，柔得位乎外而上同。王假有庙，王乃在中也。利涉大川，乘木有功也。

《彖辞》说："涣亨，刚来而不穷。""刚"是指九五这根主爻。九五在它的位置上"不穷"，因为处于阳刚之位，而且是诚，因此能往而无阻，所以不穷。"柔得位乎外而上同"，"柔"在这个卦里面主要是指六四。为什么是指六四？因为初六太早了，六三又是凶，所以就和九五之君的关系来讲，应是六四，它是阴爻，得位，位置正了，六四"得位乎外"，在外卦上与外卦九五相得。为什么"上同"？因为六四要跟九五相配，辅助九五，即"上同"。六四有什么想法，都要跟上面的九五一致，亦即君臣一致，然后焕发一致。又说"王假有庙，王乃在中也"，九五处于中正之位。"利涉大川，乘木有功也"，"木"，外卦是巽，是木，又是风，它的象征就是船，因为乘船才会利涉大川，才有功，如果我们涉大川没有船，就会掉进河里。

【象辞】

《象》曰：风行水上，涣；先王以享于帝立庙。

《大象》说："风行水上，涣；先王以享于帝立庙。""风行水上"，既是顺水推舟，也是顺人心。"享于帝立庙"，是立宗庙以祭祀。"帝"出来了，在《诗经》《尚书》中都有讲上帝，但是《易经》里没有讲上帝，《易经》里面的帝，可以说是创造者、天帝，这个《象辞》实际上就是以宗教的力量来打动人的内心。

【六爻性能】

初六：用拯马壮。吉。

《象》曰：初六之吉，顺也。

九二：涣奔其机，悔亡。

《象》曰：涣奔其机，得愿也。

六三：涣其躬，无悔。

《象》曰：涣其躬，志在外也。

六四：涣其群，元吉。涣有丘，匪夷所思。

《象》曰：涣其群，元吉，光大也。

九五：涣汗其大号，涣王居，无咎。

《象》曰：王居无咎，正位也。

上九：涣其血，去逖出，无咎。

《象》曰：涣其血，远害也。

初六，"用拯马壮。吉"。"拯"是拯救，用马指九二的阳刚。其实初六本来是用脚走路的，但这里用脚走还不够，还要用马。为什么用马？我认为是在焕发人心的时候，因为先要使大家心有所主，有一个原则，有一个理想，所以要借用九二的阳和实在。

《小象》说："初六之吉，顺也。"这里没有什么解释，"顺"就是顺九二。

九二，"涣奔其机，悔亡"。"机"是桌子的几，九二是阳，实际上"机"就是依靠，焕发需要有一个依靠、一个凭借，则"悔亡"。我认为这个凭借就是原则，九二代表原则。

《小象》说："涣奔其机，得愿也。""愿"是心愿，若要焕发人心，就要符合人民的心愿。

☆师生问答

学生：吴老师，刚才您从正面来讲"涣"，如果从负面来讲就是涣散，而涣散用正面的方法去讲，感觉是讲不通的。

老师：涣散、焕发，一负一正，涣散本身就有正面的意思。中医也是一样，身体某个部位有瘀血的话，要散掉，感冒的话，要喝姜汤，使汗发出来，这是涣散的作用，正面的意思就是恢复我们的精神。损益也是一样，可能大家一看到损，觉得完了。但是，损卦的损是损欲，是正面的。老子说"损之又损，以至于无为"，因为要无为，所以损是涣散，也是正面的，把欲涣散掉了。

学生：那老师怎么解释《象辞》中的"刚来而不穷"？

老师："刚来而不穷"，"刚"是九五，九五能够在它的位置上则刚。"无穷"就是无限，无限就是恒，无穷实际上就是恒，不会穷，如果涣散到穷就完了。无穷是正面的，无穷不会穷尽。

六三，"涣其躬，无悔"。"躬"是自己，"涣其躬"，这个涣散是要除掉自己的私，不要以自己为主。

《小象》说："涣其躬，志在外也。"意思是志不在己，不是什么事情都以自己为念，要"志在外"，"外"就是上，是君，是国。

六四，"涣其群，元吉。涣有丘，匪夷所思"。"涣"太好了。"群"是群党，尤其是朋党，都是成群结党。所以说无党，不要有一党之私、一党之见，要把它涣掉。"元吉"，是指能够"元"，能够从自己的根本处着想，最原始的思想，不要掺有其他色彩，即是归元、归本，就有"吉"。又说"涣有丘"，"丘"就是山，是指上面，因为六四是大臣，"有丘"就是指上面的君主。涣掉群，是指六四不以下面的人民为他所有，他要有一个向上的理想，也就是不要有朋党之私，要以国家为念，"丘"

就是指国家。这样的话才"匪夷所思",现在"匪夷所思"变成成语了,也就是会得出不可思议的结果。最近我对"匪夷所思"有了新解,其实还是原文的本义。按古文的文法,"匪夷所思"即所思匪夷,"夷"是低、平,即指初六,是说六四的大臣不要只想到自己的家人,也就是"得臣无家",即六四的大臣不要只想着自己的私事,要以大局为重。

《小象》说:"涣其群,元吉,光大也。""光大"是指为了国家,为了大局,不为个人。

九五,"涣汗其大号,涣王居,无咎"。"号"是号角、号令,集中人马前进时需要吹号角,把汗都吹出来了。"大号"就是发号施令,是国君的施政。"汗其大号","汗"当动词,这个"汗"字很有文章,内发的诚,形于外是汗,九五是阳爻,是诚,以汗流浃背显示他的诚。有一次陆象山被朱熹请去白鹿洞书院做一场演讲,当时是冬天,结果讲得所有学者都汗流浃背。之所以汗流浃背,是因为把里面的诚都讲出来了,让人感动到发汗,这是愧汗,是一种疏通,也是涣散。九五的"涣"是指君主在这个位置上。"无咎",君主在这个位置上发号施令,以诚来感动大家,就能无咎。

《小象》说:"王居无咎,正位也。"这没有什么解释,只是指九五位当。

上九,"涣其血,去逖出,无咎"。这不是流汗,而是流血了。我们讲过,如果有瘀血,一针把它戳破,让血流出来就好了。因为"血"代表阴,上九是阳,是诚,要把阴的去掉。"逖",朱熹的注是警惕,警惕之心出来了就无咎。如果在这里用比较哲学的话来讲,就是代表精神的转化。"血"是肉体的,"惕"是内心精神产生的转换。焕发出来了,就是一种转化,"涣"是由涣散到焕发的一个转化。

《小象》说:"涣其血,远害也。""血"代表阴暗,除掉血便能远离阴暗之害。

第六十卦　节䷻

【卦辞】

节：亨。苦节不可贞。

节卦䷻，内卦是兑，是泽，外卦是坎，是水。水在泽上，泽最重要的是储水，储水就要懂得节，所以"节"有三个意思，第一个是节制，第二个是节约，第三个是心理和精神的节操、操守。中国的"节"很重要，"节"本来是竹子的关节，竹子没有节就软软的，会弯掉，所以节维持了竹子的硬度，我们做人要有节操、操守。谈到"节"，我很喜欢朱熹的一首诗——"半亩方塘一鉴开"，泽是方塘，是指泽水开向天上，就像镜子一样。"天光云影共徘徊"，天上的光和云共同相映在水里面。"问渠那得清如许"，为什么水那么清？"为有源头活水来"，因为水有源头，是活水。如果泽里面的水是死水，就没有这样的美了。"节"就是讲活的，但是朱熹的"为有源头活水来"是讲道，"源头活水"就是道，就是天。

卦辞说："亨。苦节不可贞。"第一个字是"亨"，要了解，要沟通。"节"就是节操、道德，如果道德讲得太极端、太过分，就会变成"苦节"。因为"节"也是讲笋，竹笋老了之后会苦，所以老了就是过头了，过头就会苦。到了苦的时候"不可贞",不可以此为"贞"。很多人不喜欢大谈道德,如果讲道德讲得过分了,就不合人情、不合人心,不仅法律不能离人心,道德更不能离人心。

【彖辞】

《彖》曰：节，亨，刚柔分而刚得中。苦节不可贞，其道穷也。说以行险，当位以节，中正以通。天地节而四时成，节以制度，不伤财，不害民。

《彖辞》说："节，亨，刚柔分而刚得中。""节"，刚柔要配合得好，刚太强不好，柔太过也不好，所以要讲"和"。"刚柔分"，这里的"刚柔"实际上是指外卦和内卦，内卦是兑，是柔，外卦是坎，坎外柔内刚，刚柔要配合。"刚得中"是指九五，九五处中正之位。"苦节不可贞，其道穷也"，如果我们节制到使人感到苦，这个道德就不是正规的，而是极端的，不能往下发展，所以"道穷也"。内卦是兑，兑是悦，悦是快乐，如果整个是节的话，他的内心就要悦，即如果这个道德能使人高兴，那么这个道德就能行得通。如果外面讲道德，心里面不舒服、不高兴，那么这个道德就行不通。悦是从兑卦来讲的，兑就是悦，能够悦才能"行险"，才能付诸行动，因为外在坎是险。"当位以节，中正以通"，"当位"是指九五，九五当位，是"节"的主持者，是中正，九五是"中正以通"，"通"就是亨。

"天地节而四时成"，天地要知道节制，春夏秋冬要知道节，四时要互相节制，才能转换，才能运转。所以"节以制度"，所有制度要懂得"节"，如果定了制度，就没有"节"，那么制度便会走向偏锋。"节"是调和，像朱熹诗中所说的"为有源头活水来"，所以中国古代讲礼制，礼制要通天道，礼制本身是可以被改变的，如果礼制不改变，就会因时间转变而变得僵硬，因为它没有源头活水，它不知道调节，所以"节"在制度里面很重要。"不伤财，不害民"，礼制有时候很浪费，孔子说"礼云礼云，玉帛云乎哉"，难道礼就是玉帛，就是这些财物吗？不是的，礼的根本是仁，是不害民。所以制度很重要，要"不伤财，不害民"。

【象辞】

《象》曰：泽上有水，节；君子以制数度，议德行。

"数度"就是法度，君子用节的原则去制定所有的法律，并讨论所有的道德行为。"节"也是法度，指道德的原则。

【六爻性能】

初九：不出户庭，无咎。

《象》曰：不出户庭，知通塞也。

九二：不出门庭，凶。

《象》曰：不出门庭，凶，失时极也。

六三：不节若，则嗟若，无咎。

《象》曰：不节之嗟，又谁咎也。

六四：安节，亨。

《象》曰：安节之亨，承上道也。

九五：甘节，吉，往有尚。

《象》曰：甘节之吉，居位中也。

上六：苦节，贞凶，悔亡。

《象》曰：苦节，贞凶，其道穷也。

初九，"不出户庭，无咎"。意思是即使不出门，我们心里有原则，也能无咎。我们要想到老子讲的"不窥牖，见天道"，如果有智慧，即使不通过窗口去看外面，也能知道天道，否则，即使到了外面，也不知天道。所谓节制，就是我们心里面要有一个原则来衡量一切。

《小象》说："不出户庭，知通塞也。"能够知道通塞，就是知道什么是"通"，什么是"塞"，即知道什么可行，什么不可行，"知通塞"就是知节。

九二，"不出门庭，凶"。这完全跟初九相反，初九是心里面先要有原则，但是第二爻这个原则要能够与外面相应。"不出门庭，凶"是讲外在的经验，只有心里面的原则是不够的，还要开门出去了解，去求知。

《小象》说："不出门庭，凶，失时极也。"在这个时候要把握时间，因为第二爻是在地上，"见龙在田"不是潜龙，所以要"利见大人"，要去找大人，找实行的路子。

六三，"不节若，则嗟若，无咎"。六三是内外之交，第三爻是由内到外，所以说"不节若"。如果不知道怎样去节，麻烦就来了。这是有错，为什么又"无咎"？一种解释是说，"不节若，则嗟若"，"嗟若"即知道感叹，也即后悔，这样才会无咎，否则就有咎了。

《小象》说："不节之嗟，又谁咎也。"这是重复上面的解释，如果不节若，能知错，就有嗟若，那么还有谁能归咎于我们？在《易经》中，吉凶只是判语，真正的功夫是知悔和无咎。做任何事情做得不后悔，做任何事情都凭良心，这就无咎。无咎是我尽其在我，"无大过矣"，这是孔子的话。如果顺着前面所讲的，无咎没有什么大意思，就是这样的话便无咎。我们可以单独把它挑出来，先做到无咎，六三由内到外，如果我们知道节的话，就知道怎样做事情可以无咎，即功夫先下在无咎上。

六四，"安节，亨"。到六四是在外面了，六四是大臣，这个时候要"安节",也就是在行为上要讲道德,要安于道德,使心有所安。安之外,还有一个意思就是"君子素其位而行,不愿乎其外",做任何事情安于自己的位,这样的话才能够"亨",即上下沟通,与万物交流。

《小象》说:"安节之亨,承上道也。"因为这是就六四大臣与九五君主的关系来说,六四、九五是一对,六四是阴,九五是阳,这就比的关系来说是最好的。所以在六四大臣看来,能安于他的节,做应该做的事情,不要有野心,不要有非分之想。

九五,"甘节,吉,往有尚"。这里讲"甘",九五是君主,君主建立任何制度都是为了"甘",为了悦,为了使人民快乐。"往有尚","尚"是崇尚,做任何事情都要有一个理想、有一个价值观引领我们往前走,这会使得人民的任何行为都有意义,即有一个"尚","尚"也是信仰。

《小象》说:"甘节之吉,居位中也。"这没有什么解释,只是指九五居中正之位,行中正诚信之道。

上六,"苦节,贞凶,悔亡"。上六过分了,走向极端了,失掉了时间。本来是"甘节",是甜的,现在过时了,笋老了就苦了,所以是"苦节"。"苦节,贞凶",如以"苦节"为正道就会凶。如果道德只讲很严厉的,便会约束人家变成一个苦节。就像过去对女性不公平,即使丈夫死了,也不能改嫁,即使丈夫再坏,也不能离婚,这变成了一个苦节。为什么"悔亡"?假定我们顺着讲,"悔亡"当然是好的,为什么"苦节"是好的?如果我们待己以严,待人以宽,就是苦节。也就是对自己要苦节,如此就不会有后悔之事。另外,如果待人以甘,待人以宽,就不会将自己的标准放在别人身上。自己对自己要求严格,虽然苦也没有关系,但是对别人不能如此要求。

《小象》说:"苦节,贞凶,其道穷也。"上六到了最高,就竹笋来讲是苦，不能再发展了。就道德来说，使人感觉痛苦，就再也没有人追随了。

☆师生问答

学生：我们这些人都是自投罗网。

学生：姜太公钓鱼，愿者上钩。

老师：对自己可以这样，我心甘情愿，但是不能要求别人也这样做，不能强人所难。苦节用在自己身上可以悔亡。"苦节，贞凶，其道穷也"，这是从负面来讲，一个竹节变苦之后，就太老了。做任何事情过分的话就苦，所以"节"就是把握时间。

第六十一卦　中孚 ䷼

【卦辞】

中孚：豚鱼吉，利涉大川，利贞。

在卦辞和爻辞中常常出现"孚"，这里说"中孚"，即内在的孚。中孚卦䷼，内卦是兑，是泽，外卦是巽，是木。泽上有木，可制成船在水上行。就整个卦象来讲，中间是两根阴爻，这很奇怪。"孚"本来是诚，诚是实，中间应该是实，结果却是虚。这是为什么？因为能虚才能诚，心不虚的话，怎么能诚？如果任何事情都有自我观念，抱有成见，就不能诚，所以从这个卦象来看，虚是很重要的，这是中虚。

在这个卦中，两根阴爻是主爻。卦辞说："豚鱼吉，利涉大川，利贞。"一开始叫"豚鱼吉"，"豚鱼"有两种解释，一种解释是河豚，也就是鱼类，或是把"豚"当作猪。猪和鱼的敏感性都不够，比较笨，比较无知。什么叫诚呢？就是不要有自我的观念，不要像豚鱼一样自以为知。另外一种解释，"豚鱼"是一种祭祀的名称，这种祭祀就代表诚。"利涉大川"，如果能中孚，有诚的话可以涉险，就是有利的。"利贞"，中间两根爻是主爻，且这两根爻是阴，是谦虚，是利于谦虚。如果诚而不谦，往往会变成极端，就是自认为对，自以为是诚，不接受别人的意见，这反而是不诚，所以要由谦而诚，这一点很重要。

【象辞】

《象》曰：中孚，柔在内，而刚得中。说而巽，孚乃化邦也。豚鱼吉，信及豚鱼也。利涉大川，乘木舟虚也。中孚以利贞，乃应乎天也。

《象辞》说："中孚，柔在内，而刚得中。""柔"就指这两根阴爻，阴爻在当中，在内，而"刚得中"。"刚"是指九二、九五，九二、九五正好是中正之位，两者都是阳爻，都是诚。"说而巽"是指内卦兑，兑是悦，外卦是巽，悦而巽，也就是说顺着来就很高兴，诚就是顺着来，使人很快乐。孟子说："万物皆备于我矣，反身而诚。"真正的"反身而诚"就是"乐莫大焉"，这是最快乐的。"孚乃化邦也"，这很重要，因为"孚"是诚，诚才是真正能够教化国家的，所以一个国君，不但自己要诚，而且还得教人民诚。孟子见梁惠王，梁惠王第一句就问，"何以利吾国"，孟子马上说，真正的儒家不讲利，君臣讲利的话，这个国家就完了。同样，如果君主跟人民不讲诚，互相欺骗的话就完了。

"豚鱼吉，信及豚鱼也"，他的诚能够感化无知的人，连豚鱼都被感化了，至诚所致，金石为开，金石都开了，更何况豚鱼。为什么"利涉大川"？因为乘木舟，上面是巽，巽是木，木就代表船。"乘木舟虚也"，乘船，船里面是虚的，为什么船里面是虚的？《庄子》中有一个故事，庄子说，别人提一个意见批评我们，我们就发脾气或不高兴了，就像我们坐船一样，另外一艘船突然撞过来，我们很生气，后来再看看那艘船里面没有人，我们气什么？所以虚的话就不会生气了，就像乘木舟一样，里面是虚的。"中孚以利贞，乃应乎天也"，诚者天之道，中孚的诚是顺应天道。

【象辞】

《象》曰：泽上有风，中孚；君子以议狱缓死。

《大象》说"泽上有风"，内卦是兑，是泽，外卦是巽，是风。"君子以议狱缓死"，"缓"是重点。断狱时，一个人因杀人被判死刑，这一点没有错，法官一定要判他死刑才算公正。但是在判他死刑的时候，法官心里面会想，自己有可能判错，不能斩立决，过几天再斩，缓一下。因为过几天再斩，就表示他心里面还想给他一线生机，也许还有人来申诉，或者发现另有隐情，所以"缓死"代表诚。

这个卦中有两个诚，判杀人犯死罪是诚，在判刑之后，心里还替他留余地也是诚，所以我认为"缓"很重要。就拿卦象来讲，九五、九二都是阳刚，阳刚就跟断狱一样公正。这个卦中间两根爻是阴爻，是虚，缓死就是诚中有虚。

【六爻性能】

初九：虞吉，有他不燕。

《象》曰：初九虞吉，志未变也。

九二：鸣鹤在阴，其子和之，我有好爵，吾与尔靡之。

《象》曰：其子和之，中心愿也。

六三：得敌，或鼓或罢，或泣或歌。

《象》曰：或鼓或罢，位不当也。

六四：月几望，马匹亡，无咎。

《象》曰：马匹亡，绝类上也。

九五：有孚挛如，无咎。

《象》曰：有孚挛如，位正当也。

上九：翰音登于天，贞凶。

《象》曰：翰音登于天，何可长也？

初九，"虞吉，有他不燕"。"虞"是思虑、考虑，就像"议狱缓死"，一开始能思则吉。"诚"不是与生俱来的，诚要有思虑，诚是发乎内心的，反身而诚，反身就是思，就是虑。"有他不燕"，"燕"就是安，燕居、安居是一样的，"有他"，有别的想法心里就不安，就不诚了。"虞"跟"有他"放在一起也很重要，"虞"是思虑，对这个问题要仔细思虑，"有他"是这个思虑歪了，想到别的问题，转移了焦点就不对了。

因此，我就想到《大学》在格物致知之后才讲诚意，这一点很重要。格物致知是思，是虑，它不是一开始就讲诚意，因为诚意不是天生的。在下格物致知的功夫之后，才能够真正有诚意，格物致知就是亨，亦即了解、沟通。大家都说格物致知是学，是知，而诚意是内心的，所以不能连在一起。王阳明把格物当成格内心的欲望来解释，实际上，格物致知虽是外在的了解，但这个了解也和心有关。

☆师生问答

学生：老师，您赞成先思考怀疑，然后再求信仰吗？因为现在流行的是先信仰，然后再去思考怀疑。

老师：就我个人来讲，我要先思考，我们的信仰是要经过思考的。先信仰的话，就没有办法再思考了，因为我们已经进去了，没有判断力了。没有思考的信仰是盲信，这样是很危险的。"思而不学则殆"，危险，"学而不思则罔"，迷糊。所以一个"思"字，在学上是很重要的。

学生：上一次我跟朋友讨论"为天地立心"，我认为"为天地立心"可理解为如果没有心，我们就自建一个心。但是朋友表示反对，他认为这是自我催眠，应该是先信再求证，求证有没有这个心。

老师：先信了还证什么？如果先信了还要证，那么这个信不是真信，而是有怀疑。先信了再去证则表明心已经不纯了，也就不可能诚了。先思考然后再信，是比较坚定的。

因为我们都不知道天地有没有心，所以我们就建立一个心，以诚意来建心，而不是你刚才说的建一个虚假的假设，假设是没有真心的。中国哲学讲的天道是把诚放了进去的，要有诚。

《小象》说"初九虞吉"，为什么思虑？"志未变也"，"志"是指内心的志。和《大学》中所说的一样，"知止而后有定，定而后能静，静而后能安，安而后能虑"，"虑而后能得"。"虞"就是"虑"，为什么要思虑？因为心中有诚。

九二，"鸣鹤在阴，其子和之，我有好爵，吾与尔靡之"。"鸣鹤在阴"，《易经》中唯一的"阴"出现在这里，而且这个"阴"不是指阴阳的"阴"，而是指树荫，是说那只母鹤在树荫下鸣唱。"其子和之"，它的儿子与它和鸣，这就是中孚要讲的"和"。"和"出现了，所以说"我有好爵"，我有好的酒，"吾与尔靡之"，我与你同享。

《小象》说："其子和之，中心愿也。"没有什么特别的解释，只是说这种"和"发自内心的意愿，九二在内卦之中，所以说"中心"。

六三，"得敌，或鼓或罢，或泣或歌"。六三位不当，又阴乘阳，是有缺憾的，所以说"得敌"，即不能和。诚也是一种情，这里的爻辞实际上描写出来的是一种感情。"得敌，或鼓或罢"，指看到不和的人就鸣鼓而攻，后来发现不是敌人，又停下来了。"或泣或歌"，这是一种感情的表现，是情绪的作用，实际上是喜怒哀乐发出来了，这里没有说吉或凶。我们讲诚，诚于内，诚也是一种情，诚发出来有喜怒哀乐，"喜怒哀乐之未发谓之中，发而皆中节谓之和"。这里值得注意的是，把诚和情放在一起，情发得不好是情绪作用，发得好是中节之和，也就是真诚。

☆师生问答

学生：老师，这里只讲"或鼓或罢，或泣或歌"就行了，前面的"得敌"有什么作用？

老师："得敌"，"得"是遇，遇到敌就是外在的敌了。如果是外在的敌人，就得打鼓。后来发现这个敌可能不是敌人，就不鼓了。碰到不好的事情要哭，碰到好的事情要歌，这是情绪作用。在六三上有情绪作用没有错，我们不能没有情，诚也是一种情，流眼泪也是诚的表现，就看流的合不合时，中不中节。我们讲"中孚"的作用，就是讲诚跟情绪是有关的，因为这根爻是阴爻，所以就整个卦来看是要虚心，如果情绪作用是虚其心的话，这个情绪的作用就是好的，如果有成见的话，感情用事就会伤身体，就是不好的。老子曾说，婴儿哭而不哑，他虽然哭，但是喉咙不哑，因为他没有内在的欲望，大人哭的话就哭哑了，因为他们有欲望在里面。

《小象》说："或鼓或罢，位不当也。"是指六三位不当，又乘两根阳爻，所以有情绪作用。

六四，"月几望，马匹亡，无咎"。"月几望"，"几"是几乎，"望"是月圆，这是说月亮几乎要圆了，但还没有完全圆，这代表谦，代表没有过分，因为月圆则缺。"马匹亡"，"马"是指阳爻，跟六四相对的马匹应该是初九，"马匹亡"的意思是说不要执着于这个马，不要执着于这个对象。假定六四是大臣，初九是他的配偶，这个大臣要想到"不家食，吉"，也就是说，做大臣的人不要只想到自己的家，不要只想到自己的私事，不受私情的影响，才能无咎。

《小象》说："马匹亡，绝类上也。""绝类"是断掉他的同类，也就是断掉他的私情、私党。"上"是指九五，也就是说，六四断掉了他的私情，一心往上，往上辅佐国君，辅佐国君就是为了国家。

九五，"有孚挛如，无咎"。这是君主。九五是有孚、有诚。"挛如"，"挛"就是手握成拳头，把它聚在一起，也就是由他的诚来聚合人民，以诚来感人，以诚来聚众，就无咎。

《小象》说："有孚挛如，位正当也。"九五当位，以他的中正和诚意来聚合众人。

上九，"翰音登于天，贞凶"。"翰音"是指公鸡鸣叫的声音，鸡叫的声音往天上跑，跑得很高，表示这个话声望很高，声过其实。因为讲中孚，讲诚，诚就是实在，所以我们的声誉要跟实际相配合。现在我们的声誉登于天，虽然大家都赞美，但实际上还不够，只是虚名。如以虚名为实，为正，就有凶。中孚到了最高就不诚了，虽然他在上面，还在那里翰音不绝，在那里说"我讲诚信"，但是人民看得很清楚。

《小象》说："翰音登于天，何可长也？"任何事情登于天，就不能再有发展了。幸好上九和六三阴阳相应，赶紧向下回头吧！

第六十二卦　小过 ䷽

【卦辞】

小过：亨，利贞，可小事，不可大事。飞鸟遗之音，不宜上，宜下，大吉。

大过卦是过分太多了，不好。小过则是有小错误，但还是很重要的，小过还有正面的意思。我们看看小过卦的卦象，䷽，内卦是艮，是止，外卦是震，是动。止其动，是说我们在做任何事情的过程中，给它一点止，刹一下车，虽有小过，却无大过。有一点小过没有关系，就我们的现实人生来讲，小过是非常普遍的，圣人也有小过，孔子也只求无大过，他不敢说无小过。有时候我们需要一点小过，人生不会一切都刚刚好。比如七点钟开会，我们六点五十分到，这是小过，不是小错。做衣服时，做宽一点没有关系，还可以折一折，做短了，就不能再增补了，这也是小过。小过是难免的，甚至有时候我们还要用到一点小过。

小过卦跟前面的中孚卦正好倒过来，小过卦中间两根是阳爻，外面是阴爻，就象上来说，小过是以阴爻来象征，中间两根爻是身体，外面四根爻是翅膀，象征鸟在飞，作用在阴爻。前文我们说，中孚卦的两根阴爻是以谦虚表达诚，小过卦的两根阳爻就是诚，是说我们在有小过的时候，要诚，这样小过才会止于小过，不会变成大过，所以诚很重要。

卦辞说："小过：亨，利贞，可小事，不可大事。飞鸟遗之音，不宜上，宜下，大吉。"小过要亨，要沟通，要了解什么时候可以用，什么时候不可以用。"利贞"，要把握贞，把握诚。实际上，小过的两根主爻是六二和六五，所以"利贞"就是把握谦虚。"可小事，不可大事"，在小事上，我们可以有小过，在大事上不能，大事上对就是对，错就是错。国君处理国家大事的时候，不能有一点小过，而处理家庭问题或处理小问题则可以有小过。"飞鸟遗之音"，就像飞鸟在天上飞，它的声音是往下的，不能往上，"不宜上，宜下"，就是不适合做大事，适合做小事。

【彖辞】

《彖》曰：小过，小者过而亨也。过以利贞，与时行也。柔得中，是以小事吉也。刚失位而不中，是以不可大事也。有飞鸟之象焉，飞鸟遗之音，不宜上，宜下，大吉，上逆而下顺也。

《彖辞》说："小过，小者过而亨也。"为什么"小者过"？"小"是指阴爻，下面两根爻是阴，上面两根爻是阴，四根阴爻，有点多，阳爻只有两根。在"小者过"的时候也要亨，要沟通，要了解。"过以利贞"，虽然有过，但还是要把握谦虚的正道。"与时行也"，小过要看时间，什么时候该做，什么时候不该做，时间不对就变大过了。"柔得中"，主爻是"柔"，六二、六五都是"得中"，得内外卦之中，因为它们得中，所以才能够"小事吉"，如果不得中的话，小事就不行了。"刚失位而不中，是以不可大事也"，"刚"是指六五，六五是阴，失位了，君主是阴柔，不可以做大事，所以"有飞鸟之象焉，飞鸟遗之音，不宜上，宜下"，这是重复卦辞。至于"大吉"，我还是用我的解释，即能有大的理想，能有长远的眼光，才有吉。因此在小事上可以有一点过，大事上不能亏，能大者吉。"上逆"，不能往上，因为阴不能往上，"而下顺"，而是向下顺于物。

【象辞】

《象》曰：山上有雷，小过；君子以行过乎恭，丧过乎哀，用过乎俭。

《大象》说："山上有雷，小过。""山上有雷"是因外卦是震，是雷，内卦是艮，是山。雷在山上，雷借山的高来传达声音，这个象是小过。"君子以行过乎恭，丧过乎哀，用过乎俭"，君子以这个象来处事。"行过乎恭"，行为上礼貌多了一点，"过恭"，礼多人不怪，虽然有小过，但是没有大误。"丧过乎哀"，处理丧事，虽然哀伤多了一点，但是应该如此，多一点也不为过。"用过乎俭"，用的时候太俭省也不好，但是稍微节省一点总是一种美德。这三件事情都可以过一点，因为是小事，不是处理国家的大事，所以这种小过是无伤大雅的。

【六爻性能】

初六：飞鸟以凶。

《象》曰：飞鸟以凶，不可如何也。

六二：过其祖，遇其妣；不及其君，遇其臣；无咎。

《象》曰：不及其君，臣不可过也。

九三：弗过防之，从或戕之，凶。

《象》曰：从或戕之，凶如何也。

九四：无咎，弗过遇之。往厉，必戒，勿用永贞。

《象》曰：弗过遇之，位不当也。往厉必戒，终不可长也。

六五：密云不雨，自我西郊，公弋取彼在穴。

《象》曰：密云不雨，已上也。

上六：弗遇过之，飞鸟离之，凶，是谓灾眚。

《象》曰：弗遇过之，已亢也。

初六，"飞鸟以凶"。一般初爻都是脚，本来应该用脚走，用脚走的步伐是小步，小步所犯的是小过，没有关系。现在是飞鸟飞了，一飞就飞出大问题了，变成大过。意思就是在初爻的时候，最好脚踏实地地走，不要好高骛远。

《小象》说："飞鸟以凶，不可如何也。""不可如何"是指不知道应该把握时，不知道刚开始的时候不能飞得太快，要慢慢走，即使有小过，也还来得及改。

六二，"过其祖，遇其妣；不及其君，遇其臣；无咎"。这个过就有点多了。"过其祖，遇其妣"，六二本来要去找九五，但是现在第五爻也是阴，两根阴爻不相应，找不到。"妣"就是阴，不是主，主是指九五，现在是六五。"不及其君"，不能见到君，没有关系。"遇其臣"，"臣"是指九四。"无咎"，虽然六二没有跟六五是一对，没有一个相应的君主，但是遇到了一个好的大臣，也还好，这就是小过。

《小象》说："不及其君，臣不可过也。"是指看不到君主就算了，千万别再错过好的大臣呀！

九三，"弗过防之，从或戕之，凶"。九三多半是凶，"弗过"就是不要过，不要超越他的位置。"防之"，要懂得防。"从或戕之"，"从"就是他如果过了他的位置，"或"就是也许，也许他就会受到伤害，是凶。也就是说，九三要在自己的位置上，不要超越自己的位置。

《小象》说："从或戕之，凶如何也。"这里没有任何解释，只是强调凶而已。

九四，"无咎，弗过遇之。往厉，必戒，勿用永贞"。一开始就说"无咎"，这可以有两种解释，一种是方法在后面，只是把文字倒了过来，"弗过遇之，无咎"，即不要超过，而刚好遇到。另一种是我的解释，我认为把"无咎"放在前面，说明了"无咎"是指一种功夫，我们要无所咎错，做任何事情无愧于天，无怍于人，这就是"无咎"。因为九四是大臣，遇到柔弱的君主六五，就像诸葛亮遇到阿斗。"无咎"是指诸葛亮问心无愧，"弗过"是不要越过自己的位置，指诸葛亮要谨守人臣的本分，不要逾越，亦即越过了大臣的位置而去篡位。"弗过遇之"，不要越过位置去与他相遇，也就是九四大臣要在大臣的位置上遇君主，越过大臣的位置就是僭越，譬如讲的话太过分。"往厉"，意思是要在自己的位置上，如果超过了自己的位置就有厉，有危险。"必戒"，千万要小心，要战战兢兢。"勿用"，不要太强硬，要守其位，永远把握自己的正道，这个正道就是诚，"用贞"便是把握诚。

《小象》说："弗过遇之，位不当也。往厉必戒，终不可长也。"因为九四是阳，不是阴，所以位不当，六五是阴柔，九四以阳刚去过阴，当然要"戒"之。"终不可长也"，意思是不能发展。

六五，"密云不雨，自我西郊，公弋取彼在穴"。六五是君主的位置，"密云不雨"，云聚集得很多，但是还没有下雨，意思是时机还没有到。为什么说"自我西郊"？如果卦辞是文王所写，意思就是他在西边，那个时候文王还不能发动攻势，还要养精蓄锐。同时就雨来讲，西北有云可能没有雨，东南有云的话就有雨。实际上这几句话就是指时机还未成熟。要怎么办呢？"公弋取彼在穴"，"公"指君主，"穴"指大臣，六二是臣子，所以君主这时候要去访求贤才，往下去找，贤才躲在山里。就像诸葛亮，刘备要三顾茅庐去求贤。也就是在六五的位置上，即在小过的时候，还没有到大用，还没有雨，只是有云，这时候时机未成熟，只好先找出人才来。

《小象》说："密云不雨，已上也。"是指已经在上位了，到六五已经跑到很高了，但还没有下雨，时机还未到，只好先找人才。"弋"就是箭，古代的箭上都有一条绳子，射到鸟后，还要用绳子把它拖出来。"弋"实际上是钓，钓出人才。

上六，"弗遇过之，飞鸟离之，凶，是谓灾眚"。这是描写大过之灾。"弗遇"，都到上六了，已经跑到最高了，没有东西可遇，过头了，所以用"过"。过了头就会像"飞鸟离之"，"离"是遭遇，指的是鸟飞得太高，太过了，最后没有力气了就会掉下来。"凶，是谓灾眚"，这一爻实际上就是过了位置而求，所以有凶险，这是大过，不是小过，上六是过分的。

《小象》说："弗遇过之，已亢也。"是指太高了，"亢"是指"亢龙有悔"。

第六十三卦　既济 ䷾

【卦辞】

既济：亨，小利贞，初吉终乱。

"既济"是已经完成了。就内外卦来说，这个卦可说是完美的，每根爻都当位，也都能相应，这是一个标准的卦，䷾，内卦是离，是火，外卦是坎，是水。水火既济，一般来讲水气往下，火气往上，两气交流，所以"既济"是完成的意思。

我们先看卦辞，"亨，小利贞，初吉终乱"。"亨"，要完成一件事，一定要交流。不过，很多注把"亨小"连在一起，就像朱熹的标点，"亨小"。但在我看来，"亨"就是亨，《易经》里面没有讲过大亨，所以我要把这两个字拆开来，先说"亨"，然后"小"，因为"亨"是交流，是一个功夫字，功夫字没有大小。"小"是可以单独存在的，意思是说"既济"所谈的是一件小事。当然也有把"小利"配合在一起的，"既济"是小利，不是大利。"利贞"，《易经》常常用这个词，利于把握正道，这个卦就正道来讲，六二是阴柔，是谦，九五是阳刚，是诚，都在正位上，可以说诚跟谦都有。

接着，"初吉"，没有错，"既济"当然也是吉。"终乱"，这是第一次出现"终乱"一词，《易经》中用了好几次"终凶"，无始有终，都指最后是好的，没有写"乱"。在这里为什么写"终乱"，不写"终凶"？如果写"终凶"，就是既济终凶，但"既济"是完成了，应该是吉，用"终凶"不合理，所以用"终乱"。"终乱"表示开始的时候是吉，但是最后还不是既济，后面还有东西，如果认为既济就是完成了，后面就不能发展了。"乱"就是这个事情还不清楚，所以乱跟凶不一样。

【彖辞】

《彖》曰：既济，亨，小者亨也。利贞，刚柔正而位当也。初吉，柔得中也。终止则乱，其道穷也。

《彖辞》说："既济，亨，小者亨也。"这里是解释"小"。"既济，亨"，既济就是要互相交流，但是既济这件事情是小，不是大。"小者亨也"，是指在小事上的亨通。为什么"利贞"呢？"刚柔正而位当也"，九五是刚，六二是柔，是正位，所以利。"初吉"，初为什么吉？"柔得中也"，六二是柔，得中正之道。"终止则乱"，孔子跟他学生的注还是比较高明的，终止到了最后，停止在这里就会乱。也就是完成了既济，如果停在既济上，不再去发展，就是事情完成了。如果我们生命的目的只限定在这一件事情上，认为这一件事情完了就整个完了，那我们的生命也就完了。因为生命是无限开放的，任何一件事情都是生命中的一个过程，既济是小事情的完成，我们还要继续发展。"其道穷也"，因为道是无限地开放，如果既济停在这里，就是中道而废。

【象辞】

《象》曰：水在火上，既济；君子以思患而豫防之。

《大象》说"水在火上"，外卦是坎，是水，内卦是离，是火。水火相投，叫"既济"。"君子以思患而豫防之"，可见"思患而豫防之"是对未来讲的，不是对现在讲的。如果现在有患的话，就不是思患，也不是预防了。未来的发展要思患，就像居安思危一样。既济的患在哪里？第一，我认为我们成就了一件事情，而没有开展，这就是它的患。第二，既济的患在小成，小有成就而志得意满。道家思想实际上跟《易经》很有关系，不仅是老子，还有庄子，"道隐于小成"，"小成"就是既济，有了小成，以为是成就，道就被掩盖了，道就穷了。

【六爻性能】

初九：曳其轮，濡其尾，无咎。

《象》曰：曳其轮，义无咎也。

六二：妇丧其茀，勿逐，七日得。

《象》曰：七日得，以中道也。

九三：高宗伐鬼方，三年克之，小人勿用。

《象》曰：三年克之，惫也。

六四：繻有衣袽，终日戒。

《象》曰：终日戒，有所疑也。

九五：东邻杀牛，不如西邻之禴祭，实受其福。

《象》曰：东邻杀牛，不如西邻之时也，实受其福，吉大来也。

上六：濡其首，厉。

《象》曰：濡其首，厉，何可久也。

初九，"曳其轮，濡其尾，无咎"。"曳"有两个意思，后文我们讲到未济卦的时候，还有一个"曳"字。这里的"曳"是往后拉住，车轮往前走时，拖住车轮，使其不要走得太快。就像"濡其尾"，"濡"是湿，就像狐狸过河，把尾巴放在水里面的话，就走得慢，尾巴翘起来，就走得快。这个道理我们通过划船也能知道，划龙舟比赛时，舵一定要放到水里面，有的人故意犯规，将舵提到水面上，一把舵拿起来船就变得很快，一把它放到水里面，船就被阻碍了，变得不那么快。所以如果狐狸尾巴放在水里，就表示小心慢走，不能太快，狐狸尾巴是刹车，刹一下车才"无咎"。这句话的意思就是要谨于始，开始要小心，不能太快。

《小象》说："曳其轮，义无咎也。"这是重复，没什么解释。

六二，因为它是阴爻，所以有一个"妇"字。"妇丧其茀，勿逐，七日得"。"茀"一般有两种解释，一种解释是指车前面的遮布，这是说女人坐车出去的时候，要用帘子遮住，不能敞开，敞开就被大家都看到了。另一种解释是，女人的首饰掉了。在这两种解释里面，我喜欢用后者，因为古代坐车的都是贵族，只有大夫才有车子，普通人没有车子，大家都有首饰，不是贵族阶级所特有的。就首饰来讲，假使宝贵的东西掉了，大家也不要拼命去找，这个时候有危险，要顺其自然。"七日得"，意思就是顺其自然，不要拼命追求。首饰是用来装饰的，既不是生命，也不是非常重要，但是很多人都以为很重要，有的人甚至为了首饰而不要命了。照理说，首饰是一种外在的东西，掉了的话，反而返纯归真。

《小象》说："七日得，以中道也。"这个没有什么解释，因为六二是当位而中，所以要把握中正之道。暂时不要管得失，我们在追求成就的时候，都会有所得失。

九三，"高宗伐鬼方，三年克之，小人勿用"。九三多半之所以是危险的，是因为内外卦转变了。"高宗伐鬼方"，"高宗"是商朝的一个君主，"伐"是征战，"鬼方"是西戎。用在征战上，"三年克之"，"三年"表示需要一段时间才能达成，所以要忍耐。这一爻就是讲要有耐心，要忍耐，要等"三年"。"小人勿用"，意思就是"三年克之"之后，即完成了之后要用君子，不要用小人。

☆师生问答

学生：《易经》的爻辞并不是儒家所写，而是儒家之前的人写的，这个小人跟儒家讲的小人一样吗？

老师：这个问题很好。爻辞是文王的时候写的。在孔子以前，小人就是普通老百姓，君子、小人只是位的不同，阶级的不同，很少用来指德行的不同。儒家孔子所讲的，君子、小人是以德行来区分的。但是这个地方的"小人"有贬抑的意思，但是不一定完全像儒家一样，以德行来区分。

《小象》说："三年克之，惫也。"需要一段时间，很劳累，很疲乏，这是说需要花很多工夫。

六四，"繻有衣袽，终日戒"。很多解释把这根爻当作船漏了，所以要找"繻"，也就是破布，或是找旧衣服，把洞塞住。这代表"终日戒"，每天要警戒、警惕。因为这根爻已经在坎卦上了，是坎险、危险，进入危险的时候，每天都要戒备、恐惧。我们前面讲爻位原则的时候说过，第四爻都是代表惧。

《小象》说："终日戒，有所疑也。"是指心中有所疑虑，"疑"就是虑，要深思熟虑。

九五，"东邻杀牛，不如西邻之禴祭，实受其福"。"东"和"西"又出现了，可见跟文王有关。"东邻"是东北，也就是指商纣统治的地区，"西邻"是周文王统治的地区。意思是东邻虽然根据制度来杀牛，但是没有诚意，即使以牛、羊、猪祭祀都没有用，还不如西邻用简单的食物来祭祀更有诚意。也就是说，诚意不在东西的多寡。可见这一爻是讲诚，因为九五是君主，要诚。

《小象》说"东邻杀牛，不如西邻之时也"，"时"是时物，也就是应时之物。西邻用时物，也就是用很新鲜的、应季的东西来献祭，这代表诚。"实受其福，吉大来也"，"实"也可以说是平实，普普通通的平实之物反而是新鲜的。

上六，"濡其首，厉"。本卦一开始是湿了尾巴，把尾巴放到水里的话就走得慢，现在整个头都在水里了，看不见了，当然有"厉"，是有危险的，"濡其首"等于快被淹死了。既济，当你完成了一件事情，自认为大功告成了，想要开香槟庆祝，志得意满，开始骄傲了反而有危险，这就是前面说的"终乱"。

《小象》说："濡其首，厉，何可久也。"是指非但不能发展到大成，甚至连小成都保不住，不能长久。比如有的人很辛苦地读到博士，既济，小有成就了，但博士是一种做学问的训练方式，读完博士之后，要把博士丢掉，才能有真正的发展。如果将来的各种功夫都停止在博士上，那还有什么成就？

第六十四卦　未济 ䷿

【卦辞】

未济：亨，小狐汔济，濡其尾，无攸利。

《易经》的高明之处，就是把未济放在了最后。把未济放在既济前面，跟把未济放在既济的后面，这两种情况有什么不同？如果把未济放在既济的前面，未济代表还没有完成，我们要努力，要等待，最后既济了。如果既济是一件小事情，那未济就是小事情的未济。相反，现在把未济放在既济的后面，未济就有无限的空间，无限的发展，不是一件小事情了。如果把未济放在既济的前面，未济就是负面的，没有完成，可能还是失败的。但把未济放在既济的后面，未济就完全是正面的，我们就知道它的重要性了。

未济正好和既济倒过来，䷿，水在下面，火在上面。一般的解释认为，火在上面，火气往上升，水在下面，水气往下降，两气不交流，所以才说未济。最近我发现这个解释还不够，先看卦辞的解释，"亨，小狐汔济，濡其尾，无攸利"，既济是亨，未济也是亨，没有大小的分别。如果既济是"亨小"的话，那未济就是"亨大"了，但未济还是只用一个"亨"字，说明"亨"无大小。"小狐汔济"，"汔"是差不多，为什么用小狐狸？小狐狸跟老狐狸不一样，老狐狸很狡猾，很小心，小狐狸则是胆大妄为，初生牛犊不畏虎。这里的描写就像小狐狸一样，快要完成，亦即快要到岸上的时候，"濡其尾"，尾巴湿了，尾巴湿了就走不快了，是指停下来，结果就没有利了。这个卦辞的意思是，未济之所以要一直走，不能停，是因为前面有一个崭新的空间。

【彖辞】

《彖》曰：未济，亨，柔得中也。小狐汔济，未出中也。濡其尾，无攸利；不续终也。虽不当位，刚柔应也。

《彖辞》说："未济，亨，柔得中也。"因为六五是主爻，"柔"是指六五，六五处于中正之位。前面既济卦的每根爻都是当位，未济卦却是每根爻都位不当，但是都相应，是反过来的相应。老子说的"大成若缺"，是指真正的大成好像不够完满，万物美就美在它们有缺陷，有缺陷才可以努力，才可以改正，才有功夫可言。正因为位不当，所以才有问题，还可以做，还可以发展。如果《易经》把既济放在最后，那就完了，再也没得谈了。所以把未济放在最后一卦，也就是说后面还大有文章。我们不要以为看完、读完《易经》就完事了，还要把《易经》的道理用在人事上，这就是未济的用意。

《彖辞》说，就像小狐狸快要到岸上的时候，"未出中也"，"中"是中正之道的"中"，是指还没有出中正之位。在此我还要加上一个哲学的解释，假定我们在这个位置上，出了这个位才能施展君主的影响，所以要向外发展。前面的既济就是完成一件事情，停在那里了，但是未济是指不要以这个来限制自己，要再走出去。

"濡其尾"好像就要停住了，不走了，"无攸利"，如果这样的话，"不续终也"，不能继续。我的理解是，虽然到了终，但是还要能续，如果一件事情到了终点就止，没有后续的话，就是既济。终要能续的话，终则有始。像庄子不讲生死而讲死生，生死就是一个轮回，而死生则是不断地生生。所以有终则有始，能"续终"的话，就是从终又开始了，生生不已。虽然六五位不当，但"刚柔应也"，还是和九二阴阳相应，大有可为。

【象辞】

《象》曰：火在水上，未济；君子以慎辨物居方。

《大象》说："火在水上，未济；君子以慎辨物居方。"《象辞》注得很好。我认为，水火相和是既济，这只是完成一件事情，但在本卦中，水火两气不相交，水仍然往下，源泉不断，火始终向上，相续不绝。宇宙万物都有物性，如每个物都能相和，就能成就一件事情，比如男女相和，成家。相和只能成一件事情，就是既济，不和则不能成事。

常言道不和不能成事，就现实的观点来讲是不好，但是不和是未济。我们看这个卦，火往上，水往下，水火二气不相交。就一件事情来讲，是"事情不成"，但是这个卦要从整个宇宙的发展来看，未济是正面的，虽然不能成就事情，就某一方面的局限来看也许不好，但就整个宇宙的变化来说，有发展的空间。水永远一直向下，火永远一直向上，这就是宇宙，水火永远在那里，如果水火相碰，水灭火，火蒸发掉水，就是一件事情。完成一件事情，可能就毁灭了另一件事情，这是庄子讲的话，毁则成，成则毁，所以宇宙中的每一样东西都有它们的发展。

石头希迁禅师在《参同契》一文中说，水是湿，风是动摇，火是热，土是坚固，地水火风各有其性，就像金、木、水、火、土都有其性，各自代表一种性能。这四大一聚合，就有缘了，就变成了一件事，变成既济了。就佛教来讲，有了缘就糟糕了，就有麻烦了。在《易经》中，每一物都在它的位置上，就像石头希迁说的，每一物都依它们的位置住，就像水在水位，火在火位，都有它们的作用，都有它们的性能。但是水火相碰，或者是金、木、水、火、土某两行相碰，就相克相生，如果相生，就成就了一件事情，相克的话就不能成就。但是相生相克是就我们人的看法来说的，就宇宙的发展来说并非如此，相生也好，相克也好，五行的每个位置都是永远的发展，永远的发展才有不断的继承。在这个卦里面水火不济，水是永远的发展，火也是永远的发展，这是无限的。就形而上来说，就宇宙来讲，它不是既济，是未济，是无限的，没有所谓的完成，完成是我们以人的眼光来看的，我们认为是成功，对宇宙来讲不见得是成功，而是停止了，变小了。

君子了解未济的道理要谨慎，"辨物居方"，格物就是"辨物"，了解每一个物的物性，也就是知道水有水的好处，火有火的功能。然后"居方"，"方"是处所、地方，也是方向。就像五行，每一行都在自己的位置上，水在水的位置上，火在火的位置上。《易经》重位，每一物在它的位置上，就是它的性能，所以我们要"辨物"，要了解每个物都在它们的位置上，都有它们的功用，这是就处所来讲。就方向来讲，要了解它们的发展方向，有方向就是开展。我们讲的本性也好，禅宗的自性也好，佛性也好，都是指它的本质，"方"是动的，是开发、开展。这一句话非常重要，我们应该深入体会。

【六爻性能】

初六：濡其尾，吝。

《象》曰：濡其尾，亦不知极也。

九二：曳其轮，贞吉。

《象》曰：九二贞吉，中以行正也。

六三：未济，征凶，利涉大川。

《象》曰：未济，征凶，位不当也。

九四：贞吉，悔亡，震用伐鬼方，三年有赏于大国。

《象》曰：贞吉悔亡，志行也。

六五：贞吉，无悔，君子之光，有孚，吉。

《象》曰：君子之光，其晖吉也。

上九：有孚于饮酒，无咎。濡其首，有孚失是。

《象》曰：饮酒濡首，亦不知节也。

初六，"濡其尾，吝"。我们可以比较既济跟未济。既济初九是"濡其尾，无咎"，而未济初六是"濡其尾，吝"。因为既济是完成了，濡尾而停，所以无咎，但是未济初六是要开展的，不能停，如果"濡其尾"想停的话，就有羞吝了。意思就是不要停，要慢慢往前走，整个未济卦告诉我们要开展。

《小象》说："濡其尾，亦不知极也。""不知极"即不知他的理想，"极"是"居方"的"方"，也就是不知最后的方向。

九二，"曳其轮，贞吉"。未济是要往前走的，所以我认为这里的"曳其轮"，跟既济卦的"曳其轮"不一样。"曳"是拖，既济卦的"曳其轮"是刹住，未济卦的"曳其轮"是往前拖。"曳"就现在来讲是拖着走，就像汽车的刹车，我们一想到刹车，就认为是要停住，其实不然，刹车真正的作用是使车子能安全地往前开，而不是完全地停住。所以刹车一方面是停，另一方面是往前走。九二实际上也是要往前走，能把握九二的贞诚，就有吉。

《小象》说："九二贞吉，中以行正也。"因为第二爻处于中正之位，所以"贞吉"。

六三，"未济，征凶，利涉大川"。六三多半是危险的，凶的。"未济，征凶"，但为什么是"利涉大川"？"征凶"的意思是要以大动作去做，如征伐就有凶。虽然面临很多危险，但是我们可以平安度过。实际上，六三告诉我们要顺着走，如果"征"的话，就是强制的，用力的，用武是"征"，失了常态也是"征"，但是"利涉大川"是遇险，我们要勇于面临危险，所以这两个意思是不一样的。

《小象》说："未济，征凶，位不当也。"为什么"征凶"？因为位不当，六三是阴爻在阳位上，所以不能征伐，不能强制地做。

九四，"贞吉，悔亡，震用伐鬼方，三年有赏于大国"。因为位不正，九四大臣是阳爻，六五是阴爻，所以不太好处理，有悔。如果能够把握自己的诚，就可以免于悔。"震用伐鬼方"，虽然未济的每根爻都是往前动，但是要小心地动、慢慢地动，顺着自然而动。"震"是动，即使是去伐鬼方，也要花三年才能达到目的。"三年"是指很久，要有耐心才能够久。最后还是得"赏于大国"，亦即使得鬼方归附、归顺。

《小象》说："贞吉悔亡，志行也。"这里没有什么解释，只是强调"志"，即无限发展的理想。

六五，"贞吉，无悔，君子之光，有孚，吉"。这是主爻，六五是柔，是谦虚，意思是把握谦虚则吉，则无悔。九四悔亡，六五无悔，这两根爻正好相应。九四是大臣之道，如果能够诚，就没有悔，六五是君主之道，如果能够谦，就可以无悔。六五要有"君子之光"，有孚，则吉。"君子"含弘光大，我们在坤卦的时候讲过，"坤"代表阴柔，含弘，把弘包含进去了，因为六五是谦虚，所以把光芒散发出去，如果能够含弘就有孚，则表示他的诚。"贞"是谦虚，"有孚"是诚，谦跟诚同时都在这根爻上，谦跟诚是一体的两面，互相为用，亦即谦中有诚，谦是含弘，诚是光大。

《小象》说："君子之光，其晖吉也。""晖"是一道光芒，光被四表，他的光彩可以给予大地，给予人民，但是这个光辉要从含弘、从谦虚中表达出来。

上九，"有孚于饮酒，无咎。濡其首，有孚失是"。正负两面的话都有了。实际上上九代表最高了，代表成就，如果大功告成就饮酒庆祝，也是合情的，可以无咎。但是，要有诚，不要骄傲，不要得意忘形，有诚去饮酒，就不会有咎。到最上爻未必最好，如果认为到了上九是既济，是已经完成的话，就会掉到六三，变小了。如果成功后饮酒作乐，喝得糊里糊涂的，就"濡其首"，亦即眼目被遮，头脑不清，诚信就失掉了。要注意，这里用了两次"有孚"，可见诚在这个爻上是很重要的。

《小象》说："饮酒濡首，亦不知节也。""节"是节制，"不知节"即不知节制，这里针对饮酒而言。如对上九来说，位不当，阳刚太过，也该加以节制，以谦表诚。

在道善读懂中国文化
道善人与经典文库

好书好课 敬请关注
道善学苑

毓老师书院讲经笔记系列：

毓老师说论语	爱新觉罗·毓鋆讲述
毓老师说中庸	爱新觉罗·毓鋆讲述
毓老师说庄子	爱新觉罗·毓鋆讲述
毓老师说大学	爱新觉罗·毓鋆讲述
毓老师说老子	爱新觉罗·毓鋆讲述
毓老师说易经（全三卷）	爱新觉罗·毓鋆讲述
毓老师说礼元录	爱新觉罗·毓鋆讲述
毓老师说吴起太公兵法	爱新觉罗·毓鋆讲述
毓老师说公羊	爱新觉罗·毓鋆讲述
毓老师说春秋繁露（上下）	爱新觉罗·毓鋆讲述
毓老师说管子	爱新觉罗·毓鋆讲述
毓老师说孙子兵法	爱新觉罗·毓鋆讲述
毓老师说易传	爱新觉罗·毓鋆讲述
毓老师说人物志	爱新觉罗·毓鋆讲述
毓老师说孟子	爱新觉罗·毓鋆讲述
毓老师说诗书礼	爱新觉罗·毓鋆讲述
易经日讲（上中下）（原毓老师说易经）	爱新觉罗·毓鋆讲述
老子日讲（原毓老师说老子）	爱新觉罗·毓鋆讲述
庄子日讲（原毓老师说庄子）	爱新觉罗·毓鋆讲述

毓老师讲透经典系列（首次出版）：

大学智慧直解——毓老师讲透大学	爱新觉罗·毓鋆讲述
中庸智慧直解——毓老师讲透中庸	爱新觉罗·毓鋆讲述
论语智慧直解（上下）——毓老师讲透论语	爱新觉罗·毓鋆讲述
孟子智慧直解——毓老师讲透孟子	爱新觉罗·毓鋆讲述
人物志智慧直解——毓老师讲透人物志	爱新觉罗·毓鋆讲述
荀子智慧直解——毓老师讲透荀子	爱新觉罗·毓鋆讲述
孙子兵法智慧直解——毓老师讲透孙子兵法	爱新觉罗·毓鋆讲述

易经系辞传智慧直解——毓老师讲透易经系辞传　　爱新觉罗·毓鋆讲述

刘君祖作品系列：

易经与现代生活	刘君祖
易经说什么	刘君祖
易经密码全译全解（全9辑）	刘君祖
易断全书（上下）	刘君祖
刘君祖经典讲堂（全十本）	刘君祖
系辞传全译全解	刘君祖
孙子兵法新解	刘君祖
鬼谷子新解	刘君祖
黄帝阴符经说什么	刘君祖
春秋繁露的读法（上下）	刘君祖
老子的新读法	刘君祖
庄子的新读法	刘君祖

吴怡作品系列：

中国哲学史话	张起钧　吴　怡
中国哲学史	吴　怡
禅与老庄	吴　怡
逍遥的庄子	吴　怡
庄子的读法	吴　怡
易经应该这样用	吴　怡
易经新说——我在美国讲易经	吴　怡
老子新说——我在美国讲老子	吴　怡
庄子新说——我在美国讲庄子	吴　怡
中国哲学关键词50讲（汉英对照）	吴　怡
哲学与人生	吴　怡
禅与人生	吴　怡
整体生命心理学	吴　怡
碧岩录详解	吴　怡
系辞传详解	吴　怡
坛经详解	吴　怡
周易本义通讲	吴　怡
人与路，人与桥	吴　怡

高怀民作品系列：

易经哲学精讲	高怀民
伟大的孕育：易经哲学精讲续篇	高怀民
先秦哲学与希腊哲学通讲	高怀民
易学史（全三卷）	高怀民

辛意云作品系列：

论语大义（上下）	辛意云
道德经大义	辛意云
国学十六讲	辛意云
美学二十讲	辛意云

经典读法系列：

庄子的读法	吴　怡
周易的读法	吴　怡
史记的读法	阮芝生
人物志的读法	刘君祖
春秋繁露的读法（上下）	刘君祖
老子的新读法	刘君祖
庄子的新读法	刘君祖
红楼梦的读法	叶思芬
金瓶梅的读法	叶思芬
诗经的读法	刘龙勋
孟子的读法	袁保新
礼记的读法	林素玟
大学的读法（上下）	林世奇

其他：

论语故事	（日）下村湖人
汉字细说	林　藜
细说黄帝内经	徐芹庭
易经与管理	陈明德
周易话解	刘思白
数位易经（上下）	陈文德
读史与观心	张　元
细说易经（上下）	徐芹庭

唐诗之巅	朱　琦
把大学彻底说明白	张　源
阳明心学的三重奥秘	姜忠学
论语约讲——感通孔子心志的新诠释	林义正
易经与中医学	黄绍祖
默观无限美	刘岠渭
西方古典音乐导聆（全4册）	刘岠渭

经典讲座系列：

老　子	吴　怡
庄　子	吴　怡
韩非子	高柏园
左　传	张高评
史　记	王令樾

联系电话：18310597951

道善抖音店铺
请关注我

道善微信小店
请关注我